성경 사용 설명서

성경 사용 설명서

성경 묵상, 성경 공부,
설교를 위한 종합 매뉴얼

이진섭 지음

새물결플러스

차례

제3부

성경을 어떻게 사용해야 하나?
성경 묵상의 방법

〈표〉 차례

서문

늦은 결실

잔뜩 밀려 있던 숙제를 마친 느낌이다. 스무 살 때 성경을 연구하는 자로서 살겠다고 다짐한 후 벌써 몇십 년이 흘렀다. "에스라가 여호와의 율법을 연구하여 준행하며 율례와 규례를 이스라엘에게 가르치기로 결심하였었더라"(스 7:10)라는 말씀을 모토로 삼고자 했던 젊은 날의 결심은 여전히 진행형이다. 쉽지 않은 그 결심의 무게로 오랫동안 나를 무겁게 짓누르던 짐 하나를 비로소 내려놓은 것 같다. 이전에도 짧은 논문과 단행본을 몇 개 내놓은 적이 있지만, 이 책이야말로 그때의 내 결심이 안겨준 숙제를 일단락지어 문서 형태로 내놓는 뜻깊은 결실이라 생각된다. 결심은 스무 살에 했는데 뒤늦은 오십 대 중반에 와서야 그 열매를 보게 되었다.

이 책을 쓰겠다는 마음을 먹고 기본적인 내용을 구상한 것은 1990년대 중반의 일이었다. 장(章)의 순서는 2003년에 결정했고 그중 몇 장은 2003-2005년에 초안으로 작성했으며, 책의 내용 중 많은 부분은 이미 이곳저곳에서 강의를 통해 발표한 것들이다. 매년 해가 바뀔 때마다 이 책을 마무리짓겠다는 마음이 불일 듯했지만 결국 이루지 못하고 해가 바뀐 적이 많았다. 이 책을 쓴 이후에야 다른 책을 쓸 수 있겠다는 마음 때문에 미루게 되는 저술도 적지 않았다. 그만큼 이 책은 스무 살의 내 결심이 참된 것이었는지 확인시켜줄 시금석이자 그 결심을 꽃피워갈 토양으로 여겨졌다. 중도에 몸이 안 좋아 집필을 두세 번이나 중단해야 했지만 여기서 멈출 수는 없어 목표치를 좀 낮추더라도 일단 완결하는 길을 선택했다. 이런 긴 과정을 거쳐 태어난 이 책은 내 안에 있었던 긴 싸움의 결과이기도 하다.

너무 늦었나 싶었다. 앎이 더 촘촘히 채워지기를 기다리며 준비했고 생각이 설익지 않고 고루고루 숙성하기를 소원했다. 잘 익어 삭은 음식 같은 맛이 나기를 바라는 마음으로 기다렸는데 앎과 생각이 촘촘히 쌓이기는커녕 때론 머릿속에서 흩어지고 사라져버리는 느낌이 들었다. 이러다간 겨우 쌓은 것마저 잃겠다 싶어 서둘러 생각을 모았다. 부족하지만 이것으로나마 먼저 내 할 일을 해야겠다 싶었다.

교회의 유익

학사 에스라가 약속의 땅으로 돌아온 이스라엘 공동체를 도우려 한 것처럼 나도 나와 동시대를 살아가는 여러 교회 공동체를 생각하게 된다. 미력한 나에게 큰일을 할 힘은 부족하지만 적어도 내가 맡은 분야에서 감당해야 할 역할에는 힘을 다해야겠다고 마음먹는다. 몇 가지 측면에서 이 책에는 그런 바람이 드러난다.

첫째, 나는 성경을 읽고 해석하는 일에 관한 "전체 지도"를 보여주고 싶었다. 나는 이미 이 분야에 관한 책이 많다는 사실을 누구보다 잘 안다. 외국 도서는 물론이고 우리 책도 만만치 않게 많다. 하지만 몇몇 아쉬움이 있었다. 책은 많지만, 일부는 너무 전문적이어서 읽기 어렵고 또 다른 책들은 너무 세분화되어서 나무만 보이고 숲은 보이지 않는다. 그러다 보니 이곳저곳에서 중구난방으로 습득한 지식이 결국 성경을 읽고 해석하는 일에 걸림돌이 되는 현상도 생긴다. 나는 이 책에서 이런 어려움을 극복하는 데 도움을 주기 위해 성경 읽기와 성경 해석에 관한 전체 그림을 보여주고 관련된 상황을 최대한 설명하려 노력했다. 전체를 알아야 지금 자기가 서 있는 위치와 하는 일의 의미를 알고 제대로 실행할 수 있다.

둘째, 빵을 주는 것은 물론이고 빵 만드는 법까지 알려주려고 했다. 배고픈 사람에게 빵을 주는 것은 마땅히 해야 할 좋은 일이다. 하지만 그의 미래를 생각한다면 빵 만드는 법도 가르쳐주어야만 한다. 생선을 주는 것도 필요하지만 물고기 잡는 법을 가르쳐주면 스스로 생존하는 힘을 얻는다. 따라서 나는 이 책을 통해 단순히 성경의 내용을 알려주기보다 성경을 읽고 해석하는 능력을 키워주고 싶었다. 성경을 사용하는 법을 배워야 성경을 통해 하나님을 깊이 만날 수 있다. 이를 위해 나는 성경을 배우고 혼자서 연구했던 경험, 또 학교와 교회에서 가르쳤던 경험을 이 책에 쏟아붓고자 했다. 수업 시간에 가르친 내용, 여러 교회의 훈련 프로그램에서 가르친 내용을 글로 옮기며 특별히 "성경 사용 설명서"를 쓴다는 마음으로 집필에 임했다. 또한 현학적인 말솜씨를 부리기보다 대중이 이해하기 쉬운 말로 표현하려고 애썼다. 애쓴 이 책을 통해 독자들은 성경을 어떻게 사용해야 하는지를 좀 더 쉽게 이해할 수 있을 것이다.

셋째, 특별히 우리 시대에 큐티가 절대화되는 현상을 극복하려 했다. 큐티는 성경을 묵상하는 한 가지 좋은 방법이다. 하지만 유일하고 절대적인 방법은 아니다. 성경을 묵상하는 방법 가운데는 설교와 그룹 성경 공부 등도 있다. 한국 개신교에서 큐티 운동이 일어난 것은 은혜이고 축복이다. 하지만 큐티 운동이 성경 묵상에 이르는 다른 길을 막고 신앙을 개인화하는 분위기에 일조한다면 문제다. 나는 큐티에 열심인 사람들이 담임 목사와 갈등을 빚는 경우를 자주 보았고, 반대로 설교자가 큐티하는 사람들을 폄하하는 것도 여러 번 보았다. 사실 큐티와 설교는 함께 가야 한다. 둘 모두 성경을 묵상하도록 고안된 좋은 방법이다. 큐티는 큐티의 자리에서 그 역할을 다하고 설교는 설교의 자리에서 그 역할을 다해야 한다. 이 둘 사이에 갈등이 생길 이유가 없다. 나는 건전한 큐티 운동과 활기찬 설교 운동이 조화를 이루기를 바라는 마음으로 이 책을 썼다.

넷째, 나는 이 책을 통해 일반 성도와 신학생과 목회자 모두가 도움을 받기를 원했다. 왜 설교를 들어야 하는지, 어떻게 큐티를 해야 하는지, 성경 공부 모임에서 무엇을 얻을 수 있는지를 알면 성도는 성경으로 하나님을 만나는 일에 더욱 열심을 낼 수 있다. 신학 공부의 방향을 점검해야 하는 신학생은 특별히 성경을 어떻게 사용해야 하는지를 전체 그림 속에서 보고 배워야 자신이 배우는 것을 제자리에 끼워 넣을 수 있다. 이 책은 신학생들이 학교에서 배우는 내용을 성경과 관련하여 조화롭게 정리할 수 있도록 돕는다. 목회자는 성경을 실제로 많이 사용한다. 목회자는 어떻게 설교해야 하는지를 알아야 하고, 그룹 성경 공부가 어떤 것인지를 터득하고 있어야 하며, 필요하면 큐티하는 법도 가르쳐야 한다. 그리고 무엇보다 스스로 성경 공부를 지속해가야 한다. 성경을 묵상하는 방법들을 어떻게 전략적으로 사용해야 하는지도 꿰뚫고 있어야 한다. 이 책은 이런 점들을 포괄적인 동시에 핵심적으로 설명하여 목회자들의 필요를 채워준다. 성경을 읽는 자라면 누구나 이 책을 통해 성경을 사용하는 방법을 배울 수 있을 것이다.

개인적으로는 이 책이 이후 저술의 "플랫폼"(platform) 역할을 감당하기를 기대한다. 나는 성경 해석에 관심을 가지고 연구해왔고 앞으로도 이와 관련한 활동을 이어갈 것이다. 우선 이 책을 기반으로 성경을 읽는 패러다임을 밝히는 책과 성경 해석을 실제적이고 실천적으로 돕는 책을 써나가고 싶다. 물론 이런 저술 활동은 성경 각 권의 주석서와 중요한 주제를 다루는 또 다른 책들도 염두에 두어야 할 것이다. 전체 지도를 요약해서 그렸으니 그다음에는 세부 지도를 생각해야 하지 않을까?

감사의 마음

한국교회에 성경을 사랑하는 좋은 전통이 있음에 감사한다. 영국에서 유학할 때 깊이 느낀 점 중 하나는 한국교회가 정말 성경을 사랑한다는 사실이었다. 신학교마다 한국인 학생들이 있어서 성경을 다루는 학과와 교과목에 관심을 가지고 지원하는 모습을 보았다(내가 공부했던 London Bible College와 London School of Theology에서도 마찬가지였다). 내가 이 책을 쓸 수 있는 이유도 한국교회가 성경을 깊이 사랑한다는 사실과 무관하지 않다.

나에게 성경을 가르쳐준 선배와 스승들께 감사를 드린다. 나는 교회와 신학교에서 참 많은 것을 배울 수 있었다. 또한 성경을 깨우치는 데 큰 도움을 주었던 책들이 있었다는 사실에도 감사한다. 1992년 영국에 유학 갔을 때 만난 신학교 도서관은 사고의 폭을 넓히고 자극하는 좋은 기회의 자리였다.

또 오랜 기간 동안 이 책의 주제를 강의하는 가운데 생각을 발전시킬 기회가 주어졌다는 것에도 감사한다. 에스라성경연구원의 학생들과 에스라성경대학원대학교의 학생들, 그리고 여러 교회에서 만난 청중은 나로 하여금 생각을 더 깊이 다듬을 수 있도록 도와주었다. 또한 내가 계속 성경을 연구할 수 있는 자리를 제공해주고 지금까지 함께해주신 에스라성경대학원대학교의 교직원 및 총장님과 이사장님께 감사드린다. 원고를 꼼꼼히 읽으며 도움을 준, 오랜 친구이자 에스라 법인의 국장인 김경수 목사에게도 감사드린다.

지난 몇 년 동안 건강이 여의치 않을 때 나를 위해 기도해주신 많은 분께 감사를 드린다. 에스라의 교직원들과 성사모("성경을 사랑하고 성경적 삶을 꿈꾸며 이루어가는 성도들 모임") 회원들, 또한 믿음의교회 식구들의 기도는 큰 도움이 되었다. 국제장로교(IPC, International Presbyterian Church) 한국노회 노회원의 기도와 배려에 감사한다.

"성경·삶·사역연구소"의 온라인 강좌에 참여하고 오프라인 연구 모임에 참석하는 분들에게도 감사의 마음을 전한다. 그분들과 함께 성경을 배우고 나누며 새로운 것을 깨닫는 시간은 마냥 즐거웠다. 그분들의 열정은 집필의 마음을 한층 다잡게 하는 자극이 되었다.

동역하는 기쁨을 주었던 "성경사역연합"의 모든 식구에게 감사의 마음을 전한다. 후원해주시는 분들, 함께하는 교회들, 그리고 함께 궂은일을 마다치 않는 사역위원회(홍종관, 조광제, 함은호, 이봉섭, 이영호 목사)와 민미애 간사에게 감사를 표한다. 특별히 조광제 목사는 나의 졸고를 꼼꼼히 읽으며 도움말을 해주었다.

이 책이 이렇게 빛을 볼 수 있도록 도와준 새물결플러스 직원들의 노력과 수고에 감사드린다. 특별히 원고에 각별한 관심을 두고 많은 배려를 해주신 김요한 대표께 감사드린다. 새물결플러스의 배려가 없었다면 이 책은 더디게 세상에 나왔을 것이다.

누구보다도 사랑하는 식구들은 이 원고를 쓰기 시작할 때부터 끝낼 때까지 늘 힘이 되었다. 다 커서도 아빠의 어깨를 주물러주며 새 힘이 솟도록 해준 막내딸과 아빠 키를 훨씬 넘도록 자란 의젓한 아들은 존재 그 자체로 나에게 위로와 기쁨이 된다. 지금껏 항상 기쁨과 어려움을 같이 한 사랑하는 아내에게 이 책을 바치고 싶다. 아내는 나의 원고를 언제나 제일 먼저 읽으며 적절한 충고를 해주었을 뿐 아니라 내가 아파서 힘들었던 기간 내내 옆에서 자리를 지키며 도와주기를 마다하지 않았다. 이 책이 그 어려웠던 시간을 보상해주는 조그마한 기쁨이 되기를 바란다.

쓰고 싶었고 써야만 했던 이 책을 시작하고 끝까지 완성하도록 이끌어주신 하나님께 모든 영광과 감사를 드린다.

2017년 7월

개명산(開明山) 자락 앞에서

이진섭

서론

1. 배경과 목표

한국교회는 성경을 사랑한다. 성도는 성경을 읽는 일에 열심이고 교회는 성경을 가르치는 일에 열심이다. 초기 한국교회의 부흥에 사경회가 큰 역할을 했다는 사실은 많은 사람이 알고 있다. 사경회 전통은 아직도 남아 있어서 "성경 통독 집회"가 곳곳에서 인기를 끌기도 한다. 성경을 배우고자 하는 한국교회의 열정은 여전히 남부럽지 않다.

그런데 한국교회가 정작 성경을 얼마나 잘 알고 또 얼마나 잘 사용하고 있을까? 성경을 사랑하는 좋은 전통과 뜨거운 열정에 비해 성경을 바르게 사용하는 지혜는 부족한 듯 보이는 게 사실이 아닌가? 성경을 사랑하는 마음이 성경을 바르게 읽고 사용할 줄 아는 지혜와 맞닿을 수 있다면 좋을 텐데 하는 아쉬움이 크다.

성경을 사랑하는 열정은 한국교회 안에서 몇십 년 동안 이어진 "큐티 운동"의 현장에도 잘 나타난다.[1] 큐티(QT, Quiet Time, 경건의 시간, 묵상

1 한국교회 큐티 운동을 평가한 자료로는 송인규 외, 『한국교회 큐티 운동 다시 보기』(서울: 한국기

의 시간)는 성경을 묵상하도록 돕는다. 따라서 그동안 일어난 큐티 운동을 눈여겨볼 필요가 있다. 이런 점에서 일단 한국교회에 희망이 있다고 말할 수 있을지 모른다. 하지만 한계도 있다. 교회에서는 여전히 큐티와 성경 묵상의 차이를 잘 인지하지 못하는 경우가 있다.

한국교회에 큐티란 용어와 개념이 알려진 지는 꽤 되었다. 큐티는 한국교회와 선교 단체 안에서 상식으로 여겨진다. 모두들 큐티에 열심이다. 하지만 이런 상황 속에서 어떤 사람들은 큐티를 학문적 치밀함이 보장되지 않은 성경 읽기 운동, 또는 성경을 활용한 영성 운동 정도로 생각한다. 또 다른 사람들은 큐티 운동을 교회 역사 속에서 잠시 등장했다가 사라지는 일시적 현상으로 보기도 한다. 나아가 성경을 깊이 연구하는 데 관심이 큰 사람들은 큐티를 간편한 성경 읽기 방법이라고 판단하며 아주 가볍게 취급하기도 한다. 그런데도 큐티는 점점 인기를 얻고 있으며 어떤 사람들은 "성경 묵상이 곧 큐티"라고까지 생각하는 경향이 있다.

이런 관점들과 경향을 곰곰이 생각하면서 큐티의 실체와 역할, 그리고 성경 묵상의 의의(意義)와 방법을 바르게 이해할 필요가 있다. 큐티와 성경 묵상의 개념을 정확히 규명하고 그와 관련된 용어를 적절히 정리함으로써 불필요한 오해를 줄여야 한다. 한국교회는 큐티와 성경 묵상에 대한 성경적·신학적·이론적·실제적 설명을 분명히 해야 할 시점에 와 있다. 나아가 큐티뿐 아니라 성경을 사용하는 다른 방법들을 체계적으로 배울 필요가 있다.

이 책은 이런 상황을 염두에 두고 다음의 세 가지 목표를 추구한다.

첫째, 성경 묵상이 무엇인지를 통전적으로 이해한다. 이를 위해 성경

독학생회출판부, 2015)를 보라.

묵상의 정의와 존재 이유, 실행 방법을 체계적으로 다룰 뿐 아니라 성경 묵상의 신학적 의미와 이론적 토대를 성경에서 찾고자 노력했다. 성경 묵상은 무엇이며, 왜 해야 하는지, 과연 성경은 성경을 묵상하도록 요구하는지 등이 이 책의 주제 중 일부다.

둘째, 성경을 해석하는 원리를 체계적으로 제시한다. 성경은 바른 해석의 원리에 따라 사용해야 한다. 큐티나 설교 공히 마찬가지다. 성경을 묵상하는 일은 바른 성경 해석의 체계, 즉 성경해석학에 맞게 이루어져야 한다. 따라서 이 책은 성경해석학이 성경을 묵상하는 참된 문법이라는 점을 밝히며 그에 따라 어떻게 성경을 해석하고 적용하는 것이 적절한지를 살핀다.

셋째, 성경을 사용하는 방법들을 구체적으로 설명한다. 성경을 잘 사용해야 성경이 의도하는 바에 다다를 수 있다. 성경을 묵상하는 일은 신앙생활의 액세서리가 아니다. 오히려 성경 묵상은 하나님 나라의 실현과 신자의 구원, 사역자의 목회 활동에서 사활을 결정하는 요소라 할 수 있다. 이 책은 이 점을 명확히 하고 성경을 묵상하는 여러 방법을 가능한 한 자세히 설명하려 한다. 성도와 목회자가 모두 성경을 잘 사용하여 신앙생활이 열매를 맺고 목회 활동이 의미가 있게 되기를 바란다.

2. 논지와 전개

이런 배경과 목표 아래서 이 책은 성경 사용법, 특별히 성경을 묵상하는 것과 관계된 여러 주제와 이슈를 논의한다. 이때 매우 중요한 논점 중 하나는 성경 묵상을 어떻게 규정하느냐의 문제다. 따라서 나는 먼저 성경 묵상의 정체성을 세밀하게 논의한 후 그 결과에 기초하여 여러 관련 사항을 다룰 것이다.

성경 묵상(Bible Meditation)은 성경 읽기 방식의 하나지만 그중에서도 매우 중요한 방식이다. 단순 읽기, 성구 암송, 성경 통독, 성경 연구, 성경 묵상 등이 모두 의미 있는 성경 읽기 방법이지만 성경 읽기의 꽃이라 할 만한 것은 단연 성경 묵상이다. 이 책은 성경 묵상이 "① 성경 말씀을 주의 깊게 생각하고 곱씹어서 ② 하나님의 뜻을 깨닫고 그에 합당하게 반응하면서 ③ 하나님과 만나 교제하는 행위"라고 전제한다. 다시 말해, 성경 묵상은 성경을 단순히 읽는 것이 아니라 주의 깊게 생각하며 꼼꼼히 곱씹어 읽는 행위이고 그 과정에서 하나님의 뜻을 깨닫고 반응함으로써 결국 하나님을 만나 교제하는 활동이다.

이런 성경 묵상의 정의를 큐티의 정의와 혼동하지 않도록 조심해야 한다. 큐티는 "개인이 매일 특정한 시간을 떼어서 개인적으로 성경을 상고하고 기도하면서 하나님과 만나 교제하는 시간"을 말한다. 따라서 성경 묵상을 이루는 하나의 중요한 방법이 큐티일 수는 있지만 성경 묵상이 곧 큐티는 아니다. 이 말은 큐티 외에도 성경을 묵상하는 길이 더 있다는 뜻이다. 성경 묵상이 목표라면, 큐티는 그것을 이루는 하나의 방법에 불과하다.

우리에게 성경을 주신 하나님은 우리가 성경을 통해 하나님의 뜻을 깨달아 하나님 자신과 교제하기를 원하신다. 이 의도를 실현하는 게 성경 묵상이다. 성경을 묵상하는 방법은 여럿이다. 개인이 일정 시간을 떼어 성경을 묵상하기도 하고 몇 사람이 함께 모여 서로 도우면서 묵상하기도 한다. 또한 리더(지도자)의 앞선 노력에 힘입어 공동체가 함께 성경을 묵상하기도 한다. 간략히 말하면 큐티, 성경 공부 모임, 설교 등으로 성경 묵상을 경험할 수 있다는 말이다. 성경을 묵상하도록 하는 이런 방법들은 모두 매우 중요하며 목회 현장에서 적절한 방식으로 고려되어야 한다.

이 책은 이런 내용을 성경적·신학적·이론적·실제적 관점에서 자세히 설명하려 한다. 제1부에서는 성경을 왜, 어떻게 읽어야 하는가의 문제를 다룬다. 이는 성경 묵상의 의의(意義)를 다루는 것이다. 먼저 성경을 주신 의도를 성취하는 길이 성경 묵상에 있음을 밝힌 후(1장), 성경 묵상의 정의를 설명하고 성경을 묵상하도록 돕는 다양한 방법을 살펴본다(2장). 이어서 이런 성경 묵상의 정의와 방법이 성경에서 어떻게 신학적으로 정당화되는지 설명한다(3장).

이어지는 제2, 3부에서는 성경을 실제로 어떻게 해석하고 사용하는가를 다룬다. 제2부에서는 성경을 묵상하는 원리, 즉 성경 해석의 문제를 살핀다. 먼저 성경해석학의 틀을 소개하고 성경을 묵상하는 일이 그 틀 속에서 진행되어야 함을 밝힌다(4장). 또한 성경 묵상의 기초가 되는 해석 방법을 설명하고(5장), 이어서 성경 묵상에 반드시 있어야 하는 적용의 문제를 여러 측면에서 다룬다(6장).

제3부에서는 성경을 묵상하는 구체적 방법, 즉 성경 사용의 문제를 설명한다. 이를 위해 제2부에서 다룬 성경 묵상의 원리가 어떻게 여러 가지 방법으로 구체화되는지를 보여준다. 먼저 개인이 혼자 성경을 묵상하는 방법을 소개하고(7장), 이어서 소모임으로 함께 성경 묵상 가운데 나아가는 방법을 다룬다(8장). 나아가 리더의 수고와 노력을 통해 공동체가 함께 성경을 묵상하는 방법을 설명한다(9장). 그리고 마지막으로 이런 여러 방법이 어떻게 성도의 삶과 교회의 목회에 활용될 수 있는지 알려준다(10장).

"맺음말"에서는 앞선 모든 설명과 제안을 정리했다. 또한 많은 독자가 궁금해할 만한 각종 의문점과 까다로운 주제들을 "질문과 답"(Q & A)의 형태로 간략하게 요약해놓았다. 해당 질문에 대한 충분한 대답은 이 책의 곳곳에서 자세히 찾아볼 수 있을 것이다.

제1부

성경을 왜, 어떻게 읽어야 하나?

성경 묵상의 의의

성경을 왜, 어떻게 읽어야 하는가?

성경 묵상이란 무엇인가?

성경을 왜 묵상해야 하는가?

한국교회는 성경을 사랑한다.

성경을 사랑하기에 성경을 곧잘 읽는다.

그럼에도 성경을 왜, 어떻게 읽어야 하는지,

성경을 묵상하는 일이 무엇이며 왜 필요한지

충분히 더 알 필요가 있다.

성경 묵상이란 단어는 이제 낯설지 않지만

성경 묵상의 이유와 정의, 그 신학적 근거는 그다지 제대로 설명되지 않았다.

제1부에서는 이런 문제를 다루면서 성경을 읽고 묵상하는 의의를 밝힌다.

1장은 성경 묵상의 존재 이유를 제시하고

2장은 성경 묵상의 정의를 다루며

3장은 성경 묵상의 신학적 근거를 살핀다.

1장

왜 성경을 주셨을까?

그 의도를 성취하는 길, 묵상

성경은 참 독특한 책이다. 성경처럼 오랫동안 베스트셀러인 책은 이 세상 어디에도 없다. 성경처럼 역사에 큰 영향을 미친 책도 찾기 힘들다. 언어와 문학, 정신과 사상면에서도 성경의 영향력은 무시할 수 없다.[1] 고대의 자료임에도 불구하고 성경의 원형이 거의 완벽하게 보존되어 있다는 사실은 주목할 만하다.[2] 또한 그런 고대 문헌이 현대인에게 이처럼 보편적으로 읽힌다는 점도 놀랍다.[3] 이런 점들을 차치하더라도 성경은 기독교 경전이라는 점에서 매우 중요하다. 기독교회는 성경을 매우 중요시하며 성경의 권위를 적극 인정한다.

이때 떠오르는 질문이 있다. 성경은 왜, 어떻게 우리에게 있게 된 것

---

1 참조. N. L. Geisler, W. E. Nix, 『성경의 유래』(이송오 옮김, 서울: 생명의말씀사, 1985), 7.

2 참조. F. F. Bruce, *The New Testament Documents*(Leicester: IVP, 1960), 14-20.

3 참조. J. R. W. Stott, 『왜 성경이 필요한가?』(정관호 옮김, 서울: 엠마오, 1986), 9.

일까? 성경은 하나님이 만들어서 툭 던져주신 책인가? 교회가 역사 속에서 만들어낸 산물인가? 인간의 지혜로운 저작에 불과한가? 단순히 고대 문서인가? 아니면 현대를 살아가는 나와 우리에게 말하고 있는 책인가? 도대체 하나님은 왜 성경을 주셨는가?

이런 의문과 관련하여 어떤 장면을 생각해볼 수 있다. 고등학교 3학년이 된 딸의 방을 청소하다가 분홍색 카드 편지를 발견한 엄마가 있다고 하자. 그 엄마는 궁금하기도 하고 걱정되기도 해서 그 편지를 펼쳐보았다. 엄마가 그 편지를 읽었다는 사실을 나중에 안 딸은 엄마에게 화를 냈다. "나에게 온 편지를 엄마가 왜 봐?" 하며 따지고 들었다. 뭐가 문제였을까? 딸이 말하는 대로 수신인이 아닌 사람이 편지를 보았다는 게 문제였다.

바울은 디모데에게, 또 디도에게 편지를 썼다. 사적인 내용을 담아 빌레몬에게도 편지를 썼다. 그런데 그 편지들은 지금 그 수신자와 직접적인 연고가 없는 다른 사람들에게 읽힌다. 그 편지는 아예 여러 나라말로 번역되고 인쇄되어 많은 사람이 손쉽게 읽고 있다. 어떻게 된 일일까? 특정 개인에게 썼던 편지를 왜 지금 다른 많은 사람이 보고 있을까? 나아가 그 편지를 읽는 많은 사람은 바울이 디모데에게 한 말이 자신들에게 향한 말이라고 생각한다. 그들은 바울이 빌레몬에게 부탁한 내용을 보면서 자신들의 행동을 추스른다. 바울이 디모데와 디도에게 한 말을 가지고 왜 나에게 한 말이라고 생각하는가? 바울의 편지는 디모데와 디도를 위한 것인가, 아니면 우리를 위해 쓰인 것인가? 아니면 두 가지 모두인가? 바울의 편지는 진정 누구를 위해 쓰였는가? 바울이 그 편지를 쓸 때 현대의 우리까지 염두에 두었는가? 이런 질문들은 성경에 바울의 편지가 있기 때문에 나오는 의문이다. 이런 의문을 고려하며 성경이 가지는 독특한 특징을 살펴볼 필요가 있다.

이번 장에서는 성경의 "이중저작권"이란 특징을 살펴보며 성경이 우리에게 있는 이유가 성경 묵상이라는 점을 깨닫고자 한다.

"성경은 왜, 어떻게 우리에게 있지?"

1.1. 성경의 이중저작권

가장 기본적 질문은 성경이 누구의 말인가 하는 것이다. 성경은 누가 누구에게, 누구를 위해 쓴 글인가? 이 저작권 질문과 관련하여 두 가지 사항을 생각해야 한다.

옛날 인간 저자가 당시의 사람들에게

첫째, 성경은 고대의 인간 저자—또는 저자들—가 그 당시 사람들을 위해 쓴 글이라는 점이다. 이 점을 먼저 인정해야 한다. 바울은 약 2,000년 전에 빌레몬에게 편지를 썼고 그것은 성경으로 남았다. 따라서 빌레몬서의 저자는 바울이다(몬 1:1).[4] 성경에서 우리는 그 글의 저자가 인간임을 알려주는 표현을 어렵지 않게 발견할 수 있다(참조. 눅 1:1-4; 롬 1:1; 딤전 1:1 등). 성경을 인간이 썼다는 사실은 부인할 수 없다.

그런데 이와 관련하여 생각해야 할 두 가지 사항이 있다. 첫째는 성경

---

4 몬 1:1은 바울과 더불어 디모데를 공동 발신자로 기록한다. 하지만 편지 전체에서 발신인이 일인칭인 "나"(바울)로 등장하는 것은 이 편지의 저자가 바울임을 확실하게 해준다(참조. 몬 1:4, 7, 8, 9, 12 등).

이 누구의 말과 글인지를 파악하기가 때로 쉽지 않다는 점이다. 저자가 인간이라는 점은 분명하지만 그 저자가 누구인지를 명확하게 아는 것이 생각처럼 쉽지만은 않다. 디모데전후서의 저자가 바울인지 아니면 바울의 제자인지에 대한 논의는 아직도 진행 중이다.[5] 히브리서의 저자에 대해서는 아직도 분명한 답이 없으며,[6] 구약성경 각 권의 저자를 명확히 밝히기도 쉽지 않다. 복음서 안에 있는 예수님의 가르침은 예수님이 하신 말씀을 복음서 저자들이 기록한 것이다. 따라서 그것이 예수님의 말씀을 정확하게 그대로 옮긴 것인지, 아니면 거기에 인간 저자의 표현이 어느 정도 섞인 것인지 판단하기가 쉽지 않다.[7]

고려해야 할 또 다른 점은 성경의 일차 독자를 명확히 밝히는 것 역시 쉽지 않다는 사실이다. 빌레몬서는 빌레몬이 받았겠지만[8] 빌레몬만 그 편지를 읽은 것 같지는 않다. 빌레몬서 1:2에 빌레몬 외의 수신자들이 거론되어 있을 뿐 아니라 편지 끝머리 인사에서도 수신인이 복수로 나타나기 때문이다(몬 1:25, "너희[들]"). 디모데전서도 마찬가지다. 머리말은 수신인으로 디모데만 언급하지만(딤전 1:2), 편지 말미에는 복수의 사람들에

---

5 참조. P. H. Towner, *The Letters to Timothy and Titus*(NICNT; Grand Rapids: Eerdmans, 2006). 9-26; I. H. Marshall, *A Critical and Exegetical Commentary on the Pastoral Epistles*(ICC; Edinburgh: T & T Clark, 1999), 57-92.

6 참조. R. Brown, 『히브리서 강해』(김현회 옮김, 서울: IVP, 2000), 15-16; W. L. Lane, 『히브리서 1-8』(WBC 47상; 채천석 옮김, 서울: 솔로몬, 2006), 72-75.

7 당장 이런 문제는 신약성경이 그리스어로 기록되었다는 점에서부터 생각해볼 수 있다. 예수님은 아람어를 사용하셨기 때문에 신약성경에 기록된 예수님의 말씀은 표현된 그대로 옮겨진 것이 아니다. 또한 각 복음서에 기록된 예수님의 말씀에서 차이점이 발견된다는 것도 해결해야 할 난점이다. 복음서에 있는 예수님의 말씀이 가진 진정성(眞情性)을 대체적으로 부인하는 "예수 세미나"(Jesus Seminar) 그룹의 결론은 이런 이슈를 극단화시킨 한 예로 볼 수 있다.

8 빌레몬서 자체로 이 서신의 수신인을 밝히는 일에 대해서는, 이진섭, "빌레몬서 수신자 찾기: 성경으로 성경을 해석하는 하나의 예", 「성경과 교회」 11(2013), 125-43을 참조하라.

게 축복하는 인사가 등장한다(딤전 6:21, "너희[들]"). 디모데에게 보낸 서신이지만 아마도 교회 전체가 함께 읽었을 가능성이 있다는 말이다.[9] 평소 쉽게 넘어갔던 구절도 한 번 더 생각하면 어려워지는 경우도 있다. 예를 들어보자. 마태복음 28:18-20에는 부활하신 예수님이 열 한 제자에게 하신 명령이 나온다. 예수님은 "너희는 모든 족속으로 제자를 삼으라" 하시며 "세상 끝날까지 너희와 함께하겠다"고 말씀하셨다. 이 명령은 누구를 향한 것일까? 언뜻 보면 예수님이 열 한 제자에게 명령하신 것처럼 보인다. 하지만 고민이 되는 면이 있다. 열 한 제자가 이 명령을 잘 지켰을까? 그랬다면 그들은 모든 족속을 제자로 삼기 위해 외국으로 나갔어야 한다. 사도행전에 나타난 열 한 사도들의 모습이 그랬는가? 적어도 사도행전에는 그렇게 나타나지 않는다. 또 예수님은 세상 끝날까지 열 한 제자들과 함께 계셨는가? 열 한 제자는 세상 끝이 오기 전에 죽지 않았는가? 그렇다면 예수님이 과장해서 말씀하신 것인가, 아니면 복음 전파의 일반론을 말한 것인가? 도대체 이 명령은 진정 누구를 향한 것인가? 열 한 제자인가, 아니면 또 다른 어떤 사람들인가? 더구나 마태복음의 저자가 예수님의 말씀에 근거하여 이 명령을 새롭게 기록한 것이라면 그는 누구를 염두에 두었다는 말인가? 열 한 제자들이 이 명령을 다시 상기하기를 바랐을까, 아니면 마태복음을 읽게 될 마태 공동체의 지체들을 독자로 염두에 둔 것이 아닐까? 그렇다면 마태 공동체가 이 명령을 따르기를 바란 것인가? 마태복음 28:19에 등장하는 "너희"는 결국 누구를 지칭하는가? 예수님은 열 한 제자에게만 말씀하셨는데 마태복음의 저자가 그 대상을 확대했을까, 아니면 예수님이 원래부터 열 한 제자뿐 아니라 그들로 대표되는

9 Marshall은 이 가능성에 관해 말한다(*Pastoral Epistles*, 680).

교회 전체를 내다보신 것일까? 결국 이런 질문들은 성경이 정확히 누구를 위해 쓰인 것인지 알기가 어렵다는 사실을 단적으로 보여준다.

정리해보자. 앞선 논의를 토대로 우리는 성경의 인간 저작권에 대해 다음과 같이 말할 수 있다. 성경을 쓴 일차 저자는 인간이다. 성경은 인간 저자가 인간 독자들을 향해 쓴 글이다. 하지만 그 인간 저자와 독자를 명확히 밝히기는 그다지 쉽지 않다. 인간 저자를 명확히 밝히는 데 적지 않은 어려움이 있다. 또한 어떤 독자를 겨냥했는지도 알기 어렵다. 이 말은 인간 저자와 독자를 밝히려는 노력이 불필요하다는 뜻이 아니다. 오히려 그런 노력을 제대로 정밀하게 할 필요가 있다는 말이다. 우리는 성경을 읽으며 원래의 인간 저자와 독자를 염두에 두어야 한다. 일차 저자와 독자를 바르게 이해하지 않으면 성경의 원래 의미를 오해할 수 있기 때문이다.

"성경은 일차적으로 인간 저자가 인간 독자를 향해 쓴 글이다."

하나님이 오늘의 나와 우리에게

성경의 저작권과 관련하여 두 번째로 생각해야 할 점은 성경의 궁극적 저자가 하나님이시며 그 하나님이 오늘의 "나"와 "우리"에게 성경을 통해 말씀하신다는 점이다. 이는 다음의 두 가지 의미를 내포한다. 하나는 일차 독자가 확대되어 새로운 독자가 등장한다는 뜻이고, 다른 하나는 인간 저자 이전에 하나님이 성경의 저작권을 가지고 계시다는 뜻이다. 성경은 이 사실을 여러 곳에서 밝힌다.

신명기 5:1-3은 독자가 확대되는 모습을 잘 보여준다. 여기서 모세는 하나님이 호렙산에서 세우신 언약의 대상이 누구인가를 분명히 한다.

1모세가 온 이스라엘을 불러 그들에게 이르되, "이스라엘아, 오늘 내가 너희
의 귀에 말하는 규례와 법도를 듣고 그것을 배우며 지켜 행하라. 2우리 하나
님 여호와께서 호렙산에서 우리와 언약을 세우셨나니 3이 언약은 여호와께
서 우리 조상들과 세우신 것이 아니요, 오늘 여기 살아 있는 우리 곧 우리와
세우신 것이라"(신 5:1-3, 밑줄은 덧붙임).

모세는 하나님이 호렙산(시내산)에서 세운 언약이 출애굽 2세대 백성들에게도 해당한다고 말한다. 원래 시내산 언약은 역사적으로 출애굽 1세대 백성들과 하나님이 맺었던 것이다(출 19:1-25). 그런데도 모세는 시내산 언약이 가나안 땅에 들어가기 직전에 살고 있는(참조. 신 1:1, 5) 제2세대 백성들과 맺으신 것이라고 주장한다(참조. 신 4:23). 그렇다면 이미 신명기는 시내산 언약을 기록한 말씀의 독자가 확대되었다는 사실을 가정한 셈이다. 그런데 여기서 한 가지 더 생각해볼 점이 있다. 만일 이 신명기 본문이 "신명기 사관"(Deuteronomistic view of history)에 입각한 후대의 기록이라면 이 본문의 진정한 독자 역시 출애굽 2세대 백성이 아니라 더 후대의 이스라엘 백성이 된다는 사실이다.[10] 즉 이 본문은 시내산 언약이 다시 상기되어야 하는 어떤 시대의 백성을 겨냥한다. 이처럼 성경은 자체적으로 그 독자의 범위를 확대해간다. 여기서 확대된 독자는 그 성경 본문을 읽는 그 시점의 모든 독자들이다.

이런 독자 확대 현상은 예수님 시대의 유대인들이 구약성경을 읽는

10 신명기 사관의 입장과 이에 관한 학계의 평가를 간략하게 파악하려면 다음을 참조하라. M. Noth, *The Deuteronomistic History*(Sheffield: JSOT, 1981); R. Polzin, *Moses and the Deuteronomist: A Literary Study of the Deuteronomic History*(New York: Seabury, 1980); J. G. McConville, "The Old Testament Historical Books in Modern Scholarship", *Themelios* 22/3(1997), 3-13.

보편적인 방식에서 잘 드러난다. 마가복음 10:3에서 예수님은 바리새인들의 질문에 이렇게 대답하신다.

> 모세가 어떻게 너희에게 명하였느냐?(막 10:3, 밑줄은 덧붙임)

예수님은 구약의 모세오경이 "너희에게" 말하는 바가 무엇이냐고 반문하신다. 이는 예수님 당시의 사람들이 자연스레 구약성경의 독자가 된다는 생각을 보여준다. 구약성경의 일차 저자와 일차 독자가 누구이건 간에 그 말씀의 내용은 현재의 확대된 독자를 향한다.

바울은 로마서 15:4에서 이런 성경 독자의 현재화 원리를 분명히 언급한다.

> 무엇이든지 전에 기록한 바는 우리의 교훈을 위하여 기록된 것이니 우리로 하여금 인내로 또는 성경의 위로로 소망을 가지게 함이니라(롬 15:4).

그런데 이처럼 독자의 현재화가 이루어지는 것은 하나님이 성경의 궁극적 저자가 되시기 때문이다.[11] 히브리서 저자는 이런 생각을 단적으로 드러낸다. 그는 구약의 시편 95:7-11을 인용한 후(히 3:7b-11), 그 인용된 말씀의 주체가 "성령"이라고 말하면서(히 3:7a) 그 권면을 듣는 "오늘"의 너희—히브리서의 독자들이다—가 그 가르침에 순종해야 한다고 권

11 하나님이 성경의 저자라는 개념은 조직신학에서 "성경의 영감(inspiration)"이라는 용어로 설명된다. Erickson은 성경의 영감을 "성경의 [인간] 저자들이 계시를 정확히 기록할 수 있게 하고, 그 결과로서 그들이 기록한 것이 실제적으로 하나님의 말씀이 되도록 하기 위하여 성경의 저자들에게 미친 초자연적인 영향력"으로 정의한다(M. J. Erickson, 『복음주의 조직신학[상]』[신경수 옮김, 서울: 크리스천다이제스트, 1995], 227).

면한다(히 3:12-19).[12]

> [7]그러므로 성령이 이르신 바와 같이 **오늘 너희가 그의 음성을 듣거든 [8]광야에서 시험하던 날에 거역하던 것 같이 너희 마음을 완고하게 하지 말라**(히 3:7-8, 굵은 글씨로 표시된 내용은 히브리서 저자가 시편 95:7-8을 자유롭게 인용한 것이다. 굵은 글씨와 밑줄은 덧붙임).

> [12]형제들아, 너희는 삼가 혹 너희 중에 누가 믿지 아니하는 악한 마음을 품고 살아계신 하나님에게서 떨어질까 조심할 것이요, [13]오직 오늘이라 일컫는 동안에 매일 피차 권면하여 너희 중에 누구든지 죄의 유혹으로 완고하게 되지 않도록 하라(히 3:12-13, 밑줄은 덧붙임).

나아가 신약성경은 여러 곳에서 하나님이 인간 저자를 통해 말씀하고 계신다는 생각을 드러낸다(참조. 요 10:34-35; 행 2:25-31; 4:25; 28:25; 벧전 1:19-21 등). 그중 디모데후서 3:16-17은 매우 중요하다. 이 구절은 성경의 궁극적 저자가 하나님이라는 개념을 분명히 밝힌다.[13]

> [16]모든 성경은 하나님의 감동으로 된 것으로 교훈과 책망과 바르게 함과 의로 교육하기에 유익하니 [17]이는 하나님의 사람으로 온전하게 하며 모든 선한 일을 행할 능력을 갖추게 하려 함이라(딤후 3:16-17, 밑줄은 덧붙임).[14]

---

12 히브리서 저자는 다른 몇몇 곳에서도 이런 생각을 드러낸다(참조. 히 9:8; 10:15).

13 참조. B. Milne, *Know the Truth: A Handbook of Christian Belief*(Leicester: IVP, 1982). 35; Erickson, 『복음주의 조직신학(상)』, 230.

14 여기서 언급된 "모든 성경"은 일차적으로 구약성경을 말한다(참조. Marshall, *Pastoral Epistles*,

이처럼 성경의 궁극적 저자는 하나님이시다. 또한 이로 말미암아 성경의 독자가 현재화될 수 있다. 그런데 이런 사실은 성경의 인간 저작권과 마찰을 일으키기보다 오히려 조화를 이룬다.[15] 바울은 로마서 1:2에서 성경의 이중저작권 사상을 압축해서 설명해준다.

> 이 복음은 하나님이 선지자들을 통하여 그의 아들에 관하여 성경에 미리 약속하신 것이라(롬 1:2, 밑줄은 덧붙임).

이 말씀은 지금까지 논의한 내용을 정리해준다. 성경은 하나님이 인간 저자를 통해서 쓰신 글이다. 성경에는 일차 독자가 존재하지만, 궁극적으로 하나님은 성경을 통해 역사 속에서 현재를 살아가는 우리에게 말씀하신다.

"성경은 궁극적으로 하나님이 현재의 독자에게 말씀하시는 책이다."

791-92). 하지만 신약성경 중 일부가 포함될 가능성도 쉽게 무시할 수는 없다. 신약성경이 정경화되기 전에 이미 사도들의 글이 성경의 범주로 여겨졌다는 증거가 있기 때문이다(참조. W. Hendriksen, 『목회서신: 디모데전후서 디도서』[나용화 옮김, 서울: 아가페, 1983], 401; J. R. W. Stott, 『디모데후서 강해』[김영배 옮김, 서울: 엠마오, 1985], 130-31; P. C. Spicq, *Saint Paul: Les Épitres Pastorales*, 2 vols.[Études Bibliques; Paris: J. Gabalda, 1969], 787f.; G. W. Knight III, *The Pastoral Epistles: A Commentary on the Greek Text*[NIGTC; Grand Rapids/Carlisle: Eerdmans/Paternoster, 1992], 447f.). 딤후 4:18에는 눅 10:7의 내용을 성경의 범주로 본 흔적이 있고, 벧후 3:16은 바울의 편지를 성경의 범주로 고려한 흔적을 암시한다.

15 오히려 앞서 살핀 일차 저자와 독자의 모호성은 "하나님의 저작"이라는 특징과 연관되는지도 모른다.

1.2. 성경을 주신 의도:[16] 성경 묵상

성경이 현재의 우리와 관련된 책이라면 하나님이 성경을 우리에게 주신 의도가 무엇인지 살펴보아야 한다.

성경을 주신 두 가지 이유

성경을 주신 이유는 두 가지로 생각해볼 수 있다. 첫째는 하나님이 우리에게 당신의 뜻을 전하고자 하신다는 것이고, 둘째는 하나님이 자신의 뜻에 대한 반응을 우리에게 요구하신다는 것이다.

이 두 가지 의도는 다음의 예로 쉽게 알 수 있다. 어떤 총각 직원이 같은 직장의 여자 동료에게 다음과 같은 문자를 보냈다고 치자.

> 어제 매출 조사를 도와주어 감사합니다. 감사의 뜻으로 오늘 저녁 식사를 대접하고 싶습니다. 6시 반에 회사 앞 카페에서 기다리겠습니다.

이 문자를 읽은 여직원은 어떻게 해야 할까? 아마도 두 가지를 해야 할 것이다. 첫째, 이 문자의 진의가 무엇인가를 파악하는 일이다. "단순히 감사의 뜻인가, 아니면 나에게 관심이 있다는 뜻인가?" 둘째, 이 판단에 기초하여 반응하는 일이다. 단순한 감사의 표현이라고 판단되면 그에 맞게 행동해야 하고, 일종의 "작업"(?)이라고 의심되면 생각을 잘 정리하고 적절히 반응해야 한다.

---

16 이에 대한 간략한 설명은 이진섭, 『데살로니가전후서: 본이 되는 삶, 본이 되는 사역』(성경묵상주석; 서울: 홍림, 2011), 17을 보라.

성경도 마찬가지다. 하나님이 우리에게 글(성경)을 남기셨다. 우리는 그것을 읽으며 하나님의 진의를 파악해야 한다. 문자를 받은 여직원이 "매출"과 "식사" 등의 단서를 통해 남자의 본뜻을 판단해야 하는 것처럼 우리는 성경에 있는 "어떤 이야기"를 통해 나와 우리를 향한 하나님의 뜻을 깨달아야 한다. 이것이 첫째다. 둘째는 그에 따라 반응하는 일이다. 문자를 받으면 그에 맞게 적절히 반응해야 하는 것처럼 우리도 성경을 통해 깨달은 하나님 뜻에 적절하게 반응해야 한다. 성경을 읽으며 적절한 반응을 보이지 않는다면 그것은 문자를 읽은 여직원이 아무런 행동을 하지 않는 상황과 유사하다. 이처럼 성경은 우리를 향한 하나님의 뜻을 전달하고 그 뜻에 대한 반응을 기대한다.

또 다른 예를 생각해보자. 어떤 학생이 기말고사가 코앞에 닥쳤는데도 공부는 하지 않고 놀러만 다닌다. 그래서 지켜보다 못한 친구가 우정 어린 충고를 한다. "소 잃고 외양간 고치려고 하니?" 그 학생은 이 속담을 어떻게 받아들여야 할까? "나한테 무슨 소가 있어서 외양간을 고치라는 거야?" 하면서 무시한다면 정말 가망이 없다. 보통은 친구의 말이 무슨 뜻인지 잘 알 것이다. 시험 준비를 하지 않아 곤란을 겪지 말라고 충고한 말이다. 그래서 그 충고에 따라 적절히 반응해야 한다. 이 경우에는 시험 공부를 바로 시작해야 정상이다.

성경 말씀도 마찬가지다. 성경에서 다윗 이야기를 읽으며 그 이야기 자체에 매몰되어서는 안 된다. 그 이야기를 통해 하나님이 나에게 말씀하길 원하시기 때문이다. 소와 외양간 이야기가 친구를 위해 적절하게 사용되었듯이 다윗 이야기가 우리를 위해 사용된다. 그 학생이 당면한 "기말고사"라는 상황 속에서 "소와 외양간" 이야기는 "시험 준비"라는 메시지가 되었듯이 우리가 처한 어떤 상황 속에서 "다윗" 이야기는 나(우리)

를 향한 또 다른 메시지가 될 수 있다(물론 이 말이 다윗 이야기가 단순히 모범적으로만 사용되어야 한다는 뜻은 아니다).[17] 여기에는 특정한 과정과 적절한 방법이 필요하다. 친구가 전해준 속담은 큰 어려움 없이 "적절한 준비"라는 교훈으로 이해될 수 있지만 성경은 그렇게 쉽게 이해되지 않을 때도 있기 때문이다.[18] 그래서 해석 방법 및 적용 방법이 필요하다. 친구의 충고와는 달리 성경의 교훈은 종종 내 삶과 거리가 있다고 느껴진다. 그래서 성경을 적용하는 방법을 배워야 한다. 결국 중요한 것은 하나님이 성경을 통해 우리에게 말씀하신다는 점과, 우리가 그에 대해 적절히 반응해야 한다는 점이다.[19]

이처럼 성경은 우리에게 하나님의 뜻을 알려주고, 우리의 반응을 기대한다. 이것이 성경이 우리에게 주어진 중요한 두 가지 이유라고 말할 수 있다.

"성경은 하나님의 뜻을 알려주고 그에 대한 반응을 기대한다."

성경 묵상

그렇다면 이 두 가지 지향점은 어떻게 성취되는가? 어떻게 성경을 사용해야 이 두 가지 이유(목표)를 적절히 만족시킬 수 있는가? 그 답은 성경 묵상에 있다. "성경 말씀을 깊이 숙고하고 곱씹는 것을 통해 하나님의 뜻을 깨닫고 그 뜻에 맞게 적절히 반응하는 행위"가 "성경 묵상"이기 때문

17 이와 관련된 논의는 4장을 참조하라.

18 성경 본문과 우리 사이에는 시간적·공간적·문화적·언어적 간격 등이 존재한다. 이로 말미암아 해석에 많은 어려움이 발생한다. 이에 대해서는 4.2.를 참조하라.

19 해석과 적용의 방법은 5, 6장에서 각각 다룬다.

이다.[20] 성경을 묵상할 때 우리는 먼저 성경 본문을 깊이 숙고하여 그 의미가 무엇인지를 깨닫는다. 이어서 그 의미가 나와 우리에게 주는 함의를 찾고, 그 판단에 따라 적절히 반응한다. 이런 과정에서 성경을 주신 하나님의 의도가 이루어진다. 즉 하나님이 성경을 주신 의도가 성경 묵상을 통해 이루어지는 것이다.[21]

이런 점에서 성경 묵상은 성경을 읽는 근본적인 이유라고 말할 수 있다. 성경을 대하는(읽는) 방법은 크게 다섯 가지로 나뉜다. ① 단순 읽기, ② 암송, ③ 통독, ④ 연구, ⑤ 묵상이다. 단순히(눈이나 입으로) 읽는 방식(묵독, 속독, 발췌독)이 있고, 암송하려고 (또는 암송하면서) 읽는 방법이 있다. 성경 본문을 이어서 죽 훑어 읽는 통독이 있고, 특정 본문을 깊이 연구하며 읽는 방식(정독)이 있다. 또한 특정 본문을 묵상하여 우리의 상황과 관련시켜 읽는 방식이 있다. 각각의 방식은 그 성격에 따라 구분된 것으로서 나름의 기능과 역할이 있다. 하지만 앞의 네 가지 성경 읽기—단순 읽기, 암송, 통독, 연구—는 궁극적으로 다섯 번째 읽기, 즉 "성경 묵상"의 자리로 나아갈 때 진정으로 의미가 있게 된다. 단순 읽기는 그다지 열매를 맺지 못하고 시간만 낭비하게 하는 경우가 많다. 따라서 여기에 다른 읽기 방법이 보충되어 결국 묵상으로 발전되어야 한다. 성경 구절을 암송하는 것은 그 구절을 언제나 곁에 두고서 주야로 묵상하기 위한 것이다. 통독이나 연구도 마찬가지다. 성경 본문을 계속 이어서 통독하거나 특정 본문을 깊이 연구하는 일차적인 목적은 성경 말씀의 의미를 바르고 깊이 있게 깨닫는 것이다. 하지만 이것이 지적인 깨달음에서 멈추면 큰

---

20 성경 묵상의 정의에 대해서는 2장에서 다루고 성경 묵상의 신학적 이해에 대해서는 3장에서 다룬다.

21 나는 성경 묵상을 좀 더 포괄적 개념으로 이해한다. 큐티(Quiet Time, 경건의 시간)는 성경 묵상의 한 가지 종류다. 이에 대해서는 2장을 보라.

의미가 없다. 깨달은 바가 결국에는 나와 우리의 현실로 들어와야 한다. 이런 점에서 성경 통독과 성경 연구도 최종적으로는 성경 묵상을 향한다고 볼 수 있다.[22] 이처럼 단순한 성경 읽기, 암송, 통독, 연구는 모두 성경 묵상에 와서야 진정한 의의를 찾게 된다. 다시 말해, 성경 묵상은 성경 읽기의 꽃이다. 하나님이 우리에게 성경을 주신 의도가 결국 성경 묵상에서 성취된다.[23]

정리해보자. 왜 우리에게 성경이 주어졌는가? 하나님의 뜻을 알려주고 그 뜻에 맞는 반응을 요구하기 위해서다. 이 요구는 성경 묵상을 통해 충족될 수 있다. 성경을 묵상할 때 나와 우리를 향한 하나님의 뜻을 발견하고 그에 합당하게 반응할 수 있다. 성경 묵상은 성경을 주신 하나님이 우리에게 기대하시는 바다.

"성경 묵상은 성경 읽기의 꽃이다."

1.3. 나가는 말: 성경으로 하나님 만나기

성경은 독특한 책이다. 여러 가지 특징이 있지만 그중 가장 괄목할 만한

---

22 이런 점에서 성경 통독과 성경 연구는 모두 과정적이다. 성경 통독과 성경 연구를 위해 성경이 존재하는 것은 아니다. 그것들은 성경을 제대로 묵상하게 하려는 데 필요할 뿐이다.

23 네비게이토 선교회의 『그리스도와의 동행』이란 책자도 다른 방법보다 성경 묵상을 중요하게 다룬다(『그리스도와의 동행』[네비게이토출판사, 2013], 29-30). 이는 나의 관점과 유사하다. 하지만 그 책자는 "성경을 아는 다섯 가지 방법"(듣기, 읽기, 공부, 암송, 묵상)이란 개념을 말하고 있기에 차이가 있다. 나는 "성경을 대하는(읽는) 다섯 가지 방법"(단순 읽기, 암송, 통독, 연구, 묵상)이란 개념에서 말하고 있다. 나는 "읽는다"라는 개념을 넓은 의미로 사용한다.

것은 하나님이 인간 저자를 사용하셔서 역사의 현재를 살아가는 우리에게 말씀하시는 통로로 사용하신다는 사실이다. 성경은 우리를 향한 하나님의 뜻을 전해주고 그에 대한 우리의 반응을 요구한다. 이런 요구는 성경 묵상이란 행위로 충족될 수 있다. 우리는 성경 묵상을 통해 하나님의 뜻을 깨닫고 반응함으로써 하나님과 만날 수 있다. 따라서 성경 묵상은 성경을 주신 하나님의 의도에 적합한 성경 읽기다. 성경을 묵상해야 하는 중요한 이유가 여기에 있다. 하나님은 성경 묵상을 기대하면서 우리에게 성경을 주셨다. 우리 앞에 성경이 있다면 우리는 성경을 묵상해야 한다. 성경은 하나님이 우리에게 보내신 연애편지와 같기 때문이다.

"하나님이 보내신 연애편지에 나는 어떻게 반응할까?"

더 읽어볼 만한 자료

Erickson, M. J. 『복음주의 조직신학(상)』(*Christian Theology*), 신경수 옮김, 서울: 크리스천다이제스트, 1995, 227-73(9. "계시의 보존: 영감", 10. "하나님의 말씀의 신뢰성: 무오성").

Geisler, N. L., W. E. Nix. 『성경의 유래』(*From God to Us: How We Got Our Bible*), 이송오 옮김, 서울: 생명의말씀사, 1985, 7-18(1. "성경의 특성").

Marshall, I. H. *Biblical Inspiration*, Carlisle: Paternoster, 1995, 115-25(6. "What are we to do with the Bible?").

Milne, B. *Know the Truth: A Handbook of Christian Belief*, Leicester, IVP, 1982, 15-51(Part 1. "The final authority in matters of faith").

Stott, J. R. W. 『성경 연구 입문』(*Understanding the Bible*), 최낙재 옮김, 서울: 성서유니온, 1975, 253-66(8. "성경의 사용").

______. 『왜 성경이 필요한가?』(*God's Book for God's People: Why We Need the Bible*), 정관호 옮김, 서울: 엠마오, 1986, 12-25(1. "하나님과 성경").

2장

성경 묵상이 뭐지?

성경 묵상 새롭게 이해하기[1]

"오늘 성경 묵상 했어요?"

"오늘 바빠서 큐티를 못했어요."

"말씀 묵상이 중요한 줄은 알지만 쉽지 않네요."

"묵상을 통해 하나님을 만나요."

신자들 사이에서 어렵지 않게 들을 수 있는 말들이다. 성경 묵상, 큐티, 말씀 묵상, 묵상. 하지만 이 말들이 동일한 것을 가리키는 다양한 표현인지, 다른 것을 가리키는 서로 다른 용어인지 분명히 답할 수 있는 사람은 많지 않다.

"성경 묵상"(Bible Meditation)이란 단어는 이제 한국교회에서 낯설지

---

1 이번 장의 초고는 2015년 6월 "성경·삶·사역회 컨퍼런스"에서 "성경 묵상 새롭게 이해하기"라는 제목으로 발표되었고, 성경·삶·사역회 소식지(「성경·삶·사역」[2015. 12]) pdf 파일에 게재되었다.

않다. 하지만 성경 묵상과 관련한 용어와 개념이 그다지 명확하고 매끄럽게 정리되었는지에 관해서는 의문이 생긴다. 다양한 용어들이 성경 묵상이란 말과 함께 어우러져 사용되지만 그 말들이 정확히 무엇을 의미하는지는 자세히 살펴보아야 한다.

이런 상황에서 이번 장은 성경 묵상의 개념을 명확히 하고, 성경을 묵상하게 하는 여러 방법을 소개하며, 성경을 묵상하도록 돕는 몇 가지 연구를 소개하고자 한다. 이런 과정에서 성경 묵상을 통전적(通全的)으로 새롭게 이해하게 될 것이다.

2.1. 성경 묵상

성경 묵상의 정의

성경 묵상은 "① 성경 말씀을 주의 깊게 생각하고 곱씹어서 ② 하나님의 뜻을 깨닫고 그에 합당하게 반응하면서 ③ 하나님과 만나 교제하는 행위"다.[2] 이 정의는 성경 묵상이 성경을 읽는(듣는) 독특하고 중요한 방법임을 말한다.[3] 여기에는 성경을 읽되(듣되) 그 뜻을 깊이 생각하고 반추한

---

2 이진섭, 『데살로니가전후서』, 17. J. I. Packer는 다음과 같이 말한다. "묵상은 하나님의 역사(役事)와 방법과 목적과 약속들에 대해서 알고 있는 바를 기억해내고, 사색하고, 곰곰이 생각하여 자신에게 적용해보는 활동이다. 이는 하나님의 임재 가운데에서, 하나님의 목전에서, 하나님의 도우심을 받아, 하나님과 교제하는 수단으로 행하는 거룩한 사고 활동이다"(*Guidance and Wisdom*, 18-19; 송인규, 『나의 주 나의 하나님』[개정판; 서울: 한국기독학생회출판부, 1990], 73에서 재인용). 성서유니온에서 발행한 책자에서는 성경 묵상을 "그리스도인이 성경을 읽고 기도하면서 하나님을 인격적으로 만나는 시간"이라고 간략하게 정의한다(『성경묵상 훈련교재』[서울: 한국성서유니온선교회, 2004], 18).

3 나는 1장에서 성경 읽는 방법을 "단순 읽기, 암송, 통독, 연구, 묵상"으로 분류했다.

다는 뜻이 포함된다. 또한 그 과정에서 하나님의 뜻을 깨닫고 인격적으로 반응한다는 뜻이기도 하다. 나아가 이런 활동이 결국 하나님을 만나게끔 하고 그분과 교제하도록 이끈다는 점을 의미한다.

이런 이해는 성경 묵상에 세 가지 요소가 있음을 전제한다. 첫째, 숙고(熟考)하고 곱씹는 요소다. 성경을 읽되 본문의 의미와 뜻을 주의 깊게 생각하고 곱씹는다. 율법을 묵상하라(meditate)고 할 때(참조. 수 1:8; 시 1:2) 사용되는 히브리어 "하가"(הָגָה)와 70인역의 그리스어 "멜레타오"(μελετάω) 동사는 "주의 깊게 생각하다"(contemplate)라는 의미와 "곱씹다"(masticate, chew)라는 의미를 내포한다. 둘째, 하나님의 뜻을 깨닫고 그에 합당하게 반응하는 요소다. 첫째 요소가 성경을 다루는 방법의 측면을 말한다면, 이 둘째 요소는 그에 따라 실제로 나타나는 행위의 측면을 말한다. 숙고하고 곱씹음으로써 하나님 뜻을 깨닫고 그에 반응한다. 셋째, 하나님과 만나 교제하는 요소다. 첫째 요소가 성경을 다루는 법을 말하고, 둘째 요소가 그것으로 나타나는 행위를 말한다면, 셋째 요소는 앞의 두 가지 요소가 가져오는 결과를 설명한다. 성경을 곱씹으며 하나님께 반응하고 하나님과 만나 교제한다. 결국 성경을 묵상하여 하나님과 인격적으로 만나게 되는 것이다.

여호수아 1:8-9은 이런 세 가지 요소를 압축적으로 잘 보여준다. 모세가 죽은 후에 하나님은 여호수아에게 나타나셔서 율법을 묵상하라고 명령하신다.[4] 첫째, 그분은 "이 율법 책을 네 입에서 떠나지 말게 하며 주

4 물론 수 1:8-9은 "성경 묵상"이 아니라 "율법 묵상"을 말한다. 하지만 이 두 용어는 다음의 두 가지 사항을 감안하면 무리 없이 연결될 수 있다. 첫째, 이 명령은 성경 전체가 완성되기 전에 주어졌다. 둘째, "율법"이 결국 구약성경 형성의 근간이 되었기에 제유법적으로 성경 전체를 지칭하는 것으로 볼 수 있다.

야로 그것을 묵상하라"(수 1:8a)고 지시하신다. 이 지시는 율법의 말씀을 깊이 생각하고 곱씹으라는 요청을 내포한다. 말씀을 늘 붙들고 주야로 씨름하는 것은 말씀을 깊이 생각하고 곱씹도록 하기 때문이다. 둘째, 야웨 하나님은 율법 속에 있는 자신의 뜻에 적절히 반응하라고 요청하신다. "주야로 그것을 묵상하여 그 가운데 기록한 대로 다 지켜 행하라"(수 1:8b)는 명령은 율법을 숙고하고 곱씹으며 그 뜻대로 하나님께 순종하라는 말이다. 성경 묵상은 하나님의 뜻을 깨닫고 반응하는 것도 포함하는 개념이다. 셋째, 이 명령은 결국 하나님과의 깊은 만남을 전제한다. "네가 형통하리라"(1:8c)는 표현이나 "네가 어디로 가든지 네 하나님 여호와가 너와 함께하느니라"(수 1:9b)는 표현에는 하나님을 만나는 것이 전제되어 있다.

이 세 가지 요소를 하나로 묶으면 성경 묵상이 "성경을 통해 하나님의 뜻을 깨닫고 그에 합당하게 반응함으로써 하나님과 만나 교제하는 행위"임을 확인할 수 있다.

"성경 묵상은 성경을 통해 하나님을 만나는 즐거운 행위다."

성경 묵상과 구별되는 개념

성경 묵상의 정의와 관련하여 두 가지 점을 오해하지 말아야 한다.

첫째, 성경 묵상은 범신론적 "명상"(瞑想)이 아니다. 명상은 마음을 가라앉혀 하나로 모으는 사색 방법으로서 보통 불교나 힌두교에 배경을 두고 발전된 수련법이다.[5] 하지만 성경 묵상은 기독교의 경전인 성경을 묵상

5 현대에 널리 퍼져 있는 초월명상(TM, Transcendental Meditation)이 그 대표적 예다. 이것은 마하

함으로써 하나님의 뜻을 깨닫고 그에 반응하며 하나님을 만나는 행위다. 그 차이를 세 가지로 나누어 설명할 수 있다. ① 명상은 조용히 정신을 집중하거나 진언(眞言)을 외우는 방식 등을 쓰는 반면, 성경 묵상은 하나님의 말씀인 성경을 사용한다.[6] ② 명상이 마음을 비워 정신적으로나 육체적으로 자아를 해방시키는 것에 관심이 있다면, 성경 묵상은 자신을 하나님의 말씀에 비추어 봄으로써 자기를 부정하고 하나님의 뜻에 순종하는 것에 초점을 둔다. ③ 명상은 결국 우주 및 절대적 존재와 합일되기를 추구하는 범신론적인 시각을 갖지만, 성경 묵상은 하나님의 뜻과 명령에 순종하여 하나님과 연합하는 삶을 추구하는 기독교적 입장을 가진다.[7]

둘째, 성경 묵상은 단순한 "묵상"이 아니다. 이때 "묵상"은 조용히 생각할 수 있는 어떤 것을 숙고함으로써 기독교 영성을 고양하는 방법을 말한다. 이 방법은 가톨릭에서 자주 사용하는데 때론 기도를 포함한다. 하지만 이런 묵상은 성경 묵상과 구별되어야 한다. 두 가지 점에서 분명한 차이가 있기 때문이다. ① "묵상"은 숙고하는 대상이 다양하지만, 성경 묵상은 그 대상이 성경으로 한정된다. "묵상"의 대상은 어떤 사진이나 그림, 시, 어떤 개념이나 성경 구절 등으로 제한이 없다.[8] 하지만 성경 묵상의 숙고 대상

리시 마헤시(Maharishi Mahesi)가 요가의 완성자인 파탄잘리의 가르침을 재구성해 1958년 즈음부터 인도의 뭄바이에서 시작한 종교 운동으로 아침과 저녁에 15-20분씩 입을 다물고 진언 등을 외우면서 자아를 해방시킨다고 하는 명상법이다. 참조. 『교회 용어 사전』(서울: 생명의말씀사, 2013), 204.

6 참조. 성서유니온 엮음, 『성경묵상 훈련교재』, 16.

7 E. P. Clowney(*Christian Meditation*[Nutley: Craig Press, 1979], 12-13)와 송인규(『나의 주 나의 하나님』, 71-72)도 이런 세 가지 특징을 유사하게 지적한다. 하지만 이들의 비교는 "성경 묵상"과 "명상"의 비교라기보다는 "그리스도인의 묵상"과 "명상"에 대한 것이다.

8 가톨릭계 인터넷 신문 "굿뉴스"(http://www.catholic.or.kr)의 게시판인 "우리들의 묵상"에 보면 이런 점을 어렵지 않게 확인할 수 있다.

은 성경 말씀으로 분명히 정해져 있다. ② 묵상은 영성의 고양(高揚)이 중요한 목표인 반면, 성경 묵상은 하나님을 만나 교제하는 것이 목표다. 묵상은 그 결과나 목적이 반드시 하나님과의 교제와 연관되지 않을 수도 있다. 하지만 성경 묵상은 하나님을 인격적으로 만나는 것이 필수 전제다. 따라서 가톨릭에서 사용하는 "묵상"이란 용어는 때론 "성경 묵상"과 유사해 보일 수 있지만 꼭 성경 묵상과 동일한 개념이라고 보기는 힘들다.

성경 묵상과 큐티의 등가 현상

성경 묵상의 정의와 관련하여 또 하나 조심스럽게 판단해야 할 사항이 있다. 성경 묵상과 큐티의 동일시다. 사실 이런 시각은 한국 개신교 안에 팽배하다. 하지만 이런 동일시 경향에는 문제가 있다.

큐티는 "개인이 매일 특정한 시간을 떼어서 개인적으로 성경을 상고하고 기도하면서 하나님과 만나 교제하는 시간"을 말한다. 이에 비해 성경 묵상은 "성경을 묵상함으로써 하나님을 만나 교제하는 것 자체"를 말한다. 성경 묵상은 성경 읽기의 특징과 성격에 따라 구분된 용어—즉 1장에서 살핀 대로 성경 읽기의 다섯 가지 종류인 "① 단순 읽기, ② 암송, ③ 통독, ④ 연구, ⑤ 묵상" 중에 "묵상"이라는 특징을 가진 성경 읽기다—인 반면 큐티는 성경 묵상의 주체와 방식에 따라 구분된 용어다. 결국 큐티는 성경 묵상에 이르게 하는 한 가지 방법으로서, 개인이 스스로 성경 묵상에 이르게 하는 특별한 시간이라는 뜻이다. 이처럼 큐티와 성경 묵상은 서로 다른 차원의 용어다. 따라서 큐티를 성경 묵상에 이르게 하는 한 가지 방법이라고 말할 수는 있지만, 성경 묵상이 곧 큐티라고 말하기는 어렵다.[9]

---

9 예를 들어 수 1:8이나 시 1:2에 나타난 묵상이 곧 큐티를 지칭한다고 보는 것에는 어려움이 있다.

그런데 한국교회 안에는 어느 때부터인가 큐티를 성경 묵상과 동일시하는 경향이 생겼고[10] 이는 현재 거의 보편적인 인식이 되었다.[11] 성경 묵상과 큐티라는 용어가 깊이 연관되어 있기에 어떤 점에서는 이런 경향이 자연스러워 보일 수 있다. 그러나 엄밀하게 말해 이런 입장에는 논리적 오류가 있다. 큐티가 성경 묵상을 이루는 하나의 방법이기에 큐티를 성경 묵상이라 부르는 것은 참인 명제다. 하지만 그렇다고 해서 성경 묵상과 큐티를 동일시할 수는 없다.[12] 성경 묵상이 큐티보다 더 크고 넓은 개념이기 때문이다. 이 말은 큐티 외에 성경을 묵상하는 방법이 더 있다

이 두 본문 모두 구체적 방법을 지시한 것이 아니라 율법(성경) 묵상의 삶 자체를 권면한 것이다.

10 우리나라의 큐티 운동을 선도해왔던 성서유니온에서 이런 입장이 두드러지는 것을 볼 수 있다. 성서유니온은 처음에는 큐티를 "명상의 시간" 또는 "묵상의 시간"이라고 불렀다. 하지만 언제부턴가 큐티와 성경 묵상을 혼용하기 시작했다. 예컨대 2004년에는 큐티 교재를 『성경묵상 훈련교재』라는 제목으로 출간했을 뿐 아니라, 격월로 발행하는 큐티 도움 책자 「매일성경」에도 큐티와 성경 묵상이란 용어를 혼용하는 일이 잦았다. 2015년에도 큐티 기본 훈련 교재를 『성경묵상 기본과정』(서울: 한국성서유니온선교회, 2015)이라는 이름으로 출판했다.

성서유니온이 이런 입장을 갖게 된 데에는 초대 총무이자 큐티 보급에 앞장섰던 고 윤종하 장로의 영향이 크다. 윤종하 장로는 1983년 큐티 소개 소책자 『명상의 시간』(서울: 한국성서유니온, 1983)에서 큐티를 "명상의 시간"이라고 불렀고, 이후 그 책을 개정하면서 『묵상의 시간』(서울: 한국성서유니온선교회, 1990)으로 바꾸었다. 그런데 이후 집필한 『성경 묵상과 우리의 구원』(구리: 모리아, 1993)이란 책의 서문에서는 큐티를 성경 묵상과 동일시하는 입장을 보인다(3-4). 이즈음부터 그는 자신의 큐티 강의를 "성경 묵상"이라고 부르며 이 두 용어를 동일시하는 시각을 자주 보였다. 이런 그의 생각이 성서유니온의 용어 사용에 큰 영향을 미친 것으로 보인다.

11 예를 들어 문원욱은 사람들이 "성경 묵상을 흔히들 QT(Quiet Time)라는 말로 쓰기도 한다"라고 지적한다(『솔라피데 성경 묵상법』[파주: 솔라피데출판사, 2007], 10). 같은 책에서 그 역시 큐티를 "성경 묵상"이라고 칭한다.

12 이것을 논리적으로 설명하면 "큐티는 성경 묵상이 되기 위한 충분조건"이고 "성경 묵상은 큐티가 되기 위한 필요조건"이라고 말할 수 있다. 두 대상이 등가가 되기 위해선 필요충분조건이어야 한다. 하지만 성경 묵상은 큐티보다 더 넓은 개념이고 큐티는 성경 묵상의 일부다. 이런 논의를 자세히 살펴보려면 다음을 참고하라. J. Allwood, L. Andersson, Ö. Dahl(eds.), *Logic in Linguistics*(Cambridge: CUP, 1977), 40-41; I. M. Copi, *Introduction to Logic*(5thed.; NewYork: Macmillian, 1978), 284-85; H. G. Alexander, *The Language and Logic of Philosophy*(London: University Press of America, 1988), 273-74.

는 뜻이기도 하다. 그룹 성경 공부와 설교가 그 대표적 예다. 큐티를 통해 성경을 묵상할 수 있는 것처럼 설교와 성경 공부 모임을 통해서도 성경을 묵상할 수 있다(이는 "통독"이라 불리는 성경 읽기를 혼자서도 할 수 있고[개인 통독], 그룹으로 모여서도 할 수 있으며[그룹 통독], 집회에서 인도자가 청중 모두를 통독으로 이끌 수 있는 것[통독 집회]과도 유사하다).[13]

이 점을 성경 묵상의 정의에 비추어 생각해보자. 앞서 살펴본 대로 성경 묵상에는 크게 세 가지 요소가 있다. 첫째는 성경을 숙고하며 곱씹는 요소이고, 둘째는 하나님의 뜻을 깨닫고 반응하는 요소이며, 셋째는 하나님과 만나 교제하는 요소다. 누군가 큐티 본문으로 시편 23편을 묵상했다고 하자. 그는 시편 구절을 숙고하고 곱씹으며 하나님이 자신의 목자라는 사실을 깊이 깨달았다. 그래서 그는 지금 자신을 향한 하나님의 뜻을 깨닫고 자기 생활을 새롭게 정리하기로 결심했고 이 과정에서 하나님과의 깊은 교제를 누렸다. 그런데 어떤 사람들은 성경 공부 모임을 통해 이와 유사한 경험을 한다. 시편 23편을 함께 읽고 숙고하는 중에 하나님의 뜻을 깨닫고 자기 생활을 새롭게 정리하기로 결심할 수 있기 때문이다. 또한 어떤 사람은 설교를 통해서 유사한 체험을 할 수도 있다. 설교자는 청중이 시편 23편 본문을 숙고하고 곱씹게 하고 그들을 향한 하나님의 뜻이 무엇인지 깨닫도록 이끌 뿐 아니라 그 뜻에 적절히 반응하도록 삶에 적용하여 간절히 권고한다. 그래서 청중은 이 설교를 통해 하나님

---

13 네비게이토 선교회의 『그리스도와의 동행』이란 책자는 이런 점을 시사한다. "묵상이란 말씀을 깨닫고 적용하기 위해 기도하는 마음으로 생각을 되새기는 것입니다.…하나님 말씀을 묵상하는 것은 다음 경우에도 해당됩니다. 설교를 들을 때, 매일 경건의 시간에 성경을 읽을 때, 당신이 공부한 것에 대하여 기도하고 생각할 때…"(30).

과의 깊은 교제를 경험한다.[14] 그렇다면 이 청중도 성경을 묵상했다고 말할 수 있다. 성경 묵상의 세 가지 요소가 설교를 통해 나타났기 때문이다.

이처럼 성경 묵상은 설교나 성경 공부 모임으로도 성취될 수 있다.[15] 설교나 성경 공부 모임은 성경을 묵상하게 하는 또 다른 방법이다.[16] 따라서 큐티가 성경 묵상에 이르게 하는 중요한 방법이라고 말할 수는 있지만 성경 묵상이 곧 큐티라고 말할 수는 없다(그런데도 성경 묵상이란 말이 큐티를 가리키는 용어로 이미 많이 사용되기에 사람들이 성경 묵상의 본뜻을 제대로 가늠하기 힘들어졌다. 이럴 때는 "성경 묵상"이란 용어 대신 "성경 숙고[熟考]"라는 말을 써보면 좋다. "묵상" 대신 "숙고"라는 말을 쓰면 이런 용어 사용의 문제가 무엇인지 쉽게 보인다. "성경 숙고[묵상]는 성경을 숙고[묵상]하는 행위이지 큐티를 지칭하는 말이 아니다).

성경 묵상(숙고) ≠ 큐티

성경 묵상(숙고) ⊃ 큐티

등가 현상의 배경과 이유

그런데 여기서 이런 등가 시각 현상과 관련하여 두 가지 점을 더 고민해 보아야 한다. 첫째, 이런 등가 현상이 왜 등장했을까? 둘째, 이런 등가 현상을 뒷받침하는 이론적 토대는 무엇일까?

---

14 예를 들어 로이드 존스(D. M. Lloyd-Jones)나 스펄전(Charles H. Spurgeon)의 설교로 많은 사람이 하나님을 깊이 체험하고 삶이 바뀌는 경험을 했다는 것을 생각해보라.

15 설교를 제대로 하느냐 못하느냐에 따라 성경 묵상이 적절히 이루어지느냐 이루어지지 않느냐가 결정된다. 큐티를 잘하면 성경 묵상이 이루어지지만 그렇지 않으면 성경 묵상을 제대로 경험하기 힘든 것과 마찬가지다.

16 D. Lane은 잠 19:2에 대한 자신의 개인 묵상이 설교에 자연스럽게 반영될 수 있다는 점을 언급한다("묵상의 훈련", 『강해 설교』[서울: 성서유니온, 1982], 52-58). 이것은 큐티와 설교가 동일한 방향, 즉 성경 묵상의 길을 추구한다는 점을 보여주는 한 예라고 볼 수 있다.

성경 묵상과 큐티를 같은 것으로 보게 된 배경에는 최근 몇십 년 동안 큐티가 한국교회에 미친 영향이 깔려 있다.[17] 큐티는 그동안 한국교회 성도들이 성경 묵상을 경험하는 데 좋은 영향을 미쳐왔다. 많은 사람이 큐티를 통해서 성경을 묵상하는 경험을 하게 되었다.[18] 반면 20세기 후반을 지나며 한국교회의 설교가 성도들이 성경을 얼마나 잘 묵상하도록 이끌었는지에는 의문이 있다.[19] 적절하고 훌륭한 설교가 없지는 않았지만 전체적으로 보면 설교가 성경 본문을 제대로 다루는 데 그다지 성공한 것처럼 보이지 않는다.[20] 청중이 성경 본문을 숙고하고 곱씹어서 하나님의 뜻을 깨달아 순종하게 하기보다는, 성경에 기초하지 않은 단편적 생각이나 설교자의 요구 사항을 청중에게 전달하는 설교가 너무 많았다.

그 결과 청중은 설교에서 성경의 참맛을 느끼기 어려웠고 자연스럽게 설교와 성경 묵상이 긴밀하게 관련되어 있다고 느낄 수 없었다.[21] 이런 상황 속에서 큐티가 보급되었다.[22] 큐티는 개인이 성경을 직접 해석하

---

17 큐티는 최근 몇십 년 동안 한국교회에 급격히 전파되었다. 이는 현재 출판되는 여러 종류의 큐티 교재와 그 출판 부수를 통해서 쉽게 알 수 있다. 그 대표적 예로 「매일성경」(성서유니온)과 「생명의 삶」(두란노서원)을 들 수 있다.

18 이런 경험과 관련하여 다음의 자료집에 등장하는 여러 글을 참조하라. 두란노서원 출판부 엮음, 『큐티 자료 모음 제1집』(1985), 『큐티 자료 모음 제2집』(1988).

19 성경 묵상의 원리를 깊이 반영한 D. Lane의 강해 설교집이 한때 붐을 이룬 것은 한국교회의 설교가 그만큼 성경을 묵상하는 것과 거리가 있었음을 반증하는 단적인 예로 볼 수 있다.

20 한국교회에 설교집은 많았지만 진정한 의미의 (강해) 설교는 많지 않았던 것으로 보인다. 또한 한국 사람의 설교집은 많았지만 한국 사람이 강해 설교 방법론을 제시한 경우는 매우 적었다. 이런 점에서 다음의 두 책은 중요한 의미가 있다. 정근두, 『로이드 존스의 설교론: 그의 설교의 원리와 방법』(서울: 여수룬, 1993); 김서택, 『건축술로서의 강해설교: 구상에서 전달까지』(서울: 홍성사, 1998).

21 이런 점에서 한국교회 설교자들은 자성할 필요가 있다.

22 성서유니온을 통해 큐티가 본격적으로 보급된 것은 1973년부터다. 1972년에 시작된 한국성서유니온은 큐티 교재인 「매일성경」을 1973년 1, 2월호부터 출판하기 시작했다(참조. 「성서유니온 핸

고 적용해야 하는 부담을 안겨주었지만 어쨌거나 성도들이 성경을 가지고 씨름하게 했다. 어려워도 성경 본문을 읽고 깊이 생각하게 했으며 자신과 관련하여 어떤 교훈이 있는지 곱씹어보도록 이끌었다. 이런 과정에서 큐티를 통해 하나님과 교제하는 체험을 하는 사람들이 생겨났다.[23] 이런 경험이 확대되고 교회 전반에 영향을 미치자 큐티가 성경 묵상과 깊이 연결되어 있다는 인식도 보편화되었다. 설교가 성도들에게 성경을 제대로 묵상하게 해주지 못하는 상황에서 큐티는 성경을 묵상하는 체험을 제공했다. 이 과정에서 큐티가 곧 성경 묵상이라고 인식하는 길이 열렸고 더 나아가 성경 묵상은 곧 큐티라는 생각까지 등장했다.[24]

"등가 현상의 배경에는 설교의 실패와 큐티의 급성장이 있다."

바로 이런 배경에서 등가 현상의 이론적 토대를 발견할 수 있다. 이는 환유법과 제유법으로 설명할 수 있다. 환유법은 사물의 어떤 특징으로 그 사물 자체를 가리키도록 하는 수사법이다. 예를 들어 "백의천사"(白衣天使)라는 말은 간호사를 가리키는 환유법적 표현이다.[25] 간호사의 옷 색

드북 1993』[1993], 36). 이후 성서유니온은 한국교회의 큐티 운동에 커다란 영향을 미쳤고, 성서유니온의 총무였던 윤종하 장로는 이 일에 크게 이바지했다.

23 물론 여기에 문제가 없는 것은 아니다. 성경을 적절히 석의하지 못하면 본문의 의미를 오해하거나 부적절하게 적용할 수도 있다(이와 관련해 다음 책을 참조하라. 송인규, 『성경 어떻게 적용할 것인가?』[서울: 성서유니온선교회, 2001]). 하지만 큐티는 전반적으로 이런 오류로 인한 피해보다 성경을 묵상하게 하는 긍정적 효과를 불러왔다고 평가해야 한다.

24 따라서 이런 등가 현상을 무조건 안 좋은 것으로만 볼 일은 아니다. 큐티를 통해 성경 묵상이 더 활성화되어 성경 묵상 운동의 토대가 되었기 때문이다.

25 참조. 『민중 엣센스 국어사전』(6판; 파주: 민중서림, 2006), 589, 2662. 전통적으로는 환유법이 제유법과 구분된다고 보지만, 현대에 와서는 환유법이 제유법을 포함하는 것으로 여겨지기도 한다. 이런 광의의 의미의 환유법을 "대유법"이라고 한다. 참조. D. Lodge, *The Modes of Modern*

깔과 봉사 역할이 간호사 자체를 가리킬 수 있게 된 것이다. 이와 유사하게 "큐티"는 개인이 성경을 묵상할 때 겉으로 나타나는 조용한 모습의 시간을 뜻하는 용어로서, 환유법적으로 개인의 성경 묵상 자체를 가리키게 되었다. 큐티가 곧 성경 묵상 자체는 아니지만 환유법적으로 그렇게 사용할 수 있게 되었다는 뜻이다. 여기에 제유법적 비약이 한 번 더 작용한다. 제유법은 일부를 들어 전체를 지칭하거나, 전체를 들어 일부를 지칭하는 비유법이다. 예를 들어 "빵만으로 살 수 없다"는 말에서 "빵"은 먹을 것, 즉 식량을 지칭한다.[26] 비록 빵은 식량 중 하나에 불과하지만 매우 중요한 식량이기에 식량과 동일하게 여겨지는 것이다. 마찬가지로 큐티는 성경 묵상에 이르게 하는 한 가지 개인적인 방법에 불과하지만 성경 묵상에 있어 매우 중요하다고 느껴졌기에 쉽게 성경 묵상과 동일시되었다. 큐티가 한국교회에서 성경 묵상에 이르게 하는 중요한 방법이라고 인정되는 정황 속에서 큐티와 성경 묵상이 같다고 생각하는 사람이 많아진 것이다. 이처럼 환유법과 제유법을 통해 "큐티가 곧 성경 묵상"이고 "성경 묵상이 곧 큐티"라는 등가 현상이 나타났다.

"성경 묵상과 큐티를 등가로 보는 건 환유-제유법적 이해일 뿐이다."

등가 현상의 문제

하지만 이런 시대적 상황과 비유법적 이해 때문에 성경 묵상 자체를 오

Writing: Metaphor, Metonymy, and the Typology of Modern Literature(London: Edward Arnold, 1977), 75; M. Silva, *Biblical Words and Their Meaning: An Introduction to Lexical Semantics*(Grand Rapids: Zondervan, 1994), 83, n. 2.

26 참조. 『민중 엣센스 국어사전』, 2091.

해하거나 왜곡해서는 안 된다. 여기에는 중요한 네 가지 이유가 있다.

첫째, 성경 묵상을 큐티의 다른 이름으로 보는 시각은 성경 묵상(즉 성경을 숙고하게 하는 것)에 이르게 하는 다른 방법의 중요도를 약화한다. 큐티 운동이 일어나서 성경을 묵상하는 기쁨을 맛보는 사람이 많아진 것은 좋은 일이다. 하지만 이로 말미암아 성경을 묵상하게끔 하는 다른 방법을 무시하거나 다른 방법을 평가절하하게 되어서는 안 된다. 큐티 운동의 활성화가 가져오는 대표적 역현상 하나는 설교를 경시하는 경향이다. 자신은 큐티를 하고 있기에 설교를 자주 들을 필요가 없다든지, 설교에는 들을 것이 없고 큐티에서는 얻을 것이 많다고 생각하는 사람들이 있다. 이런 생각은 부적절하다. 설교가 못하는 것을 큐티가 한다고 해서 설교는 필요 없고 큐티만 필요하다고 말할 수 없다. 설교가 제 역할을 감당하지 못한 것이 문제라면 그 역할을 잘하도록 고쳐가야 한다. 큐티가 설교를 대치할 수도 없고 대치해서도 안 된다. 설교는 그 나름의 영역에서 성경을 묵상하도록 하는 책임과 역할이 있기 때문이다. 그런데 큐티를 성경 묵상이라고 부르는 일은 설교가 성경을 묵상하는 것과 관계없다는 식의 논리까지 만들어낸다. 이는 성경 묵상(성경 숙고)은 큐티로만 가능하고 설교로는 불가능하다는 뜻이 될 수 있다. 여기서 결국 양자의 등가 현상은 설교의 역할을 경시하거나 무시하는 쪽으로 나아간다. 하지만 큐티는 설교와 함께 가야 한다. 빵도 식량이지만 밥도 식량이다. 현재 쌀 생산이 좀 어렵다고 해서 빵만 식량이라고 주장하는 것은 오히려 쌀 생산을 더 어렵게 만든다.[27]

---

27 이런 점에서 한국교회가 영국의 케직 사경회(Keswick Convention)나 스프링 하비스트(Spring Harvest) 같은 말씀 집회 운동을 본받으면 좋겠다. 설교가 성경을 깊이 묵상하게 한다는 체험이 한국교회에 각인될 필요가 있기 때문이다. 케직 사경회의 모습과 운영에 대해서는 다음

둘째, 등가 현상은 자연스레 큐티를 과대평가하게 만든다. 큐티를 큐티 이상으로 보고 큐티의 역할을 지나치게 확대하는 경향은 우려스럽다. 물론 큐티는 성경을 묵상하게끔 하는 유익한 방법이다. 설교는 보통 일주일에 한두 번 듣지만(물론 온라인으로는 그 이상 들을 수 있다), 큐티는 매일 할 수 있다. 또한 설교는 나의 삶의 문제를 깊이 파고들기 힘들지만, 큐티는 내 상황과 감정 등에 깊숙하게 파고든다. 이렇듯 큐티에는 장점이 많다. 하지만 그런 장점을 빌미로 큐티를 과대평가하면 안 된다. 큐티에는 분명 단점도 있다. 해석과 적용의 훈련이 잘되지 않은 사람에게 큐티는 오히려 독이 될 수 있다. 또한 개인의 감정과 영적 상태에 따라 큐티의 결과가 크게 달라질 수도 있다. 이처럼 큐티에는 장단점이 다 있기에 성경 묵상의 다른 방법과 함께 균형 있게 다루어져야 한다. 그래야 큐티의 원래 역할이 제대로 빛을 발한다. 큐티가 제 역할을 제대로 기능하며, 다른 방법들과 함께 성경 묵상이라는 공동의 목표를 실현하는 데 이바지해야 한다. 큐티를 지나치게 포장하다 보면 엉뚱한 신념에 사로잡힐 수도 있다. 큐티만이 사람을 변화시킨다든지, 큐티가 곧 구원을 받는 길이라든지, 큐티만이 하나님의 통치를 받는 유일한 방법이라고 생각하기에 이르는 것이다. 하지만 이런 생각들은 큐티를 지나치게 미화한 것이고, 그런 과대평가는 성경 묵상과 큐티를 동일시한 것에 많이 의존한다. 물론 과대평가로 말미암아 동일시 현상이 나타나는 측면도 있다.

셋째, 이 등가 현상은 성경 묵상(성경 숙고)의 범위 자체를 축소해버린다. 성경 묵상을 곧 큐티로 보는 시각은 설교의 소중한 역할을 무시하도

의 간략한 책을 참조하라. M. L. Rowlandson, *Life at the Keswick Convention: A Personal Recollection*(Carlisle: OM Publishing, 1997).

록 할 뿐 아니라 성경 묵상의 개념을 큐티의 개념 안에 가두는 현상을 낳는다. 이렇게 되면 성경 묵상은 개인만이 특정 시간에 할 수 있는 어떤 것이 되어버린다. 하지만 성경 묵상은 개인이 할 수 있을 뿐 아니라, 소그룹이 함께 할 수도 있고 공동체 전체에서도 진행할 수 있다. 또한 성경 묵상은 큐티로 떼어놓은 시간에만 이루어지는 것이 아니다. 이미 암송한 구절로 평상시에도 묵상할 수 있다. 직장에서 이중장부를 쓰려고 하다가 자신이 암송하고 있던 어떤 구절이—예컨대 "거짓을 버리고 각각 그 이웃으로 더불어 참된 것을 말하라"(엡 4:25a)라는 구절이—떠올라 그 암송 구절 말씀을 묵상하고 마음을 고쳐먹을 수도 있다. 이처럼 성경 묵상의 개념이 포함할 수 있는 영역은 아주 크고 넓다. 그런데 성경 묵상을 큐티라고만 생각하면 이렇게 넓은 성경 묵상의 개념과 영역을 다 담아낼 수 없게 된다. 사실 성경 묵상은 하나님이 우리에게 성경을 주신 의도와 직결되기에—이 점은 1장에서 이미 살폈다—그 개념이 포괄하는 범위가 매우 넓고 그 중요성은 아주 크며[28] 그 묵상에 이르게 하는 방법 역시 꽤 다양하다. 성경 묵상이 단지 큐티의 다른 이름이 되면 이런 특징들이 모두 손상을 입는다.

넷째, 성경 묵상을 큐티로 축소시키는 일은 성경 묵상(성경 숙고)이 점차 개인주의화하도록 만드는 부작용을 낳는다.[29] 원래 성경 묵상에는 개인적 측면과 함께 공동체적 측면도 있다. 이는 기독교 신앙이 근본적으로 개인적 측면과 공동체적인 측면을 동시에 지니는 것과도 관련된다. 그런데 성경 묵상을 큐티로 축소하면 신앙의 개인적 측면만이 더욱 두드

---

28 성경 묵상의 신학적 중요성에 대해서는 3장에서 살핀다.

29 성서유니온의 큐티 훈련 교재에서는 성경 묵상을 아예 "개인 예배"라고 단정한다(『성경 묵상 기본 과정』, 13).

러지면서 공동체적인 측면은 자연히 약화할 수밖에 없다.[30] 물론 이런 점을 방지하기 위해 큐티가 공동체적인 틀 안에서 계속 유지되어야 한다는 논리를 펼칠 수는 있다(사실 큐티를 강조하는 분들이 이런 노력을 종종 하곤 한다). 하지만 성경 묵상을 큐티와 동일시하는 틀 안에서는 어쩔 수 없이 성경 묵상이 개인주의적 방향으로 흐르는 것을 제어하기 힘들다. 성경 묵상과 큐티의 등가 현상이 묵상의 개인주의화를 논리적으로 부추기기 때문이다.

어쩌면 성경 묵상을 큐티로 축소하는 일은 기독교 신앙이 점차 개인주의화하는 경향에 영향을 받고 있는지도 모른다. 하지만 잘못된 경향은 극복하려고 노력해야지 반대로 따라가거나 부추겨서는 안 된다. 물론 신앙에는 분명 개인적인 측면이 있다. 하지만 신앙은 언제나 공동체적인 측면을 공유한다. 하나님은 하나님 나라의 공동체로 만들어가려고 우리 한 사람 한 사람을 부르셨기 때문이다. 따라서 성경 묵상을 큐티와 동일시하면서, 성경 묵상이 개인주의적 범주에 갇히게 하는 것은 부적절하다.

정리하자. 한국교회의 특수한 정황과 비유법적 이해로 말미암아 성경 묵상(성경 숙고)과 큐티를 동일시하는 시각이 나타났다. 그런데 이 시각은 적절하지도 유익하지도 않다. 이런 동일시는 자칫하면 불합리한 "큐티주의"의 원인이 되고 큐티주의는 성경 묵상 운동을 (돕는 것 같지만 사실은) 방해한다. 빵을 먹고 힘을 낼 수 있다. 하지만 빵만 먹어야 건강해질 수 있다는 식이면 곤란하다. 빵도 먹고 밥도 먹어야 한다. 큐티를 통해서도, 설교를 통해서도 공히 성경 묵상—곧 성경을 제대로 숙고하

30 참조. 정성국, "큐티를 위한 해석학적 변명", 송인규 외, 『한국교회 큐티 운동 다시 보기』, 12.

는 일—이 이루어진다는 것을 분명히 해야 한다. 성경 묵상이 곧 큐티는 아니다. 이는 마치 식량이 곧 빵이 아닌 것과 같다. 식량이 빵과 밥, 국수 등 먹거리 전체를 말하는 추상적 개념인 것처럼 성경 묵상은 큐티, 설교, 성경 공부 모임 등을 통해서 궁극적으로 이루어지는 "하나님과의 만남"을 지칭하는 추상적 개념이다. 따라서 성경 묵상과 큐티가 쉽게 동일시되는 분위기 속에서 살아가는 우리는 성경 묵상의 정의를 분명히 하고 큐티의 역할과 위치를 재확인해야 한다. 큐티주의에 빠지면 안 된다. 큐티는 성경 묵상에 이르는 한 가지 중요한 방법이다. 하지만 성경 묵상이 곧 큐티의 다른 이름은 아니라는 점을 잊지 말아야 한다. 성경 묵상(성경 숙고)은 목표이고, 큐티는 그것을 이루기 위한 방법이다. 큐티는 큐티의 자리에 있어야 한다. 그래야 모든 것이 조화롭게 살아난다.

등가현상의 문제: ① 타 방법을 약화시킴, ② 큐티에 대한 과대평가
③ 성경 묵상의 범위 축소, ④ 묵상의 개인주의화

2.2. 성경을 묵상하는 방법들

여섯 가지 방법: 성경 묵상(성경 숙고)에 도달하는 여섯 가지 통로

큐티가 성경을 숙고하는 하나의 방법이라면 그 외 다른 방법에는 어떤 것들이 있을까? 앞서 설교와 그룹 성경 공부에 대해서는 간단히 언급했지만 이제 그 방법들을 체계적으로 정리해보자. 다음 표에서 보는 것처럼 여섯 가지 방법을 생각할 수 있다.

강조 \ 주체	개인	소모임	리더(지도자) - 청중
해석 중심	개인 성경 공부 (Personal Bible Study)	그룹 성경 공부 (Group Bible Study)	성경 강의 (Bible Teaching)
적용 중심	큐티 (Quiet Time)	큐티 나눔 (QT Sharing)	설교 (Preaching)

〈표 1〉 성경을 묵상하는 여섯 가지 방법[31]

〈표 1〉은 성경을 묵상하는 방법을 두 가지 관점에서 바라보며 여섯 가지로 분류한 것이다.

첫째, 성경을 묵상하는 주체라는 관점이다. 성경은 혼자서 숙고할 수도 있고 여러 사람이 모여 함께 공부할 수도 있으며 한 사람이 주도하여 공동체가 성경을 묵상하도록 이끌어도 된다. 소모임과 공동체로 성경을 숙고하는 방법은 혼자 성경을 숙고하는 방법과는 다르게 사람들 사이의 의사소통을 필요로 한다. 소모임에 참여한 사람들은 서로 이야기하면서 성경을 해석하고 적용하며 함께 성경을 묵상한다. 리더와 청중이 함께하는 방식은 이와는 좀 다르다. 리더는 성경 해석과 적용에서 주도권을 쥐고 청중에게 의사를 전달하는 반면, 청중은 리더의 해석과 적용에 기초하여 자신에게 맞게끔 구체적으로 적용하는 데 집중한다. 이처럼 성경을 숙고(묵상)하는 주체가 어떠냐에 따라 세 가지 기준(개인, 소모임, 리더-청

31 이진섭, 『데살로니가전후서』, 18. 이와 유사하게 윤종하는 성경을 사용하는 여섯 가지 방식(QT, PBS, sharing, GBS, 설교, 강의)에 대해 오래전(1985년)에 언급했다(『지도자 훈련과정 교재』[서울: 성서유니온, 1985], 14). 그의 관점은 나에게 도움을 주었다. 하지만 두 가지 점에서 차이가 있다. 첫째, 윤종하는 이 여섯 가지를 모두 "성경 공부 방법"이라는 개념 아래서 언급했지만, 나는 "성경을 묵상하는 방법"이라는 개념 아래서 다룬다. 둘째, 윤종하는 QT, sharing, 설교를 "하나님과의 교제"로, PBS, GBS, 강의는 "학문적 연구"로 구분한 반면, 나는 이 여섯 가지 방법이 모두 하나님과의 교제를 궁극적 목표로 한다고 보며, 오히려 두 그룹으로 구분되는 기준은 "해석"과 "적용"에 대한 강조점 차이라고 본다.

중)이 생긴다.

둘째, 성경 해석과 적용 중 어느 것에 더 큰 관심이 있는가 하는 관점이다. 성경 묵상은 성경을 해석하고 적용하는 과정을 거친다(이에 대해서는 4장에서 자세히 살핀다). 그런데 개인 성경 공부, 그룹 성경 공부, 성경 강의는 모두 성경 해석에 더 큰 관심을 두는 반면, 큐티(경건의 시간)와 큐티 나눔, 설교는 적용에 더 큰 관심이 있다. 이런 차이는 분량과 시간 배분의 문제만은 아니다. 큐티와 큐티 나눔과 설교는 본문 해석을 상세히 다루기보다 본문을 구체적으로 적용하는 것에 무게를 둔다. 역으로 개인 성경 공부와 그룹 성경 공부, 성경 강의는 본문을 좀 더 세밀히 연구하는 데 관심이 많다(물론 이 방법들은 해석과 적용의 측면을 모두 고려한다). 이와 같은 강조점의 차이가 묵상에 이르는 방법들을 크게 양분해서 "해석 중심" 및 "적용 중심"이라는 영역이 생겨난다.

결국 이 두 가지 기준을 조합하면 여섯 가지 방법이 등장한다. 이 여섯 가지 방법은 자기만의 독특한 역할과 기능을 갖추고 있다. 따라서 성경을 풍성하게 숙고(묵상)하려면 이 여섯 가지 모두를 적절히 사용해야 한다.[32] 이 여섯 가지는 성경 묵상(성경 숙고)에 이르게 하는 여섯 개의 채널이자 통로로서 하나님의 말씀이라는 물이 우리에게 흘러 들어오는 관(管, pipe)이라고 말할 수 있다. 만일 이 여섯 가지 파이프가 모두 막히지 않고 잘 열려 있다면 성경 묵상은 더욱 풍성해질 것이고 그로 말미암아 하나님과의 교제와 만남도 깊어질 것이다. 하지만 어떤 이유에서든지 이 파이프가 하나둘씩 막히기 시작하면 성경 묵상의 공급량이 줄어들고 하

---

32 물론 좀 더 엄밀히 말하면 이 외에도 성경 묵상의 방법이 더 있다. 성경 암송이나 성경 통독도 성경 묵상이 될 여지가 있다. 하지만 이런 것들은 성경을 읽는 방식을 강조하는 개념으로서 성경 묵상을 이루는 방법의 범주로 보기는 어렵다. 이것들은 단순히 묵상과 구별되는 다른 읽기의 예다.

나님과의 교제도 약화할 수밖에 없다. 따라서 이 여섯 개의 파이프가 막히지 않고 잘 열려 있도록 신경을 써야 한다.

"성경을 묵상하는 여섯 가지 방법(파이프)이 잘 열려 있어야 한다."

개인 스스로 하는 방법

개인이 혼자서 성경을 숙고(묵상)하는 방법은 두 가지다. 하나는 개인 성경 공부이고 또 하나는 큐티다. 개인 성경 공부는 성경 해석에 좀 더 큰 관심을 두는 반면, 큐티는 해석의 결과를 자신에게 적용하는 데 관심을 더 두는 방법이다. 하지만 이 두 가지 방법은 모두 각 개인이 스스로 하나님과 만나 교제하는 데 궁극적인 목표를 둔다.

이 방법들은 개인이 스스로 실행하는 것이기에 그에 따른 장단점이 있다(물론 여기서 하나님이 이끄시는 측면도 분명히 고려해야 한다). 먼저, 개인이 혼자서 하는 것이기에 내가 직접 하나님과 만나는 데 유리하다. 자기 의사를 다른 사람에게 잘 전달하는 데 필요한 말끔한 화술이 없어도 되고 남에게 말하기 힘든 부분을 굳이 감출 필요도 없다. 오로지 자기 마음을 하나님께 고백하며 그분을 만나면 된다. 이처럼 개인이 직접 하나님과 만나 교제하는 감동과 기쁨은 신앙생활에 큰 유익을 가져온다. 하지만 약점도 있다. 개인이 혼자서 진행하기에 각 개인의 역량에 따라 그 결과가 크게 달라진다. 자신의 감정 상태나 지적 수준이 영향을 미치기도 한다. 따라서 자신이 충분히 준비되지 못하면 개인 성경 공부나 큐티 모두 성경을 묵상(숙고)하는 데는 적절치 못할 수 있다.

소모임으로 하는 방법

소모임은 개인의 부족한 역량 때문에 성경을 잘 묵상(숙고)하지 못하는 단점을 여러 사람이 함께 모여 극복할 수 있는 방법이다. 내가 해석하기 힘든 부분을 다른 사람의 해석을 빌려 이해할 수 있을 뿐 아니라 적용에서도 다른 사람의 적용 내용을 참고할 수 있다. 소모임은 참석자들이 상호작용을 일으켜 성경을 제대로 숙고할 수 있게 하는 방법이다. 하지만 약점도 존재한다. 이런 효과를 잘 발휘하기 위해서는 적절한 의사소통이 전제되어야 하는데 이것이 좀처럼 쉽지 않다. 참석자들이 인내를 가지고서 의사소통의 훈련을 거쳐야 하고 사회자도 잘 준비되어야 한다. 또한 참석자들의 역량이 모두 부족하여 해석과 적용이 잘못되면 모임 전체가 성경을 묵상하는 데 이르지 못할 수도 있다.

소모임의 방법에도 두 가지가 있다. 하나는 그룹 성경 공부이고 또 하나는 큐티 나눔이다. 그룹 성경 공부가 해석에 더 초점을 둔다면, 큐티 나눔은 적용에 더 초점을 둔다. 큐티 나눔은 종종 자신이 이미 큐티한 내용을 나누는 식으로 진행되지만, 그룹 성경 공부는 종종 어떤 성경 본문에 대한 해석과 적용을 이끄는 질문을 사용하며 진행된다. 하지만 이 두 방법 모두 참석자들이 각자 또는 공동체로서 하나님과 만나 교제하는 데 초점이 있다.

리더와 공동체가 함께하는 방법

리더와 공동체가 함께 성경을 묵상(숙고)하는 방법에도 두 가지가 있다. 하나는 성경 강의이고 또 하나는 설교다. 성경 강의가 해석에 좀 더 관심이 있다면, 설교는 적용에 더 관심이 있다.[33] 물론 이 두 방법 모두 모임을

33 이런 면에서 설교와 관련하여 두 가지를 생각할 필요가 있다. 첫째, 모든 설교는 성경을 적절히 다

이끄는 한 사람에게 크게 의존한다. 리더가 성경을 해석하고 적용하는 중추적 역할을 감당하기 때문이다. 물론 청중의 역할이 전혀 없지는 않다. 청중은 리더의 해석과 적용에 기초하여 자기에게 맞는 구체적 적용으로 나아가야 한다. 하지만 역할의 중요도와 비중 면에서 리더를 넘어설 수는 없다.

이런 특징으로 인해 이 두 방법의 장단점이 나타난다. 만일 잘 훈련된 리더가 그 역할을 오롯이 감당한다면 공동체 전체가 성경을 깊이 묵상(숙고)하기가 쉽다. 강의나 설교에 은혜받았다는 말은 성경을 잘 묵상함으로써 하나님과 깊이 만났다는 뜻이라고 볼 수 있다.[34] 하지만 리더가 그 역할을 제대로 감당하지 못하면 공동체 전체가 성경을 깊이 숙고(묵상)하는 자리에 나아가기가 어려워진다. 청중이 아무리 준비하고 노력해도 집회의 결과가 좋지 않을 수 있다. 겉으로는 은혜를 말해도 하나님과 만나는 일과는 무관한 상황이 벌어지는 것이다.

이런 측면에서 볼 때 성경 강의나 설교와 관련하여 잊지 말아야 할 두 가지 점이 있다. 첫째, 성경을 다루는 리더 자신이 먼저 성경을 묵상(숙고)하는 자리로 깊이 나아가야 한다. 강의나 설교가 마찬가지다. 자신

루어야 한다는 점이다. 성경을 다루는 방식에는 차이가 있을지 모르지만, 성경에 기초하지 않은 설교, 성경을 깊이 묵상하지 않는 설교는 설교라고 보기 힘들다. H. W. Robinson은 "설교자가 성경을 떠나서 이야기할 때, 그는 스스로의 권위를 포기하게 된다"라고 말한다(『강해 설교』[박영호 옮김, 증보판; 서울: 기독교문서선교회, 2007], 21). 둘째, 설교는 적용에 깊은 관심이 있어야 한다는 점이다. 성경 본문의 상황만 고려하고 청중의 상황은 고려하지 않는 설교는 엄밀한 의미에서 설교라고 말하기 힘들다. 설교에는 본문의 상황과 함께 청중의 상황이 고려되어야 하고, 본문을 통해 청중이 지금 들어야 하는 하나님의 메시지가 전파되어야 한다.

34 물론 청중의 준비된 마음과 적절한 반응도 중요하다. 하지만 청중이 충분히 준비되지 못했다고 할지라도 훌륭한 리더의 영향으로 집회에서 성경 묵상이 이루어질 수는 있다. 칼뱅(Jean Calvin)의 설교가 이런 예에 해당한다. 칼뱅의 설교는 항상 청중이 하나님 앞에 서 있다는 확신을 하게 하였다고 한다.

이 성경 말씀에 깊이 젖지 않고는, 또 그 말씀을 깊이 묵상하지 않고는 청중을 묵상의 자리로 이끌기가 매우 어렵다.[35] 자신이 경험하지 않은 하나님을 전하기 어렵다는 말이다. 둘째, 청중의 역할이 불필요하다는 뜻은 아니다. 리더가 아무리 훌륭하게 전하더라도 청중이 그것을 거부하면 물거품이 된다. 강사나 설교자가 아무리 노력해도 청중 각자가 하나님과 만나기를 거부하거나 자신의 삶에 대해 구체적으로 적용하지 않는다면 아무 소용이 없다. 따라서 청중의 준비된 마음과 적극적인 반응은 강의나 설교에서 필수 요소다(물론 여기서도 성령님의 역할은 필수적이다).

성경 묵상을 경험하는 수순

그렇다면 이 여섯 가지 방법은 우리에게 어떤 순서로 다가올까? 신자 개인과 교회는 어떻게 이 방법들을 활용해야 할까? 이런 질문에 대한 답은 이 여섯 가지 방법의 특징과 교회 생활의 일반적 흐름을 염두에 두어야 알 수 있다.

주체 / 강조	개인	소모임	리더(지도자) - 청중
해석 중심	개인 성경 공부 (Personal Bible Study)	그룹 성경 공부 (Group Bible Study)	성경 강의 (Bible Teaching)
적용 중심	큐티 (Quiet Time)	큐티 나눔 (QT Sharing)	설교 (Preaching)

←—— ←—— ←—— ←—— ←—— ←—— ←—— ①

② ——→ ——→ ——→ ——→ ——→ ——→ ——→

〈표 2〉 여섯 가지 성경 묵상 방법이 보통 이루어지는 순서

---

35 물론 강사나 설교자 자신이 성경 묵상에 실패하더라도 성령님이 청중에게 특별한 방법으로 성경을 묵상하게 하실 수는 있을 것이다. 하지만 가장 좋은 길은 인도자 자신이 먼저 성경 묵상을 깊이 경험하고 전하는 것이다.

〈표 2〉는 여섯 가지 성경 묵상 방법이 통상 어떤 순서로 이루어지는지를 간략히 보여준다.

보통, 초신자는 ①번 방향을 따라 성경을 묵상(숙고)하게 된다. 초신자는 성경 내용을 잘 모르고, 다른 신자들과 만나 말씀으로 교제하는 것도 어색하게 느낀다. 따라서 초신자는 스스로 성경을 묵상하거나 소모임에 나가기가 쉽지 않다. 이런 상황에서 가장 쉽게 성경을 숙고(묵상)할 수 있는 방법은 설교와 성경 강의다. 초신자는 리더의 도움에 크게 의존할 수밖에 없다. 성경 강의보다는 설교가 친근하다. 물론 사람과 상황에 따라 다를 수는 있다. 하지만 설교가 강의보다 쉽고 좀 더 자주 접할 수 있다. 또한 이들은 주일 예배 외에 각종 집회나 사경회 등을 통해 성경 강의를 듣게 된다. 이처럼 설교와 성경 강의는 신자들이 성경을 묵상(숙고)하는 길에서 가장 먼저 쉽게 접할 수 있는 방법이다.

이어서 신자들은 소모임에 참석하면서 성경을 묵상(숙고)하는 경험을 한다. 처음 교회에 출석할 때에는 예배만 드리고 가던 사람들도 때가 되면 그룹 성경 공부나 큐티 나눔에 참석한다. 설교나 강의를 들을 때는 인도자가 성경 본문을 해석하고 적용의 물꼬를 트는 것을 일방적으로 따라갔지만, 성경 공부 모임에서는 본인이 직접 어떤 역할을 하게 된다. 성경 본문의 어떤 부분을 직접 해석해보기도 하고 본문의 의미가 자신과 어떤 관련이 있는지 말해보기도 한다. 아직 큐티를 잘하지 못하는 신자들은 큐티 나눔 모임에 참여하여 다른 사람의 이야기를 들으면서 힌트를 얻는다. 또한 자신이 큐티한 내용을 나누면서 공동체 속에서 자신의 해석과 적용을 점검하기도 한다. 이렇듯 신자들은 처음에는 주로 설교와 성경 강의를 통해 성경을 묵상하다가 점차 소모임을 통해 성경을 숙고하는 체험을 하게 된다.

이런 방법들로 성경을 묵상하는 것을 체험한 사람들은 거기에만 머무를 것이 아니라 스스로 성경을 묵상(숙고)하는 자리까지 나아가야 한다. 물론 초신자도 처음부터 스스로 성경을 묵상하려고 노력할 필요가 있다. 처음부터 큐티 교재를 마련하거나 개인 성경 공부를 시도할 수 있는 것이다. 하지만 이런 시도는 큰 효과를 보지 못하는 경우가 많다. 보통은 다른 방법들로 성경을 묵상해본 경험이 큐티를 시도하는 데 도움이 된다. 강의나 설교, 그룹 성경 공부나 큐티 나눔을 통해 성경을 숙고하는 경험을 하면, 개인 성경 공부나 큐티를 좀 더 용이하게 할 수 있다. 그룹 성경 공부와 성경 강의에서 배운 것이 개인 성경 공부에 도움이 되고, 큐티 나눔과 설교에서 깨달은 것이 큐티에 도움이 되기 때문이다(물론 안 좋은 강의나 엉터리 설교 등을 주로 경험했다면 이야기가 달라진다).

큐티와 개인 성경 공부의 구체적 방법은 새롭게 따로 배울 필요가 있다. 다른 방법들을 통해 성경을 묵상하는 맛을 보고 기본 과정과 요건을 경험하기는 했지만 혼자서 모든 것을 구체적으로 실행해본 경험은 부족하기 때문이다. 빵 맛을 알고 함께 빵을 만들어보았다고 해서 혼자 쉽게 빵을 만들 수 있는 것은 아니다. 빵 만드는 법을 자세히 배우고 혼자 실습도 많이 해보아야 한다. 마찬가지로 신자 개개인이 스스로 성경 본문을 숙고하고 곱씹는 법을 배워야 한다. 이를 통해 하나님의 뜻을 깨닫고 그 뜻에 순종해가면서 스스로 하나님과 만나 교제한다. 이를 위해 개인 성경 공부도 하고 큐티도 한다. 이 두 가지 방법으로 신자는 하나님 앞에서 더 아름답게 성숙해갈 수 있다. 그래서 스스로 하는 개인 성경 공부와 큐티는 성경 묵상(숙고)의 꽃이라고 할 수 있다.

그런데 이 개인적 묵상은 성경 묵상의 경험에 있어 일대 전환점이 된다. 개인이 스스로 성경 공부와 큐티를 잘할 수 있게 되면 자신의 묵상 내용과 경험을 다른 사람과 나누는 것이 자연스러워진다. 자신의 큐티 내용을 다른 사람들과 나누는 일에 좀 더 적극적일 수 있고 또한 스스로 성경을 해석하며 적용한 내용을 성경 공부 모임에서 더 잘 설명하고 보여줄 수 있다. 개인적 방법에서 다시 소모임의 방법으로 나아가는 것이다. 하지만 이때 소모임에서 하는 역할은 이전과는 좀 다르다. 이전에는 주로 수혜자 측면이었다면 점차 기여자(寄與者)의 측면이 강해진다. 이런 방향성이 더 증폭되면 결국에는 강의나 설교까지 나아갈 수 있다. 혼자 큐티하고 성경을 공부한 것이 풍성해져서 이제는 공동체 전체에 영향을 미칠 수 있게 되는 것이다. 개인 성경 공부와 큐티라는 성경 묵상(숙고)의 꽃이 강의나 설교로 열매 맺힌다. 개인 성경 묵상이 온전히 이루어지면서 점차 리더의 자리로 나아가는 것이다. 이전에 자신이 받았던 대로 이제 다시 다른 사람들에게 나누어준다. 결국 〈표 2〉에서 보는 것처럼 성경을 묵상하는 방법의 흐름은 ①의 방향으로 가다가 개인적 방법이 성숙된 후에는 거꾸로 ②의 방향으로 나아간다. 물론 이 순서가 절대적이거나 결정적이라고 말하기는 어렵지만 그럼에도 이것이 일반적이고 자연스러운 순서임은 분명하다.

"큐티와 개인 성경 공부는 성경 묵상의 여정에서 전환점에 해당한다."

조심할 점 두 가지

개인 성경 공부나 큐티와 관련하여 두 가지 조심해야 할 점이 있다.

첫째, 개인 성경 공부나 큐티는 일반적으로 초신자가 혼자 하기 쉽지 않다. 따라서 초신자에게 개인 성경 공부와 큐티를 무리하게 요구하는 것은 조심해야 한다. 물론 초신자가 이 두 가지를 시도해도 되며, 그렇게 해볼 필요가 있다. 하지만 개인 성경 공부나 큐티를 누구나 쉽게 할 수 있다고 생각하면 곤란하다. 더욱이 "큐티는 초신자나 하는 것이다"라는 생각은 매우 잘못된 것이다.

둘째, 개인 성경 공부나 큐티는 리더로 성장하기 위해 반드시 거쳐야 하는 중요한 과정이다. 리더의 길로 들어서는 전환점이 바로 개인 성경 공부와 큐티다. 여기서 충분히 준비된 사람은 결국 점차 리더의 자리로 나아가게 된다. 거꾸로 이 두 가지가 잘되지 않으면 말씀을 전하는 리더로 세움 받기 힘들다는 말도 된다.[36] 좀 강하게 말하면, 이 부분에서 준비되지 않은 사람은 리더로 나서면 안 된다. 다른 사람에게 큰 도움이 되지도 않을뿐더러 본인에게도 전혀 득이 되지 않기 때문이다.

생각해보자. 개인 성경 공부를 잘하지 못하는 사람이 어떻게 성경 공부 모임에 도움을 주거나 성경 강의로 사람들을 가르치겠는가? 큐티로 하나님을 깊이 체험하지 못하는 사람이 어떻게 큐티 나눔 모임에서 다른 사람을 돕고 설교를 통해 청중으로 하여금 성경을 묵상하게 하겠는가?[37] 오히려 사람들을 안타깝게 만들 뿐이다.

나아가 큐티와 개인 성경 공부가 무르익지 않은 사람이 리더로 나서게 되면 본인 자신의 신앙에도 큰 어려움을 겪는다. 성경 묵상의 여섯 통로가 모두 막혀버릴 위험이 있기 때문이다. 개인적 방법(큐티와 개인 성경 공부)이 이미 막혀 있는 상황에서 나머지 네 가지 통로 역시 점차 막힐 수 있다. 리더가 되면 다른 사람의 설교나 강의를 들을 기회가 줄어들고 소모임의 일반 구성원으로 참석하기도 힘들다. 결국 남는 것은 자신이 전하

36 큐티 운동에 큰 기여를 한 윤종하 장로는 리더가 되기 전에 큐티 훈련이 반드시 선행되어야 한다고 말하곤 했다.

37 설교자가 큐티로 성경을 묵상하는 것은 자연히 그의 설교에 큰 영향을 미친다.

는 설교와 자신이 이끄는 소모임뿐이다.

하지만 큐티나 개인 성경 공부가 제대로 되지 않은 상태에서는 자신이 하는 설교나 소모임도 제대로 되기 힘들고 나중에는 성경을 숙고하는 여섯 가지 통로가 모두 막혀버리는 것이다. 이처럼 개인 성경 공부나 큐티를 통해 성경 묵상에 이르는 훈련이 충분히 되지 않은 리더는 성경을 제대로 묵상하는 기회를 얻지 못하고 점차 하나님과의 교제에서 멀어져 타락하게 되는 경우가 많다. 안타깝게도 우리 주변에서 그런 사람들을 종종 보게 된다. 따라서 개인 성경 공부와 큐티는 리더로 나서기 전에 반드시 숙달해야 한다는 사실을 꼭 기억하자.

2.3. 성경 묵상에 도움이 되는 연구

성경 연구, 성서학, 성서학 연구

지금까지 성경 묵상의 개념을 정리하고 성경 묵상의 방법들에 대해 알아보았다. 이 과정에서 오해할 수 있는 용어와 개념도 자세히 정리했다. 그런데 여기서 성경 묵상과 관련된 용어와 개념을 몇 가지 더 살펴보는 것이 필요하다.

첫째, "성경 연구"란 용어다. 성경 연구는 성경 공부와 곧잘 유사한 개념으로 쓰이기도 하지만 구별될 필요가 있다(이 책에서는 이 두 가지를 특별히 구별하여 사용하고자 한다). 이미 앞서 살핀 것처럼 개인 성경 공부와 그룹 성경 공부는 성경을 묵상(숙고)하는 방법들이다. 하지만 "성경 연구"는 좀 다르다. 성경 연구는 성경을 묵상하는 자리까지 나아가기보다는 성경을 그 자체로 깊이 있게 탐구하는 행위를 말한다. 성경 공부는 해석과 적용을 모두 포함한다. 해석에 관심이 많지만 적용을 빼놓지는 않는다. 하지만 성경 연구는 해석에서 끝난다. "성경 연구"는 해석에 깊은 관심을 가지고 성경을 더 깊이 탐구하는 사람들이 사용하는 방법이다. 하지만 "성경 공부"는 성경의 내용을 잘 깨닫고 묵상하고자 하는 사람들이 주로 사용하는 방법이다(영어 "Bible Study"는 종종 이 두 개념을 모두 가리킨다. 하지만 우리말에는 "공부"와 "연구"라는 두 단어가 있어서 이곳에 구분되어 소개된 용례의 혼동이나 논리적 모순을 피하게 해준다).

둘째, "성서학"(Biblical Studies)이라는 용어의 개념이다. 성서학은 성경 연구란 개념과 확연히 구별된다. 이 용어가 성경을 연구하는 읽기 자체를 말하지 않고 성경을 깊이 연구하는 학문을 말하기 때문이다. 성서학은 연구 활동이 아니라 (성경을 바르게 깨닫게 하려고) 성경을 중심으로 연구하는 하나의 학문이다. 또한 성서학은 성경 공부와도 다르다. 특별히 접근 태도, 방법, 탐구 재료, 탐구자라는 네 가지 점에서 다음과 같이 구별된다.

① 성경 공부는 성경에 매우 큰 권위를 부여하며 성경을 다루는 반면, 성서학은 성경의 권위를 인정함과 동시에 성경이 인간의 문서라는 점도 중요하게 생각한다. 즉 성경 공부가 성경이 하나님의 말씀이라는 점을 강조한다면, 성서학은 하나님이 인간을 통해서 성경을 주셨다는 점을 강조한다. ② 성경 공부가 성경에 대한 전적인 수용의 자세를 지니는 반면, 성서학은 비평을 통한 수용의 자세를 지닌다. 성경 공부는 성경을 비평의 눈으로 보기보다는 먼저 성경으로부터 교훈을 받으려는 마음의 자세로 임한다. 반면 성서학은 비평하지 않으면 성경 본문의 의미를 적절히 파악하기 힘들다는 관점으로 접근한다. ③ 성경 공부는 성경 자체만을 연구하지만, 성서학은 성경 이외의 문서들도 함께 연구한다. 성경에 큰 권위를 부여하고 그것을 수용적으로 받아들이는 성경 공부의 입장에

서는 탐구 재료가 철저하게 성경 자체에 국한된다. 반면 성서학은 성경을 보다 더 잘 이해하기 위해서는 성경과 관련된 다른 문서들도 연구해야 한다고 본다.[38] ④ 성경 공부는 주로 일반 성도들이 하는 반면, 성서학은 성경을 전문적으로 연구하는 사람들의 과업이다. 이처럼 "성서학"이란 개념은 성경 연구나 성경 공부와 관련되지만 구별되는 개념이다.[39]

구별될 필요가 있는 세 번째 용어는 "성서학 연구"(Biblical Research)다. 성서학 연구는 성서학을 제대로 세우기 위해 실행하는 비평적 연구 행위를 말한다. 성서학을 이끌어가는 주도적 연구 행위를 성서학 연구라고 할 수 있다. 주로 성서학자들이 이에 관여한다. 성서학 연구는 때론 우리가 알고 있는 가장 근본적인 것에도 의문을 던지며 접근한다. 그래서 성서학 연구를 통해 기존에 인정되던 정설이 무너지고 새로운 학설이 등장하기도 한다. 하지만 이런 행위와 시도는 성경을 좀 더 정확하고 바르게 해석하려는 노력의 일환이다. 그것은 성경을 무너뜨리려는 것이 아니라 성경을 바르게 세우려는 지적 활동으로 볼 수 있다.[40]

성경 묵상의 기초와 토대

그렇다면 이런 세 가지 분야는 성경을 묵상하는 일과 어떤 관련이 있는가? 이것이 중요한데 언뜻 보면 앞서 말한 차이점 때문에 성경 묵상과 별

38 예를 들어 쿰란 문서를 연구한다든지 제2성전기 유대 문헌을 연구한다든지 하는 것이다. 제2성전기 유대 문헌을 연구하여 "언약적 율법주의"(covenantal nomism)를 주장한 E. P. Sanders의 경우를 그 대표적 예로 꼽을 수 있다(*Paul and Palestinian Judaism: A Comparison of Patterns of Religion*[London: SCM Press, 1977]). Sanders의 주장은 바울신학계뿐 아니라 신약신학계에 큰 논란을 불러왔고, 그 논란은 성경 해석에 커다란 영향을 미치고 있다.

39 성서학 연구의 특징과 방법들에 대해서는 M. J. Brown, *What They Don't Tell You: A Survivor's Guide to Biblical Studies*(Louisville: Westminster John Knox Press, 2000)를 참조하라.

40 앞서 언급한 Sanders의 연구(*Paul and Palestinian Judaism*, 1977)가 여기에 해당한다.

다른 관련이 없는 것처럼 보일지도 모른다. 하지만 그런 시각은 근시안적이다. 오히려 이 세 가지는 성경을 제대로 묵상(숙고)하는 데 매우 큰 도움을 준다. 올바른 성경 묵상의 기초와 토대가 되어주기 때문이다. 성경을 깊이 묵상하려면—예를 들어 바른 큐티와 훌륭한 설교가 나오려면—성경 연구가 필요하고, 성경 연구가 튼튼해지려면 성서학의 바른 열매가 필요하며, 성서학이 올바르게 서려면 성서학 연구가 활발해야 한다. 다시 말하면 성서학 연구, 성서학, 성경 연구의 토대 위에서 성경 묵상이 좀 더 바르게 설 수 있다. 성경을 묵상하는 여섯 가지 방법들도 결국은 이런 토대 위에 있는 셈이다. 이것을 간략히 다음과 같이 표현할 수 있다.

성서학 연구 → 성서학 → 성경 연구 → 성경 묵상

(큐티, PBS, 나눔, GBS, 설교, 강의)

〈표 3〉 성경 묵상의 토대

결국 성경 연구, 성서학, 성서학 연구는 성경 묵상과 구별되긴 하지만 성경을 제대로 묵상하는 데 필요한 기초들이다. 물론 한 사람이 짧은 시간에 이런 것들을 모두 섭렵할 수는 없다. 오히려 공동체가 함께 오랜 기간 노력한 결과를 나누어야 한다. 바로 이 점에서 성도와 목회자와 성서학자 모두가 함께 협력하는 태도가 요구된다. 앞서가는 선배들도 중요하고 뒤따르는 후배들도 중요하다. 모두 협력해서 성경 묵상이란 열매를 잘 맺어야 한다. 이것은 마치 금을 캐내어 사용하는 것과 유사하다. 우리는 금으로 목걸이나 반지를 만들 수 있다. 금으로 각종 유익을 누린다. 하지만 그 금은 금광석을 캐내는 사람(성서학자), 그것을 제련하는 사람(신학자), 제련된 금을 가공하는 사람(목회자), 가공된 금을 사용하는 사람(성도)

의 손을 거쳐야 한다. 순도가 낮은 금—이것은 진정한 금이 아니다—을 가지고 아무리 겉모양만 화려하게 만들어보았자 그 가치는 크지 않다. 마찬가지로 올바른 성경 묵상은 이전의 여러 사람의 노력과 수고에 기초하여 이루어진다. 지금 내가 누리는 것은 나 아닌 다른 많은 사람의 수고 덕분이다. 하나님이 우리로 하여금 성경을 제대로 묵상(숙고)하게 하시려고 수많은 재료와 일꾼을 예비하셨다는 사실을 잊지 말자.

"성서학의 발전과 성경 연구는 성경 묵상을 풍성하게 한다."

2.4. 나가는 말: 성경 묵상 제대로 하기

이번 장에서 우리는 성경 묵상이란 무엇인가에 대해 살펴보았다. 성경 묵상은 "① 성경 말씀을 주의 깊게 생각하고 곱씹어서 ② 하나님 뜻을 깨닫고 그에 합당하게 반응하면서 ③ 하나님과 만나 교제하는 행위"다. 일각에서는 성경 묵상(성경 숙고)과 큐티를 동일시하는 시각이 있지만 이는 적절하지 않다. 큐티는 성경을 묵상(숙고)하는 한 가지 방법으로 보아야 하기 때문이다.

성경을 묵상하는 방법은 크게 여섯 가지로 압축하여 이해할 수 있다. 그중 개인 성경 공부, 그룹 성경 공부, 성경 강의는 해석에 좀 더 초점을 두고, 큐티, 큐티 나눔, 설교는 적용에 초점을 맞춘다. 우리는 이 여섯 가지 방법이 우리의 신앙생활에서 잘 실현될 수 있도록 노력해야 한다. 이 성경 묵상은 성서학 연구, 성서학, 성경 연구라는 단계적인 토대 위에 서 있다. 뿌리나 토대가 튼튼하지 않은 성경 묵상은 위험하다. 따라서 우리는 개인적으로나 공동체적으로 이 기초가 든든히 서도록 노력해야 한다. 그래야 성경을 오롯이 묵상할 수 있다. 이 세 가지 토대를 잘 다지고 성경을 숙고하는 여섯 가지 방법을 빠짐없이 사용한다면 우리는 점점 더 성경을 온전하게 묵상하는 길로 나아가게 될 것이다.

더 읽어볼 만한 자료

송인규 외. 『한국교회 큐티 운동 다시 보기』, 교회 탐구 포럼 5; 서울: 한국기독학생회출판부, 2015.

윤종하. 『명상의 시간』, 서울: 한국성서유니온, 1983.

______. 『성경 묵상과 우리의 구원』, 구리: 모리아, 1993.

______. 『지도자 훈련과정 교재』, 서울: 성서유니온, 1985.

한국성서유니온선교회 사역국 편. 『성경묵상 기본과정』, 서울: 한국성서유니온선교회, 2015.

3장

성경을 왜 묵상해야 하나?

: 성경 묵상의 신학적 근거

"예수님도 큐티를 하셨나요?"

"설교는 옛날에도 있었을까?"

"큐티 나눔은 우리 시대에 이르러 하게 된 거 아닌가?"

"큐티가 현대에 새로 생긴 거라면, 누구나 꼭 해야 하는 것은 아니잖아."

"성경 묵상은 꼭 해야 하는 건가요?"

3.1. 성경 묵상, 꼭 해야 하나?

궁금증과 의문

한국교회에 큐티가 알려진 것은 그리 오래되지 않았다. 하지만 이전에는 생소하던 것이 지금은 친숙해졌다. 불과 몇십 년 만이다. 그래서 혹자는 큐티의 보편화를 근래 일어난 현상 정도로 규정할지도 모른다. 교회 안에서 일어난 각종 운동의 흥망성쇠가 그렇듯 큐티 운동도 시대의 사조와 흐름이 바뀌면 그리 중요하게 취급되지 않으리라고 생각할 수도 있다. 큐티가 지금은 대세(大勢)지만 머지않아 비주류 운동으로, 신앙 활동의 변방으로 밀려나리라 예상하는 것이다. 여기에는 "예수님도 큐티를 하셨나?"라는 의문이 그 기저에 깔렸는지도 모른다.

어떤 사람들은 설교라는 형태에도 의문을 품는다. 심지어 설교는 오래전에 그리스-로마 수사학이 침투하여 전수되어온 이교적 산물이기에 결국에 극복하고 해체해야 할 대상이라고 보는 사람도 있다.[1] 또한 성경 공부 모임은 요즘 같이 여러 가지가 다 준비된 편한 세상에서나 가능한 일이라고 평가절하할 수도 있다. 나아가 성경 묵상이라는 고상한 이름도 최근에 유행하는 현상에 부추김 받아 만들어진 용어로 치부할지도 모른다.

결국 이런 모든 생각은 "성경을 꼭 묵상해야 하나?"라는 의문과 연루되어 있다. 원래 처음부터 성경 묵상이란 개념이 있었는지, 성경 묵상을 안 하면 안 되는지, 이 바쁜 세상에서 굳이 고리타분하게 성경을 붙들고 씨름하며 살아야 하는지, 성경을 묵상하는 일이 신앙생활에 그렇게 중차대한 것인지에 대한 궁금증과 의심이 신자들에게 있는 것이다.

---

1 이런 시각은 F. Viola, 『교회가 없다』(이영목 옮김, 안양: 대장간, 2003), 75-94에 잘 드러난다. Viola는 현대 설교가 "그리스 수사학의 자궁 속에서 잉태된 신성한 소", 즉 힌두교에서 아무도 건드리지 못하는 소와 같은 것이라고 단언한다(93). 그는 신자가 된 이교 출신의 연설가들이 이교의 연설 방식을 교회 안으로 가지고 들어왔고 이것이 3세기에 와서 일반화되어 결국 4세기에 교회 설교의 표준이 되었으며 이후 16세기에 종교개혁자들에 의해 재발견되고 청교도에 의해 전승되어 현대에 이르렀다고 주장한다.

성경 묵상을 중시한 흔적과 노력

사실 이런 의문은 일정 부분 자연스러운 측면이 있다. 성경은 아주 오랫동안 신자 개개인이 가까이 할 수 없는 책이었다. 예수님과 바울 시대에는 회당에 두루마리 성경(구약)이 있을 뿐이었고(예컨대 "이사야"를 기록한 두루마리, 참조. 눅 4:17), 사람들은 회당에서 읽히는 성경의 일부분을 듣는 것으로 만족할 수밖에 없었다. 중세 시대까지도 일반 신자들은 개인적으로 성경책을 소유하기 어려웠다. 자국어로 된 성경은 아예 없을뿐더러 성경책 자체도 널리 보급되지 않았기 때문이다. 루터의 종교개혁이 가져다준 선물 중 하나는 보통 쓰는 말(독일어)로 된 성경이었다. 이는 당시에 급격하게 발달한 인쇄술 덕분이기도 했다. 하지만 가난한 평민이 글을 배우거나 성경을 갖기란 쉽지 않았다. 따라서 그 당시 신자들이 매일같이 스스로 성경을 들여다보며 큐티를 한다거나 큐티 나눔을 위해 모인다는 것은 전혀 현실적이지 않았다. 단지 사제들이 읽어주고 전달해주는 내용에 의존할 수밖에 없었다. 또한 설교 형태에 그리스-로마 수사학의 영향이 남아 있는 것도 일정 부분 사실이고, 성경 공부 모임을 편하게 할 수 있는 세상이 최근에 도래했다는 것도 부정할 수 없는 사실이다.

하지만 성경 묵상의 중요성을 평가하는 것은 다른 차원의 문제다. 성경이 편만하게 보급된 지는 몇백 년밖에 되지 않았지만 성경 묵상에 대한 요구가 최근에 갑자기 생겨났다고 보기는 힘들다. 성경을 묵상하라는 요청과 성경을 묵상하는 모습이 이미 성경 안에 분명히 나타나기 때문이다. 성경책이 편만하게 보급되지 않았던 때도 성경을 묵상해야 했다면, 성경이 널리 보급된 우리 시대에는 성경 묵상의 중요성이 더욱 주목받을 수밖에 없다.

성경 묵상의 요구가 교회 역사 속에서 얼마나 잘 받아들여지고 그 유익이 적절히 발현되었는가는 또 다른 이야기다. 사실 교회는 오랫동안 성경을 묵상하려고 여러모로 노력해왔다. 설교의 모습은 시대와 문화에 따라 변모하고 변형되어왔지만 설교가 청중으로 하여금 성경을 묵상하도록 했다는 점 자체를 깎아내릴 필요는 없다. 성경이 제대로 보급되지 않은 시대라고 해서 그룹 성경 공부의 가치를 몰랐다고 무시해도 안 된다. 종교개혁이 일어나기 전에도 신자들은 곳곳에서 함께 모여 성경을 공부하며 묵상하려고 노력했다. 교회의 역사 속에서 개발된 "렉티오 디비나"(*Lectio Divina*, 거룩한 읽기)라는 성경 읽기 방식은 성경 묵상의 개념을 잘 드러내준다.[2] 성경책이 대량으로 출판되기 전에도 성도와 교회는 (접하기도 쉽지 않은) 성경을 묵상하려고 꾸준히 노력해온 것이다.[3]

이런 노력의 흔적은 성경 묵상이 얼마나 교회에 필요한 것인가를 반증한다. 여기서 결국 한 가지 의문이 남는다. 성경 묵상이 갖는 당위성의 근거에 대한 의문이다. 도대체 교회는 왜 성경을 묵상해야 하는가? 성경 묵상이 실현되어야 하는 이유는 무엇인가? 작금의 큐티 운동을 단순히 시대적 산물이라고만 보지 말아야 하는 이유는 무엇일까? 이번 장에서는 이에 대한 답을 두 가지 시각에서 찾고자 한다. 첫째, 성경을 묵상하는 다양한 모습이 성경에 분명히 나타난다는 점이다. 둘째, 성경 묵상의 신

---

2 "렉티오 디비나"는 오리게네스와 암브로시우스 등의 성경 읽기 방식에 뿌리를 둔 것으로 6세기에 베네딕투스에 의해 개발되어 12세기 후반에 네 단계 과정(읽기, 묵상, 기도, 관상)의 형태로 발전된 묵상 방식이다. 참조. 한국성서유니온선교회 엮음, 『성경묵상 훈련교재』, 7-8.

3 사실 이런 점 때문에 성경 암송이 중요하다. 성경을 직접 가지고 다닐 수 없기에 스스로 성경을 외워 말씀을 간직해야 했다. 또 이런 맥락에서 자연히 성경 암송은 성경 묵상을 내다보는 것이 된다(이는 1장에서 이미 언급했다). 구약에서 성경을 암송하라는 명령은 문서를 쉽게 가질 수 없는 고대의 상황에서 성경 묵상을 할 수 있게 만들려는 매우 적절한 조치다.

학적 이유도 성경에서 찾을 수 있다는 점이다.

"성경에 성경을 묵상하는 이야기가 있나? 그 답은 '있다'다."

3.2. 성경에 나타난 성경 묵상

먼저 우리가 기억해야 하는 점은 성경을 묵상하는 모습이 성경 전체에 다양한 형태로 분명히 나타난다는 사실이다. 개인이 혼자 성경을 묵상하는 모습뿐 아니라 여러 사람이 서로 도와가며 묵상하는 모습도 나타나며, 리더의 인도로 공동체 전체가 함께 묵상하는 모습도 이곳저곳에 등장한다.

성경 묵상의 권고

무엇보다도 성경은 성경을 묵상하라고 권고하며 명령한다. 이미 앞(2.1.)서 언급했던 여호수아 1:7-8이 그 대표적인 예다. 모세가 죽은 후에 하나님은 여호수아에게 나타나 이렇게 말씀하신다.

> 7오직 강하고 극히 담대하여 나의 종 모세가 네게 명령한 그 율법을 다 지켜 행하고 우로나 좌로나 치우치지 말라. 그리하면 어디로 가든지 형통하리니,
> 8이 율법책을 네 입에서 떠나지 말게 하며 주야로 그것을 묵상하여 그 안에 기록된 대로 다 지켜 행하라. 그리하면 네 길이 평탄하게 될 것이며 네가 형통하리라(수 1:7-8).

여호수아는 모세의 뒤를 이어 이스라엘 백성을 이끌고 가나안 땅으로 진격하는 중이었다. 이때 하나님은 모세에게 주신 율법을 묵상하며 실행하라고 명령하신다(이 율법이 나중에 구약성경을 이루는 기초가 되기에 결국 하나님은 여호수아에게 성경을 묵상하라고 지시한 셈이다). 그런데 이 명령은 여호수아 개인만을 향한 것이 아니었다. 가나안 땅에 세워진 이스라엘의 왕들은 모두 이 율법을 묵상하며 그에 따라 통치해야 했다(참조. 왕상 2:3; 11:38 등). 이스라엘의 왕들은 다윗처럼 율법을 얼마나 잘 따랐느냐에 따라 평가되었다(참조. 왕상 3:14; 9:4; 11:33; 왕하 10:31 등). 나아가 이 명령은 이스라엘 백성의 삶과도 무관하지 않았다. 이스라엘 백성들은 율법의 가르침에 따라 살아야 했다. 율법은 항상 이스라엘 백성 가까이 있어야만 했고 백성들은 늘 율법을 상고하며 살아야 했다.

이는 신명기 27-28장이 강조하는 바다. 모세는 가나안 땅에 들어갈 이스라엘 백성에게 율법을 늘 옆에 두고 잘 실행하라고 명령한다(신 27장). 이를 잘 따르면 축복을 받고(신 28:1-14), 그렇지 않으면 저주를 받는다(신 28:15-68). 율법을 잘 따르려면 율법을 주야로 묵상해야 한다. 그런데 이런 책임을 먼저 부여받은 자가 리더들이었다. 여호수아는 모세를 이어서 그 책임을 맡은 자였고, 야웨 하나님은 그런 여호수아에게 율법(성경)을 묵상하라고 분명하게 지시하신다. 이런 점에서 신명기 27-28장에 나타나는 모세의 명령과 여호수아 1장 서두에 등장하는 하나님의 명령은 서로 연결된다. 율법(성경) 묵상은 (율법을 실행하게 하려는) 하나님의 권고이자 명령이다.

이런 권면은 시편 1편에서도 동일하게 나타난다. 이 시(詩)는 이스라엘의 청중에게 율법을 날마다 묵상하는 삶이 얼마나 중요한지 알려준다. 복 있는 자는 악인의 길을 떠나 율법을 주야(晝夜)로 묵상한다(시 1:1-2).

율법을 묵상하는 자는 열매 맺는 삶을 살면서 형통하게 되고(시 1:3), 의인의 회중에 들게 된다(시 1:5-6). 여호수아 1:7-8과 시편 1:3에 공히 "형통"이란 주제가 메아리치는 것은 우연이 아니다. 하나님은 성경 묵상의 삶에 대해 보증하신다. 하나님은 그런 삶에 함께하시며 형통하게 하겠다고 말씀하신다.

개인 성경 묵상

성경을 묵상하라는 권고는 여러 형태로 이루어진다. 가장 먼저는 개인이 스스로 성경을 묵상하라는 형태다. 앞서 살펴본 여호수아 1:8에서 여호수아는 이스라엘을 가나안 땅으로 이끌어야 하는 리더로서 백성을 대표하여 그런 권고를 받았다. 여호수아는 스스로 먼저 말씀을 묵상해야 했다.

더욱 분명한 개인 성경 묵상의 예는 마태복음 4:1-11의 예수님에게서 찾을 수 있다.[4] 이 본문에서 예수님은 신명기 말씀을 깊이 묵상하신다. 예수님은 성령에 이끌려 마귀에게 시험을 받으신다. 예수님은 시험하는 자의 교묘한 질문에 신명기 구절들을 인용하며 답변하신다(마 4:4, 7, 10). 마태복음 4:5-6에서 마귀가 시편 91:11-12을 인용하여 유혹할 때도 유독 신명기 말씀에 의지해 이겨내신다(마 4:7). 이는 예수님이 광야에서 시험을 받는 중에 신명기를 깊이 묵상하셨다는 증거다. 예수님은 당신이 지금 광야에서 받는 시험의 의미를 잘 아셨기에 이스라엘의 광야 시절을 반추하는 신명기를 묵상하셨다. 이때 예수님은 성경을 단순히 읽고 암송하며 통독하고 연구하지 않으신다. 오히려 (아마도 암송하고 연구한 것을 기

4 윤종하는 이 점을 잘 관찰하였다(『묵상의 시간』, 22).

초로) "묵상"하신다. 그 결과 신명기 구절에 나타나는 하나님의 뜻을 깨닫고 그에 합당하게 반응하셨다. 이런 예수님의 모습은 성경 묵상의 특징을 잘 보여준다. 그리고 혼자 말씀을 묵상한다는 측면에서 마태복음 4:1-11의 예를 "예수님의 큐티"라고 부를 수 있을 것이다.

마가복음 1:35은 예수님이 하신 큐티의 외형적 모습을 간단하지만 의미 있게 보여준다.[5]

> 새벽 아직도 밝기 전에 예수께서 일어나 나가 한적한 곳으로 가사 거기서 기도하시더니(막 1:35).

예수님은 이른 시간에 조용한 곳에 가서 기도하셨다. 단순히 생각하면 새벽기도를 하신 정도로 보인다. 예수님이 기도하러 가시면서 성경책을 가지고 가셨다거나 성경을 읽었다는 내용은 없다. 하지만 그 당시는 지금처럼 성경책을 가지고 다니지 않았다는 것을 기억해야 한다. 신실한 많은 사람이 성경을 가지고 다니는 대신 상당량의 구절을 암송하거나 기억하고 있었다. 예수님이 광야에서 시험받을 때 성경책 없이도 신명기 구절을 묵상하신 것처럼 혼자 기도하실 때도 이미 기억하고 있는 말씀을 묵상하셨을 수 있다. 예수님은 하나님의 뜻을 따라 늘 기도하셨을 뿐 아니라(참조. 마 26:39-42; 막 14:36; 눅 22:42; 요 8:28 등), 하나님의 뜻을 따라 기도하라고 가르치셨다(참조. 마 6:10). 무엇보다 예수님은 구약성경이 당신을 가리키고 또 당신이 걸어갈 길을 알려준다고 말씀하셨다(참조. 눅 24:44-49). 이런 사실을 바탕으로 우리는 예수님이 성경을 상고하고 묵

---

5 참조. 한국성서유니온선교회 엮음, 『성경묵상 훈련교재』, 20.

상하는 가운데 자신이 걸어갈 길을 찾고 내다보며 기도하셨다고 자연스럽게 추측할 수 있다. 실제로 예수님은 이 기도 후에 자신이 걸어갈 다음 단계로 나아가셨다(막 1:38-39). 이처럼 큐티는 조용한 곳에서 하는 것이 좋으며 여기에는 기도가 자연스레 포함된다.

사도행전 8:26-28은 스스로 성경을 깨달으려고 노력하며 묵상하는 모습, 즉 개인 성경 공부의 모습을 보여준다. 예배하러 예루살렘에 왔다가 돌아가던 에티오피아의 고급 관리는 이사야의 글을 읽으며 그 의미를 깨닫기 위해 고심하고 있었다. 특별히 그는 이사야 53:7-8을 적절히 해석하려고 노력하는 중이었다. 이런 성경 읽기 모습은 개인 성경 공부의 특징을 보여준다. 개인 성경 공부는 적용에 강조를 둔 큐티와 달리 해석에 더 큰 관심을 둔다.

이처럼 개인이 스스로 성경을 묵상하려는 모습은 성경 이곳저곳에 잘 나타난다.

그룹 성경 묵상

성경에는 여러 사람이 함께 성경을 묵상하는 모습도 등장한다. 바로 앞서 살펴본 에티오피아 내시의 개인 성경 공부는 빌립이 등장하면서 그룹 성경 공부로 이어진다. 에티오피아 내시가 혼자서 성경을 충분히 해석하지 못할 때 빌립이 가서 그를 도와주며 함께 성경을 묵상하게 된다(행 8:29-35). 물론 이 모습은 복음을 전한다는 측면에서 보면 전도의 한 장면이지만, 함께 성경을 공부하며 깨닫는다는 측면에서 보면 그룹 성경 공부를 묘사한다고 볼 수 있다. 이 내시는 성경을 처음 접한 사람이 아니라 이미 혼자 성경을 공부하는 사람이었다. 또한 하나님을 예배하러 멀리 예루살렘까지 올 정도로 열심인 사람이었다(그는 재력이 있어 이사야서 두

루마리를 가질 수 있었고 먼 곳까지 여행할 수 있었다).[6] 하지만 자신이 읽고 있는 구절의 뜻을 깊이 깨닫지 못한 상황에서 빌립의 도움을 받게 되었다. 이들이 본문을 읽으며 질문하고 답하는 모습은 현대의 그룹 성경 공부와 닮았다.[7]

좀 더 발전된 그룹 성경 공부 형태는 아볼로가 브리스길라와 아굴라 부부와 함께 한 모임에서 찾아볼 수 있다(행 18:24-28). 아볼로는 학문이 깊고 구약성경을 잘 아는 자로서 일찍부터 주의 도를 배워 예수님에 관한 것을 가르치는 사람이었다(행 18:24-25). 그런데 아볼로는 브리스길라와 아굴라를 만난 후 그룹 성경 공부를 통해 하나님의 도를 더 정확하게 배우고 훌륭한 사역자로 성장하게 된다(행 18:26-28). 그들의 예는 그룹 성경 공부가 하나님의 뜻을 제대로 깨닫게 하여 그에 합당한 반응을 이끌어낸 모습을 보여준다.

큐티 나눔과 비슷한 그룹 성경 묵상의 형태를 더욱 분명히 보여주는 사례는 사도행전 4:23-31에 소개된다. 베드로와 요한은 유대교 지도자들에게 잡혔다가 풀려난 후 동료들과 모임을 갖는다. 그들은 유대교의 제사장들과 장로들이 어떤 말을 했는지를 동료들에게 전했는데(행 4:23), 그들 모두는 현재의 이런 상황이 시편 2편에 나타난 내용과 잘 맞아 떨어진다고 이구동성으로 말한다. 시편 2편은 메시아 대망의 시로서 당시 유대인들에게 널리 알려져 있었다.[8] 그들은 시편 2편을 해석하며 "그 기름

---

6 사도행전 저자는 이 사람이 "에디오피아[에티오피아] 여왕 간다게의 모든 국고를 맡은 관리"(행 8:27)라고 기술한다.

7 하지만 이는 전형적인 그룹 성경 공부와는 차이가 있다. 오히려 소위 일대일 성경 공부에 가깝다고 할 수 있겠다.

8 참조. 이형일, 『예수와 하나님 아들 기독론: 초기 교회 고기독론 형성에 관한 고찰』(서울: 새물결플러스, 2016), 309-21.

부음 받은 자"(그리스도)가 예수님을 가리킨다고 해석하고(행 4:25-26),[9] 본문의 내용을 자신들이 위협당하는 상황에 적용한다(행 4:27-28). 그들은 "세상의 군왕과 관원들"이 예수님을 적대하며 그 제자인 자신들까지 위협하지만 시편 2편이 전해주는 메시지에 따라 환난 중에도 끝까지 예수를 따라가겠다고 고백하며 기도한다(행 4:29-30). 그러자 하나님이 그 기도를 듣고 응답하신다는 표시가 나타난다(행 4:31). 그들은 함께 모여 시편 2편을 해석하고 적용하며 믿음의 고백을 서로 나누고 기도했다. 이 모임은 해석보다는 적용에 더 치중하는 형태이기에 우리 시대의 "큐티 나눔" 모임에 가깝다고 볼 수 있다. 물론 기도회의 성격도 분명하지만, 성경 말씀을 여러 사람이 함께 해석하고 적용하며 말하는 나눔 모임의 특징을 잘 보여준다. 이는 자연히 성경 묵상의 한 종류가 된다.

리더-청중의 성경 묵상

청중이 성경을 묵상하도록 리더가 앞서서 이끄는 형태도 성경 곳곳에 나타난다. 사도 바울이 비시디아의 안디옥 회당에서 강론한 것은 이런 성경 강의의 한 예다(행 13:14-41). 하지만 좀 더 확실한 예는 바울이 에베소의 두란노 서원에서 2년 동안 가르친 모습에서 볼 수 있다(행 19:8-10). 이 강의는 단순히 지식을 제공하는 강의가 아니라 "주의 말씀"(행 19:10)을 듣고 반응하게끔 하는 성경 묵상의 강의였다. 바울의 강의를 들은 사람들이 하나님의 뜻을 깨닫고 삶의 방향을 바꾸었다. 많은 사람이 와서 자복했고 이전에 의지하던 수많은 마술 책을 불살라버렸다(행 19:17-20). 사

---

9 이형일은 초기 교회가 지닌 이런 해석을 추적하면서 초기 교회에서 시편 2:7이 예수님이 하나님의 아들이라는 기독론에 미친 영향을 강조한다(『예수와 하나님 아들 기독론』, 307-68).

도행전 저자는 바울의 강의가 한마디로 "하나님 나라"를 주제로 한 것이라고 간략하게 기록한다(행 19:8). 이 주제는 예수님이 선포하신 복음의 주제와 일치한다(참조. 마 4:23; 9:35; 막 1:14 등). 복음서는 예수님이 하나님 나라에 대해 강론하셨다는 사실을 이곳저곳에서 보여준다(마 13:24-52; 18:1-35; 19:27-20:16; 24:3-25:26 등).

성경을 묵상하도록 돕는 방법 중 설교의 형태도 어렵지 않게 찾을 수 있다. 그중 마태복음 5-7장에 있는 예수님의 산상설교(the Sermon on the Mount)는 널리 알려졌다.[10] 물론 산상설교는 다루는 성경 본문의 경계가 분명히 정해진 본문 설교는 아니다. 하지만 설교의 특징을 분명히 드러낸다. 한 리더가 성경의 내용을 설명하고, 이를 청중에게 적용하여 권면한다. 예수님은 구약성경에 어려 있는 하나님의 뜻을 청중에게 잘 가르칠 뿐 아니라 그에 따르는 합당한 반응을 하도록 촉구하신다. 산상설교의 맨 마지막 부분(마 7:21-27)은 이런 점을 선명하게 보여준다. 이곳에는 성경 묵상의 특징이 제대로 나타난다. 사실, 산상설교를 소개하는 복음서의 본문은 옛날에 시내산에서 율법을 받아 백성들에게 전달해주던 모세의 가르침과 예수님의 가르침을 대비시키는 측면이 있다.[11] 예수님은 하나님의 말씀을 참된 권위로써 새롭게 전해주는 분이시다. 이런 점에서 산상설교는 설교가 붙들어야 하는 중요한 성격을 말해준다.

성경 본문을 제대로 해석하여 메시지를 전한 예는 사도행전 2장에 기

---

10 산상설교는 종종 산상수훈(山上垂訓)이나 산상보훈(山上寶訓)이라고 일컬어지기도 한다. 이는 아마도 이 가르침의 형식이 설교인지 강의인지 모호한 면이 있기 때문인 듯하다. 하지만 분명한 점은 이 가르침이 성경 묵상의 특징을 지닌다는 점이다.

11 참조. 양용의, 『마태복음 어떻게 읽을 것인가』(서울: 한국성서유니온선교회, 2005), 28-29; D. A. Hagner, 『마태복음 1-13』(WBC 33상; 채천석 옮김, 서울: 솔로몬, 1999), 207.

록된 베드로의 설교에 잘 나타난다. 사도행전의 베드로는 오순절에 성령이 강림한 사건의 의미를 설명할 때 구약성경의 세 본문을 인용하고 곧바로 그 본문들의 진정한 의미가 무엇인지 해석하며 지금 그들이 경험하는 성령 강림 사건의 본질이 무엇인지 밝히면서 회개를 강하게 촉구한다. 이 과정에서 베드로는 요엘 2:28-32의 의미를 설명할 뿐 아니라(행 2:25-24), 시편 16:8-11과 시편 110:1을 해석하여 부활하신 예수님이 하늘의 보좌에 앉으신 메시아이심을 강력하게 논증한다(행 2:25-33; 34-36).

하나님의 뜻을 청중에게 전하고 그에 따른 적절한 반응을 요청하는 모습은 신명기의 모세에게서도 두드러진다. 신명기는 종종 "모세의 설교"라고 불린다.[12] 신명기에서 모세는 출애굽 제2세대 백성에게 율법을 다시 가르치며 그들이 하나님의 뜻에 바르게 반응하기를 촉구한다. 여호수아 1:7-8이 가나안 땅에 들어가는 리더에게 전달한 성경 묵상의 권면이라면, 신명기의 모세가 전하는 내용은 그 땅에 들어가는 백성 전체에게 주는 성경 묵상의 권면인 셈이다. 이처럼 설교는 묵상을 목표로 한다.

좀 더 의미심장한 예는 느헤미야 8장에 등장한다. 이곳에는 구약성경 본문을 그대로 가져와 청중을 일깨우는 모습이 묘사된다. 느헤미야 8장의 에스라는 그를 돕는 몇 사람과 함께 모세의 율법책을 읽고 해석하며 청중이 참뜻을 깨달을 수 있도록 격려한다(느 8:1-8). 청중은 하나님의 뜻을 깨닫고 감동하여 울며 기뻐한다(느 8:9-12). 이런 과정에서 에스라와 조력자들 및 청중 모두는 하나님을 깊이 만나는 체험을 한다.[13] 그리

12 참조. 장미자, 『신명기: 구약신학의 수원지』(용인: 킹덤북스, 2010), 93-94; 성기문, 『모세의 고별 설교: 신명기의 구조와 신학연구』(서울: 솔로몬, 2009), 20-22.

13 이것이 성경 강의에 해당하는지 설교에 해당하는지 모호하기는 하다. 하지만 설교이건 강의이건 그

고 이런 경험이 결국 개인과 공동체의 회개와 개혁 및 부흥 운동의 밑거름이 된다(느 9-13장). 설교로 말미암은 성경 묵상이 어떤 파급효과를 가져오는지를 잘 보여주는 대목이다.[14] 참된 설교는 사람들의 회개와 사회의 변화를 이끄는 실마리가 될 수 있다. 설교가 청중을 성경 묵상으로 이끌기 때문이고 하나님이 그 성경 묵상을 통해 개개인과 공동체 안에 역사하시기 때문이다.

이처럼 성경에는 개인의 성경 묵상, 그룹의 성경 묵상, 리더와 청중이 함께 하는 성경 묵상의 예가 자연스럽게 나타난다. 물론 앞서 언급한 예시 이외에도 여러 사례가 있다. 더 나아가 성경은 성경을 묵상하는 모습을 자연스럽게 보여줄 뿐 아니라 성경을 묵상하도록 요구한다. 이미 앞의 1장에서 공고히 했듯이 하나님이 성경을 주신 의도는 사람들로 하여금 성경을 묵상하게 하려는 것이다. 그렇다면 결국 남은 의문은 성경을 이처럼 묵상해야 하는 신학적 이유다. 물론 이에 대해 성경 묵상을 통해 하나님을 만나는 것이라고 쉽게 말할 수도 있다. 하지만 이는 너무 간편한 결론이다. "하나님을 만난다"는 것이 어떤 의미인가? "성경 묵상을 통해 하나님을 만나는 것"이 무엇을 의미하는가? 왜 하나님은 우리가 성경을 묵상하여 당신과 만나는 것을 기대하실까? 성경 묵상이 성경에 깊이 새겨져 있는 당연한 의무라면 이제 성경 묵상의 신학적 이유를 살펴보아야 한다.

"성경 묵상의 여섯 가지 방법은 성경에 이미 잘 나타나 있다."

어떤 경우라도 성경을 묵상하도록 한다는 점에는 차이가 없다.

14 올바른 설교 운동이 개인과 사회에 큰 영향을 끼치는 모습은 교회 역사에서 어렵지 않게 찾을 수 있다.

3.3. 성경 묵상의 신학적 이유 1: 하나님 나라의 실현 모습

성경 묵상: 하나님 나라의 실현 방식/모습

먼저 성경 묵상이 하나님 나라와 연결되어 있다는 점에 주목해야 한다. 하나님 나라는 하나님이 다스리시는 나라, 하나님의 통치가 실현되는 나라다. 공간적 개념이라기보다는 통치 자체가 중심이 되는 개념이다.[15] 하나님이 다스리신다는 말은 하나님의 뜻이 이루어진다는 의미이고 그 백성들이 그 뜻을 깨닫고 순종하여 거룩한 백성이 된다는 의미이기도 하다. 하나님의 백성들은 어떻게 하나님의 뜻을 깨닫고 순종하게 되는가? 물론 무수한 방법이 있다. 하지만 하나님이 중요하게 제시하신 방식은 다름 아닌 성경 묵상이다. 하나님의 백성들은 성경 묵상을 통해 하나님의 뜻을 깨닫고 순종하는 길을 걷기 시작하게 된다. 즉 하나님이 자신의 통치를 실현하는 중요한 방식이 성경 묵상인 것이다.

하나님은 그 백성이 하는 성경 묵상을 통해 당신의 뜻을 이루어가시려 한다. 따라서 성경 묵상은 하나님의 다스림이 실현되는 중요한 방식이다. 하나님은 그리스도로 말미암아 사람들을 새롭게 하고 성령을 통해 성경 말씀을 제대로 묵상하게 하여 순종하는 거룩한 백성으로 만들어가신다. 이런 점에서 성경 묵상은 하나님 나라가 실현되는 모습의 중요한 특징이다. 삼위 하나님이 자기 백성으로 하여금 성경을 묵상하도록 이끌어 그들이 하나님 나라에 동참하게 하신다. 성경 묵상을 통해 하나님 나라를 점진적으로 실현해가시는 것이다. 앞서 다룬 성경 묵상의 여러 형

---

15 H. Ridderbos, 『하나님 나라』(오광만 옮김, 서울: 엠마오, 1987), 45, 56, 62 등; 양용의, 『하나님의 나라 어떻게 이해할 것인가』(서울: 한국성서유니온선교회, 2005), 15-27.

태는 이런 특징과 직간접으로 연관되어 있다.

"성경 묵상은 하나님의 다스림을 실현하는 중요한 방식이다."

하나님 나라를 겨냥한 신정국가

여호수아에게 율법(성경) 묵상을 명령한 것(수 1:7-8)이 바로 이런 측면과 연관된다. 이 묵상의 명령이 가나안 땅으로 들어가기 전—신정국가가 세워지려는 찰나다—에 등장한다는 점이 의미심장하다.

야웨 하나님은 이스라엘 자손을 애굽에서 구출하여 그들의 참 왕이 되고 또 그들을 거룩한 백성으로 삼는 나라를 건설하고자 하셨다(참조. 출 19:5-6; 29:45-46; 레 26:12). 신정국가(神政國家)를 건설함으로써 하나님이 다스리는 나라를 세우려 하신 것이다. 하나님의 다스림이 실현되려면 백성들이 그분의 뜻을 깨달아야 한다. 그래서 하나님은 그 나라를 다스리는 통치 원리를 담은 "율법"을 모세를 통해 이스라엘 백성들에게 전달하셨다(출 19-24장, 이어지는 출애굽기 25-31장의 성전 이야기는 율법의 실현과 거룩한 백성을 상징한다). 그런데 지금 여호수아와 이스라엘 백성들은 그 신정국가를 시작하는 자리에 서 있다. 그들을 애굽과 광야에서 이끌던 모세는 죽었고 그들은 이제 가나안 땅으로 들어가야 한다. 지금 그들에게 절실히 필요한 것은 가나안 민족들과 싸워 이길 방법이다. 어떻게 하면 그들을 물리칠 수 있을까? 사실 전쟁에서는 상대에 대한 정보가 절대적이다. 상대의 숫자와 무기의 종류, 보급로 차단 방법과 약점 등 구체적 전략 전술이 필요하다. 이런 때에 하나님이 나타나서 싸움에 써먹을 만한 구체적 지침을 내려주시면 얼마나 좋을까? 그런데 하나님은 그런 것에 대해 일절 말씀하지 않으신다. 오히려 생뚱맞게 율법(성경)을 묵상하라고 명령하신다. 하지만 이 명령은 생뚱맞은 게 아니다. 오히려 하나님이 바라시는 나라의 성격을 잘 말해준다. 사실 이는 그 나라를 건설하는 핵심 비결이다. 싸움에서 승리하는 필승의 전략이자 전술이다. 여호수아 1:7-8의 율법(성경) 묵상 명령은 야웨 하나님이 추진하시는 신정국가의 성격을 잘 보여주는 것이다.

이 점은 신명기 27-30장에 나타난 모세의 명령과 권면(설교)에 이미 언급되어 있다. 이스라엘은 하나님의 뜻을 깨닫고 순종하여 가나안 땅에 들어가 신정국가를 이루어야 한다. 신명기에서 모세는 그 당위성을 다시 한번 강조한다. 율법을 듣고 순종하는 삶이 결국 신정국가를 세우는 마땅한 길이다(물론 가나안 땅에 세워질 신정국가는 온전한 하나님 나라를 내다보며 상징한다). 여호수아를 향한 하나님의 말씀도 신명기의 모세가 전한 뜻을 반복하며 재확인하고 있다. 그 나라가 신정국가라는 사실을 리더인 여호수아에게 율법(성경) 묵상의 명령으로 다시 상기시킨다. 다윗이 죽기 전에 솔로몬에게 준 권면이 (여호수아 1:7-8과 유사한) 율법 묵상의 명령이라는 점도 이와 연결된다. 또한 이스라엘의 왕들에 대한 평가 기준이 왜 "율법에 따른 통치"인가 하는 점도 동일하게 이런 맥락에서 이해할 필요가 있다(왕상 11:37-38; 14:8; 왕하 10:30-31; 16:1-2; 17:13-14; 21:8; 22:11-13 등).

신정국가의 회복 기대

그런데 다윗 왕국은 신정국가로서의 정체성을 지키는 데 어려움을 겪었다. 다윗의 아들인 솔로몬이 율법 묵상의 통치를 온전히 실현하지 못하자 결국 나라는 북이스라엘과 남유다로 나뉘었다. 그리고 두 나라는 모두 율법 묵상의 통치, 곧 온전한 신정국가를 이루는 데 실패한다. 하나님이 주신 율법을 묵상하라는 권면은 왕들뿐 아니라 백성들도 실천하지 못했다. 다수의 왕은 율법을 따라 통치하지 않았고 백성들도 율법이 명령하는 대로 살지 않았다. 이것이 이스라엘과 유다가 저지른 불순종의 죄였고 이 죄로 인해 그들은 결국 나라를 잃는 지경까지 갔다. 신명기에서 모세가 경고한 대로 마침내 이스라엘은 멸망했다(신 28:58-68). 성전은 무너졌고 많은 백성이 앗수르와 바벨론에 포로로 끌려갔다. 그런데도 예레미야를 통해 회복의 기회가 찾아올 것이라는 메시지가 전달되었다. 70년의 포로 생활을 겪은 후에 찾아올 회복이었다(렘 25:11-14; 단 9:1-2).

예레미야의 메시지를 통해 회복의 때를 깨달은 다니엘은 백성의 죄 사함을 위해 기도하며 예루살렘으로의 귀환을 간구한다(단 9:1-19). 마침내 고레스 왕의 칙령이 내려지고(대하 36:22-23; 스 1:1-4), 유다 사람들은 예루살렘으로 돌아오기 시작하며 성전 재건을 꿈꾼다. 성전은 수많은 어려움에도 불구하고 여러 사람의 협력으로 결국 재건된다(스 1-6장). 이 터전 위에서 학사 에스라는 율법 실현의 꿈을 다시 펼친다. 그는 스스로 율법을 묵상할 뿐 아니라 공동체가 율법을 깨닫게 하겠다고 굳게 결심한다(스 7:10). 결국 그는 예루살렘에 올라와 율법 실현의 꿈을 현실화시키며 공동체의 개혁을 시도한다(스 7-10장). 느헤미야 8장에는 학사 에스라가 어떻게 이 꿈과 개혁을 실현해가는지가 묘사되어 있다. 에스라의 설교는 백성들이 율법(성경) 말씀을 묵상할 수 있도록 했고 그 말씀 묵상으로 공동체는 기쁨과 회개와 개혁의 길을 걸어갈 수 있게 되었다(느 9-13장). 이는 신정국가 회복의 중심에 말씀(율법) 묵상이 있음을 잘 보여준다. 율법 묵상이 신정국가 수립의 핵심 방법이었다. 에스라는 백성들에게 말씀을 묵상하게 함으로써 그 사명을 잘 감당했다. 말씀 묵상이 신정국가 회복의 중심에 있었다.

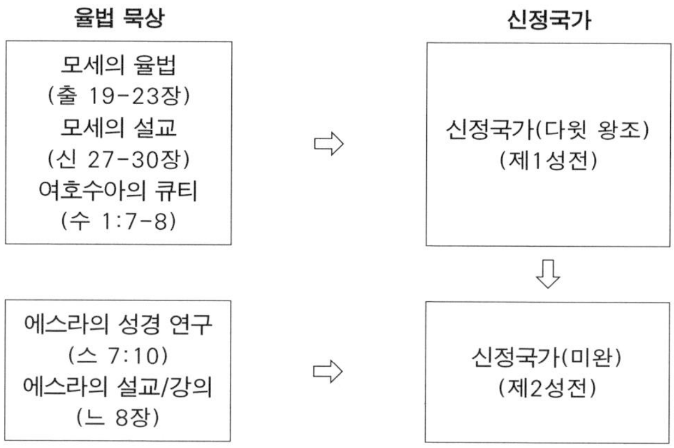

〈표 4〉 율법 묵상과 신정국가

하나님 나라의 도래와 메시아의 성경 묵상

그런데 예루살렘에 성전이 재건되고 회복이 시작되었지만 이전 다윗 때와 같은 나라는 쉽게 이루어지지 않았다. 예루살렘 공동체와 유다 백성들은 계속 외세의 지배 아래에 있었다. 바사(페르시아)의 통치가 끝나자 그리스와 로마 제국의 통치가 이어졌으며 기원후 1세기가 되도록 이스라엘의 독립은 이루어지지 않았다. 선조들이 애굽에서 나온 것처럼 바벨론에서 (페르시아 때) 나왔지만, 출애굽(Exodus) 후의 다윗 왕국 같은 국가는 세워지지 않았다. 유대인들은 진정한 회복을 갈망하며 새 출애굽(New Exodus)을 신학적으로 고대했다. 온전한 신정국가를 이루게 해줄 변화를 꿈꾼 것이다.[16] 그 나라는 "기름 부음 받은 자" 곧 "메시아"(그리스도)가 세

16 참조. Tom. Holland, 『바울 신학 개요』(박문재 옮김, 서울: 크리스천다이제스트, 2005), 370-75; N. T. Wright, 『신약성서와 하나님의 백성』(박문재 옮김, 서울: 크리스천다이제스트, 2003), 444-62; D. J. Verseput, "The Davidic Messiah and Matthew's Jewish Christianity", SBLSP 34(1995), 104, n. 7; D. G. Reid, "Jesus: New Exodus, New Conquest", Tremper Longman III, Daniel G. Reid, *God Is a Warrior*(Studies in Old Testament Biblical theology;

울 것이다. 그 메시아는 모세처럼 (제2의) 출애굽을 실현하고 다윗 왕처럼 신정국가를 이룰 것이다. 이전의 출애굽과 다윗의 신정국가가 보여준 실패는 다시 없을 것이다. 유대인들은 새 출애굽을 이루고 참 신정국가를 세울 메시아에 대한 기대를 점점 더 키워갔다.

그 기대의 정점에 예수님이 등장하신다. 나사렛 예수는 하나님 나라(천국)를 선포하며 자신이 곧 성전으로서 그 나라를 온전히 이루는 자임을 분명히 하셨다(참조. 요 2:19-22; 계 21:22). 그는 이스라엘 백성의 실패 및 이스라엘 역사의 실패와 대비하여 자신이 참 이스라엘 백성을 만들어내어 "참 신정국가"(신정국가의 진정한 실체), 즉 "하나님 나라"를 이끄는 자임을 선포하셨다. 마태복음 저자가 예수님의 천국(하나님 나라) 선포(마 4:17; 23)를 언급하고 곧이어 5-7장에서 예수님의 가르침을 모세의 율법에 비추어 묘사한 것이나, 마태복음 전체에서 예수님이 다윗 계열의 자손으로 참 왕이 되신다는 점을 시종일관 부각한 것은 의미심장하다.[17] 나아가 부활 후 예수님이 참 왕의 권세를 가지셨다는 언급(마 28:16-20; 참조. 롬 1:2-4)은 예수님이 종말의 메시아로서 참 신정국가인 하나님 나라를 이루는 분이심을 분명히 보여준다.

그런데 중요한 점은 그 나라의 시작에 예수님의 큐티(마 4:1-11)와 예수님의 산상설교(마 5-7장)가 등장한다는 사실이다. 마치 가나안 땅에 진입하기 직전에 신정국가 수립의 핵심 요소로서 율법 수여(출 19-24장) 및

Carlisle: Paternoster, 1995), 91-118; J. M. Scott, "Exile and the Self-understanding of Diaspora Jews in the Greco-Roman Period", J. M. Scott(ed.), *Exile: Old Testament, Jewish and Christian Conceptions*(Supplements to the Journal for the Study of Judaism 56; Leiden: Brill, 1997), 173-218.

17 참조. 양용의, 『마태복음』, 46-47, 493 외 여러 곳.

율법 묵상의 요구(신 27-30장; 수 1:7-8)가 있었던 것처럼 예수님의 하나님 나라 선포와 관련하여 예수님의 성경 묵상이 등장한 것이다. 예수님은 하나님 나라를 실현하는 자로서 먼저 자신이 광야에서 율법(성경)을 묵상하는 모습을 보여주셨다. 예수님은 큐티를 통해 하나님의 뜻에 순종하면서 하나님 나라를 이루어가셨다. 더구나 이때 예수님이 묵상하신 성경 본문이 하필 신명기라는 점은 아주 의미심장하다. 또한 예수님은 하나님 나라를 전파하며 그 나라가 가까이 왔음을 선포하셨다. 여기서 예수님의 산상설교(산상수훈)는 모세의 가르침과 동등한 방식으로 묘사된다.

이처럼 (하나님 나라를 세워가는 주역으로서) 예수님이 하신 큐티와 설교는 그 나라가 결국 성경 묵상과 연관하여 세워진다는 사실을 잘 보여준다. 하나님 나라의 진정한 통치자로 오신 예수님이 먼저 그 나라를 세워가는 핵심 전략이 성경을 묵상하는 것임을 보여주셨다. 예수님의 삶과 가르침은 결국 그 나라가 하나님의 말씀을 묵상하여 순종하는 방식으로 이루어짐을 드러내준다. 다시 한번 말하지만 성경 묵상은 하나님 나라를 실현하는 핵심 전략이다.

"성경 묵상은 하나님 나라를 실현하는 핵심 전략이다."

성경 묵상을 실현하는 그리스도

그런데 문제가 하나 있다. 메시아의 성경 묵상만으로 하나님 나라가 완전히 실현될 수 있는가 하는 점이다. 하나님의 통치가 성경 묵상으로 실현된다는 말은 그의 백성들이 온전히 성경을 묵상함으로써 하나님께 순종해야 참이 된다. 그래야 하나님의 다스림이 이루어지고 그의 나라가 실현된다. 바꾸어 말하면 그의 백성(인간)의 성경 묵상이 온전히 이루어지지 않을 때, 하나님 나라의 실현은 허상이 되어버린다. 그렇다면 이전에는 성경을 제대로 묵상하지 못했던 사람들이 어떻게 해야 성경을 잘 묵상할 수 있게 되는가? 달리 말해 순종하지 못하던 자들이 어떻게 순종하게 되는가? 과거 이스라엘은 실패하지 않았던가? 이전에는 안 되다가 어느 순간 그냥 되는 것일까? 우리가 예수님처럼 스스로 성경 묵상을 제대로 할 수 있을까? 마태복음 4:1-11에 묘사된 예수님의 큐티는 우리에게 좌절감을 안겨준다. 예수님처럼 하려고 해도 안 되는 것을 어찌하는가?

하지만 생각해보자. 마태복음 4:1-11의 예수님의 큐티는 윤리적·모범적 교훈만을 우리에게 요청하는가? 그에 대한 답은 분명 "아니오"다. 예수님의 큐티와 설교는 단순히 위대한 성경 교사나 리더의 성경 묵상에 대한 사례(잘한 큐티와 좋은 설교)가 아니다. 앞서 말했듯이 예수님은 하나님 나라를 이루는 메시아로서 그 맨 앞에 서서 성경을 온전히 묵상하는 자로 등장하신다. 이 사건은 예수님 자신이 성경 묵상을 통해 하나님께 순종하시는 것뿐 아니라 그에 딸린 사람들, 다시 말해 하나님의 백성인 새 이스라엘도 온전히 성경을 묵상하게 하여 순종의 자리에 나아가도록 하신다는 뜻이다. "마음의 할례"(신 30:6)를 이룬다는 말도 같은 의미다(참조. 신 30:6-14; 렘 31:33; 겔 36:26-28; 37:24-28).

마태복음 4:1-11은 이 점을 잘 드러내준다. "하나님의 아들" 곧 하나님 나라의 왕위를 이어받는 자로 인정받으신 예수님은(마 3:16-17) 하나님의 뜻에 온전히 순종하신다(마 4:1-11). 이는 실패한 이스라엘 왕들과 철저히 대비되는 모습이다. 또한 광야에서 40일간 받은 시험에서 승리하신 예수님의 모습은 옛적에 40년 동안 광야에서 시험을 받으며 거듭 하나님께 불순종했던 이스라엘의 모습과도 대비된다. 예수님은 이제 옛 이스라엘의 왕들과 백성들의 실패를 되돌리는 자로, 순종하는 왕이 되셔서 순종하는 새 이스라엘을 창조하는 자로 묘사된다. 광야에서 시험받는 예수님은 단순히 한 개인이 아니라 옛 이스라엘과 비교되는 새 이스라엘을 창조하는 자로서의 메시아이시다.[18]

순종하는 새 이스라엘을 창조하는 이 메시아는 십자가의 죽음과 부활로 그 결정적 승리와 성취를 이룬다(이는 사복음서 모두에서 잘 나타난다). 또한 예수님은 성령을 보내셔서 자신의 가르침이 자기 제자들(백성들)에게 늘 살아 있게 만드는 분이다(요 14:17, 26; 16:13-15). 보혜사 성령을 보내겠다고 약속하신 예수님은 실제로 성령을 보내어 교회를 세우고 이끌어가셨다(행 1:4-5, 8; 2장). 그리고 교회는 성령의 도우심 속에서 성경 묵상의 역사를 계속 이루어갔다. 사도행전은 이를 잘 보여준다. 사도 바울은 이 성령, 곧 그리스도의 영이 우리를 순종하는 백성으로 살게 하는 "생명의 영"이라고 말한다(롬 8:2, 4, 9-11).

정리해보자. 예수님은 스스로 먼저 성경을 묵상하여 하나님의 통치를 실현하셨을 뿐 아니라 성령을 통해 자기 백성들에게 생명을 주어 깨닫게 하심으로써 그들이 성경을 온전히 묵상하여 하나님의 다스림 안에 거하게 하신다. 예수님의 성경 묵상은 하나의 "모범"(模範, example)이 아니라 그에 속한 사람들을 모두 그렇게 만드는 "원형"(原型, prototype)으로 작용하는 셈이다. 예수님의 성경 묵상은 이전에 불순종하던 사람들, 말씀의 통치를 제대로 받지 못하던 사람들을 하나님의 말씀에 온전히 순종하며 따라가는 자로 만드시겠다는 약속이자 징표다. 예수님의 모습에는 성경

18 참조. 양용의, 『마태복음』, 34-35, 72-88; Hagner, 『마태복음 1-13』, 171-72; 박대영, 『묵상의 여정』(서울: 한국성서유니온선교회, 2013), 336-37.

묵상을 통해 순종하는 백성을 만드시겠다는 하나님의 의지가 드러난다.

"예수님은 성경 묵상이 실현되게 하시는 분이다."

하나님 나라의 복음 전파

사도들은 메시아의 등장으로 마침내 드러난 하나님 나라(천국)의 복음을 기꺼이 받아들였을 뿐 아니라 이를 다른 사람들에게 지속적으로 전파했다. 물론 그런 삶의 여정에는 고난과 어려움이 많았다. 하지만 그들은 그 걸음을 멈추지 않았다. 그리고 그런 그들의 발자취에는 성경 묵상의 흔적이 남았다.

오순절 성령 강림 사건 때 베드로는 구약성경의 몇몇 본문(요엘 2:28-32; 시 16:8-11; 110:1)으로 설교하며 복음을 강력하게 선포했다. 교회가 예수 그리스도의 복음을 가장 공격적으로 전한 첫 번째 사례가 설교를 통해 나타난 것이다. 사도들과 형제들은 유대인들에게 핍박받는 중에도 함께 성경 말씀(시 2편)을 묵상하며 순종의 길을 선택했다(행 4:23-31). 이는 앞서(3.2.) 설명했듯이 현대의 "큐티 나눔"과 같은 것이었다. 또한 빌립은 에티오피아 내시와 함께 (일대일) 그룹 성경 공부를 하며 복음을 전했다(행 8:29-35). 아볼로는 브리스길라와 아굴라와 함께 그룹 성경 공부를 하는 가운데 그리스도의 복음을 깊이 깨우침으로써 더 큰 리더로 발돋움했다(행 18:24-38). 바울은 에베소의 두란노 서원에서 약 2년간 성경 강의를 진행했고 결국에는 에베소 도시 전체에 엄청난 영향을 미칠 수 있었다(행 19:8-20). 바울은 이방 지역에서 선교할 때마다 사람들에게 성경을 가르쳐 묵상하도록 이끌며 그리스도의 복음을 전파할 뿐 아니라 새 성전인 교회(참조. 엡 2:20-22)를 세웠다(행 13:14-41, 44-49[비시디아의 안디옥];

14:1[이고니온]; 17:2-3[데살로니가], 11[베뢰아]; 18:4, 11[고린도]; 19:8-20[에베소] 등).

이처럼 성경 묵상의 여러 방법 – 개인 성경 공부, 큐티, 그룹 성경 공부, 큐티 나눔, 성경 강의, 설교 등이다 – 은 초기 교회가 하나님 나라와 그리스도의 복음을 전파하는 데 사용했던 중요하고 유용한 방편이자 하나님 나라가 전파되는 특징적인 모습이었다. 성경 묵상으로 하나님의 다스림이 실현되었고, 하나님의 통치가 성경 묵상으로 나타났다.

중간 정리

성경 묵상의 방법들과 하나님 나라

"성경을 묵상하라는 명령"과 "성경을 묵상하는 모습"은 성경의 곳곳에 빈번하게 등장한다. 무엇보다도 하나님 나라를 겨냥했던 신정국가의 등장과 더불어 율법(성경) 묵상은 매우 무게감 있게 다루어진다. 이는 하나님이 당신의 백성들로 하여금 율법(성경)을 묵상하면서 하나님의 다스림을 받게 하시기 때문이다.

이스라엘은 율법(성경)을 묵상하여 하나님의 통치를 실현하는 신정국가를 이루는 데 실패했다. 하지만 하나님은 그의 아들을 메시아로 보내셔서 하나님 나라의 왕으로 삼으시고 그 아들의 순종을 바탕으로 당신의 나라를 제대로 세우려 하셨다. 그리스도는 불순종한 옛 이스라엘과 달리 성경을 온전히 묵상하여 하나님의 통치를 실현하는 데 성공하셨고 성령을 그 백성들에게 주심으로써 그들이 말씀을 온전히 깨닫고 순종하는 "묵상의 사람들"이 되게 하셨다.

이처럼 하나님의 통치는 그리스도로 말미암아 성령을 통해 말씀

(성경) 묵상을 가능케 함으로써 그 백성들에게 이루어진다. 하나님 나라의 실현이 성경 묵상으로 나타난다. 성경 묵상은 하나님 나라를 실현하는 중요한 방식이자 통로다. 따라서 성경 묵상에 이르게 하는 여섯 가지 방법—개인 성경 공부, 큐티, 그룹 성경 공부, 큐티 나눔, 성경 강의, 설교—은 하나님의 뜻이 우리 안에서 실현되게 하는 중요한 수단이다. 이 방법들을 통해 하나님 나라가 우리 안에 이루어진다.

3.4. 성경 묵상의 신학적 이유 2: 하나님 백성 됨의 모습

그러면 하나님 나라가 성경 묵상을 통해 우리 안에 이루어지고 나타난다는 말은 실제로 어떤 의미일까? 하나님 나라의 실현은 하나님 나라 백성에게서 어떤 모습으로 나타나는가? 지금부터 성경 묵상으로 하나님 나라가 이루어진다는 말(또는 하나님 나라가 성경 묵상의 모습으로 나타난다는 말)을 그 백성의 측면에서 좀 더 살펴보자. 세 가지 각도에서 접근할 수 있다. 첫째는 "구원"과 "새 창조"의 시각이고, 둘째는 "성도"와 "교회"의 관점이며, 셋째는 "목회"와 "선교"의 틀이다.

성경 묵상과 구원 및 새 창조

가장 먼저 생각할 수 있는 점은 성경 묵상이 "구원" 및 "새 창조"와 연관된다는 사실이다. 하나님의 다스림이 성경 묵상으로 우리 안에 나타난다는 말은 악한 권세에 굴종하던 자들이 거기서 해방되어 하나님께 순종하는 자리에 이른다는 의미다. 과거에 악한 권세 아래서 고통받고 곤경에 처했던 사람들이 이제 하나님 아들의 권세 아래에 들어가 성경 묵상

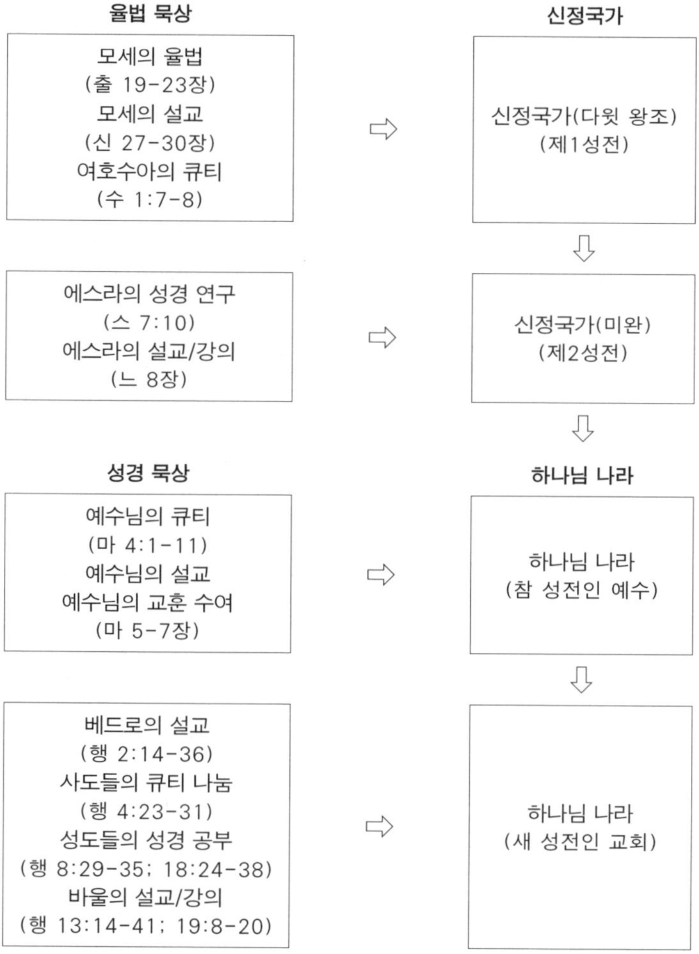

〈표 5〉 성경 묵상과 하나님 나라

을 통해 그분의 통치를 받는다(참조. 골 1:13-14).[19] 따라서 성경 묵상은 우리를 고통과 고난에서 벗어나게 하여 하나님의 다스림을 받는 구원의 자

---

19 구원파는 종종 골 1:13-14를 "죄 사함의 비밀"이란 제목으로 활용하며 삶의 변화와 무관한 극단적 죄 사함을 주장한다. 하지만 그런 주장은 본문의 의도와 거리가 멀다.

리에 이르게 하는 방편이자 모습이 된다(이는 성경 묵상 자체가 구원을 일으키는 힘을 가졌다는 뜻이 아니다. 오히려 예수님이 우리를 변화시켜 성경 묵상의 삶으로 드러나는 구원에 이르게 한다는 뜻이다). 하나님의 아들이신 메시아(그리스도)는 하나님의 말씀을 잘 묵상하는 사람이 되도록 우리를 구원하여 자기 백성으로 삼으신다.[20] 누가복음에서 예수님이 시험을 이겨내신 후 회당에서 이사야 61:1-2과 연관하여 사람들에게 구원의 메시지를 전하신 것은 이런 맥락과 연결된다(눅 4:1-13, 16-21).

또한 성경 묵상으로 하나님의 통치가 우리 안에서 현실화된다는 말은 그리스도로 말미암는 새 창조가 성경 묵상의 모습으로 나타난다는 뜻이기도 하다. 메시아로 오신 예수님은 하나님 아버지로부터 성령을 받아 자기 백성들에게 부어주신다. 예수님은 이전에 순종하지 못하던 백성에게 성령을 주심으로써 "마음의 할례"를 베푸시고 말씀에 순종하는 존재로 변화시키신다(참조. 신 30:6-14; 렘 31:33; 겔 36:26-28; 37:24-28). 이는 완전히 새로운 존재를 만드는 새 창조 사역이다(참조. 고후 5:17; 갈 6:15). 따라서 예수님으로 말미암아 새롭게 창조된 그의 백성들은 성경을 묵상하는 가운데 하나님의 다스림에 순종하는 사람이 된다.

이처럼 하나님 나라가 성경 묵상으로 나타난다는 말은 그의 백성이 "성경 묵상의 구원"과 "성경 묵상의 새 창조"를 누리게 된다는 의미다. 구원과 새 창조가 성경 묵상으로 나타나는 것이다.

---

20 윤종하는 『성경 묵상과 우리의 구원』에서 "성경 묵상"이 "구원"의 삶과 깊이 연결되어 있다는 점을 강조했다. 하지만 그는 이 과정에서 성경 묵상을 큐티와 동일시하는 시각을 보이기도 했으며 그 결과 큐티가 곧 구원을 가져다주는 것처럼 오해할 수 있는 여지를 남기기도 하였다.

두 번째는 성경 묵상이 그리스도로 말미암는 “거룩한 공동체”와 연관된다는 점이다.

하나님의 통치가 실현된 모습이 성경 묵상으로 나타난다는 말은 하나님의 다스림 안에서 그의 백성들이 성경 묵상으로 거룩하게 된다는 의미이기도 하다. 출애굽 후 야웨 하나님은 당신이 이스라엘의 왕이 되시고(출 19:5), 이스라엘은 거룩한 백성이 될 것이라고 말씀하셨다(출 19:6). 하나님의 다스림이 그분의 백성이 거룩하게 됨으로써 나타나고 성경 묵상으로 실현된다면 성경 묵상은 거룩한 백성 됨과 직결될 수밖에 없다. 하나님은 당신의 백성들이 성경 묵상을 통해 그 뜻에 순종하게 하여 결국 그 백성들을 거룩한 자로 만들어가신다.

사실 율법과 성막(성전)은 성경에서 동전의 양면과 같이 자주 짝을 지어 등장한다. 모세에게 율법을 주실 때(출 19-23장), 성막을 지으라는 명령도 함께 등장한다(출 24-31장). 율법이 제대로 지켜지지 않자 성전이 무너지고 나라가 망해버렸다. 예레미야의 예언대로 이스라엘 백성들이 고토로 돌아오자 성전이 재건되고(스 1-6장), 곧 이어 율법 실천의 노력이 재개되었다(스 7-10장; 느 8장). 신약성경에서도 마찬가지다. 율법과 관련한 예수님의 새로운 교훈은 성전에 대한 새로운 해석과 맞물려 있다. 예수님을 심문하던 산헤드린 공회는 예수님의 새로운 가르침(요 18:19-21)과 성전에 대한 재해석(마 26:61; 막 14:58)을 문제 삼았다. 또한 초기 교회의 스데반은 “성전”과 “율법”을 거스른다고 심문받았다(행 6:13).

이는 율법의 실현이 성전의 정체성과 불가분의 관계에 있음을 암시한다. 율법의 실현, 즉 하나님의 다스림이 거룩한 백성을 형성하고 또한 그 거룩한 백성 됨이 가시적이고 실제적으로 실현되는 장은 바로 성전이다. 하나님의 다스림이 성경 묵상으로 실현된다면 그 결과는 성전에서 거룩하게 되는 것과 다를 바가 없다. 바로 이런 점에서 예수님은 자기 백성을 거룩하게 만드는 자신이 곧 성전이라고 말씀하시고(요 2:19-22), 바울은 예수님으로 말미암아 거룩하게 되는 공동체가 곧 성전이라고 말한다(엡 2:20-22). 따라서 하나님 나라가 예수님으로 말미암아 성경 묵상의 모습으로 실현된다면, 거룩한 교회와 거룩한 신도(성도)가 성경 묵상의 자리로 나오는 것은 지극히 당연하다. 바꾸어 말하면, 성경 묵상의 모습을 통해 거룩한 신도가 되고 온전한 교회가 된다.

결국 하나님 나라가 성경 묵상의 모습으로 실현된다는 말은 거룩한 성경 묵상의 공동체가 이루어진다는 뜻이다. 구원받은 성도와 새롭게 창조된 교회는 거룩한 공동체가 되어 성경 묵상의 특징을 자연스럽게 드러낸다.

성경 묵상과 목회 및 선교

하나님의 다스림이 성경 묵상으로 나타나고 또한 성경 묵상의 거룩한 공동체로 드러난다면 그 공동체가 "성경 묵상의 목회와 선교"를 지향하는 것 역시 당연하다. 앞서 살펴보았듯이 초기 교회의 모습도 그런 특징을 보였다.

태생적으로 교회는 "성경 묵상의 목회"를 지향한다. 교회에서 성경 말씀을 가르쳐 하나님을 만나게 하는 일, 곧 성경을 묵상하게 하는 일은 자연스럽다. 오순절 성령 강림 후 베드로가 한 설교는 모인 사람들이 구약의 몇몇 본문을 새롭게 깨닫고 자신들의 잘못을 고백하며 교회로 들어오게 했다(행 2:14-36). 초기 교회는 가르침(행 2:42)과 큐티 나눔(행 4:23-31), 그룹 성경 공부(행 18:24-38) 등으로 교회를 가꾸어갔다. 개인 성경 공부는 사역자의 기초였고(딤후 2:15), 성경 강의와 설교는 교회를 세우며 교회를 교회답게 하는 중요한 통로였다. 다시 말해 성경 묵상이 초기 교회의 성장 비결이자 목회 전략이었다. 이처럼 성경 묵상의 여섯 가지 채널—개인 성경 공부, 큐티, 그룹 성경 공부, 큐티 나눔, 성경 강의, 설교—은 목회에 필수적인 아이템이다.

마찬가지로 이런 아이템은 선교에도 필수적이다. 바울의 선교는 성경 강의와 설교 및 그룹 만남 등으로 꽉 차 있었다(행 13:14-41, 44-49; 14:1; 17:2-3, 11; 18:4, 11; 19:8-20 등). 나아가 바울은 이런 전략이 자신의 선교 현장의 목회에도 잘 반영되기를 원했다(행 20:32; 딤전 3:16; 딤후 3:16-17; 4:1-2). 이처럼 성경 묵상의 목회는 자연스레 "성경 묵상의 선교"와 연결되고, 성경 묵상의 선교는 다시 성경 묵상의 목회로 이어진다. 선교가 성경 묵상이라는 특징을 지니는 것은 자연스럽다. 선교는 하나님 나라의 복음을 전파하는 것이고 하나님 나라의 실현은 성경 묵상으로 나타나기 때문이다.

"성경 묵상은 하나님 나라 백성 됨의 모습이다."

3.5. 나가는 말: 성경 묵상은 필수다

성경 묵상은 선택이 아니라 필수다. 성경에는 성경 묵상의 다양한 모습이 등장할 뿐 아니라 점진적으로 강화되어 나타난다. 성경 묵상은 하나님이 하나님 나라를 실현하시는 방식이자 하나님 나라가 실현되는 모습이다.

하나님은 당신의 통치가 성경 묵상을 통해 온전히 실행되기를 바라신다. 하나님은 처음부터 이 방식을 계획하고 역사 속에서 그때그때 상황에 맞게 권고하시며, 예수 그리스도로 말미암아 그 방식이 제대로 작동되게 하셨다. 또한 그리스도의 영으로 말미암아 그 백성이 변화되어 하나님의 마음을 갖고 하나님의 말씀인 성경을 제대로 묵상하게 하셨다. 또한 성경 묵상을 통해 하나님의 뜻을 잘 분별하며 당신의 의지가 우리 안에서 실현되어가게 하실 것이다. 이처럼 성경 묵상은 하나님 나라가 실현되는 방식이며 하나님 나라가 나타나는 모습이다.

성경 묵상은 하나님의 백성이 구원받는 모습이며, 새 창조를 위한 자양분일 뿐 아니라 거룩한 공동체가 지니는 중요한 특징이다. 성도와 교회는 성경 묵상을 통해 참 성도와 참 교회의 모습을 지니게 되고 목회와 선교를 제대로 감당하게 된다. 교회가 제공하는 성경 묵상의 목회는 성도가 누리는 성경 묵상의 특권으로 나타난다. 또한 성경 묵상의 선교는 하나님 나라의 복음 전파가 제대로 이루어지게 한다.

결국 성경 묵상의 여섯 가지 채널은 하나님 나라가 우리 안에 현실화하는 데 있어 매우 중요한 방편이며 하나님의 다스림이 실현되는 특징적인 모습이다. 삼위일체 하나님은 우리에게 성경을 주시고 성경을 묵상하게 함으로써 당신의 나라를 이루어가신다. 그의 백성인 우리는 성경 묵상의 특권을 누리는 자다.

제1부 정리

제1부에서는 성경을 왜, 어떻게 읽어야 하는지를 다루었다. 1장은 하나님이 왜 우리에게 성경을 주셨는가 하는 의문으로 시작한다. 성경은 옛날에 인간 저자가 동시대를 살아가는 사람들을 향해 쓴 글이다. 하지만 하나님은 그 인간 저자들을 통해서 성경을 읽는 현재의 독자들에게도 말씀하신다. 따라서 성경을 대할 때는 하나님과 인간 기록자들이 모두 성경의 저자가 된다는 사실을 잊지 말아야 한다.

하나님은 성경을 통해 당신의 뜻이 무엇인지 알려주시고 독자가 그 뜻에 적절하게 반응할 것을 기대하신다. 따라서 이런 하나님의 의도에 맞추는 성경 읽기 방식이 성경을 대하는 올바른 방식이다. 다양한 성경 읽기 방법이 있고 또 각각의 방법이 나름대로 기여하는 바가 있지만 궁극적으로 성경은 묵상하는 방식으로 읽혀야 한다. 성경을 읽으면서 하나님의 뜻을 깨닫고 그에 따라 순종하는 반응을 보이는 방식이 성경 묵상이기 때문이다. 성경 묵상은 하나님이 성경을 주신 이유에 잘 부합한다.

2장은 성경 묵상이 어떤 것인지를 자세히 살핀다. 성경 묵상은 "① 성경 말씀을 주의 깊게 생각하고 곱씹어서 ② 하나님의 뜻을 깨닫고 그에 합당하게 반응하면서 ③ 하나님과 만나 교제하는 행위"라고 간략하게 정의할 수 있다. 21세기 초 현재 한국교회는 통상 성경 묵상을 큐티라고 이해한다. 큐티가 성경 묵상이고, 성경 묵상이 큐티의 다른, 혹은 좀 더 고상한 이름이라고 생각하는 사람이 많다. 하지만 이런 동일시는 적절하지 않다. 성경 묵상은 더 큰 개념이고 큐티는 성경 묵상을 이루는 하나의 방법에 불과하기 때문이다. 성경 묵상에는 큐티 외에도 개인 성경 공부, 그룹 성경 공부, 성경 강의, 큐티 나눔, 설교 등이 있다. 큐티는 성경 묵상을 이루는 한 가지 방법이자 성경 묵상의 부분집합일 뿐이다.

그런데 20세기 후반 한국교회 안에서 큐티가 성경 묵상의 방식으로 큰 인기를 누리면서 (제유법적으로) 큐티가 곧 성경 묵상으로 인식되는 현상이 생겼다. 이는 한국교회의 특징과 제유법적 용례라는 측면에서 납득할 만한 현상이다. 하지만 결국 이런 등가 현상은 성경 묵상의 개념을 축소시킬 뿐 아니라 오해하게 만들어서 성경을 묵상하게 하는 다른 방법들(예컨대 설교나 그룹 성경 공부 등)과 마찰을 일으켜 부정적 결과를 만들어낸다. 성경 묵상을 개인화하는 치명적 약점도 생긴다. 따라서 성경을 묵상(숙고)하는 방법은 다양하게 활성화되고 성서학의 발전과 치밀한 연구 등을 기반으로 더욱 단단하게 세워져야 한다. 성경을 제대로 묵상(숙고)하는 것은 어그러진 한국교회를 다시 세우고 살리는 일에 필경 좋은 거름과 든든한 밑받침이 될 것이다.

3장에서는 성경을 묵상하는 일이 과연 신학적으로 정당하게 평가될 수 있는지를 살펴보았다. 성경 묵상의 개념뿐 아니라 묵상의 다양한 방법들이 과연 성경적 근거를 가지고 있는지의 문제는 매우 중요하다. 예를 들어 큐티나 설교가 현대에 등장한 새로운 방법론에 불과하다면 거기에 당위를 부과하는 것은 올바르지 않다. 하지만 성경 묵상은 성경에 시종일관 여러 모습으로 나타난다. 또한 성경 묵상(숙고)은 성경 자체에서 신학적으로 매우 중요하게 부각되고 있다.

성경에는 성경을 묵상하라는 권고뿐 아니라 이 책의 2장에서 다룬 성경 묵상의 여섯 가지 방법들이 다양한 모습으로 분포되어 있다.

나아가 이런 방법들이 강조되고 활성화되는 정황들은 성경 묵상과 하나님이 당신의 백성을 다스리는 일이 서로 연관되어 있음을 보여준다. 결국 성경을 묵상(숙고)하는 여러 방법은 하나님 나라가 실현되는 모습과 직결될 뿐 아니라, 그 나라가 실현될 때 구원받는 백성의 모습과도 연관된다. 제대로 실현된 성경 묵상은 곧 하나님 나라의 실현과 구원받은 백성의 아름다운 모습을 반영한다. 따라서 성경 묵상은 성경 읽기의 정점에 있는, 현실에서 하나님 나라를 이루어가는 매우 중요하고 의미심장한 방법이다. 성경 묵상은 선택이 아니라 필수다.

결론적으로 말해 성경을 읽는 이유는 하나님의 뜻을 깨달아 순종하는 삶을 살아가기 위함이고 거기에 가장 잘 어울리는 성경 읽기 방식이 성경 묵상이다. 성경을 묵상(숙고)하는 다양한 방법들이 제대로 이루어진다는 것은 하나님 나라의 실현 및 성도의 구원과 직결된다. 하나님은 당신의 나라를 이루시고 백성을 구원해가실 때 성경을 묵상하도록 이끄시기 때문이다.

더 읽어볼 만한 자료

박대영. 『묵상의 여정』, 서울: 한국성서유니온선교회, 2013(4부. "묵상 여정의 신학").

양용의. 『하나님의 나라 어떻게 이해할 것인가』, 서울: 한국성서유니온선교회, 2005(1장. "하나님 나라의 중요성과 개념").

장미자. 『신명기: 구약 신학의 수원지』, 용인: 킹덤북스, 2010(2장. "신명기의 신학").

Holland, Tom. 『바울 신학 개요』(*Contours of Pauline Theology*), 박문재 옮김, 서울: 크리스천다이제스트, 2005.

Wright, N. T. 『신약성서와 하나님의 백성』(*The New Testament and the People of God*), 박문재 옮김, 서울: 크리스천다이제스트, 2003(9장. "이스라엘의 신앙들").

제2부

성경을 어떻게 해석해야 하나?

성경 묵상의 원리

성경을 어떻게 해석하고 적용할 것인가?
성경 묵상의 원리를 이해하자.

성경 묵상이 마땅히 해야 할 것이라면, 어떻게 해야 하는지도 알아야 한다.
그런데 도대체 성경 묵상의 원리가 무엇인지 아리송하다.
성경해석학은 머리 아프고 성경은 해석하기 어려우며 적용은 잘 안 된다.
뭐가 맞고, 어디서부터 잘못되었는지 알고 싶다.

제2부에서는 이런 주제를 다루며 성경을 묵상하는 원리를 이해한다.
4장은 성경해석학을 간단히 소개하고,
5장은 성경 해석의 문제를 다루며
6장은 성경 적용의 문제를 살핀다.

4장

성경 묵상의 원리 배우기

성경 묵상의 문법, 성경해석학

태어나면서부터 말을 하는 사람은 없다. 아이는 자라가면서 말을 배운다. 처음에는 단어 몇 마디를 하다가 문장을 말한다. 나중에는 책을 읽고 좀 더 수려한 언어를 구사하게 된다. 수려한 언어에는 바른 문법과 적절한 표현이 그 바탕에 깔려 있다. 그런데 어디서 자랐느냐에 따라 말이 조금씩 다르다. 서울이나 경기도 지역에서 자란 사람은 표준어를, 경상도나 전라도나 충청도에서 자란 사람들은 지역 사투리가 더 익숙하다. 재미있는 것은 여러 지역 출신 사람들이 모여도 가끔 사투리를 제대로 못 알아들어서 그렇지 웬만한 소통은 어렵지 않다는 사실이다(제주도 말은 외계어처럼 들릴 때도 있다). 이런 의사소통에는 일관된 문법과 적절한 용법이 공유되고 전제된다.

영국에서 자란 사람은 영국식 영어를 사용한다. 이는 미국 사람이 사용하는 영어와 조금 다르다. 그런데도 미국 사람과 영국 사람이 영어로

서로 소통하는 데는 별다른 어려움이 없다. 발음과 특정 표현에서 약간의 차이가 있을 뿐 문법과 어법이 거의 동일하기 때문이다. 하지만 영어를 모르는 다른 나라 사람들은 영어를 듣고 이해할 수 없다. 머리가 나빠서가 아니라 쓰는 말이 다르기 때문이다. 그들이 영어를 배워 그 문법과 용례를 터득하기 전에는 영어 사용자와의 소통이 힘들다.

신앙생활도 마찬가지다. 어떤 사람이 복음을 받아들이고 교회에 입교한다고 치자. 그때부터 그는 신앙과 관련한 용어를 배우기 시작한다. 설교를 듣고 그룹 성경 공부도 하며 큐티도 한두 번씩 해본다. 처음에는 어색하지만 점점 익숙해진다. 설교에 공감하면서 때론 감동도 받는다. 그룹 성경 공부에서 조심스레 자기 의견도 내어보고, 다른 사람의 견해에 귀를 기울이기도 한다. 가끔 죽을 쑬 때도 있지만 나름대로 큐티를 해나간다. 그러다 보면 성경을 해석하고 적용하는 힘이 붙기 시작한다. 스스로도 성경을 보는 눈이 생긴 것 같고 신앙이 자랐다고 느껴지기도 한다.

그런데 이 생각과 느낌이 완전히 생소해질 때가 있다. 다른 교회 모임에 참석하거나 다른 교단의 교회에 출석하게 되면 이전에 내가 들었던 설교나 내가 생각하던 것과는 다른 이야기를 듣게 된다. 같은 성경책인데 왜 이리 다른가 싶어 의아할 정도다. 이전에 내가 배운 내용에 문제가 있었나? 아니면 지금 새롭게 듣는 내용이 잘못된 건가? 아무튼 내가 이전에 읽고 들었던 성경 이야기와는 다르다. 설교도, 그룹 성경 공부도 그렇다. 어떻게 큐티를 해야 하는지 좀 암담해지기도 한다. 그 결과 다른 모임이나 새 교회에 적응하지 못하거나 아예 자기 신앙을 새로 "포맷"하는 경우가 생긴다. 생각해보면 서로 성경을 읽고 이해하는 방식이 다른 것 같다. 혹 성경을 이해하는 데에도 일종의 문법이 있는 게 아닐까? 그렇다! 성경 해석과 적용에도 언어의 문법이나 어법처럼 작동하는 고유한 원리와 방식이 존재한다.

"성경 해석과 적용에도 문법이 있다!"

4.1. 어떤 에피소드: K 집사의 고민

설교와 그룹 성경 공부, 그리고 큐티의 충돌

K 집사가 출석하는 교회의 담임 목사님은 솔로몬의 성전 건축을 다루는 본문(왕상 5-8장)으로 두 달째 설교를 이어가고 있다. 솔로몬이 성전을 건축하기로 마음먹은 것과 그 진행 과정에 대해 하나하나 살피며 현재 교회가 추진하는 "성전(예배당) 건축"이 얼마나 중요한지를 거의 매주 빼놓지 않고 강조한다. 성전 건축에 관한 솔로몬의 의지(왕상 5:2-6)와 실천(왕상 6:1-10), 그리고 그에 대한 하나님의 반응(왕상 6:11-13) 등을 이어서 말하며 지금 교회에 필요한 것이 성전 건축이라고 강조한다. 지난 주일에는 솔로몬의 성전 봉헌식에 하나님의 영광이 임하는 이야기를 전하며 성전 건축 헌금이 더디 모이고 있는 상황에 대한 안타까움을 토로하셨다. K 집사는 목사님이 하는 여러 가지 일에 늘 적극적으로 지지하는 입장이었는데 요즈음은 이런 메시지에 적잖이 부담을 느낀다. 워낙 불경기인 데다 아이들 학비 마련 때문에 그렇지 않아도 경제적 부담을 크게 느끼는 상황이기 때문이다. 십일조, 절기 헌금, 감사 헌금에 이어 건축 헌금까지 더하는 것은 현실적으로 거의 불가능하다. 믿음으로 행하라는 말씀을 들으면 자신이 믿음이 있는지 의심이 들기도 한다.

K 집사는 성경 공부에도 열심이어서 외부 단체에서 진행하는 그룹

성경 공부 모임에도 참석한다. 그런데 그 모임에서 참 성전은 교회 건물이 아니라 신자들로 이루어진 공동체라는 이야기를 들었다. 에베소서 2:19-22을 다룰 때 나온 이야기였다. 원래 초기 교회 시절에는 교회 건물이 없었다는 이야기도 들었다. 귀가 솔깃했다. '건물이 없었으면 성전 건축 헌금도 낼 필요가 없었겠는데' 하는 생각도 들었다. 선뜻 성전 건축 헌금을 내기로 결정하기가 힘든 상태여서 그런지 그날 들은 이야기가 귀에 쏙쏙 들어왔다. 하지만 집에 온 후에는 마음이 조금 불편했다. 자신이 헌금하기 싫어서 방어적인 태도를 갖게 된 것은 아닌지 고민이 되었다.

주말에 접한 큐티 본문은 K 집사를 더욱 힘들게 했다. 공교롭게도 그날 큐티 본문은 요한복음 2:13-22이었는데 거기에는 예수님이 예루살렘 성전을 무시하는 것 같은 내용이 있었다. 예수님은 "너희가 이 성전을 헐라. 내가 사흘 동안에 일으키리라"(요 2:19)라고 말씀하셨다. 이 구절을 읽을 때 주님께서 예배당 건축을 반대하시는 것이 아닌가 하는 생각이 스쳤다. 외부 성경 공부에서 들은 말도 이런 생각을 부추기는 듯했다. 하지만 이내 또 마음이 불편했다. '내 욕심과 불신앙이 문제인가?' 본문을 다시 천천히 읽어보니 예수님은 성전 자체를 무시하지는 않으셨다. '아, 혹시 우리 교회의 지금 성전(현 예배당)은 헐고 새 성전(추진 중인 새 예배당)을 세워야 한다는 뜻인가? 주님은 내게 새 성전 건축 헌금에 열심히 동참하라고 말씀하시는가?' 복잡했다. 도대체 뭐가 맞는지 잘 모르겠다. 이 상황에서 주님의 뜻은 도대체 무엇인가?

뭐가 문제지?

사실 K 집사에게는 큐티 내용이 더 가깝게 느껴졌다. 설교 시간에는 자꾸 딴생각이 나서 집중하기가 어려웠다. 목사님의 설교를 들은 지도 벌써 10년이 넘었다. 이제 설교의 첫 부분만 들어도 대충 뭘 말씀하려 하는지 감이 온다. 반면 이번 큐티 내용은 자신이 관심이 있는 부분이라 그런지 마음에 강렬하게 다가온다. '예수님이 우리 교회의 성전 건축에 반대하시나?' 싶은 생각이 떠나지 않는다. 하지만 문제는 이런 생각이 맞는지 확실하지 않다는 것이다. 오히려 그 반대가 하나님의 뜻일 수도 있지 않은가?

외부 그룹 성경 공부에서 들은 이야기는 생소하긴 하지만 호감이 간다. 그런데 자신에게 유리한 논리를 받아들인 게 아닌가 하는 점 때문에 마음이 불편하다. 사실 그 모임에 참석한 사람들은 우리 교회의 상황을 잘 모르지 않는가? 지난번에 유명한 대형 교회에 가보니 참 좋던데 우리 교회도 그런 크고 좋은 건물이 있었으면 좋겠다는 마음도 들었다. 외부의 그룹 성경 공부 모임에서 나온 내용을 우리 교회에 다 적용하기에는 한계가 있다. 우리 교회 현실을 그렇게 무시하면 안 될 것 같다. 그룹 성경 공부에서 토론한 내용은 그냥 현실과 동떨어진 이론이 아닌가?

담임 목사님이 말씀하신 것이니 일정 부분 따라가야 하는 게 아닌가 하는 생각도 계속 K 집사를 괴롭혔다. 작년에 치른 선친의 장례식 때 목사님이 끝까지 도와주신 것도 마음 한편에 남아 있다. '나보다 목사님이 성경을 더 많이 알 테니 내 큐티보다는 목사님 설교가 더 맞지 않을까?', '그룹 성경 공부를 인도하던 분은 아직 젊은 목사님이었는데, 그분도 목회를 하면 새 성전 건축하자고 하지 않을까?', '그래도 내가 앞으로 함께 가야 할 사람은 그 젊은 목사님이 아니라 우리 교회 담임 목사님이고 외부 모임 사람들이 아니라 우리 교회 사람들이 아닌가?' 이런 생각도 내면의 갈등을 부추긴다. 경제적 능력이 많다면 건축 헌금도 어렵지 않게 할 수 있을 텐데 하는 답답함도 느껴졌다. 하지만 K 집사에게 간절한 것은 따로 있다. 도대체 뭐가 바른 결정인지, 뭐가 문제인지, 바른 판단 기준이 무엇인지를 알고 싶은 것이다.

4.2. 해석학이 필요해!

문제의 핵심: 해석과 적용의 문제

K 집사의 상황은 뭐가 문제일까? 헌금과 돈 관리의 문제인가, 설교와 그룹 성경 공부, 큐티 사이의 우열 문제인가? 단순히 담임 목사와 외부 목사와 집사 사이의 능력 문제인가? 아니면 신앙과 현실 사이의 괴리와 갈등의 문제인가? 성경에 대한 참지식의 문제인가? 만일 그렇다면 성경을 완독하거나 열 번 백 번 읽으면 문제를 해결할 수 있을까?

사실 앞의 에피소드에는 여러 가지 복잡한 문제가 섞여 있다. 하지만 그 핵심에는 성경을 어떻게 해석하고 적용할 것인가의 문제가 똬리를 틀고 있다. 설교건, 그룹 성경 공부건, 큐티건 간에, 즉 누가 어떤 상황에서 해석하고 적용하건 간에 결국 성경 본문을 어떻게 해석하고 어떻게 적용하는지가 핵심이다.

성경을 묵상하여 하나님의 뜻을 알려는 길에는 늘 이런 문제가 도사리고 있다. 이는 성경 묵상을 통해 하나님을 만나려고 할 때마다 피할 수 없는 이슈다. 설교, 그룹 성경 공부, 큐티 모두 마찬가지다. 성경 묵상의 방편이라면 이 논의를 반드시 거쳐야 한다. 이 문제는 목적지에 가기 위해서는 반드시 맞닥뜨려야 하는 절벽이고 산이다. 하지만 그 벽을 타고 그 산을 오르는 바른 방법을 제대로 배우고 체득한다면 그렇게 어렵지는 않다. 언어에도 문법과 어법이 있듯이 성경을 묵상하는 데도 적합한 이론과 원리가 있다. 이 원리와 이론이 몸에 배지 않은 사람에게 성경 묵상은 어렵고 힘든 일이다. 하지만 그것이 몸에 배면 성경 묵상은 즐거운 것으로 탈바꿈할 수 있다. 설교와 그룹 성경 공부와 큐티가 서로 화음이 잘 맞는 아름다운 합창이자 교향곡이 되는 것이다.

의사소통 모델

이 원리를 제대로 이해하려면 의사소통이 어떻게 일어나는지부터 살펴야 한다. 의사소통은 두 대상 사이에 일어난다. A가 B에게 말하고, B는 듣는다. A는 전달하고 B는 전달받는다. A가 코끼리에 대해 말하면 B는 코끼리에 대해 듣는다. 언뜻 보면 〈표 6〉에서 ①처럼 점선 화살표로 된 소통이 이루어지는 듯 보인다. 하지만 자세히 보면 전달 과정에는 두 단계가 있다. A는 자신이 생각하고 있는 "코끼리"란 개념을 전달하고(실선으로 된 화살표 ⓐ), B는 자신이 인식하고 있는 "코끼리"란 개념으로 전달받는다(실선으로 된 화살표 ⓑ). 실제 소통은 실선으로 표시된 두 단계 과정을 거쳐 이루어지는 것이다.

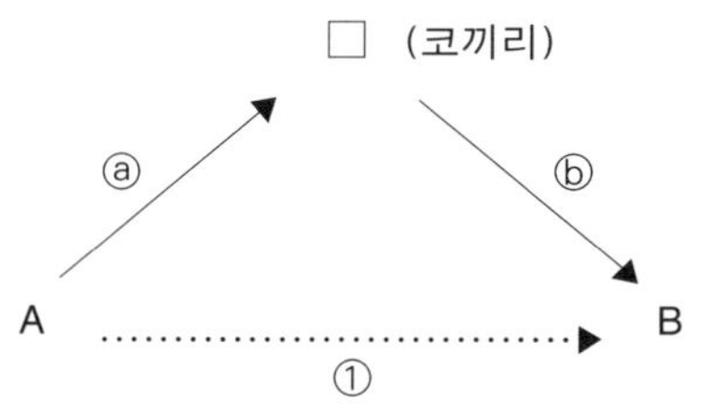

ⓐ A가 생각하는 코끼리란 개념으로 전달
ⓑ B가 인식하고 있는 코끼리란 개념으로 이해

〈표 6〉 의사소통의 일반적 전달 과정

A와 B가 생각하고 있는 "코끼리" 개념이 동일할 때는 의사소통에 문제가 일어나지 않는다. 물론 "코끼리"에 대한 A와 B의 개념이 완전히 동일할 수는 없다.[21] 하지만 보통은 동일한 단어에 유사한 개념을 가진다고 가정하기에—실제로 이 유사성 때문에 소통은 이루어진다—의사소통은 큰 문제를 일으키지 않는다.

하지만 A와 B가 가진 개념의 차이가 클수록 소통의 문제가 커지기 시작한다. 나는 "눈"(snow)에 대한 이해 차이로 의사소통이 잘 안 되었던 경험이 있다. 내가 영국에서 공부하던 1992년 겨울 어느 날 런던에 눈이 왔다. 지금은 어떨지 모르지만 그때만 해도 런던에는 눈이 자주 오지 않았기에 같이 공부하던 영국 친구들의 반응이 색다르게 느껴졌다. 그리 폭설도 아닌데 도로는 뒤엉킨 차들로 아주 엉망이었다. 한국의 눈길을 생각하면 이해가 잘 안 될 정도였다. 그런데 함께 공부하던 태국 친구의 반응은 더욱 색달랐다. 그 친구는 매우 흥분한 상태에서 뛰어와 나에게 "이게 눈이냐?"고 물었다. 태어나서 눈을 처음 본 것이다. 말로만 듣던 눈을 처음 본 그 친구가 "눈이 온다"라는 말을 했을 때 나는 그 친구의 말이 가진 의미를 온전히 다 이해했을 것 같지 않다. 한국에는 여러 종류의 눈이 있다고 말해주고 싶었다. "싸라기눈", "진눈깨비", "함박눈" 등 내가 알고 있는 눈의 종류를 말해주고 싶었는데 어찌 표현할 방도를 못 찾았던 기억이 있다. 내 경험과 감정과 느낌 속에서 표현되는 이 단어를 어떻게 쉽게 다 설명해줄 수 있었겠는가? 우리는 "snow"라는 영어 단어로 이야기를 나누었지만 의사소통은 그저 두루뭉술하게 넘어갈 뿐이었다.

---

21 사실 모든 사람은 자신만이 이해하는 나름의 개념을 가지고 있다. 유사한 개념으로 소통을 했다 해도 그 소통된 개념이 당사자들 사이에 완벽하게 일치했는지는 확인할 길이 없다.

소통 당사자 사이의 개념 차이가 더 커질 때는 의사소통이 단절되거나 오해가 생길 수도 있다. 예를 들어 "선생"이란 말은 여러 의미로 쓰인다. 이 말은 기본적으로는 학생을 가르치는 사람이란 뜻으로, 직업으로서의 "교사"를 가리키기도 하고 본받을 수 있는 "스승"을 지칭하기도 한다. 때론 "어떤 일에 경험이 많은 사람"을 비유적으로 일컫기도 하고 "자기보다 나이가 적은 남자 어른을 높여 이르는 말"로도 쓰인다.[22] 그래서 다양한 표현이 가능하다. "아, 선생님 왜 그러십니까?", "선생, 길 좀 물어봅시다", "박 선생님, 잘 지내셨나요?", "그 수학 선생 말이야?", "김구 선생께서 말씀하셨다" 등의 용례는 모두 상황에 따라 고유한 뉘앙스를 담고 있다.

하지만 여기에 쓰인 "선생"이란 단어의 개념과 의미는 각기 조금씩 다르다. 화자(話者)와 청자(聽者), 또는 저자와 독자가 각 표현에 담긴 의미를 서로 잘—즉 유사한 개념으로—알고 있다면 소통에는 문제가 없다. 하지만 서로 알고 있는 의미가 다르면 상황이 달라진다. "박 선생님, 잘 지내셨나요?"라는 말에서 선생은 "교사"일 수도 있고, 일반적인 "어른의 높임말"일 수도 있고, "스승"으로 여기는 사람을 일컫는 말일 수도 있다. 여기서 의사소통이 제대로 이루어지려면 화자(저자)가 의미를 제대로 밝혀야 하고 청자(독자)가 알고 있는 단어의 뜻이 무엇인지 제대로 확인해야 한다. 그런데 〈표 7〉에서 보는 것처럼 화자(A)와 청자(B)는 점선 ①처럼 직접 의미를 주고받는 듯하지만 사실은 ⓐ, ⓑ, ⓒ, ⓓ의 네 단계를 거친다. 이 그림에 나타나는 각 과정을 제대로 이해하고 설명하는 것이 일종의 기초적인 "해석학" 작업이다.

22 참조. "네이버 온라인 국어사전".

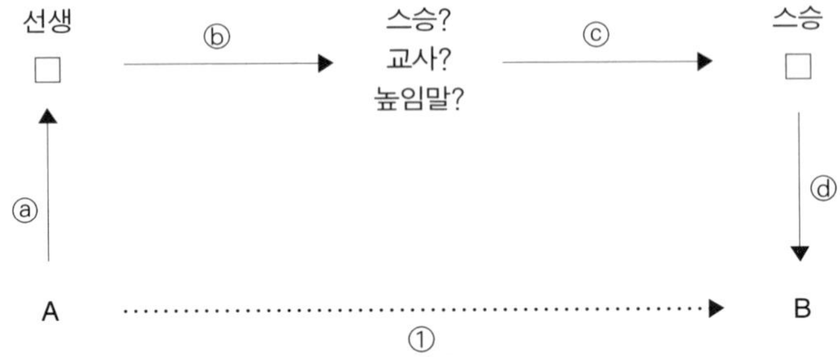

〈표 7〉 개념 차이가 클 때의 의사소통 전달 과정

내가 영국 신학교에 재학하던 시절 겪었던 잊지 못할 에피소드가 있다. 영국 친구와 기숙사 방을 같이 쓰다가(이 학교는 선교사나 교회 지도자 훈련의 목적도 있었기에 학생들이 가급적 기숙사 방을 함께 쓰게 했다), 다음 학기에 혼자 쓰는 조그만 방으로 배정되었다. 좁은 방이었지만 혼자 사용하게 된 것이 너무 좋았다. 도서관에 가지 않아도 기숙사에서 원하는 만큼 공부할 수 있기 때문이었다.

독실에서 지내면서 도서관에 잘 가지 않자 친구들, 특히 친하게 지냈던 슬로바키아 친구가 방에서 무엇을 하냐고 물었다. 물론 답은 성경 공부였다. 그런데 나는 그 질문에 대한 답으로 기숙사 방 앞에 조그만 종이 팻말을 붙였다. "Mr. Lee's Office"(영국 친구들도 종종 자기 방 앞에 재미있는 말을 붙여놓았다). 나는 이로써 친구들에게 내가 기숙사 방안에서 열심히 공부하고 있다는 사실을 알릴 수 있다고 생각했다. 그런데 오래 지나서야 이 팻말이 가진 뉘앙스가 어떤 의미인지 알게 되었다. 지금도 그때 생각을 하면 얼굴이 후끈거린다.

나는 나를 낮추어 부르는 말로 별생각 없이 "Mr. Lee"라고 쓴 것이었다. 한국의 직장에서 "Mr."는 가장 낮은 직책의 인물을 평이하게 부르는 말이었다. 내가 신입사원이었을 때 상사들은 나를 "이진섭 씨" 또는 "Mr. Lee"(미스터 리)라고 불렀다(또 다른 직장에서 내 별명 중 하나는 "미스터리"[Mr. Lee + Mystery]였다. "Mr. Lee"라는 의미와 함께 새로운 생각을 많이 한다는 의미에서 "신기한 아이디어 맨"이라고 붙여준 별명이었다). 그런 경험 때문에 나는 영국에서도 나를 낮추는 말로 쉽게 "Mr. Lee"라는 말을 쓴 것이었다. 그런데 시간이 좀 지나서 나는 그 신학교에서 유일하게 "Mr."라는 호칭으로 불리는 사람이 총장님뿐이라는 사실을 알게 되었다. 그 외의 모든 사람은 교수건, 목사건, 선교사건, 학생들이건 간에 이름으로 불릴 뿐이었다. 나는 팻말을 통해 나를 스스로 총장만큼 높은 사람이라고 농담을 하거나 교만을 부린 셈이 되었다. 나는 자신을 낮추기 원했지만, 영국 친구들은 나를 교만하고 권위적인 사람으로 보거나 재미있는 농담을 하는 사람으로—후자이길 바란다—이해했을 것이다. 나의 본뜻은 "낮춤"과 "겸손"이었는데, 전달된 뜻은 "교만"이거나 "농담"이었다. 이처럼 의사소통이 왜곡되거나 단절되어 어려움을 겪을 때가 있다.

"의사소통의 전달 과정을 이해하자."

소통 간격과 해석학의 필요

앞의 예에서 볼 수 있는 것처럼 의미 전달은 화자와 청자가(또는 저자와 독자가) 사용하는 단어의 개념이나 표현의 의미가 일치할 때(적어도 유사할 때) 적절히 이루어진다. 그런데 화자와 청자 사이의 간격이 멀면 멀수록 그들이 가진 개념과 의미가 유사할 가능성은 적어진다. 화자와 청자가 가진 개념과 의미는 그들이 처한 상황과 공간 등 여러 환경에 영향을 받기 때문이다(이것이 Mr. Lee에 대한 한국인의 이해와 영국인의 이해가 서로 다른 이유다).

다시 말해 화자와 청자, 저자와 독자가 처한 환경이 다르거나 거리가 멀면 의사소통에 오류가 생기기 쉽다. 그래서 이런 거리와 간격의 문제를 해결하려는 노력이 필요하다. 이 노력의 집결체가 해석학이다. 해석학은 소통의 실체 사이의 간격을 이해하고, 그 사이에 적절한 다리를 놓아 소통이 제대로 이루어지게 하려는 노력의 산물이다. 성경과 우리 사이에는 이런 간격이 매우 크다. 따라서 이 간격 문제를 극복하기 위한 노력은 필수적이다. 이것이 성경해석학(hermeneutics)이 존재해야 하고, 존재할 수밖에 없는 이유다.

이 간격은 ① 시간, ② 공간, ③ 문화, ④ 역사, ⑤ 언어 등 다양한 영역에서 나타난다.

① [시간] 훈민정음의 서문에 있는 "나랏말ᄊᆞ미듕귁에달아"라는 표현은 우리말인데도 약 500년 전 말이기에 이해하기가 어렵다("나라의 말이 중국과 다르다"는 뜻이다). 성경은 시간적으로 최소한 약 2,000년 전 문서이니 아무리 번역이 잘되었다고 해도 완벽하게 이해할 수 있다고 쉽게 말할 수는 없다.

② [공간] 성경의 이야기는 우리가 사는 한반도에서 일어난 이야기가 아니라 대부분 팔레스타인과 중동 지역에서 일어난 이야기를 담고 있다. 공간적 거리가 멀다는 뜻이다. 그 결과 팔레스타인 지역의 기후와 자연환경 등을 잘 모르면 성경의 내용이 무슨 의미인지 정확히 이해하지 못할 수 있다. 예를 들어 "이른 비"와 "늦은 비"가 무엇인지 알아야 야고보서 5:7의 뜻을 더 잘 이해할 수 있다.[23]

---

23 "그러므로 형제들아, 주의 강림하시기까지 길이 참으라. 보라! 농부가 땅에서 나는 귀한 열매를 바

③ [문화] 문화적 간격도 무시할 수 없다. 예컨대 현대 독자들은 신약성경 시대에 유대인과 이방인 사이의 갈등이 얼마나 심각했는지 잘 인식하지 못하는 듯하다. 유대주의자들은 이방인을 "개"라고 모멸스럽게 표현할 정도였는데도 말이다(참조. 마 15:26; 막 7:27; 빌 3:2). 이런 문화의 독특한 측면을 제대로 알아야 관련된 신약 본문을 정확하게 이해할 수 있다.[24]

④ [역사] 역사적 간격은 아무리 강조해도 지나치지 않다. 예를 들어 예수님의 가르침이나 바울의 메시지를 하나님이 이스라엘과 맺은 언약 이야기와 연결시키지 못하면 오해가 커질 수 있다.[25] 사도행전 2장의 오순절 성령 강림 사건도 이스라엘의 역사를 제대로 인식하지 못하면 완전히 다른 방향으로 해석하게 된다. 이 본문을 단순히 개인의 성령 체험이나 구원의 문제와 관련하여 논의하는 시각은 본문의 배후에 깔려 있는 역사적 간격을 무시한 처사다.[26]

⑤ 언어의 간격은 피할 수 없다. 구약성경은 히브리어와 아람어로 쓰

라고 길이 참아 이른 비와 늦은 비를 기다리나니"(약 5:7). 팔레스타인 지역에는 가을 파종 전(10-11월 경)에 비가 내리는데 이 비가 여름철에 건조해진 땅을 부드럽게 만들어 파종하기에 좋게 만들어준다. 이 비를 "이른 비"라고 한다. 또한 추수 직전 봄(3-4월경)에는 곡식을 더욱 영글게 하는 "늦은 비"가 내린다. 이 "이른 비"와 "늦은 비"는 농부들이 풍년을 바라며 간절히 기다리는 비였다. 참조. J. Bimson, 『구약의 배경』(윤종석 옮김, 서울: 한국성서유니온, 1993), 110-11; T. N. Sterrett, 『성경 해석의 원리』(한국성서유니온 편집부 옮김, 서울: 한국성서유니온, 1978), 74.

24 현재 한창 새롭게 제기되는 "새 관점"의 입장은 이 갈등의 이슈를 새로운 각도에서 설명하려고 시도한다.

25 이 점은 많은 학자가 지적하는 바다. 특별히 지난 몇십 년 동안 N. T. Wright는 이런 면을 강하게 역설해오고 있다. 참조. N. T. Wright, 『신약성서와 하나님의 백성』; 『예수와 하나님의 승리』(박문재 옮김, 서울: 크리스천다이제스트, 2004); 『바울과 하나님의 신실하심(상)』(박문재 옮김, 서울: 크리스천다이제스트, 2015) 등.

26 성령론은 우리가 풀어야 할 숙제 중 하나다. 성령론 논의에 대한 학문적인 참고서로는 M. Turner, *Power from on High: the Spirit in Israel's Restoration and Witness in Luke-Acts*(JPTSS 9; Sheffield: Sheffield Academic Press, 1996); 『성령과 은사』(전남식, 김재영 옮김, 서울: 새물결플러스, 2011)를 참조하라.

였고 신약성경은 그리스어로 쓰였다. 자연히 번역된 성경을 읽는 우리는 성경의 원래 의미가 어느 정도 희석되거나 때론 달라질 수 있을 것이란 우려를 하게 된다. 더구나 성경의 언어는 고대어이므로 시간적 간격까지 있기에 어려움은 더 커진다.

이외에도 피할 수 없는 근본적 거리가 있다. 성경의 궁극적인 저자는 창조주 하나님이시고 독자인 인간은 피조물일 뿐이다. 물론 참 저자이신 하나님은 적절한 소통을 위해 인간 저자를 세우셨다. 하지만 그렇다고 해서 하나님과 인간 사이에 소통이 아주 쉽게 이루어질 것이라고 가정하는 것은 너무 순진한 생각이다.

우리는 성경을 대할 때 지금까지 살펴본 간격과 거리를 먼저 인정해야 한다. 이 말은 성경해석학을 받아들여야 한다는 말도 된다. 성경을 통해 하나님이 우리에게 하시는 말씀을 제대로 들으려면 "성경해석학"이라는 "문법"을 피할 수 없다. 성경해석학의 원리를 잘 이해해서 사용할 때 우리는 성경을 기록한 인간 저자의 말과 그것을 통해 우리에게 주시는 하나님의 말씀을 그만큼 더 잘 깨달을 수 있게 된다.

"성경해석학 = 성경 묵상의 문법"

4.3. 성경해석학 이해하기

4.3.1. 성경해석학의 구조

앞서 설명한 일반적 의사소통의 과정을 이 책 1장에서 설명한 성경의 특징(특히 성경의 이중저작권 사상)과 연결하여 도식화하면 성경해석학의 구조를 〈표 8〉과 같이 나타낼 수 있다.[27] 이 구조는 크게 두 부분으로 구성되는데 전반부는 "해석 과정"이고, 후반부는 "적용 과정"이다. 또한 전반부는 "석의"와 "해석"의 단계로, 후반부는 "적용"과 "실천"의 단계로 구분된다.

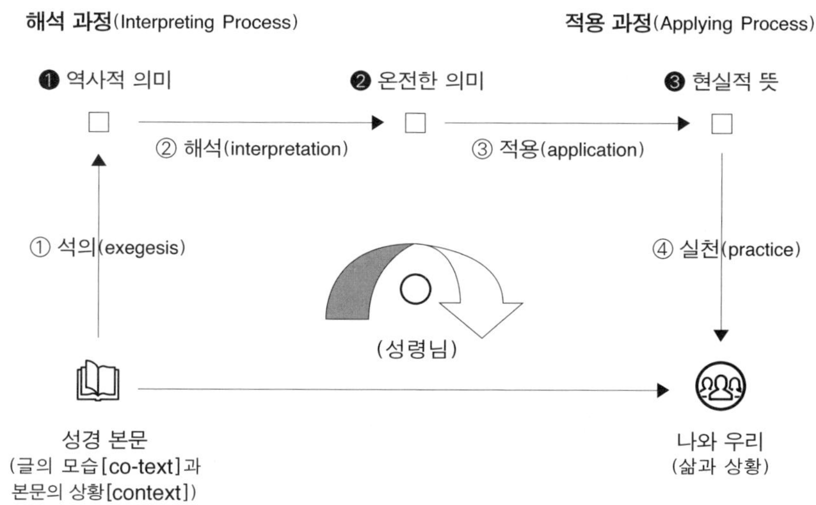

〈표 8〉 성경해석학의 구조[28]

이 성경해석학의 구조는 성경 묵상이 이루어지는 기본 뼈대와 일치한다. 즉 성경 묵상에 이르게 하는 각각의 방법—개인 성경 공부, 큐티, 그룹 성경 공부, 큐티 나눔, 성경 강의, 설교—은 이 성경해석학의 구조를 반영해야 한다. 이 구조를 차근차근 들여다보자.

---

27 이 성경해석학의 구조에 대한 간략한 설명은 이진섭, 『데살로니가전후서』, 14-17을 참조하라.

28 여기 제시된 그림은 내가 1995년에 고안해서 지금까지 사용하는 것이다. 에스라성경연구원(1999-2002년)과 에스라성경대학원대학교(2003년-현재까지)의 강의에서 활용되어왔다.

4.3.2. 두 세계

두 세계(두 지평)

성경을 상대할 때 피할 수 없는 두 세계가 있다. 이는 성경을 읽을 때나 성경을 해석할 때, 이 책의 주제에 맞게 말하자면 성경을 묵상하려 할 때 피하고 싶어도 반드시 만나게 되는 두 세계다. 하나는 성경 본문이 가진 세계이고, 또 하나는 현재의 독자가 당면한 세계다. "성경 본문의 세계"는 본문이 쓰였을 뿐 아니라 본문이 말하고 있는 세상과 관련된 총체적 시각 및 관점과 연관된다. 그와 달리 "현재 독자(해석자)의 세계"는 독자 한 사람의 처지와 시각뿐 아니라 독자가 살아가는 시대의 사람들이 공유하는 관점과 상황을 총체적으로 아우르는 개념이다. 해석학 연구자들은 이런 두 세계를 "지평"(horizon)이라는 용어를 사용해 "두 지평"(two horizons)이라고 부른다. 여기서 전자는 "본문의 지평"(horizons of the text)이고, 후자는 "해석자의 지평"(interpreter's horizons)이다.[29]

성경해석학에서 가장 먼저 전제되어야 하는 점은 무엇보다도 이 두 세계, 곧 두 지평이 있다는 사실 자체다. 이 중 어느 한쪽을 무시하거나 거부해서도 안 되고 어느 한쪽만 더 강조하거나 편파적으로 다루어도 안 된다. 두 지평을 모두 인정하고 직면해야 한다. 이 두 지평은 성경을 읽을 때, 성경을 해석하고 적용할 때, 곧 성경을 묵상할 때면 벗어날 수도 없고 벗어나서도 안 되는 영역이다. 이런 두 지평이 있다는 사실은 성경 해석과 적용이 작동하고 살아나는 전제가 된다. 여기서 중요한 점은 성경을 해석하고 적용할 때 이 두 세계가 어떤 영향을 주며 어떻게 살아나는지를 제대로 알아야 한다는 것이다. 그 결과에 따라 성경 묵상이 진짜 묵상

29 참조. A. C. Thiselton, 『두 지평』(박규태 옮김, 서울: IVP, 2017), 23-25, 39-48.

이 되기도 하고 엉터리가 되기도 한다.

성경 본문의 세계

성경 본문의 세계는 현재의 독자에게 근원적으로 친근하지도, 자동적으로 내재되어 있지도 않다. 오히려 이 세계는 현재 독자에게서 멀리 떨어져 있는 세상이자 지평으로서 앞서 설명한 간격 저편에 있는 세계다. 이 세계는 해석자에 의해 규정되는 것이 아니라 철저하게 성경 본문으로 규정된다. 이 세계를 드러내거나 뒷받침하고 있는 것은 두 가지다. 하나는 본문이 가진 "글의 모습"(co-text)이고,[30] 또 하나는 "본문에 얽혀 있는 상황"(context)이다. 본문은 분명한 모양과 구조를 가지고 있고, 그것의 원인이 되는 나름의 정황이나 상황 및 배경 등을 이미 머금고 있다. 따라서 성경 본문의 세계를 이해하려면 이 두 축을 균형 있게 파악해야 한다. 이 일은 중요할 뿐 아니라 필수적이다.

현재 독자의 세계

한편 현재 독자(해석자)의 세계는 본문의 세계와 동떨어져 있다. 독자의 세계는 앞서 말한 "간격 이편"의 세계다. 이 두 번째 세계는 현재의 독자에게는 자동적으로 내재해 있지만 성경 본문과는 생소한 세상이다. 따라서 해석자의 세계는 원천적으로 본문의 세계와 구별되고 구분된다. 이 세계는 "나"와 "우리"가 있는 자리로서, 해석자 한 사람이 실제로 생각하

30 context가 본문 주위에 함께 있는 역사적 상황과 배경 등을 총체적으로 가리키는 용어라면, co-text는 본문 주위에 함께 있는 언어적 자료와 특징을 총체적으로 표현하는 용어다. 중간에 "하이픈"(-)이 있는 이유는 사전에 완전히 등재되지 않았다고 보기 때문이다. 현재 co-text와 cotext는 혼용되고 있다.

고 살아가는 공간임과 동시에 "우리"로 묶인 사람들과 공유하며 공존하는 영역이다. 해석자의 세계는 대개 다양하며 변화무쌍하다(가장 기본적인 몇 가지만 예로 들면 가족, 교회, 회사, 국가, 사회 등이다). 또한 이 세계의 지평은 "삶"과 "상황" 등의 영역으로 존재하는데 독자 개개인의 정황과 이야기를 가지면서도, 그와 함께한 공동체의 정황과 이야기가 그 안에서 동시에 작동하기도 한다. 현재의 독자는 홀로 존재하지 않고, 타인과 함께 역사 속에서 지금 살아가기 때문이다.

두 세계의 만남과 연결

이 두 세계는 성경해석학 안에서 각기 확실한 위치를 점유하며 해석학이 작동하는 데 중요한 역할을 한다. 해석자는 이 두 세계가 가진 특징을 정확하게 인식하고 인정하면서 두 세계가 공존할 수 있는 자리를 마련해야 한다. 해석자는 한편으로는 본문이 머금고 있는 세계가 왜곡없이 펼쳐지도록 하면서, 동시에 현대의 독자가 당면하고 있는 세계를 드러낼 줄 알아야 한다.

이런 과정에서 두 세계는 상호 만남의 자리를 갖고 연결될 여지를 얻게 된다. 서로 독립적인 두 세계가 함께 만나서 연결될 기회가 생기는 것이다. 물론 이 만남과 연결의 과정에 해석자 혼자만 관여하는 것은 아니다. 표면적으로는 분명 해석자의 노력이 두드러져 보인다. 하지만 성경 본문도 언제나 가만히 있으면서 아무런 역할을 안 하는 것이 아니다. 본문은 이미 자신의 모습을 가진 채 자신을 드러내고 있다(사실 본문이 자신을 보여주는 것이 먼저다). 해석자가 본문의 세계를 펼치려 노력할 때마다 본문은 자신의 모양에 맞는 모습과 틀을 제시한다. 해석자가 노력하지만 해석자는 결국 본문이 제시하는 것을 찾아내는 일을 할 뿐이다. 달리 말하면 본문의 모습과 틀이 해석자를 움직일 수 있다는 말이다.

물론 해석자의 주관성이 본문의 객관성을 넘어갈 수도 있다. 현실 독자의 세계가 해석자에게 영향을 미쳐 해석자가 월권을 행사하는 것이다. 이때 해석자의 주관이 본문의 세계에 압력으로 작용한다. 하지만 "두 세계의 존재와 공존"을 분명히 인정하는 현명한 해석자는—이것이 매우 중요한 전제다—행여라도 이편 세계의 힘으로 저편 세계에 무리한 힘을 가하는 건 아닌지 생각하며 늘 조심한다. 본문은 항상 자신이 가진 모습을 보여주고 있기 때문에 사려 깊은 해석자의 실수는 성경 본문에 의해 제어된다.[31]

이처럼 성경 본문의 세계와 현대 독자의 세계는 해석자를 매개로 하여 끊임없는 만남과 대화를 이어가면서 해석학적 나선형 순환(循環)을 이루어간다.[32] 이 나선형 순환으로 두 세계는 연결된다.[33] 티슬턴(Anthony C. Thiselton)은 이와 유사한 모습을 가다머(Hans-Georg Gadamer)의 "지평의 융합"(fusion of horizons)이란 표현으로 설명한다(약간 난해하지만 "해석"과 "적용"의 중첩에 대한 논의와 관련하여서는 이 책의 6.2.에 있는 "보충 설명: 해석

---

31 이런 생각은 "비판적 실재론"(critical realism)이라 불리는 인식론과 유사한 측면이 있다. 참조. Wright, 『신약성서와 하나님의 백성』, 74-76, 114-20.

32 Schleiermacher는 "해석학적 원"(hermeneutical circle)이라는 개념을 제시했고(*Hermeneutics: The Handwritten Manuscripts*[H. Kimmerle ed., J. Duke, J. Forstman trans., Missoula, Mont: Scholars Press, 1977], 113-16), 이는 이후 여러 논의에서 학자들에게 "해석학적 나선"(hermeneutical spiral)이란 용어로 다듬어졌다. G. Osborne, *The Hermeneutical Spiral*(Downers Grove, Illinois: InterVarsity, 1991) 6-8, 366-415을 참조하라.

33 보통 해석학을 연구하는 학자들은 현재 독자의 지평에서 시작해서 본문의 지평으로 순환하는 과정을 생각하는 경향이 있다. 이는 성경 읽기와 해석이 일어나는 실제 현장을 고려했다는 점에서는 타당할 수 있다. 하지만 이런 설명은 인식론의 시각에서 성경 해석의 과정을 본 결과다. 의미가 처음에 어떻게 존재하며 또 어떻게 흘러가는지를 고려한다면 내가 요약한 성경해석학의 구조(사실 이는 "해석학적 나선형 순환"의 "평면도"다)가 나선형 순환을 그리며 의미를 제공해가고 있음을 이해할 수 있다.

과 적용의 중첩 문제"를 참조하라).[34]

그런데 이런 순환적 만남과 대화 및 연결에 필요한 궁극적인 힘은 성령으로부터 온다(참조. 요 14:26; 16:13-15; 행 4:25; 고전 2:10-13; 딤후 3:15-16; 히 3:7-11; 벧후 1:20-21 등). 성령은 성경 본문과 현대 독자 사이에서 끊임없이 건전한 만남과 대화가 이루어지도록 이끄시며 이 둘이 제대로 연결되도록 활동하신다. 겉으로는 해석자의 노력만 있는 것처럼 보이지만 사실 성경 본문이 먼저 자신을 드러내고 있으며 그 모든 노력과 드러냄 가운데 성령이 계신다. 성경해석학의 구조는 이처럼 성령의 활동으로 만들어지는, 성경 본문과 현대 독자의 만남과 연결이라는 기초 위에 세워진다.

두 세계(두 지평)의 연결: "해석학적 나선형 순환"

4.3.3. 세 가지 의미

두 세계가 만나고 연결되는 중에 의미 전달이 일어난다. 이 의미 전달은 단계적으로 진행되는데 이 과정에서 의미의 세 가지 형태가 나타난다. 첫째는 역사적 의미이고, 둘째는 현실적 뜻(의미)이며, 셋째는 온전한(원리적) 의미다. 두 지평의 세계는 기본적으로 각각 자기 세계가 지향하는 의미를 갖는다. 성경 본문의 세계는 역사적 의미를 제공하고, 현실 독자의 세계는 현실적 뜻(의미)을 기다린다. 그리고 이 두 의미를 매개하는 온전한(원리적) 의미가 논리적으로 창출된다.

34 Thiselton, 『두 지평』, 47-48. Gadamer와 Thiselton의 "지평의 융합"이라는 표현이 적절한가에 대해서는 논란의 여지가 있다.

(1) 역사적 의미

역사적 의미 = 원래 의미 = 일차적 의미

성경 본문이 처음 언급되었을(쓰였을) 때 그 본문이 머금고 있는 원래의 의미를 보통 "역사적 의미"(historical meaning)라 한다. 이를 역사적 의미라고 부르는 이유는 그것이 이미 과거의 특정한 역사적 환경 속에서 만들어지고 전달된 의미라는 점을 부각하기 위해서다. 본문이 역사 속에서 태어날 때 가진 이 의미는 자연히 인간 저자가 말하려 한 본의와 연결되어 있다.[35]

따라서 이 역사적 의미를 "원래 의미"라고 부를 수도 있다. 현실 독자의 세계에 주는 뜻(의미)이 아니라 원래 성경 본문의 세계에 주어진 의미라는 이유에서다. 하지만 "원래"(original)라는 말의 무게 때문에 좀 부담스럽다. "원래 의미"만이 중심이자 목표라고 오해할 수 있기 때문이다. 그래서 이 원래의 "역사적 의미"를 "일차적 의미"라고 부르기도 한다. 이는 성경 본문이 제공하는 첫 번째 의미이며 성경해석학에서 일차적으로 찾는 의미로서 현실 세계에 주는 이차적 의미와는 구별된다는 말이다. 하지만 이 표현을 사용할 때도 난점이 있다. 때로는 한 본문 안에 역사적 의미의 층위가 여러 개 나타나기 때문이다. 예를 들어 마태복음에 기록된 예수님의 말씀에는 예수님이 의도하신 의미와 그 말씀을 기록하여 마태가 전하고자 한 의미가 겹쳐 있다. 이 경우 순서상 예수님이 의도한 의미가 첫 번째 의미가 되고, 마태가 전하려는 의미가 두 번째 의미가 되어 혼동이 생긴다. 하지만 마태가 전하려는 의미도 역사적 의미, 즉 일차적 의미다.

35 인간 저자의 의도가 중요하긴 하지만 성경 본문 자체가 제공하는 의미를 더욱 중요하게 여길 필요가 있다.

이처럼 여러 표현이 가능하지만 그중 "역사적 의미"라는 표현이 가장 무난하리라 생각된다. 이 "역사적 의미"는 본문이 가진 원래 의미이고, 성경을 읽을 때 제일 먼저 대면하게 되는 일차적 의미로서 성경 본문의 세계가 제공하는 의미다.[36]

역사적 의미(원래 의미, 일차적 의미)

⇧

성경 본문의 세계

〈표 9〉 성경 본문의 세계와 역사적 의미

역사적 의미 파악하기: 역사적 층과 본문의 범위

본문의 역사적 의미는 본문을 둘러싼 여러 조건과 환경에 따라 그 모습을 달리한다. 역사적 의미를 결정하는 여러 조건과 환경이 있다는 말이다.

앞서 잠시 언급했듯이 본문이 가진 역사적 단층은 본문의 역사적 의미를 규정하는 데 매우 중요하게 작용한다. 예를 들어 예수님이 전하신 의미가 있고 이후에 마태가 예수님의 말씀을 기록하여 전하고자 한 의미가 있다. 이 둘이 완전히 같은 경우라면 문제는 덜하지만, 만일 이 두 의미에 차이가 생기면 해당 본문이 가진 역사적 의미를 결정하는 일은 그리 간단치 않다. 1장(1.1.)에서 잠시 언급한 마태복음 28:18-20의 경우가 그런 예다. 이 본문에 나타난 예수님의 명령을 보통 "대위임령"(Great Commission)이나 "지상명령"(至上命令)이라고 부르는데 이 명령에 새겨진 역사적 단층을 고려하면 해석이 복잡해진다. 우리는 이 말씀이 ① 예

36 "역사적 의미", "원래 의미", "일차적 의미" 등의 용어는 해석자들 사이에서 보편적으로 사용된다.

수님이 열한 제자에게 하신 명령인지, ② 열한 사도에게 하신 예수님의 명령을 마태복음의 저자가 해당 공동체에 확대하여 전한 것인지, ③ 예수님이 처음부터 열한 제자에게뿐 아니라 이후 교회를 향해 전하신 명령인지, ④ 마태복음 저자가 ③번 명령을 특별히 마태 공동체에 전달한 것인지 따져보아야 한다. 이처럼 이 본문의 역사적 의미를 찾는 데 본문이 가진 역사적 단층이 적지 않은 영향을 미친다.

또한 역사적 의미는 본문의 위치와 범위에 따라 제한되고 규정된다. 여기에는 단어나 문장이나 문단이 함께 복합적으로 작동한다.

예를 들어 "성전"이란 동일한 단어도 본문이 어디냐에 따라 그 역사적 의미가 달라지는 것이 당연하다. 앞서 제시한 K 집사의 에피소드에서도 이런 점을 고려해야 한다. 열왕기상 5-8장에서의 "성전"은 이스라엘 역사 속에 처음 세워진 "솔로몬 성전" 즉 "제1성전"이다. 하지만 요한복음 2:19에서 예수님이 말씀하신 "성전"은 기원전 6세기의 포로기 후에 재건 된 "제2성전"(스룹바벨 성전)으로서 헤롯 대왕 때부터 리모델링이 진행되고 있었다.[37] 두 본문이 가리키는 성전의 "역사적 의미"가 다른 것이다. 마찬가지로 에베소서 2:21이 말하는 "성전"은 건물이 아니라 에베소서가 전제하는 교회 공동체를 가리킨다. 따라서 엄밀하게 역사적 의미로만 따지자면 이 세 본문이 말하는 성전은 모두 K 집사가 고민했던 자기 교회의 예배당 문제와 직접 연결될 수 없다(아주 단순하게 말하자면 K 집사는 이 본문들을 가지고 예배당 건축 문제에 대해 고민할 필요가 없다. 이 문제는 "성전"이라는 표

37 스룹바벨 성전은 로마 제국에 의해 점령되어 유린당했지만 헤롯 대왕은 기원전 20년경부터 리모델링을 시작했고 이는 예수님 때까지도 계속 진행되고 있었다(참조. D. Williams[ed.], 『IVP 성경사전』[서울: 한국기독학생회출판부, 1992], 273-75).

현의 지시 대상을 혼동한 결과다. 그 교회의 담임 목사도 혼동한 것은 마찬가지다).[38] 물론 적용의 영역에서는 이야기가 달라지지만 이때도 적용의 원리와 방법을 잘 지켜야 한다(이 책의 6.2.를 참고하라).

문장과 문단의 범위에 따라 본문의 역사적 의미가 규정되는 것 또한 자연스럽다. 의미와 의미가 서로 연결되고 누적되어 새로운 의미를 창출하기에, 한 문장에서 얻어지는 역사적 의미와 두 문장에서 찾게 되는 역사적 의미는 다를 수밖에 없다. 이런 점은 문단의 범위가 확대되거나 축소되는 경우에도 마찬가지다. 본문의 저자 역시 문장에 문장을 더하고, 문단에 문단을 더하여 자신이 전하고자 하는 (역사적) 의미를 연결시키면서 의미의 망을 확대해갔을 것이다.[39]

석의: 역사적 의미를 찾는 과정

성경 본문의 역사적 의미를 찾는 과정을 석의(釋義, exegesis)라고 부른다. 석의는 본문의 단어, 문장, 구절, 문단, 책 전체가 전하려는 바를 찾는 과정이다. 이 과정에서는 본문의 역사적 현실과 배경 및 상황뿐 아니라 일차 저자의 의도와 일차 독자의 정황 등도 중요하게 고려된다. 또한 본문이 사용하는 문법과 구문의 특성도 역사적 의미 파악에 긴요하게 활용된다. 달리 말하면, 역사적 의미를 찾는 데는 성경 본문이 지닌 "글의 모습"(co-

---

38 구약성경에 사용된 "성전"은 우리 시대의 "교회 건물"이 될 수 없고, 신약성경에 사용된 "성전"도 우리 시대 "교회 건물"을 가리킬 수 없다. 현재의 교회 건물을 구약성경이나 신약성경에 사용된 "성전"과 직접 연결하는 것은 적절하지 않다.

39 인간 저자가 한 치의 오차도 없이 완벽하게 글을 쓴다는 전제가 있다면 저자의 의도와 본문이 전하는 것이 같을 수 있다. 하지만 저자가 전하는 방식에 어느 정도 오류와 한계가 있을 수 있기에, 본문이 전하는 의미가 인간 저자가 전하려는 의미보다 더 넓을 수 있다. 본문이 인간 저자보다 우선되어야 하는 이유 중 하나가 여기에 있다. "충만한 의미"(*Sensus Plenior*, fuller meaning)의 논의는 이와 관계된다. 이 책의 4.3.3.(3). "온전한 의미"를 참조하라.

text)과 "본문의 상황"(context)이 중요하게 고려되어야 한다는 것이다.

이 과정을 석의 대신 주해(註解)나[40] 해석(解釋)이라고 부르는 경우도 있다(하지만 이 책은 "해석"을 좀 다른 과정의 개념으로, 즉 "온전한 의미"에 이르는 과정으로 이해한다. 참조. 4.3.3.(3) "온전한 의미"). 이런 용어들은 모두 이 과정이 가지고 있는 특징의 어떤 면을 부각하는 용어들이다. 어떤 용어를 사용하더라도 이 과정에 필요한 작업들은 분명히 진행되어야 하며 그 목표는 본문이 가진 역사적 의미를 찾는 것이다. 현대 성서학자들의 주석서—WBC, NICNT/NICOT, NIGTC, ICC, ABC 등—는 대체로 이런 역사적 의미를 찾는 작업에 좀 더 집중한다.[41]

"석의는 역사적 의미를 찾는 과정이다."

(2) 현실적 뜻

현실적 뜻 = 이차적 의미 = 적용된 의미

일반 독자는 성경을 읽을 때 보통의 경우 현실 독자의 세계와 관련된 의미에 대해서만 큰 관심을 둔다. 성경 본문이 현실 독자의 세계에 함의하는 바를 찾는 것이다. 이 의미를 통상 "현실적 뜻"이라고 부른다. 이는 본문에 있는 역사적 의미가 과거에만 갇혀 있지 않고 독자의 현실 세계로 넘어올 때 나타나는 의미다. 성경 본문의 세계가 역사적 의미와 연결되

---

40 예컨대 Thiselton의 『두 지평』에서 번역자는 "exegesis"를 종종 "주해"라고 번역했다(39, 489 등).

41 WBC(Word Biblical Commentary), NICNT(New International Commentary on the New Testament), NICOT(New International Commentary on the Old Testament), NIGTC(New International Greek Testament Commentary), ICC(International Critical Commentary), ABC(Anchor Bible Commentary).

는 것처럼 이 "현실적 뜻"도 현실 독자의 세계와 연결된다. 성경 본문의 세계는 역사적 의미를 제공하고, 현실 독자의 세계는 현실적 뜻을 기다린다. 그런데 여기서는 "의미"(meaning)라는 단어보다 "뜻"(significance, 意義)이라는 단어가 선호된다.[42] 성경 본문이 본래적으로 가진 의미로부터 파생되었다는 점을 나타내려는 이유에서다. 그래서 이 "현실적 뜻"을 "이차적 의미"라고 부를 수도 있다. 그리고 이 파생 과정에서 반드시 필요한 것이 적용이다. 성경 본문의 의미가 현실 독자의 세계로 넘어오려면 이곳 세계의 독자에게 맞게 조정되어야 하기 때문이다. 그래서 "현실적 뜻"을 "적용된 의미"라고 부르기도 한다.[43]

성경 본문이 과거의 이야기로만 끝난다면 성경은 현실의 우리와는 상관없게 된다. 하지만 이미 앞에서(1.1.) 말했듯이 성경은 현실의 독자인 우리를 향한 것이기도 하다(참조. 신 5:1-3; 막 10:3; 롬 15:4 등). 이는 성경의 궁극적인 저자가 하나님이시기에 나타나는 성경의 독특한 특징이다.[44] 하나님은 지금도 현재를 살아가는 사람들에게 성경을 통해 말씀하고자 하신다. 결국 이 이차적 의미, 곧 적용된 의미는 하나님이 성경 본문을 통해 현재의 우리와 소통하며 전하고자 하는 뜻, 말씀하시고자 하는 뜻이 된다. 따라서 성경 본문을 읽은 후 얻게 되는 의미의 종착점은 현실 독자를 향한 "하나님의 뜻"이다.

---

42 참조. E. D. Hirsch, *Validity in Interpretation*(New Haven: Yale University Press, 1967).

43 "현실적 뜻", "이차적 의미", "적용된 의미" 등의 용어도 해석자들 사이에서 보편적으로 사용된다.

44 물론 성경의 인간 저자가 미래를 내다보았기에 나타나는 특징이 있을 수도 있다. 하지만 성경이 어느 시대이든 역사의 현실을 살아가는 사람들에게 의미가 될 수 있는 본질적 이유는 성경의 궁극적 저자가 하나님이시라는 사실에 있다.

현실적 뜻(적용된 의미, 이차적 의미)

⇩

현실 독자의 세계

〈표 10〉 현실적 뜻과 현실 독자의 세계

현실적 뜻 파악하기

적용된 현실적 뜻은 현실 독자와 그 독자가 살아가는 시대에 따라 다양하게 나타날 수 있다. 원래의 역사적 의미가 한 치의 오차나 변동이 없이 그대로 현대 독자에게 전달되는 게 아니라 현대 독자의 세계에 맞게 변형된 형태의 의미로 나타나기 때문이다.

신명기에 등장하는 모세의 설교는 출애굽 후 모세가 모압 광야에서 제2세대 백성들에게 전한 것이었다. 모세는 출애굽 제1세대 이스라엘의 경험을 토대로 다음 세대의 이스라엘이 앞으로 어떻게 살아야 할지를 권고한다. 그중 신명기 8:1-3에서는 이렇게 말한다.

> [1]내가 오늘 명하는 모든 명령을 너희는 지켜 행하라. 그리하면 너희가 살고
> 번성하고 여호와께서 너희의 조상들에게 맹세하신 땅에 들어가서 그것을
> 차지하리라. [2]네 하나님 여호와께서 이 사십 년 동안에 네게 광야 길을 걷
> 게 하신 것을 기억하라. 이는 너를 낮추시며 너를 시험하사 네 마음이 어떠
> 한지 그 명령을 지키는지 지키지 않는지 알려 하심이라. [3]너를 낮추시며 너
> 를 주리게 하시며 또 너도 알지 못하며 네 조상들도 알지 못하던 만나를 네
> 게 먹이신 것은 사람이 떡으로만 사는 것이 아니요, 여호와의 입에서 나오
> 는 모든 말씀으로 사는 줄을 네가 알게 하려 하심이니라(신 8:1-3).

하나님은 제1세대 이스라엘 백성이 하나님을 잘 따르는지 시험하셨는데 그 과정에서 그들을 허기지게도 하셨고 만나를 주셔서 배부르게도 하셨다. 그런데 그런 사건들은 모두 가나안 땅에 들어간 이후에도 하나님의 말씀을 제대로 지켜야 한다는 점을 가르치는 것이었다.[45] 오랜 시간이 지난 후 예수님은 이 신명기 본문을 묵상하면서 자신에게 적용하셨다(마 4:3-4). 그런데 예수님이 자신에게 적용한 구체적인 뜻은 "돌을 가지고 떡을 만들지 않는 것"이었다. 시험하는 자는 예수님께 돌들을 가지고 떡 덩이를 만들라고 주문했지만 예수님은 신명기 말씀을 묵상하면서 떡을 만들지 않는 것이 마땅하다고 판단하셨다. 예수님이 묵상한 신명기 구절은 광야에서 굶주린 이스라엘 백성이 만나를 기적적으로 먹었던 이야기를 다루었지만, 오히려 예수님은 배고픈 상태에서 기적을 사용하여 떡을 만들지 않는 것으로 적용하신 것이다. 옛이야기의 외형적 형태가 그대로 재현된 게 아니라 (당시의) 현실 독자(예수님 자신)에게 맞추어 다른 형태로 적용되었다. 만일 이 두 본문(신 8:1-3; 마 4:3-4)이 21세기의 어떤 독자에게 적용된다면 그 적용된 뜻도 다양한 모습으로 나타날 것이다.

이처럼 적용된 현실적 뜻, 곧 이차적 의미는 시대와 상황에 따라, 독자가 누구냐에 따라, 독자의 처지가 어떠냐에 따라 다양하게 변형될 수 있다. 물론 그렇다고 해서 현실적 뜻이 아무렇게나 튀어나올(적용될) 수 있다는 말은 아니다(이에 대해서는 6장에서 좀 더 자세히 다룬다).

45 물론 이 본문의 역사적 의미를 규정하는 일도 만만치 않다. 모세가 2세대 이스라엘 백성에게 직접 말한 내용으로 보는 시각과, 그런 내용을 후대 사람(신명기의 저자)이 자기 시대의 이스라엘 독자들에게 전달한 것으로 보는 시각이 복잡하게 얽혀 있다.

적용과 실천: 현실적 뜻의 양 날개

성경해석학은 성경 본문의 역사적 의미를 찾는 단계부터 시작해서 현실적 뜻을 찾는 과정까지 나아간다. 성경 읽기는 단순히 과거의 역사적 의미만을 찾는 것이 아니라 현재의 독자에게 맞는 현실적 뜻을 찾는 것이 되어야 한다. 현실적 뜻을 찾아가는 이 과정을 성경해석학에서는 "적용"(application)이라 부른다. 적용이 있어야 현실적 뜻이 드러나고, 적용이 제대로 이루어질수록 성경 본문의 의미가 생생하게 살아난다. 따라서 적용은 성경 본문이 살아 움직일 때 피어나는 꽃이라 할 수 있다.[46]

또한 적용을 통해 독자에게 드러난 현실적 뜻은 독자의 삶 속에서 제대로 실현되어야 한다. 이는 적용된 뜻이 현실 세계로 오는 과정이다. 이 과정을 성경해석학에서는 "실천"(practice)이라 부른다. 하나님이 바라시는 현실적 뜻이 실현되지 않는다면 깨달은 현실적 뜻은 그 힘을 상실하고 만다. 단지 이름뿐인 뜻이 되기 때문이다. 성경 말씀은 결국 현실 세계에서 실현되도록 의도되었다. 적용된 뜻은 적절하게 실현될 때에야 현실에 맞는 뜻의 정체성을 온전히 갖춘다. 적용이 성경해석학의 꽃이라면, 실천은 성경해석학의 열매다. 적용과 실천은 현실적 뜻의 양 날개다. 이 두 날개가 모두 제대로 기능해야 현실적 뜻이 높이 날아오를 수 있다.

"현실적 뜻은 적용으로 깨달아진다."

---

46 그런데 아쉽게도 현대 학자들의 주석서에는 적용을 도와 현실적 뜻을 깨닫는 데 도움을 주는 책이 많지 않다. 성서유니온선교회는 적용을 도우려는 노력을 상대적으로 많이 한다. 성서유니온선교회가 번역하여 출간하고 있는 "적용을 도와주는 주석"(Life Application Bible Commentary) 시리즈뿐 아니라 매월 발간하는 큐티 노트집 「매일성경」의 "도움말" 등이 그런 예다. 비슷한 주석으로 미국 Zondervan 출판사에서 발행한 "NIV 적용주석"(The NIV Application Commentary) 시리즈가 있는데 이는 솔로몬 출판사에서 번역하여 출간하고 있다.

(3) 온전한 의미

온전한 의미, 원리적 의미

성경해석학의 의미 전달 과정에서 생각해야 할 세 번째 의미의 범주는 앞의 두 가지 의미("역사적 의미"와 "현실적 뜻")를 만나게 하는 "온전한 의미"다.

성경 본문의 세계와 현실 독자의 세계는 서로 다른 지평에 위치해 있기에 곧바로 연결되지 않는다. 역사적 의미는 (현실 독자의 세계를 다루지 않고) 성경 본문의 세계를 다루며, 현실적 뜻은 (본문의 세계를 다루지 않고) 현실 독자의 세계를 다룬다. 이 두 세계가 제대로 연결되려면 이 둘이 만나는 자리가 필요하다. 두 세계의 의미에 다리를 놓아줄 의미가 필요하다는 말이다. 이 의미는 양쪽 세계에 일정 부분 연관된 상태에서 양쪽 모두에 의해 공히 인정되는 것이어야 한다. 역사적 의미와 현실적 의미 사이에 일관성이 유지되어야 하기 때문이다. 양쪽의 의미가 공유하는 "원리적 의미"가 이 다리를 놓을 수 있다. 양쪽 의미를 제대로 연결하고 통합할 수 있다는 점에서 이 원리적 의미는 "온전한 의미"다(물론 이 원리적-온전한 의미는 역사적 의미에서 현실적 뜻의 방향으로 흘러간다).[47]

쉬운 예를 생각해보자. 이 책 1장(1.2.)에서 "소 잃고 외양간 고친다"는 속담을 언급했다. 이 속담의 역사적 출처와 기원은 명확하지 않으나 굳이 역사적 의미를 찾자면 "소를 잃은 상태에서 외양간을 고치는 일은 소용이 없다"라는 것이다. 그런데 이 속담이 전하는 온전한 의미는 "이미 잘못된

---

47 Duvall과 Hays는 『성경 해석』의 13장 "적용"에서 적용에 이르기 전에 "원리화의 다리"를 건너는 과정에 대해 언급한다(J. S. Duvall, Daniel Hays, 『성경 해석』[류호영 옮김, 서울: 한국성서유니온선교회, 2009], 342). 하지만 이들은 내가 말하는 방식과 같이 "원리적-온전한 의미"라는 개념으로 발전시키지 않는다.

일은 뒤늦게 손을 써도 소용이 없다"는 교훈이다(참조. 온라인 네이버 국어사전. 사실 사람들은 이 의미를 이 속담의 뜻으로 이미 알고 있다). 이처럼 소와 외양간이라는 특정한 사건과 배경을 넘어설 수 있도록 원래의 역사적 의미에서 원리적 의미를 추출할 수 있다. 이 원리적 의미, 즉 속담이 가진 온전한 의미가 현실 독자에게 현실적 뜻을 제공한다. 1장의 예에서는 시험공부를 해야 하는 학생에게 이 속담이 주어졌다. 그 학생에게 이 속담은 "시험이 끝난 후 낭패당하기 전에 준비를 잘하라"는 뜻이었다. 속담의 역사적 의미가 원리적-온전한 의미를 제공했고 그 원리적-온전한 의미가 그 학생에게 현실적 뜻을 제공했다. 이를 도식화하면 다음과 같다.[48]

역사적 의미: "소를 잃은 상태에서 외양간을 고치는 일은 소용이 없다."
⇩ ⇩
온전한 의미: "이미 잘못된 일은 뒤늦게 손을 써도 소용이 없다."
⇩ ⇩
현실적 뜻: "시험이 끝난 후 낭패당하기 전에 준비를 잘하라."

〈표 11〉 속담에서의 의미 전달 과정

이제 성경의 예로 생각해보자. 신명기 8:1-3에는 출애굽 1세대 이스라엘 백성이 경험한 역사적 사건(출 16장)을 토대로 모세가 2세대 이스라엘 백성에게 전달하는 메시지가 소개되어 있다. 여기서 모세는 불평하는 1세대 이스라엘에게 만나가 주어졌던 역사적 사건을 상기시키며(신 8:2-3a) 그 사건이 가진 온전한(원리적) 의미가 "여호와의 입에서 나오는 모든 말

48 속담은 성경과는 다르지만 일반 글과는 달리 불특정 이차 독자를 내다본다는 특징이 있다. 이런 점에서 성경 본문을 이해하는 데 도움이 되는 예로 사용될 수 있다.

씀으로 살아야 하는 것"(신 8:3b)이라고 정리한다(물론 신명기 8:3 자체가 스스로 제공하는 역사적 의미도 생각해볼 수 있다). 모세가 이 이야기를 하는 이유는 2세대 이스라엘에게 전하려는 메시지(2세대를 향한 현실적 뜻), 곧 "내 명령을 가나안 땅에 들어가서 지켜라"(신 8:1)라는 것 때문이다. 그런데 마태복음의 예수님은 이를 자신에게 적용하여 "돌을 가지고 떡을 만들지 않는" 행동을 보이셨다(참조. 마 4:4). 시험하는 자가 예수님이 하나님의 말씀을 신뢰하지 못하도록 부추겼을 때(마 4:3) 예수님은 하나님의 말씀을 신뢰하라고 가르친 신명기 8:3의 말씀을 받아들이면서 이를 자신에게 맞게 재적용하셨다. 다시 말해 예수님은 출애굽기 16장에 나오는 역사적 사건의 의미를 생각하고 그 의미가 지닌 온전한 뜻을 신명기 8:3으로 다시 확인한 후 자신에게 맞게 적절하게 적용하여 자신을 향한 현실적 뜻을 깨닫고 실천하신 것이다. 이 과정을 간략히 정리하면 다음 〈표 12〉와 같다.

역사적 의미(출 16장): "배고픔으로 불평하는 이스라엘에게 만나를 주셨다."

⇩ ⇩

온전한 의미(모세의 설명): "여호와를 신뢰하고 그분의 말씀으로 살아야 한다"(신 8:3).

⇩ ⇩

현실적 뜻(모세의 적용): "내 명령을 가나안 땅에 들어가서 지켜라"(신 8:1).
(예수님의 적용): "돌을 가지고 떡을 만들지 말자"(마 4:3-4).

〈표 12〉 만나 사건의 의미 전환 과정

이처럼 역사적 의미와 현실적 뜻을 중계하는 자리에 온전한 의미가 있다.[49] 온전한 의미는 역사적 의미에서 원리를 제공받고, 이 원리를 현실

49 온전한 의미라는 표현 때문에 다른 두 의미가 불완전하다고 이해할 필요는 없다. 역사적 의미와 현

독자의 세계에 적용하여 현실적 뜻이 나타나게 한다. "온전한 의미"는 두 지평에 나타나는 두 가지 의미를 연결할 뿐 아니라 그 두 의미가 일관성을 유지하도록 한다. 성경해석학 구조의 양 끝에 자리하는 두 의미를 하나의 원리로 묶어준다는 점에서 "온전한-원리적 의미"는 성경해석학의 세 가지 의미의 중심 역할을 한다. 다음 〈표 13〉은 이 세 의미와 두 세계가 어떤 관계를 맺는지 간략하게 보여준다. 이 관계는 〈표 8〉이 보여주는 성경해석학의 구조를 이루는 틀이 된다.

〈표 13〉 두 세계와 세 가지 의미

충만한 의미(*Sensus Plenior*)

온전한 의미는 역사적 의미로부터 온다. 역사적 의미가 온전한 의미의 단초가 되고 온전한 의미가 역사적 의미와 분리되지 않는다는 말이다. 그런데 때로는 온전한 의미가 역사적 의미와 동떨어져 보이는 경우가 있다. 통상 "충만한 의미"(*Sensus Plenior*, fuller meaning)라고 불리는 고차원적 의미가 나타날 때 그렇다.[50]

실적 뜻 모두가 각 세계와 시대에서 분명한 하나의 의미이기에 그 자체로 온전하다.

50 "*Sensus Plenior*"(fuller meaning)를 한국어로 제대로 번역하기란 쉽지 않다. "더(욱) 충만한 의미", "더 완전한 의미", "더 풍성한 의미", "더 풍부한 의미", "깊은 의미", "충만한 의미" 등 다양한 번역이 사용되지만, "충만한 의미"라는 번역이 가장 적절해 보인다. "더 충만한 의미", "더 완전한 의미"라는 표현은 논리적으로 문제가 있고(이미 충만하고 완전한데 "더" 그럴 수는 없다), "깊은 의미"는 의역에 가까워 전문용어로서 적절해 보이지 않는다. 용어의 표현으로만 보면 "더 풍성한 의

인간 저자가 전하려는 의미보다 더 깊은 의미가 본문에 숨겨져 있는 경우 새롭게 파악되는 그 의미를 "충만한 의미"라고 부른다.[51] 이는 인간 저자는 의도하지 않았지만 성경의 궁극적 저자이신 하나님이 의도하신 의미다.[52] 예를 들어 구약에는 감추어져 있다가 신약에서 새롭게 드러난 의미의 경우(참조. 사 7:14; 마 1:23)가 여기에 해당한다.[53]

두 가지 예를 더 생각해보자. 첫 번째 예는 사무엘하 7장에서 다윗이 성전을 지으려고 한 일과 관련된다. 다윗이 하나님의 집, 곧 성전을 지으려는 마음을 가졌을 때(삼하 7:1-3), 하나님은 예언자 나단을 통해 전혀 색다른 이야기를 전하신다. 야웨 하나님이 오히려 다윗을 위해 집을 세우시고(삼하 7:11), "네 몸에서 날 자식"이 그 나라를 견고하게 할 것이라고 약속하신다(삼하 7:12). 나아가 그 자식이 야웨의 이름을 위해 집을 건축할 것이며 하나님은 그 나라의 위를 영원히 견고케 하실 것이라는 말씀이 전해진다(삼하 7:13). 본문의 역사적 배경과 상황에 비추어 보면 여기 등장하는 12절의 "자식"은 "솔로몬"을 가리키고 13절의 "집"은 "솔로몬

미", "더 풍부한 의미"가 적절해 보이지만 "*Sensus Plenior*"가 가진 신학적 함의와 배경을 고려하면 "충만한 의미"라는 번역이 더 잘 맞아 보인다. "충만하다"는 우리말에 "더 풍성하고 더 풍부하다"는 뜻이 있을 뿐 아니라 "충만하다"는 말이 "점진적 발전"이란 면을 반영하기 때문이다. 따라서 이 책에서는 "충만한 의미"라는 표현을 사용한다.

51 "충만한 의미"는 F. Andrea Fernández가 제안했고 그 후 여러 학자가 논의했다. 그중 Raymond E. Brown은 이와 관련한 이론을 발전시키는 데 많은 노력을 기울였다. 하지만 아직도 복잡한 난제들이 남아 있다. 참조. R. B. Brown, *The Sensus Plenior of Sacred Scripture*(Wipf & Stock Pub., 2008); 오성호, "센수스플레니오르(*Sensus Plenior*)에 관한 신학적 검토", 「신약연구」 14/1(2015년 3월), 135-65.

52 "충만한 의미"의 존재 여부와 개념, 판단 방식에 대해서는 아직도 이견이 있다. 오성호는 "정경적 의미"가 곧 "충만한 의미"의 개념이라고 주장한다("센수스플레니오르[*Sensus Plenior*]", 162-63).

53 참조. J. Goldingay, *Approaches to Old Testament Interpretation*(Toronto: Clements Publishing, 2002), 108.

성전"을 가리킨다. 솔로몬이 다윗 왕국을 견고하게 만들고 다윗의 소원대로 성전을 건축했기 때문이다. 사무엘하의 저자도 이런 역사적 사건을 염두에 두며 글을 기록했을 듯하다.

하지만 후대 역사의 관점에서 보면 본문의 내용에 의문이 생긴다. 하나님은 "그에게서" 은총을 빼앗지 않겠다고 하실 뿐 아니라(삼하 7:15), "네 집과 네 나라가 내 앞에서 영원히 보전되고 네 왕위가 영원히 견고하리라"고 약속하셨다(삼하 7:16). 그런데 솔로몬 이후 이스라엘은 북이스라엘과 남유다로 두 동강이 났고 그마저도 오래지 않아 완전히 망해서 역사의 뒤안길로 사라졌다. 성전은 무너졌고 폐허가 되었다. 만일 나단을 통해 전달된 하나님의 약속이 솔로몬과 다윗 왕국에 대한 이야기에만 국한된다면 예언자의 신탁(神託)은 틀린 것이 되고 하나님은 공수표를 끊어준 셈이 된다. 그것도 아니라면 하나님의 약속을 단순한 과장법 정도로 치부할 수밖에 없다. 이런 어려움 때문에 사무엘하 7장의 이야기는 그 당시의 역사 이야기만이 아니라 훗날 등장할 메시아와 메시아 왕국에 연관된 것으로 볼 필요가 생긴다. 이미 이스라엘 역사의 중간기에 메시아를 염두에 둔 시각이 등장했고 신약도 구약의 본문을 메시아적 시각으로 곧잘 읽는다.[54] 즉 사무엘하 7장의 약속이 일정 부분 메시아와 관련된 내용이라면 이 본문은 역사적 의미를 넘어서 "충만한 의미"를 가지는 셈이 된다. 이때의 "충만한 의미"는 역사적 의미를 통해서 제시되는 "온전한 의미"의 일종으로 간주될 수 있다.

두 번째 예는 시편 2편이다. 이 시편은 이스라엘 왕의 등극을 배경으

54 참조. Peter Enns, 『성육신의 관점에서 본 성경 영감설』(김구원 옮김, 서울: 기독교문서선교회, 2006), 159-236. Enns는 사도들이 "그리스도 목적적(또는 완결적)"(christotelic)으로 구약성경을 해석한다고 주장한다(216-23).

로 한 등극시(登極詩) 또는 제왕시(帝王詩)로 분류된다.[55] "너는 내 아들이라. 오늘 내가 너를 낳았도다"(시 2:7)라는 구절은 왕위를 선언하는 장면을 연상케 한다. 자연스레 시편 2편 전체가 지향하는 역사적 의미는 이스라엘의 왕이 세워지는 것이며 2:7은 그 왕의 등극을 말한다. 그런데 신약성경은 여러 곳에서 이 시편이 하나님 나라의 왕으로 세워진 예수 그리스도를 가리킨다고 **해석**한다(적용이 아니다. 이 점이 중요하다). 복음서 저자들은 예수님이 세례를 받으실 때 하늘에서 울린 음성을 기록하면서 시편 2:7의 선언이 공명됨을 암시한다(마 3:16-17; 막 1:9-11; 눅 3:21-22). 사도행전 저자는 예루살렘 사도들과 사도 바울이 시편 2편에서 (왕으로) 등극하는 인물을 예수 그리스도로 해석했다는 사실을 알려준다(행 4:23-31; 13:32-34). 이들의 시각에서 보면 시편 2편은 과거의 이스라엘 왕의 등극만을 가리키는 것(역사적 의미)이 아니라, 나아가 오신 메시아 예수를 가리키는 것(충만한 의미로서 온전한 의미)이었다. 인간 저자가 인식한 것을 뛰어넘은 "충만한 의미"가 역사적 의미를 넘어서 온전한 의미로 부여되었다고 보는 셈이다. 특별히 사도행전에 나타나는 사도들의 선포에 따르면 시편 2편은 하나님이 성령으로 (인간 저자) 다윗의 입을 통하여 예수 그리스도가 등장하는 사건에 대해 말한 것이다(행 4:24-26). 그래서 그들은 "유대교 지도층의 위협을 이겨내고 복음을 전하자"고 적용한다(행 4:29-31). 요약하면 시편 2편과 관련한 의미의 전환 과정은 〈표 14〉와 같다.

---

55 이태훈, 『시편 어떻게 읽을 것인가』(서울: 한국성서유니온선교회, 2006), 301, 303; 김정우, 『시편 주석 I』(서울: 총신대학교출판부, 2007), 168-69.

역사적 의미: "다윗 왕국의 왕을 세우니, 그에게 복종할 것"
(시편 2편)

⇩ ⇩

온전한 의미: "예수 그리스도가 하나님 나라의 왕이니, 그에게 복종할 것"
(시편 2편의 "충만한 의미", 사도들의 해석[행 4:24-26])

⇩ ⇩

현실적 뜻: "예수가 메시아이니, 관리들의 핍박을 이겨내고 복음을 전하자."
(사도들의 적용, 행 4:27-31)

〈표 14〉 시편 2편의 의미 전환 과정

시편 16:8-11과 110:1이 사도행전 2:25-33과 2:34-36에서 비추어지는 모습도 이와 유사하다. 다윗의 시로 알려진 이 두 시(詩)를 사도행전의 베드로는 메시아적 시각으로 해석하며 이 시편에 등장한 인물이 결국 메시아 예수라고 분명히 말한다. 베드로의 이런 해석은 이 두 시편의 역사적 의미 너머에 있는 "충만한 의미"를 지적한 것으로 볼 수 있다.

하지만 여기서 분명히 기억해야 할 것은 "충만한 의미"로서의 "온전한 의미"가 "역사적 의미"와 완전히 분리되지는 않았다는 점이다. 오히려 역사적 의미에서 출발해서 충만해지고 온전하게 드러난 것이다. 흐릿하던 것이 점점 확실하게 보인 셈이고 씨앗들이 발아하여 자라난 셈이다. 이런 점에서 여전히 "역사적 의미"와 "충만한 의미로서의 온전한 의미" 사이에는 일관성(consistency)이 존재한다. 충만한 의미로서의 온전한 의미는 독특한 형태와 방식으로 생성되는데 특별히 성경의 궁극적 저자가 하나님이라는 점이 이런 독특성을 만들어낸다.

온전한 의미 파악하기

그렇다면 온전한 의미는 어떻게 파악할 수 있을까? 그 답은 이미 앞서 제시한 온전한 의미의 개념 속에 어느 정도 내재되어 있다.

첫째, 온전한 의미는 역사적 의미의 연장선 위에 있다. 온전한 의미란 기본적으로 역사적 의미에서 태동하여 발전한 것이기에 역사적 의미를 제대로 찾는 것이 온전한 의미 찾기의 첫걸음이 된다. 역사적 의미를 잘 찾으면 온전한 의미를 찾기가 쉽다는 말이다. 심지어 어떨 때는 역사적 의미가 온전한 의미로 고스란히 전이될 수도 있다. 하지만 역사적 의미가 언제나 곧 온전한 의미는 아니다. 따라서 먼저 역사적 의미가 가진 원리를 찾아내는 데 심혈을 기울여야 한다. 한 시대에만 국한되지 않고 다른 시대로 확장될 수 있는 역사적·신학적 원리를 찾으며 역사적 의미를 해석해야 하는 것이다.

둘째, 온전한 의미를 찾는 길에는 해당 본문 이외의 본문이, 특히 내적·외적 연관성이 있는 본문들이 함께 적절히 고려되어야 한다. 물론 역사적 의미 자체를 찾을 때도 관련 본문은 제대로 다루어져야 한다. 하지만 온전한 의미를 찾을 때는 관련 본문을 더 적극적으로 살펴보아야 한다. 특정 시대나 인물을 대상으로 하는 듯한 본문의 메시지가 어디서 왔고 어디로 나아가는지를 분명하게 밝혀야 하기 때문이다.

셋째, 이 고민은 결국 정경(正經, canon) 전체를 바라보는 데까지 나아간다. 온전한 의미를 파악하는 데 정경 전체의 시선과 시각이 반영되어야 한다는 뜻이다. 정경 전체와 어울리지 않거나 어긋나는 의미는 온전한 의미로서의 정체성을 갖기 어렵다. 다시 말해, 역사적 의미에서 원리와 지향점을 제대로 찾는다면 정경이 지향하는 바와 마찰을 일으키지 않으리라는 것이다. 결국 온전한 의미 찾기에는 정경적 해석(canonical interpretation)의 시각이 전제된다. 따라서 성경 전체가 제시하는 틀과 방향을 고려해야 한다. 이런 점에서 구속사적 해석이 온전한 의미 파악에 의미 있게 활용될 수 있다. 물론 구속사적 해석을 무리하게 절대적으로 적용하는 것은 위험하다. 하지만 성경 전체를 설득력 있게 설명하는 해석 방법을 무시해서도 안 된다.[56]

해석과 온전한 의미

이런 방식을 활용하여 온전한 의미를 찾는 과정을 성경해석학 전체 구조 속에서 "해석"(解釋, interpretation)의 과정이라고 부를 수 있다. 물론 석의(釋義, exegesis)의 과정에서도 본문을 분석하고 그 의미를 찾는 일이 필요하다. 그 결과 어떤 경우는 내가 말하는 "석의"를 "해석"이라고 부르기도 한다. 하지만 석의가 해당 본문의 내용과 상황을 기초로 그 역사적 의미를 "끄집어내는 일"(exegesis)에 더 집중하는 것이라면, 그다음 단계의 "해석"은 그 역사적 의미가 지닌 원리와 지향점을 찾기 위해 정경의 틀 안에서 "판단하고 설명하는 일"에 더 집중한다. 물론 해석이 역사적 의미에 기반하고 있기에 당연히 석의를 전제하고 포함한다는 점을 기억해야 한다.

"온전한 의미를 찾는 해석 과정이 필요하다."

4.3.4. 성경 묵상, 성경해석학, 성령

성경 묵상과 성경해석학

이제 성경 묵상과 성경해석학 사이의 관계를 정리할 때가 되었다. 성경

56 구속사적 해석에 대한 간략한 소개는 S. Greidanus, 『구속사적 설교의 원리』(권수경 옮김, 서울: SFC, 2003), 218-300을 참조하라.

묵상은 태생적으로 성경해석학의 구조 속에서 이루어진다. 성경 묵상이 2장(2.1.)에서 정의한 대로 "① 성경 말씀을 주의 깊게 생각하고 곱씹어서 ② 하나님의 뜻을 깨닫고 그에 합당하게 반응하면서 ③ 하나님과 만나 교제하는 행위"이기 때문이다.[57] 성경을 통해 하나님의 뜻을 깨달으려면 성경해석학의 수순을 밟을 수밖에 없다. 그것이 하나님이 우리와 소통하시는 방법의 틀이다. 따라서 성경해석학의 구조를 잘 이해하고 그 수순을 잘 밟으면 성경을 제대로 묵상할 수 있다.

그러므로 성경 묵상의 여섯 가지 채널(개인 성경 공부, 큐티, 그룹 성경 공부, 큐티 나눔, 성경 강의, 설교) 모두에 이 성경해석학 구조가 잘 반영되어야 한다. 개인 성경 공부를 할 때도 이 구조는 필수이고 큐티를 할 때도 마찬가지다. 역사적 의미를 제대로 파악하지 않고 현실적 뜻으로 훌쩍 뛰어 넘어가는 큐티는 위험하다. 그룹 성경 공부나 큐티 나눔에서도 역사적 의미 찾기는 필수이며 현실적 뜻 찾기도 빼놓지 말아야 한다. 성경 강의나 설교에서는 두말할 나위가 없다. 바른 석의와 해석 없이 하나님의 뜻을 운운하는 설교는 공허하다. 반면 정밀한 석의와 해석에만 집착한 나머지 적용이 없는 강의는 메마르다. 결국 이 여섯 가지 성경 묵상의 방법 모두에는 성경해석학이 살아 움직이며 작동하고 있어야 한다.

성령과 성경해석학

지금까지 논의한 내용을 오해하면 성경 묵상은 사람이 혼자서 만들어가는 것이라고 잘못 생각할 수 있다. 성경을 묵상하려면 감정과 영성은 필요 없고 머리 좋은 사람이나 지식이 출중한 사람이 되어야 한다는 것이

---

57 이진섭, 『데살로니가전후서』, 17.

아닌가 하고 푸념할지도 모른다.

하지만 그렇지 않다. 성경 해석에는 지식도 필요하고 감성과 영성도 모두 필요하다. 인간의 지적 활동은 감정과 모순되거나 배타적이지 않다. 이 둘은 인간의 본질적인 측면으로서 하나님을 만날 때 모두 필요한 것들이다. 지적으로 이해가 되어야 감동이 되고 감성 역시 제대로 살아난다. 깨달음 없는 감정은 결국 어디로 흩어지는지 알 수 없는 연기와 같이 사라져버린다. 하지만 진정한 깨달음은 진한 감동으로 이어지고 온몸으로 느껴지는 참 감정을 남긴다. 도서관에, 연구실에 기쁨과 눈물이 있어야 한다. 감동과 감정을 살아나게 하지 못하는 지식과 연구는 참된 지식도, 진정한 연구도 아니다. 지식과 감성은 함께 형성될 때 진짜가 된다. 성경해석학을 제대로 하면 감동이 되고 진한 감정을 느끼게 되는 이유다.

감성의 생기(生氣)와 지식의 원천은 우리 자신이 아니다. 앞에서(4.3.2.) 잠시 언급했듯이 성경해석학을 진정으로 이끌어 가는 분은 성령님이시다. 인간이 열심히 노력하지만 그 안에서 성경 읽기가 제대로 되게 하시는 분은 오직 삼위일체 하나님이시다(눅 24:27-32; 요 14:17, 26; 16:13-15; 딤후 3:16-17 등). 이 말은 나는 안하고 하나님만 하신다는 뜻도 아니고, 나와 하나님이 나누어 한다는 뜻—예를 들어 나는 지성을, 성령님은 영성을 감당하신다는 뜻—도 아니다. 내가 100퍼센트 하지만 그 안에서 내가 그렇게 하게끔 하시는 분이 하나님이시라는 뜻이다. 하나님이 하셔야 내가 할 수 있다.

성경해석학을 이해하고 배우는 과정에도 하나님의 도움이 있어야 한다. 우리는 기도하며 지력을 활용해야 한다. 매일 큐티를 할 때도 마찬가지다. 성령님의 인도를 간구하는 가운데 성경을 읽고 해석하며 적용해야 한다. 설교 준비도 기도가 뒷받침되어야 한다. 설교 준비를 마친 후에 "이

제 내가 할 일을 다 했으니 강단에 올라가기 전에 성령님께 의존하는 기도만 하면 된다"고 말하는데 이는 잘못된 생각이다. 설교할 때도 성령의 도우심을 간구해야 하지만, 성경을 연구하기 위해 책상 앞에 앉을 때도 늘 주님께 의존해야 하며 성령의 도움을 간청해야 한다(삶에서도 늘 성령 하나님과 동행해야 하는데 어떻게 사역을 하면서 성령을 외면할 수 있겠는가?). 그래서 서재와 도서관에서 감동의 눈물과 뜨거운 기도가 흘러넘쳐야 하는 것이다.

"성령님으로 말미암아 성경해석학은 진짜가 된다."

4.4. 나가는 말

성경 묵상은 성경해석학의 구조를 따라 진행되어야 한다. 이 말은 성경 묵상의 여섯 가지 파이프에 모두 해당하는 명제다. 개인 성경 공부, 큐티, 그룹 성경 공부, 큐티 나눔, 성경 강의, 설교 모든 것에 성경해석학이 빠짐없이 흘러야 한다. 이번 장 앞부분에(4.1.) 있는 K 집사의 고민과 담임 목사의 문제는 성경해석학을 제대로 알지 못해 생긴 문제다. 큐티와 그룹 성경 공부와 설교가 서로 충돌한 게 아니다. 성경해석학이 각각의 방식에서 제대로 실현되었다면 세 방식(큐티, 그룹 공부, 설교)은 충돌하지 않고 더 풍성한 답을 폭넓게 제시하였을 것이다. 성령은 그 세 가지 방식이 가진 장점을 활용해 하나님의 뜻이 더욱 잘 실현되도록 도우실 수 있는 분이다.

성경 묵상은 성경해석학이 살면 함께 살아난다. 성경해석학이라는 뼈대가 없으면 성경 묵상은 무너져 내린다. 성령님을 무시하면 성경해석학은 제대로 이루어질 수 없다. 또 성경해석학이라는 문법이 있고 그 문법을 자유자재로 쓰시는 성령이 계셔야 성경 묵상이 제 역할을 한다. 성경 묵상을 제대로 하려면 성령께 의존하며 성경해석학의 문법을 제대로 구사해야 한다. 성경 묵상의 여섯 가지 통로—즉 개인 성경 공부, 큐티, 그룹 성경 공부, 큐티 나눔, 성경 강의, 설교 모두—에는 성령 하나님이 함께하시는 성경해석학이 살아 있어야만 한다.

더 읽어볼 만한 자료

오성호. "센수스플레니오르(*Sensus Plenior*)에 관한 신학적 검토", 「신약연구」 14/1(2015년 3월), 135-65.

Enns, Peter. 『성육신의 관점에서 본 성경 영감설』(*Inspiration and Incarnation: Evangelicals and the Problem of the Old Testament*), 김구원 옮김, 서울: 기독교문서선교회, 2006(제4장 "구약성경과 신약성경 저자들의 구약성경 해석").

Thiselton, A. C. 『두 지평: 성경 해석과 철학적 해석학』(*The Two Horizons: New Testament Hermeneutics and Philosophical Description*), 박규태 옮김, 서울: IVP, 2017, 39-48(2. "해석학의 기본 문제: 두 지평").

Vanhoozer, K. J. 『이 텍스트에 의미가 있는가?』(*Is There a Meaning in This Text?*), 김재영 옮김, 서울; IVP, 2003(제7장. "독자 개혁하기: 해석의 덕목, 영성, 커뮤니케이션의 효능성").

Wright, N. T. 『신약성서와 하나님의 백성』(*The New Testament and the People of God*), 박문재 옮김, 서울: 크리스천다이제스트, 2003, 69-77(2. "비판적 실재론"), 97-120(2. "텍스트 읽기에 대하여").

5장

해석이 어렵다!

해석 과정의 원리

"성경을 읽어도 무슨 말인지 잘 모르겠어요."
"공부 많이 하신 목사님의 설교는 너무 어려워요."
"설교를 들을 때 진짜 알고 싶은 부분은 그냥 넘어가던데요?"
"큐티를 하는데 본문이 잘 이해되지 않아요."

"설교? 그냥 인생에 도움을 주는 좋은 말 아닌가요?"
"우리 목사님 설교는 재미있고 쉬워요."
"현대 말로 번역된 (유진 피터슨의) 『메시지 성경』[1]은 읽기 쉬워요. 술술

1 『메시지 성경』은 영성 신학자로 널리 알려진 미국의 Eugene H. Peterson이 오랜 목회 사역의 경험을 반영하여 번역한 의역 성경이다. 영어로는 1993년에 신약성경이, 2002년에 신구약 완역판이 출간되었고, 한국어로는 출판사 "복있는사람"에서 2009년에 『메시지 신약』이 번역된 것을 시작으로 모세오경(2011년), 역사서(2012년), 예언서(2013년), 시가서(2015년)가 이어서 출간되었다.

읽히던데요?"

"큐티는 그냥 나에게 와 닿는 말씀을 찾는 거 아닌가요? 해석이 뭐 필요하나요?"

성경을 대할 때 어떤 사람은 어렵다고 말하고, 다른 사람은 쉽다고 말한다. 어떤 게 맞는 말일까?

설교와 큐티에 대한 반응도 두 가지다. 어떤 사람은 설교와 큐티가 아주 쉽다 하고, 다른 사람은 매우 어렵다고 한다. 나와 관련된 이야기를 하니 쉽다고 생각하는 사람들이 있는 반면, 성경에 있는 복잡한 이야기를 이해하기 어렵다고 말하는 사람들도 있다. 또 어떤 사람은 큐티는 쉬운데 설교는 어렵다 하고, 또 어떤 이는 설교는 쉬운데 큐티가 어렵다 한다. 도대체 어떤 반응이 정상일까?

답은 간단치가 않다. 양쪽 모두 맞는 점이 있고 틀린 점도 있다. 양쪽 의견 모두에 일리가 있지만 어떤 면에서는 둘 다 적절하지 않다. 물론 바라기는 성경을 읽거나 설교를 듣는 일이 어렵지 않으면 좋겠다. 성경을 가르치는 일도, 큐티도 쉬우면 좋겠다. 하지만 그런 바람처럼 그렇게 읽고, 듣고, 전하기가 쉽지 않다. 그게 성경 읽기고 성경 묵상이다.

그렇다면 성경을 제대로 읽고 잘 묵상하는 방법은 무엇일까? 이것이 이번 장과 다음 장에서 고민해보려는 주제다. 지난 4장에서는 성경 묵상에 나름의 문법이 있다는 점을 밝혔다. 그 문법은 성경해석학으로서 나름의 고유한 구조를 가지고 있다. 또한 거기에는 "해석 과정"과 "적용 과정"이 있는데 이번 장에서는 전자인 "해석 과정"에 대해 좀 더 자세히 알아보자.

5.1. 적용중심주의의 문제

"해석이냐 적용이냐? 그것이 문제로다!"

5.1.1. M 교회 이야기 1: 해석이 어렵다

P 목사의 신학생 시절

신학생인 P 전도사는 남다른 신앙 열정을 가지고 신학교에 들어왔다. 입학식 날에는 하나님의 부르심을 따른다는 생각에 마음이 두근거렸다. 신학교에서 열심히 배워 하나님의 신실한 종으로 살자고 굳게 다짐했다. 열심히 수업을 들었다. 교회사, 조직신학, 신약개론, 구약개론, 이스라엘의 역사, 예배학, 설교학, 선교학, 신약신학, 구약신학, 그리스어, 히브리어, 모세오경, 복음서 등 다양한 과목을 접했다. 신학을 배우면서 신기하기도 하고 복잡하게 느껴지기도 했다. 너무 많은 내용을 공부해서 머리가 아픈 것도 같았다. 하지만 이 모든 공부가 미래 목회 사역의 토대가 된다고 생각하며 참고 견뎠다.

하지만 신학교에서 공부하는 내내 답답하고 안타까운 것이 있었다. 신학 공부와 교회 사역이 썩 잘 연결되지 않는다는 느낌 때문이었다. 교회에서는 성경을 가르치기보다 여러 가지 다른 일을 해야 했다. 전도사라서 그런지 가르칠 기회가 많지 않았다. 하지만 더 어려운 점은 그런 기회가 주어졌을 때도 막상 무엇을 어떻게 해야 할지 막막하다는 것이었다. 학교에서 배운 것을 교회에서 그대로 말할 수는 없었다. 분위기가 다르다는 점도 있지만, 신학교에서 배운 내용을 교회 현장에 접목하기가 쉽지 않기 때문이었다. 신학교에서는 이론과 개념을 주로 배웠는데 교회에서는 성경 본문을 중심으로 가르쳐야 했다. 물론 신학교에서 성서신학도 배웠다. 그런데 학교에서 배운 내용과 교회에서 필요한 내용에는 차이가 있었다.

또한 교회에서는 성경 공부를 인도하고 설교를 하곤 하는데 학교에서는 그런 걸 어떻게 하는지 잘 가르쳐주지 않았다. 물론 설교학 수업이 있었다. 도움이 되기는 했지만 성경 본문을 어떻게 해석해서 전해야 하는지에 관해서는 분명한 답이 없어 보였다. 모세오경이나 복음서를 별도의 과목으로 배우고 성경 해석 방법도 따로 배웠다. 복잡한 이론들과 개념들도 배웠지만 이 모든 공부가 어떻게 교회의 성경 공부와 설교에 압축되는지 이해가 되지 않았다. 그냥 배운 것들이 모두 각기 따로 노는 것 같은 느낌이 들었다. 답답했지만 참았다. 그냥 '나중에 졸업하고 본격적으로 사역을 하면 나아지겠지'라고 생각했다. 또 '지금 배우는 게 나중에 모여서 다 연결되겠지'라고 좋게 생각하며 위안으로 삼았다.

담임 목사가 된 P 목사

신학교를 졸업한 지 어느덧 25년이 지났다. P 전도사는 목사 안수를 받고 몇몇 교회에서 부목사 시절을 거친 후 십여 년 전부터 M 교회의 담임 목사로 섬기고 있다. 신학교 동기들에 비해 다소 일찍 담임 목사가 되었기에 주위에서 부러워하는 눈치도 있었다. 하지만 담임 목사가 된 대가는 만만치 않았다. 교회 전체에 대한 책임감도 그렇지만 무엇보다 설교에 대한 부담이 매우 컸다. 주일, 수요일의 설교는 특히 부담스러웠다. 어찌 그리 빨리 주일과 수요일이 돌아오는지…. 좀 잘해보려고 해도 2-3일 만에 묵직한 설교를 한 편씩 해야 하는 상황은 곤욕스러웠다. 그나마 새벽기도회 설교는 비교적 가볍게 할 수 있지만 부담이 안 되는 건 아니었다. 하루도 빠짐없이 설교를 준비해야 하기 때문이다. 금요일 저녁 철야 기도회도 숨어 있는 복병이었다. 모두 합치면 일주일에 아홉 편의 설교를 준비해야 했다. 처음에는 그렇게 매주 아홉 편의 설교를 했다. 나름 열심히 했지만 제대로 했는지는 지금 돌아봐도 의문이 든다. 요즈음은 새벽기도회 설교를 부목사와 나눠 맡으면서 좀 나아졌지만 아직도 마음의 부담은 남아 있다. 부담을 줄이고자 철야기도회를 한 달에 한 번 하는 방안에 대해 진지하게 고민하고 있다. 몇십 년 동안 설교를 해왔지만 여전히 설교는 쉽지 않다. 나름의 요령이 생기기도 했지만 제대로 하고 있는지 늘 마음 한편이 껄끄럽다.

노력을 안 해본 게 아니었다. 설교에 도움이 될까 해서 신학교에서 공부했던 책과 노트를 다시 들춰보기도 했다. 하지만 큰 도움은 안 되었다. 새로운 신학이나 연구 방법에도 관심을 두고 기웃기웃해보았다. "수사비평", "담화분석"(discourse analysis)이란 말이 무엇인지 찾아서 살펴보기도 했다. 하지만 그런 것들이 설교에 어떻게 도움이 되는지는 잘 가늠이 되지 않았다. 최근에는 "옛 관점"이니 "새 관점"이니 하는 신학적 논쟁도 들리는데, 생각할수록 머리만 잔뜩 아프다. 그냥 이전에 배웠던 신학이 맞는 게 아닌가 하는 생각이 든다. 사실 그런 논의가 실제 목회에 어떤 영향을 주는지, 설교에는 어떻게 반영되어야 하는지 막막하다. 괜히 설교 시간에 언급했다가 긁어 부스럼 만드는 것이 아닐까? 논쟁하기 좋아하는 학자들이 일으킨 현학적인 논란에 끼어들지 말자는 생각마저 든다.

그나마 주석서들에서 도움을 받을 수 있다. 요즈음 젊은 사람들은 WBC나 NICNT/NICOT와 NIGTC 같은 외국 주석의 번역서를 많이 보는 것 같다. 그런데 P 목사에게 그런 주석들은 큰 도움이 되지 않는다. 특히 WBC 같은 주석은 너무 세밀하고 복잡해서 설교를 준비하며 찾아봐도 그다지 얻을 게 없다. 오히려 한국 학자들이 최근에 낸 주석서들 몇 권이 참고하기 좋다. 사실 설교를 준비할 때 여전히 가장 손이 많이 가는 건 예전부터 보던, 저자가 불분명한 백과사전식 성경 자료집이다. 출판사에서 그냥 여러 자료를 취합하여 전과(全科) 형태로 만든 이 자료집에는 본문의 내용이 잘 요약되어 있을 뿐 아니라 각종 어휘나 배경 등 설교 준비에 필요한 것들이 적절히 정리되어 있다. 더구나 설교를 구성하는 예도 나와 있어서 여러 모로 쓸모가 있다. 설교 준비 시간이 촉박할 때는 다른 어떤 자료보다도 이 책에 손이 간다. 설교를 구상하고 내용을 정리하는 데 실제적인 도움이 되기 때문이다.

P 목사가 설교를 준비할 때 가장 신경을 쓰는 건 설교가 교인들에게 와 닿아야 한다는 것이었다. 그렇지 않아도 설교 시간에 조는 사람이 있는데 내용이 어렵거나 설명이 복잡하다면 어떻게 되겠는가? 설교는 무엇보다도 교인들이 관심을 가진 내용을 다루어야 한다. 그래서 P 목사는 교인들이 삶에서 겪는 문제나 고민하는 내용, 즉 취업, 직장 생활, 장사, 갈등, 결혼 등의 주제를 자주 이야기하려 한다. 성경 본문을 읽더라도 본문 이야기에 치중하기보다는 빨리 교인들이 느끼고 부딪히는 실제 문제와 연결시켜야 한다. 그러면 교인들은 고개를 들고 강단을 바라보며 따라온다. P 목사가 오랫동안 설교하며 깨달은 것은 현실의 삶을 말할 때 교인들이 졸지 않고 설교를 듣게 된다는 사실이다.

큐티 운동에 열심인 L 집사와의 갈등

P 목사가 담임 목사로 간 M 교회는 큰 문제가 없는 교회였다. M 교회는 전임 목사님이 중년의 나이에 병으로 소천하신 후 새로운 담임 목사를 찾고 있었다. 지원서를 낸 P 목사는 비교적 젊은 나이에 담임 목사가 되었다. 그동안 P 목사는 열심히 사역했고 교인들도 잘 따랐다. 갖가지 갈등과 어려움 있는 다른 교회들에 비하면 큰 탈 없이 지내온 것이 감사할

따름이다. 교회도 안정적으로 성장해서 이제는 예배 처소를 새로 마련해야 하는 상황이었다. 50대 중반이 되어가는 P 목사는 지금이 바로 교회 건물을 지어야 할 적기라고 생각했다. 그래서 그는 "새 성전 프로젝트"를 추진했다. 그리고 그 일환으로 열왕기상 5-8장을 본문으로 하는 설교를 몇 달째 이어가고 있다.

그런데 2년 전부터 거슬리던 문제 하나가 점점 커지는 것 같다. 오랫동안 교회에 잘 출석하던 L 집사가 최근 몇 년 전부터 큐티에 부쩍 열심이더니 작년부터는 교회 안에서 따로 큐티 운동을 펼치고 있다. 외부 어떤 단체에서 훈련을 받는다고 하는데 어느 때부터인가 다른 사람들에게도 영향을 미치고 있다. 자기가 한 큐티 내용을 나누면서 하나님이 자신에게 하신 말씀이라고 주장하면 그에 동조하는 사람들이 생겨났다. 그중에 K 집사도 있다. P 목사는 L 집사가 하는 적용이 너무 주관적이고 직접적이어서 위험하다고 판단했기에 한번은 조용히 타이르듯 말하기도 했다. 하지만 그 이후 관계가 조금 나빠졌다. L 집사는 은근히 설교를 무시하는 듯한 말을 종종 내뱉었고 "새 성전 프로젝트"를 추진하는 과정에서는 그런 갈등이 더욱 커지는 것 같다. 갈등이 커질수록 P 목사의 걱정도 점점 커진다. 교회 건축도 만만치 않은 일인데 몇몇 교인들과 갈등을 겪기는 더 부담스러웠다. P 목사에게 늘 적극적으로 호응하던 K 집사의 눈빛도 어딘가 좀 어색해진 듯하다. P 목사는 L 집사의 큐티 운동을 어떻게 해야 할지 골칫거리다. 자신의 적용을 절대화하는 걸 어떡해야 하나? P 목사의 고민은 깊어간다.

L 집사의 생각

L 집사는 모태신앙으로 오랫동안 교회를 다녔다. 그가 주일날 교회에 출

석하지 않는다는 건 상상도 못할 일이었다. 그렇다고 L 집사가 신앙에 굉장한 열심이 있는 건 아니었다. 그런데 무덤덤하게 교회를 다니던 그에게 변화가 생겼다. 어떤 선교 단체를 만나고 나서는 신앙이 달라졌다. 이전에는 성경을 읽어도 별 생각이 없었고 설교를 듣거나 큐티를 해도 이렇다 할 분명한 느낌이 없었다. 그런데 그 단체에서 훈련을 받고 나선 달라졌다. 성경이 살아 있는 것처럼 느껴졌다. 하나님을 만나는 기쁨과 열정이 생겨났다. 날마다 하나님이 자신에게 하시는 말씀을 듣는 기쁨이 커졌다. 성경이 이렇게 꿀맛 같은지 처음으로 알았다. 성경을 읽고 그냥 덮으면 안 되고 오늘 나에게 주시는 말씀을 깨닫도록 적용해야 한다는 사실도 새삼스레 깨달았다. 이건 혼자만의 경험이 아니었다. 적용을 모르던 사람들에게 그 요령을 가르쳐주면 유사한 경험을 했다. 우리 M 교회 몇 사람들도 그랬다. K 집사도 그런 경험을 해가고 있는 사람 중 하나다.

그런데 L 집사는 작년에 담임 목사님과 의견 충돌을 빚었다. P 목사님은 L 집사에게 큐티를 할 때 조심해야 한다고 충고했다. 마음대로 해석하거나 적용할 위험을 지적한 것이었다. 하지만 L 집사가 보기엔 큐티의 내용이 목사님 생각과 다른 것이 문제인 듯하다. L 집사는 성경을 읽은 그대로 이해하면서 자신에게 말씀하시는 하나님을 만나는 것 같은데 무엇이 문제라는 것인지 이해할 수 없었다. 오히려 다른 곳에서 적용을 잘 안 하는 게 문제지 적용을 열심히 하는 것은 문제가 되지 않는다고 배웠다. 그렇게 교회를 오래 다녔어도 성경과 상관이 없었던 자신이 이제 성경을 가까이 한다는 사실이 놀랍다.

L 집사는 오히려 목사님이 성경을 잘 풀어주지 못한다고 생각한다. 목사님은 설교 시간에 성경이 아니라 늘 세상 이야기를 더 많이 하신다. 요즘 이어지는 열왕기상 설교는 더 받아들이기 힘들다. 설교가 무조건 성전

건축 헌금으로 연결되는 게 이상하다. 게다가 L 집사는 요한복음 2:13-22의 큐티를 통해 교회의 성전 건축 프로젝트가 잘못된 일이라고 생각하게 되었다. 예수님은 "너희가 이 성전을 헐라"라고 하시면서 건물이 중요하지 않다고 말씀하셨다. 그런데 지금 자신이 몸담고 있는 교회는 건물을 매우 중시한다. 예수님은 건물을 헐라 하시는데, 담임 목사님은 건물을 지으려 한다. 목사님은 예수님이 바라시는 것과 반대 방향으로 나아가고 있다. 사람들은 말씀을 읽어도 적용을 하지 않기에 주님의 뜻을 잘 모르고 넘어간다. 하지만 큐티의 적용을 통해 주님의 뜻을 깨달은 L 집사는 가만히 있기 힘들다. 목사님과 갈등을 빚는 게 힘들긴 하지만 그냥 있을 수는 없다. L 집사는 어떻게 해야 할까? 교회를 나가게 되더라도 목사님과 부딪쳐야 할지, 아니면 그냥 조용히 있어야 할지 고민이다.

5.1.2. 해석을 삼킨 적용

무엇이 문제일까?

이런 갈등 상황은 무엇이 문제일까? P 목사가 권위적인 게 문제인가, 아니면 L 집사가 목사의 권위를 무시하는 게 문제인가? P 목사와 L 집사 사이의 인간관계가 문제인 것은 아닐까? 설교와 큐티의 충돌일까? 설교가 우선이고 큐티는 나중인데 우선순위를 잘못 두어서 그런 것일까? 단지 교회에 질서가 무너지고 사랑이 부족해서 그런 것일까?

문제는 많다. 목사나 집사 모두 관계를 맺는 데 더 조심하지 못한 것도 문제다. 권위적인 태도를 지녀도 안 되고 권위를 무시해도 안 되는데 둘 다 그 부분에서 잘못한 점이 있는 듯하다. 설교와 큐티의 우선순위를 따지는 것도 우스운데 그런 점을 잘 지키지 못한 것도 문제다. 교회의 질서를 중시하고 사랑으로 어려움을 극복해야 하는데 이 또한 잘 되지 않은 것 같다.

하지만 이 갈등의 밑바닥에 깔린 가장 근본적인 문제는 성경을 어떻게 해석하고 적용하는가의 문제다. P 목사와 L 집사는 설교나 큐티를 할 때 성경해석학의 문법을 잘 지키지 못했다. 당연히 해석 과정의 어려움도 잘 극복했어야 하고 적용 과정도 제대로 밟았어야 한다. 하지만 두 사람 모두 이 두 과정에서 실패한 것으로 보인다. 해석과 적용이 모두 문제였다. 무엇보다도 해석 과정을 제대로 거치지 않은 채 성급하게 적용으로 뛰어 넘어갔다는 점이 치명적이다. 그렇게 되면 그 적용이 적절한 것인지 확신할 수 없게 된다. 해석이 제대로 되어야만 올바른 적용이 나온다. 물론 적용은 꼭 해야 한다. 하지만 해석을 무시한 적용은 안 하느니만 못하다. 다음 〈표 15〉에 나타난 것처럼, 성경 본문에서 해석 과정을 제대로 거치지 않은 채 곧바로 적용으로 넘어간 것(굵은 대각선으로 표시된 경로)이 두 사람의 가장 큰 문제다.

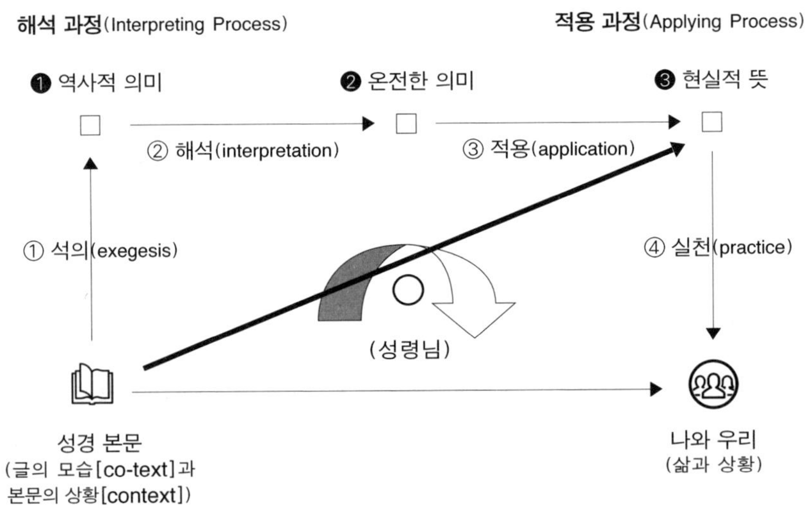

〈표 15〉 해석 과정을 생략한 적용(P 목사와 L 집사의 문제)

문제는 동일하다

P 목사는 신학교 시절부터 "석의"와 "해석"을 위한 여러 공부를 했다. 하지만 그게 어떻게 설교에 사용되는지를 가늠하지 못했다. 신학교에서 배운 것을 제대로 활용하지 못한 채 교과서적 지식으로만 가지고 있었다.

지식이 있어도 그 지식이 살아 있는 지혜가 되도록 활용하지 못하면 소용이 없다. 졸업 후에도 배우고자 하는 열의가 있었지만 바쁜 사역 일정에 쫓기다 보니 해석 과정을 제대로 지키지 못하고 적용으로 넘어가기 바빴다. 해석 과정은 원래 적잖은 시간이 필요한데, 이를 급히 하다 보니 해석이 부실한 상태에서 설교에 필요한 아이디어를 생각해내기에 급급했다. 그 결과 적용도 적절한 형태로 나타나지 않았다. 성경 본문이 말하는 바에 따라 적용하기보다 자신이 생각하고 원하는 바가 본문이 말하는 적용이라고 착각하게 되었다. 열왕기상 5-8장을 교회 예배당 건축으로 직결시킨 게 그런 대표적 예였다. P 목사는 L 집사의 큐티에 문제가 있다고 지적했지만 사실 P 목사 역시 동일하게 자신의 설교에서 해석을 뛰어넘어 그냥 적용으로 넘어가는(그래서 엉터리 적용이 되는) 문제를 안고 있었다. P 목사의 설교가 가진 가장 큰 문제는 "해석 과정의 생략"이었다.

L 집사의 문제도 마찬가지다. L 집사는 본문 해석이 빠진 P 목사의 설교에 싫증이 났다. 하지만 자신이 큐티를 할 때도 동일한 실수를 범했다. 적절한 해석 과정을 거치지 않은 채 그냥 자신에게 와 닿는 쪽으로 적용했던 것이다. 큐티도 설교와 동일하게 해석 과정을 제대로 밟아야 하는데 그걸 무시했다. 물론 자신은 본문을 읽고 해석했다고 생각했다. 읽은 대로 이해하는 것이 바른 해석이라고 생각한 것이다. 하지만 성경 본문의 해석 과정은 그렇게 간단치만은 않다. 성경은 아주 쉽게 해석되고 분명하게 이해될 때도 있지만 그렇지 않은 경우가 더 많다. 앞서 4장

에서 설명했듯이 본문과 현실 독자 사이에 엄청난 거리(시간, 공간, 문화, 역사, 언어, 신과 인간의 거리)가 있기 때문이다. 결국 L 집사도 제대로 된 해석 과정을 거치지 않고 곧바로 적용으로 나아간 셈이다. 해석이 제대로 된 상태가 아니기에 그 적용도 적절한지 보장할 수 없다. 본인은 해석도 하고 적용도 했다고 생각했겠지만, P 목사의 눈에는 L 집사가 내세우는 적용만 두드러져 보였다. 그 적용이 때론 매우 엉뚱했다.

유사하게 P 목사도 설교를 준비할 때 나름대로 해석과 적용의 과정을 거쳤다. 하지만 L 집사의 눈에는 P 목사가 해석을 뛰어넘은 채 적용에만 치중한 것으로 보였다. P 목사 자신이 하고 싶은 말에 맞추어 이상한 적용을 끌어들인 셈이다. 그러니 사실 P 목사의 문제와 L 집사의 문제는 동일했다. P 목사는 설교를 준비할 때 제대로 된 해석을 생략했고, L 집사는 큐티를 하면서 적절한 해석 과정을 밟지 않았다. 양쪽 모두 상대방을 향해 문제가 있다고 말했지만(L 집사는 P 목사의 설교에 성경 이야기가 없다고 했고, P 목사는 L 집사가 해석을 제대로 안 하고 적용만 한다고 생각했다), 정작 자신이 올바른 해석 과정을 무시하고 있다는 사실을 몰랐다. 하지만 이 두 사람 모두 해석을 삼켜버린 적용만 강조하는 실수를 범했다. P 목사는 설교에서 청중의 현실 문제에만 골몰했고, L 집사는 큐티를 할 때 구체적 적용만을 중시했다. 여기서 우리는 해석이 제대로 되지 않은 적용은 문제가 될 수 있다는 교훈을 얻어야 한다. P 목사의 문제와 L 집사의 문제의 본질은 동일했다. 이는 적용중심주의가 해석을 삼킨 경우로서 제대로 된 해석 없이 너무 성급하게 적용으로 나아간 것이다. 그런데도 두 사람 모두 상대방의 문제는 간파하면서 정작 자신의 문제는 깨닫지 못했다.

P 목사와 L 집사의 공통된 문제: 해석을 무시한 적용=적용중심주의

5.2. 석의: 역사적 의미 찾기

석의(釋義)는 성경 본문이 가진 역사적 의미를 찾는 과정이라고 지난 장에서(4.3.3.(1)) 이미 언급했다. 자연히 석의의 출발점은 성경 본문이고 그 목표는 역사적 의미를 찾는 것이다. 또한 석의 과정에서는 글의 모습(co-text)과 본문의 상황(context)이 중요하게 고려되어야 한다. 석의의 이런 특성은 석의 과정에서 중시해야 하는 세 가지 원리를 불러온다.

5.2.1. 석의의 원리

첫째 원리: 성경 본문 중시 = 오직 성경으로(*Sola Scriptura*)

석의 과정에서 가장 먼저 고려되어야 하는 점은 성경 본문 자체가 중시되어야 한다는 원리다. 이 원리는 매우 당연하기에 그 누구도 이에 대해 반론을 제기하지는 않을 것이다. 하지만 실제 성경을 해석하고 적용하는 과정에서 이 원리는 빈번하게 무시된다.

해당 본문과 관계없는 이야기가 난무하는 설교를 들어야 할 때가 있다. 처음에는 본문을 읽지만 설교자는 곧 딴 이야기에 열을 올린다. 서론이겠지 하고 참고 기다리지만, 본론에 들어가도 성경 본문에 좀처럼 주목하지 않는다. 큐티에도 유사한 현상이 벌어진다. 자신의 관심사 때문에 본문이 진짜 무슨 말을 하고 있는지 귀를 기울일 시간이 없다. 그냥 오늘 나에게 말씀하시는 것, (좀 더 적나라하게 말하면) 오늘 내 눈에 걸리는 것을 찾을 뿐이다.

본문에 관해 이야기한다고 해도 상황이 크게 나아지지 않는 경우도 많다. 해석자가 자신의 생각과 의도를 중심에 둔 채 자신의 가치관과 사상에 맞추어 본문을 보기 때문이다. 말로는 성경을 중시한다고 하지만 실제로는 해석자의 생각을 집어넣어 읽는다. 이렇게 되면 본문이 말하는 바를 꺼내어 읽는 "석의"(exegesis)가 아니라 자신이 생각하는 바를 넣어서 읽는 "자기 해석"(eisegesis)이 되어버린다.[2] 이런 경우 성경 본문은 무시된 채 본문이 해석자의 주장에 들러리를 서는 상황이 펼쳐진다.

갈라디아서 6:17b에 대한 중세 시대의 읽기가 그런 예 중 하나다. 그 당시 "내가 내 몸에 예수의 흔적을 가졌노라"라는 말씀은 바울이 "성흔"(聖痕, *stigmata*)을 가진 것으로 이해되었다.[3] 아시시의 프란체스코(St. Francis of Assisi)의 몸에 예수님의 못 자국 상처 같은 것이 있었다고 전해지는데 바울의 몸에도 그런 상처가 있었다고 생각한 것이다. 그 당시에는 기적과 성물 이야기가 사람들의 입에서 입으로 옮겨지면서 검증 없이 사실로 받아들여지고 있었다. 그래서 갈라디아서 6:17b도 늘 듣고 생각하는 방식대로 이해하는 게 자연스러웠을 것이다. 그들의 입장에서는 어쩔 수 없었겠지만 실상 그런 이해는 미신이나 자기 생각을 넣어 성경을 읽은 것(eisegesis)에 불과하다. 현대의 우리들은 이런 해석을 보며 "과거에는 참 무식했구나"라고 쉽게 생각할지도 모른다. 하지만 우리도 동일한 실수를 저지를 수 있다. 아니, 나는 그런 일들이 적잖이 일어나고 있다고 생각한다. 그래서 후세의 사람들이 우리의 해석과 이해를 보면서 21세기 초 사람들은 분별력이 없었다고 판단할지도 모른다. 행여 우리도 중세인들과 마찬가지로 석의보다 자기 해석에 빠져 있는 것은 아닐까?

---

2 참조. B. M. Abshire, 『성경 공부 제대로 하기』(이진섭 옮김, 서울: 한국성서유니온, 1996), 50. 여기서 두 가지 영어 표현의 차이는 그리스어 전치사 ἐκ[from, out of]가 차용되었는지 아니면 εἰς[to, into]가 차용되었는지에 있다.

3 참조. J. B. Lightfoot, *Saint Paul's Epistle to the Galatians*(10th; London: Macmillan and Company, 1905), 225.

이제라도 경각심을 가지고 해석자의 시각을 집어넣는 해석을 멀리해야 할 것이다.

사실 갈라디아서 6:17b의 "예수의 흔적"이 무엇인지는 명확하게 알기 힘들다. 하지만 그렇다고 해서 그 답이 나의 사고 방식이나 유행하는 사상에서 나오면 안 된다. 아무리 문제가 어려워도 그 답은 무엇보다 먼저 본문 안에서 찾아져야 한다. 문맥을 살펴보면 바울은 바로 앞에서 자신을 괴롭게 하지 말라고 말한다(갈 6:17a). 또한 그 앞 문단(갈 6:12-13, 14-15)에서 "할례받는 것"에 반대하면서(이는 갈라디아서를 쓰는 바울의 주요 논지 중 하나다), 자신이 그리스도의 십자가를 전하기에 "핍박받는 것"에 대해 말한다. 여기서 할례와 핍박이 대비된다. 구원을 가져다주지 못하는 할례를 받으라는 가르침에 빠져 불필요한 할례의 흔적(상처)을 가질 필요가 없고 오히려 (진짜 구원을 가져다주는 그리스도의 십자가 사건을 전하는 것 때문에) 자신에게 있는 상처, 즉 핍박의 흔적에 주목하라고 말한다(바울의 증거로서 여러 가지 상처가 있었을 것이다. 참조. 행 4:19; 고후 6:4-5 등). 따라서 갈라디아서 6:17의 "예수의 흔적"은 복음을 전파하는 중에 얻게 된 고난의 흔적이라고 추정할 수 있다. 본문의 가까운 문맥이 보여주는 대비와 주제의 연결이 그런 증거를 제공해주고 있기 때문이다. 석의에는 이처럼 본문의 증거와 설명이 중시되어야 한다.

이렇게 성경에 집중하여 본문을 해석하는 원리를 종교개혁 시대에는 "오직 성경으로"(*Sola Scriptura*)라는 구호로 표현했다. 중세 가톨릭교회가 자신들의 사상이나 교리의 틀, 교황이나 주교의 주장에 따라 성경을 해석할 때 종교개혁자들은 그런 경향에 반대하며 성경의 권위를 내세웠다. 그들은 교권의 힘에 굴복하지 않고 성경의 가르침에 따라 종교개혁에 박차를 가할 수 있었다. 물론 종교개혁자들이 이 원리를 얼마나 철저하게 지켰는가 하는 것은 또 다른 문제다. 약 500여 년 전의 해석 방식이나 판단 기준은 지금의 기준으로 보면 부족할 수밖에 없다. 그런데도 종교개혁자들이 "오직 성경으로"라는 원리를 붙든 것은 성경 해석을 올바른 방향으로 이끈 매우 중요한 선택이었다. 이 원리를 기억하는 것은 석의 과정의 첫 단추를 푸는 것이자 석의를 석의답게 하는 핵심 사항이다.

이 원리는 "글의 모습"(co-text)에 대한 관심과 연결되어 있다. 성경 본문의 모습을 제대로 파악하려는 노력은 곧 본문에 대한 충성도로 이어지기 때문이다. "글의 모습"은 보통 "글의 문맥"이라는 요소와 직결된다.[4] 성경 본문을 중시하며 글의 모습을 세심히 살펴 글의 문맥을 찾아낼 때 성경 본문은 입을 열기 시작한다. 이처럼 본문에 관한 관심, 글의 모습에 대한 고민이 시작될 때가 진정한 석의가 시작되는 때다.

오직 성경으로(Sola Scriptura): "성경 본문이 말하게 하라."

둘째 원리: 인간 저자 고려

성경 본문을 중시하는 시각은 그 본문을 기록한 인간 저자에게도 관심을 두게 한다. 성경 본문은 일차적으로 어떤 저자가(또는 저자들이) 특정한 의도와 목표를 가지고 특별한 방식으로 기록한 저술이기 때문이다. 자연히 본문을 기록한 인간 저자가 누구인지, 그 저자의 의도는 무엇인지, 또한 저술의 목표와 대상은 누구인지, 어느 시대에 어떤 정황에서 기록한 것

---

4 나는 성경의 문맥이 단순히 직선적으로 연결되는 것이 아니라 구조적으로 체계화되어 있다고 본다. 이에 대한 간략한 소개는 다음을 참조하라. 이진섭, "문맥 구조란 무엇인가?", 『빌립보서』(성경문맥주석; 서울: 홍림, 2012; 고양: 새창조, 2016), 416-26; "에베소서 2:1-10의 문맥 구조 분석과 그 함의", 「성경과 교회」 15(2017), 151-83.

인지 등에 대한 이해가 석의 과정에서 중요하게 대두한다. 그래서 보통 역사적 의미를 찾는 데 깊은 관심을 둔 학문적인 주석서는 이런 점들을 서론 격으로 다룬다.[5]

그런데 성경의 인간 저자와 관련된 사항들은 때론 쉽게 파악되기도 하고 때론 파악하기가 힘들기도 하다. 어떤 경우는 문제가 너무 복잡해서 답을 찾기가 힘들 수도 있다. 그런데도 인간 저자와 관련된 사항들을 적절히 파악하려는 노력은 매우 중요하다. 그런 노력의 결과가 명확한 답으로 나타나지 않더라도 결국에는 본문을 석의하는 데 요긴하게 사용되기 때문이다. 한편, 인간 저자가 누구인지 아는 것은 중요하지만 그가 누구인지를 반드시 밝혀야 본문의 역사적 의미가 비로소 깨달아지는 것은 아니다. 저자의 실체를 한마디로 딱 잘라 말하지는 못하더라도 그에 대한 여러 정보와 다양한 이해는 본문의 역사적 의미 파악에 적지 않은 도움을 준다. 예를 들어 히브리서의 경우 아직도 누가 실제 저자인지는 명확히 밝히지 못했지만 그 저자의 특징에 관한 다양한 연구와 탐색은 히브리서의 역사적 의미를 이해하는 데 큰 도움을 주었다.[6]

성경은 신약의 서신서가 그렇듯이 본문에 인간 저자의 실체를 분명하게 밝히는 경우도 있지만 그렇지 않은 경우가 더 많다. 저자의 이름이 명백하게 표기된 경우라도 그 인물이 진정한 저자인지 논란이 되는 경우도 있다.[7] 하지만 저자 이름이 표기되지 않았다고 해서 인간 저자에 관한

---

5 예를 들어 WBC, NICNT, NICOT, NIGTC, ICC 등의 주석서가 그렇다.

6 참조. Lane, 『히브리서 1-8』, 70-75; 양용의, 『히브리서 어떻게 읽을 것인가?』(서울: 성서유니온선교회, 2016), 18-22.

7 바울 서신의 경우 6개 서신, 곧 에베소서, 골로새서, 데살로니가후서, 디모데전후서, 디도서가 주로 그런 논란에 휩싸여 있다.

관심이 불필요한 것은 아니다. 저자 이름이 언급되거나 그렇지 않거나 상관없이 그 본문을 쓴 저자의 실체를 밝히고 그 저자와 관련된 여러 논의를 이해하는 것은 석의 과정의 중요한 밑거름이 된다.

때론 본문의 인간 저자가 한 사람이 아니라 복수인 경우도 있다. 한 사람이 쓴 글이 역사 속에서 전승되고 거기에 다른 내용이 추가되면서 저자 그룹에 층위가 생기기도 한다. 이런 경우 역사적 의미 파악은 좀 더 복잡하고 어려워진다. 또한 인간 저자가 전하고자 하는 의미가 본문의 역사적 의미와 완전히 일치하지 않는 경우도 있다. 물론 이 두 가지는 대체로 깊이 연관되어 있다. 하지만 본문의 역사적 의미는 인간 저자가 의도했던 의미보다 더 넓다고 보아야 한다. 인간 저자 그룹에 층위가 생겼을 경우 그 저자들 사이에서 충돌이 생기더라도 결국에는 본문의 최종 형태가 가진 의미가 우선하기 때문이다. 나아가 인간 저자가 깊이 인식하는 가운데 분명히 의도하지는 않았더라도 본문이 품은 다양한 정보와 내용이 역사적 의미를 내포할 수도 있다. 하나님이 인간 저자의 기록을 성경으로 우리에게 주실 때 때론 인간 저자의 인식을 넘어선 역사적 의미를 남겨두실 여지가 있기 때문이다. 물론 이 말은 인간 저자가 인식이 부족하거나 의식이 없는 상태에서 본문을 기록했다는 말은 아니다. 오히려 인간 저자가 면밀하게 의도해서 쓴 글과 말이 성령으로 말미암아 그가 가진 능력 이상으로 기능할 수 있다는 뜻이다(글을 다 쓴 후에 보았을 때 자신이 의도한 것 이상으로 잘 쓰인 글을 본 경험이 있다면 좀 더 이해하기 쉬울 것이다).

"역사적 의미에는 인간 저자가 중요하다."

셋째 원리: 역사적 배경과 상황 파악

성경 본문을 중시하고 인간 저자의 중요성을 인식한다면 본문의 역사적 배경과 상황에 무심할 수 없다. 인간 저자는 특정한 역사적 상황 속에서 살았고 그가 쓴 본문 역시 특정한 역사적 배경과 환경 속에서 생겨난 것이다. 따라서 본문의 역사적 배경과 상황은 석의 과정에서 매우 중요하게 고려해야 할 세 번째 원리가 된다.

글을 쓰는 인간 저자의 노력은 곧 "글의 모양"(co-text)으로 나타나고, 인간 저자가 처한 역사적 정황은 본문의 역사적 배경과 상황(context)으로 나타난다. 그런데 이런 본문의 역사적 배경과 상황이 쉽게 무시되거나 오해되는 경우가 너무 많다. 적용을 무리하게 강조하는 경우일수록 이런 경향은 커진다. 이 경우 현재 독자의 역사적 배경과 상황은 쉽게 본문의 역사적 배경과 상황을 대치한다. 성경 본문을 중시하여 "오직 성경으로"(*Sola Scriptura*)라는 원리를 강조한 종교개혁자들도 당시 자신들이 겪고 있는 상황을 자연스럽게 성경 본문의 상황으로 치환하여 본문을 읽은 경우를 볼 수 있다.[8]

인간 저자가 어떤 역사적 사건을 기술할 때나 인간 저자 그룹에 층위가 생길 경우 본문의 역사적 배경과 상황에도 통시적(通時的)인 층위가 생기게 된다. 그렇게 되면 본문의 상황을 특정하는 일은 상대적으로 어렵고 복잡해진다. 예를 들어 복음서를 읽을 때는 예수님이 활동하던 때의 상황도 이해해야 하고, 그 역사적 사건을 복음서 저자가 기록할 때의

---

8 예를 들어 K. Stendahl은 루터가 자신과 중세 가톨릭교회와의 갈등 및 싸움을 곧 바울과 유대 율법주의와의 싸움으로 치환하여 읽는 오류를 범했다고 평가한다(K. Stendahl, "The Apostle Paul and the Introspective Conscience of the West", W. A. Meeks[ed.], *The Writings of St. Paul*[New York/London: W. W. Norton & Company, 1972], 422-34). 현대의 여러 해석자가 이런 평가에 동의한다.

(저자와 일차 독자들의) 상황도 함께 이해해야 한다.[9] 창세기에 기록된 아브라함 언약을 다룰 때는 아브라함이 하나님을 만난 상황도 이해해야 하지만 그 언약 내용이 전승되는 상황도 고민해야 한다. 그리고 더 나아가 그 내용이 창세기 저자에게 어떤 상황에서 사용되었는지도 연구할 필요가 있다. 이런 통시적 층위를 파악하는 일은 쉽지 않을 뿐 아니라 관련된 의문에 대한 결정적 답도 찾기 어렵다. 하지만 우리가 꼭 기억해야 할 점은 그만큼 역사적 배경과 상황이 석의 과정에서 무시되지 않고 신중하게 고려되어야 한다는 사실이다. 성경 본문은 언제나 역사적 상황을 배경으로 하기 때문이다. "컨텍스트"(context)라는 단어는 사실 텍스트(text)와 함께(con) 있다는 뜻에서 유래했다. 역사적 상황(context)은 언제나 본문(text) 곁에 있어 떼려야 뗄 수 없다.

"역사적 배경과 상황을 알아야 역사적 의미를 찾을 수 있다."

5.2.2. 개발된 주요 방법들

앞서 다룬 세 가지 원리는 석의의 방향을 알려준다. 이런 석의의 원리를 제대로 구현하기 위한 방법들이 오래전부터 연구되어왔다. 이미 여러 방법이 활용되고 있고 지금도 다양하게 연구되고 있다. 앞으로도 더 많이 개발될 것이다. 성경 독자는 그 방법들이 어떤 것인지 이해하고 사용할 필요가 있을 뿐 아니라 그 방법들로 말미암아 얻어진 결과들을 적절히 활용할 줄 알아야 한다. 그래야 석의의 목표인 역사적 의미에 가까이 갈

---

9 예를 들어 Kenneth E. Bailey의 『중동의 눈으로 본 예수』(박규태 옮김, 서울: 새물결플러스, 2016)는 고대 중동의 삶과 역사 및 문화에 비추어 복음서를 이해하려고 한다.

수 있다.

지금까지 개발된 연구 방법은 크게 두 가지 그룹으로 나눌 수 있다. 하나는 본문을 일정 시점에서 동일하게 놓고 보는 공시적(共時的, synchronic) 방법이고, 또 다른 하나는 본문이 가진 시간적 흐름을 고려하는 통시적(通時的, diachronic) 접근 방법이다.[10] 전자는 현재 주어진 본문의 형태에 관심을 두는 반면, 후자는 본문이 거쳐왔던 역사적 궤적과 상태에 초점을 맞춘다. 물론 이 두 가지는 서로 완전히 단절되거나 분리되는 것이 아니다. 두 가지 측면의 연구가 함께 적절히 수행되어야 석의의 목표를 제대로 이룰 수 있다.

(1) 공시적 접근 방법

공시적 측면에 관심을 두는 연구 방법으로 가장 먼저 생각할 것은 "본문비평"(textual criticism)이다. 본문비평은 신구약 성경의 사본들을 평가하면서 원본과 가장 가까운 것이 무엇인지 고민한다(물론 여기서 사본의 전승과 발전 과정 등을 깊이 고민하게 되면 이 방법은 통시적 접근 방법의 성격도 띠게 된다). 현재 우리에게는 신구약 성경의 원본은 없고 사본들만 있는데 대다수 사본이 놀라울 정도의 일관성과 일치성을 지니고 있다. 하지만 차이가 없는 것은 아니다. 본문비평은 이 차이를 다양한 방법으로 비교하고 평가하면서 원본과 가까운 것이 어떤 것인지를 판단하여 원본과 가장 유사할 것으로 추정되는 비평본을 만든다. 그런데 시간이 지나면서 새로운 사본들이 발견될 뿐 아니라 평가의 방법도 더 정교해지기에 이 비평

---

10 사실 공시적, 통시적이란 구분은 언어학에서 시작된 것으로서 성서학 연구에도 적용되고 있다.

본은 계속 업데이트된다.[11] 따라서 본문을 석의할 때는 이 비평본을 적절히 참고해야 할 뿐 아니라[12] 연구하려는 본문의 사본들을 해석자가 스스로 평가할 필요가 있다.[13]

성경 본문을 문법적(文法的)으로 연구하는 일은 석의의 기본이다. 이 말은 성경 원본이 언제나 문법적으로 완전하다는 뜻이 아니라[14] 성경이 글로 쓰였기에 당연히 문법적으로 이해해야 한다는 뜻이다. 어떻게 보면 매우 당연한 전제인데 실제 성경을 해석할 때는 적용되지 않는 경우가 많다. 하지만 본문의 석의는 기본적으로 문법의 기초 위에서 이루어져야 한다. 문법을 기초로 한 연구는 자연스레 구문(構文) 연구로 이어진다. 글의 문법이 결국 글의 짜임새로 나타나기 때문이다. 따라서 성경 본문의 단어들만 관찰하는 것에 머물지 말고 그 단어들이 모여 어떻게 글을 체계적으로 만들어가는지도 연구해야 한다. 자연히 구문을 분류하고 그 기능 등을 고민하는 일은 석의 과정에서 필수적이다. 어떤 사람은 문법 연

---

11 2017년 현재까지 업데이트된 신약성경 비평본은 "세계성서공회연합회"(United Bible Society)의 NA28판과 UBS 5판이다.

12 간혹 이런 본문비평의 발전과 비평본의 업데이트 과정 자체를 무시하는 운동이 일어나곤 하는데 이는 부적절하다. 예를 들어 "말씀보존학회"란 이름으로 흠정역(King James Version) 성경만을 최고로 내세우는 사람들이 있는데, 이는 이 번역본의 근간이 되었던 비평본 TR(*Textus Receptus*)을 절대시하려는 외골수적인 시각의 운동이다. 이런 운동은 약 500여 년 전에 비평본 TR을 만들 때 근거 사본이 부족했었다는 점을 간과할 뿐 아니라(사실 출판사의 독촉에 쫓긴 에라스무스는 일부 본문을 라틴어 성경에서 그리스어로 번역하여 TR에 넣기도 했다), 그 이후 발견된 사본들과 더 정밀해진 평가 방법 모두를 무시한다. 참조. D. A. Carson, 『킹 제임스 버전 성경의 오류』(송병헌, 박대영 옮김, 서울: 이레서원, 2000).

13 본문비평을 좀 더 이해하려면 다음을 참조하라. J. H. Greenlee, 『신약 본문비평의 이론과 실제』(고영렬, 장민석 옮김, 서울: 기독교문서선교회, 2012); 장동수, 『신약성서 사본과 정경』(대전: 침례신학대학교 출판부, 2005), 113-53.

14 오히려 본문비평 학자들은 문법적으로 맞는 사본과 맞지 않는 사본이 있을 때 틀린 사본이 원본과 더 가까울 것으로 추정한다. 사본을 만드는 과정에서 원본의 틀린 문법을 교정했을 가능성이 더 크기 때문이다.

구, 구문 연구를 통합하여 하나로 보기도 한다. 이 문법-구문 연구는 고전적 연구 방법으로서 석의 과정에서 기본 중 기본으로 작용한다.

또한 성경은 일종의 문학으로도 볼 수 있으므로 문학비평의 시각 역시 유용하다. 그중에서도 수사비평(修辭批評, rhetorical criticism)은 성경에 나타난 각종 수사학이 어떻게 의미 전달에 기여하는지를 탐구하며 본문 연구에 이바지한다. 본문에 숨은 수사학적 장치를 찾고 고대 문헌들과의 비교를 통해 그 장치가 어떻게 독자를 설득하고 의미를 전달하는지 살펴보는 작업은 석의를 풍성하게 해준다.[15]

20세기에 공시적 방법론으로 크게 발전된 또 다른 연구 방법 하나는 구조주의(structuralism) 분석 방법이다. 이 연구 방법은 "구조주의"라는 사물 인식 방법론에 기초한다(구조주의 인식 방법은 프랑스의 언어학자 소쉬르[Ferdinand de Saussure]의 언어학에 영향을 받은 바 크다). 구조주의는 부분이 늘 전체 구조 속에서 인식되어야 한다는 전제를 지향하며, 구조주의 성경 연구 방법도 이런 전제를 수용한다. 구조주의 시각에 따르면 성경의 이야기는 지향하는 구조적 틀이 있고 이 틀 안에서 각 본문의 방향과 각 인물의 역할이 구조적으로 자리매김한다. 따라서 구조주의적 연구 방법은 이 틀을 발견하고 그 틀 안에서 각 요소의 역할을 이해하는 것을 해석의 중요한 도구로 삼는다.[16]

한편 20세기 후반에 급속도로 발전한 공시적 연구 방법은 "담화분석"(談話分析, discourse analysis)이다.[17] 담화분석도 구조주의와 마찬가지로 소쉬르의 언어학적 통찰에서 영향을 받아 여러 학문 영역으로 번져나

---

15 참조. P. Trible, 『수사비평』(유연희 옮김, 서울: 한국기독교연구소, 2007).

16 참조. 서인석, 『성서와 언어과학』(서울: 성바오로출판사, 1984), 204, 258, 384 등.

17 참조. 이진섭, "에베소서 2:1-10의 문맥 구조 분석과 그 함의", 152-53.

갔고 성경 해석의 영역에서도 적극 활용되고 있다.[18] 성경 해석에서 담화 분석은 담화(discourse)의 내적 구조뿐 아니라 담화와 연결된 외적 구조에 관심을 가지면서 담화가 가지는 의미를 찾으려는 연구 방법이다. 이는 아직 한국교회와 신학계에는 그다지 많이 소개되지 않았지만 앞으로 더 많이 소개될 가능성이 큰 연구 방법이다. 특별히 라우(J. Louw)가 주창한 "콜론 분석"(colon analysis)은 담화의 의미론적 분석 방법을 제시하고 있어 눈여겨볼 필요가 있다.[19] 나는 오래전부터 "의미의 관계적 구조"를 파악하는 "문맥 구조" 방법론을 개발해왔는데,[20] 이 방법론은 라우의 방법론과 일정 부분 유사한 면이 있다. 그래서 나는 라우의 콜론 분석을 일부 수정하여 나의 문맥 구조 방법론과 접목하는 방안을 제안하기도 했다.[21]

공시적 접근 방법: 본문비평, 문법-구문 연구, 수사학적 비평
구조주의적 접근, 담화분석 등

---

18 S. E. Porter는 오래전에 신약학에서의 "담화분석" 연구가 이미 20세기 후반에 네 가지 학파(북아메리카 모델, 영국-호주 모델, 유럽 대륙 모델, 남아프리카 모델)의 성격으로 발전하고 있다고 지적했다. 참조. S. E. Porter, "Discourse Analysis and New Testament Studies", S. E. Porter, D. A. Carson(eds.), *Discourse Analysis and Other Topics in Biblical Greek*(JSNTSup 113; Sheffield: JSOT Press, 1995), 14-35.

19 참조. J. P. Louw, "Discourse Analysis and the Greek New Testament", *BT* 24(1973), 101-18; *Semantics of New Testament Greek*(Philadelphia: Fortress, 1982); *A Semantic Discourse Analysis of Romans*(2 volumes; Pretoria: University of Pretoria, 1987). 홍인규는 이 colon analysis로 갈라디아서를 분석하는 학위논문을 쓰기도 하였다. I. G. Hong, *The Law in Galatians*(JSNTSS 81; Sheffield Academic Press: Sheffield, 1993).

20 참조. 이진섭, "문맥 구조란 무엇인가?", 416-26; "에베소서 2:1-10의 문맥 구조 분석과 그 함의", 153-56.

21 J. S. Lee, "The Law of Faith in Romans"(unpublished PhD Thesis; London: Brunel University, 2006), 240-47.

(2) 통시적 접근 방법

공시적 시각의 고전적 방법이 문법-구문 해석이라면, 통시적 시각의 고전적 방법은 역사적 해석이다. 이는 본문이 가진 역사적 배경과 상황을 다각도로 이해하며 본문의 의미를 해석하려는 시도다. 그런데 이런 역사적 해석 방법이 계몽주의 이후 비평적으로 검토되면서 역사비평과 관련된 다양한 종류의 해석 방법이 등장했다.

그중 가장 먼저 고려할 만한 것은 자료비평(source criticism)이다. 자료비평은 성경 본문이 형성되는 데 활용된 원천 자료를 구분하여 그 원천 자료가 만들어내는 역사적 층을 고려하면서 본문을 석의하려는 방법론이다. 원천 자료가 다르면 그 본문의 역사적 층이 다르고, 자연히 그 본문의 역사적 배경과 상황도 달라진다. 따라서 원천 자료를 정확히 인식하는 것이 본문 석의에 영향을 미친다는 논리에 기초하여 석의를 진행한다. 예를 들어 모세오경을 몇 가지 원천 자료—소위 야웨(J) 문서, 엘로힘(E) 문서, 제사장(P) 문서, 신명기(D) 문서 등—로 구분하면서 그 자료의 역사적 배경을 바탕으로 본문을 석의하는 것이다.[22]

양식비평(form criticism)은 특정 본문이 전승되는 과정에서 갖게 된 형태와 양식이 해당 본문의 특정한 역사적 배경과 상황을 알 수 있게 해준다는 가정에 근거하여 발전된 방법론이다. 이는 구약의 모세오경과 시편을 연구하는 데 사용될 뿐 아니라 복음서를 연구할 때도 종종 사용된다. 자료비평과 더불어 본문이 가진 역사적 층위를 분석하고 이해하는 데 활용될 수 있다.[23]

---

22 참조. D. Wenham, "자료 비평", I. H. Marshall(ed.), 『신약해석학』(이승호, 박영호 옮김, 서울: 크리스천다이제스트, 1994), 204-23.

23 참조. S. H. Travis, "양식 비평", Marshall, 『신약해석학』, 224-41. 양식비평은 구약과 신약 연구

편집비평(redaction criticism)은 어떤 자료가 어떤 양식으로 나타났는가보다는 성경 본문의 최종 형태에 나타난 역사적 상황에 더 집중한다. 어떤 자료와 어떤 양식이든 그것이 결국 마지막 단계에서 어떤 의도로 편집되었는가에 집중하는 것이다. 따라서 편집비평은 저자가 성경 본문을 최종 형태로 편집하게 된 역사적 배경과 거기서 드러나는 신학적 의도 등을 연구하는 방법론이다. 이 방법은 결국 본문이 가진 다양한 역사적 층의 표면을 심도 있게 다룬다. 편집비평은 이전 자료들이 현재 본문의 편집 과정에서 어떻게 최종적으로 마무리되었는가를 보여줄 수 있다.[24]

전승사비평(tradition-historical criticism)은 본문의 전승 과정 자체를 탐구하는 연구 방법이다. 자료비평과 양식비평이 본문의 역사적 층위의 어떤 한 층을 연구하고, 편집비평이 본문의 표면을 연구한다면, 전승사비평은 본문의 역사적 층위의 단면(斷面)을 보면서 전승 과정의 흐름에 비추어 본문을 석의하는 방식이다. 따라서 전승사비평은 자연히 다른 비평 방법(특히 양식비평)의 도움과 영향 속에서 이루어진다.[25]

이렇듯 역사비평과 관련된 석의 방법들은 본문의 역사적 맥락과 역사적 단층을 파악하는 데 도움을 준다. 하지만 결국 이런 모든 해석 방법은 성경 본문 안에서 논의되고 발견되는 방식이기에, 한편으로는 역사적 실체의 증거와 지지가 필요하다. 이는 성경 본문에서 알려진 역사적 배경과 상황이 실제의 역사적 시점들에 어떻게 존재했으며 또 어떻게 드러

에 모두 활용되어왔다. R. Bauckham은 『목격자의 증언, 복음서』(권오창 옮김, 서울: 한국성서유니온선교회, 2015)라는 짧은 소책자에서 복음서 연구에 한동안 지배적인 연구 방식으로 자리 잡았던 양식비평의 연구 틀이 새롭게 바뀌어야 한다는 주장을 간결하게 소개했다.

24 참조. S. S. Smalley, "편집 비평", Marshall, 『신약해석학』, 267-88.

25 참조. D. R. Catchpole, "전승사", Marshall, 『신약해석학』, 242-66.

났는지를 보충해줄 증거가 필요하다는 말이다. 이런 점에서 고고학과 고대 문서 연구는 성경 본문의 역사적 층위를 이해하는 데 빠뜨릴 수 없는 분야다.

고고학은 19세기 중반부터 발전하기 시작하여 20세기에는 다른 학문에도 큰 영향을 미치게 되었는데 성서학에 기여한 바도 무시할 수 없다. 고고학적 발굴과 연구는 성경 연구에 필요한 성경 사전을 만들어내는 데 큰 도움을 주었을 뿐 아니라 성경 본문에 존재하는 역사적 층위를 일반 역사의 흐름과 연결하는 데도 중요한 단서와 단초를 마련해주었다.[26]

고대 문서 연구는 성경 본문이 가진 역사적 배경과 상황을 이해하는 데 빼놓을 수 없는 연구 분야다. 성경 본문 자체도 본문에 배어든 역사적 단층을 보여주지만, 그와 동시대의 일반 자료 역시 그 시대의 역사적 배경과 상황을 묘사해주기 때문이다. 특히 고대 근동의 자료 이해가 구약성경을 이해하는 데 많은 도움을 주기에 구약성경을 석의하는 과정에서 고대 근동 자료는 매우 중요하게 다루어진다. 또한 신약성경을 이해하는 데는 제2성전기 유대교의 문헌 연구가 매우 중요하게 고려된다. 현재 첨예하게 논의되는 "옛 관점-새 관점" 논의는 사실 이 유대교 문헌 연구에서 발화되었다(물론 논쟁의 근원적 원인은 이미 존재하고 있었다).[27]

인간 저자의 역사 인식에 대한 연구도 최근 몇십 년 사이에 매우 두드러지고 있다. 성경 본문을 기록한 저자의 역사 인식이 결국 그가 기록하는 본문의 역사적 의미에 상당한 영향을 끼칠 수 있기 때문이다. 이런

---

26 참조. J. A. Thompsom, *The Bible and Archaeology*(3rd; Grand Rapids: Eerdmans, 1989); 홍창표, 『성서고고학』(서울: 개혁주의신행협회, 1994); 임미영, 『고고학으로 읽는 성경』(서울: 기독교문서선교회, 2016).

27 그 발화점으로 작용한 연구가 Sanders, *Paul and Palestinian Judaism*이다.

점에서 신구약 성경에 짙게 깔린 유대인들의 역사 인식 문제가 중요하게 다루어진다. 특별히 신약학자 톰 라이트(N. T. Wright)는 역사가의 시각으로 유대인들의 역사 인식 문제, 특히 사도 바울의 역사 인식을 심도 있게 연구해왔다. 그는 바울이 어떤 역사 인식을 갖고 있었는지에 주목하면서 바울 서신을 해석한다. 단순히 한 단어나 한 문장, 한 문단이 가진 역사적 배경보다도 바울이 저자로서 가진 역사 인식의 실체가 본문에 결정적 영향을 미친다고 보는 것이다.

이처럼 본문을 통시적 측면에서 연구하는 방법론도 다양하게 발전해왔고, 또 계속 연구되고 있다.

통시적 접근 방법: 자료비평, 양식비평, 편집비평, 전승사비평
고고학, 고대 문서 연구, 저자의 역사 인식 연구 등

(3) 통합적 접근 방법

공시적, 통시적 접근 방법을 구분한다고 해서 이 두 방식이 서로 배타적이라고 보면 안 된다. 오히려 이 두 방식은 상호보완적이다. 그뿐 아니라 각 방식을 표방하는 개개의 방법론들 안에 이미 공시 및 통시의 요소가 부분적으로 잠재되어 있다는 사실도 인정할 필요가 있다. 각 방법론은 다만 강조점과 초점의 차이에 따라 두 종류로 분류되었을 뿐이다.

그런데 이 두 방식의 우선순위에 대한 논의가 벌써 진행되고 있다.[28] 어떻게 보면 이런 논의는 두 시각의 힘겨루기처럼 보일지도 모르지만 그

28 공시적 접근 방법과 통시적 접근 방법의 우선순위에 대한 기본적 논의에 대해서는 J. C. De Moor(ed.), *Synchronic or Diachronic?*(Leiden: E. J. Brill, 1995)을 참조하라.

보다는 두 방법론이 어떻게 함께 가야 하는지를 고민하는 흔적이라고 보는 것이 좋다. 한쪽 시각만을 중시할 게 아니라 어떻게 이 두 시각이 연결되고 통합될 수 있는지가 중요하다는 말이다.

이런 흐름 속에서 두 방식이 절묘하게 통합되는 성격을 지닌 방법이 연구되고 있다는 점이 중요하다. "상호텍스트성"(intertextuality) 또는 "간본문성"을 고려하며 성경을 연구하는 방법론이 바로 그런 예의 하나다. 상호텍스트성이란 원래 20세기 후반 문학비평 분야에서 등장한 용어로서 텍스트(text) 사이의 상호 연관성을 가리키는 말이다. 모든 텍스트는 사실 여러 가지 텍스트의 조합으로, 다른 텍스트로부터 큰 영향을 받아 조성된 결과물이다. 따라서 어떤 텍스트에 대한 이해는 그 텍스트에 영향을 미친 다양한 다른 텍스트와의 관계를 고려해야 한다.

이 상호텍스트성이 성경 해석에 적용되면 하나의 성경 본문이 다른 성경 본문과 어떤 관계에 있는지에 대한 연구가 중요하게 다루어진다. 예를 들어 바울 서신에 등장하는 본문이 구약의 어떤 본문에 영향을 받았는지, 또한 복음서의 어떤 부분에 영향을 받았는지를 고민해야 한다(물론 복음서는 바울 서신보다 나중에 기록되었다고 보아야 하지만, 복음서에 있는 내용이 구전으로 전승되는 과정에서 바울에게도 전달되었다고 볼 수 있다). 직접 인용뿐 아니라 간접적 암시도 바울의 본문에 영향을 준다.[29] 결국 바울의

29 R. Hays는 이 분야에서 앞서가며 연구 결과를 내고 있다. R. B. Hays, *Echoes of Scripture in the Letters of Paul*(New Haven & London: Yale University Press, 1993), 1-83; 『예수 그리스도의 믿음』(최현만 옮김, 서울: 에클레시아북스, 2013), 79-128 등은 이런 연구 결과가 얼마나 의미 있는지 잘 보여준다. 또한 최근에 등장한 "신약의 구약사용 주석 시리즈"는 이런 연구 방향의 인기를 간접적으로 알려준다. 이런 주석의 예로는 I. H. Marshall, M. A. Seifrid, 『사도행전, 로마서』(신약의 구약사용 주석 시리즈 3; 배성진, 김현광 옮김, 서울: 기독교문서선교회, 2012)가 있다. 이와 관련한 입문서로는 S. Moyise, 『신약의 구약사용 입문』(김주원 옮김, 서울: 기독교문서선교회, 2011)을 참조하라.

본문을 공시적 측면에서 바라보더라도 그 본문에 짜깁기 되어 있는 여러 본문이 어떻게 발전되어 바울에까지 이르렀는가를 통시적으로 연구하게 되기에, 상호텍스트성에 기초한 연구 방식은 자연히 공시와 통시의 조합이라는 줄타기를 고민하지 않을 수 없다. 아무튼 최근 몇십 년 동안 이 상호텍스트성이 성경 연구 분야에서 인기를 얻고 있다는 점은 석의의 여러 방법론이 좀 더 발전된 방향으로 나아가고 있다는 사실을 말해준다.

(4) 활용하기

앞서 설명한 여러 방법을 다음과 같이 간략하게 정리할 수 있다.

시각	주요 관심	연구 방법
공시	co-text (글의 모양)	본문비평, 문법 해석, 구문 해석, 수사학적 비평, 구조주의적 접근, 담화분석 등
통시	context (역사적 상황)	역사적 해석, 자료비평, 양식비평, 편집비평, 전승사비평, 고고학, 고대 문서 연구, 저자의 역사 인식 연구 등
통합	co-text & context	상호텍스트성 연구

〈표 16〉 석의를 돕는 다양한 연구 방법

혹자는 이런 다양한 방법을 실제 현장에서 어떻게 다 이해하고 사용할 수 있겠느냐고 반문할지 모른다. 방법론이 많아지면 많아질수록 머리만 복잡해지고 그런 걸 다 시도할 시간도 없다는 것이다. 나아가 이렇게 복잡한 방법들은 그런 걸 업으로 삼는, 시간이 많은 학자들의 전유물이나 지적 유희가 아니냐고 의심할지도 모른다.

하지만 이런 의문들은 그야말로 오해다. 이는 "각 연구 방법을 활용하는 구체적인 기술"과 "성경 해석의 공동체적 성격"을 이해하면 풀리는 문제다. 따라서 다음의 몇 가지 사항을 숙지할 필요가 있다.

① 방법론이 다양한 것은 문제가 아니라 축복이다. 다양한 방법론이 있다는 말은 본문의 역사적 의미를 파악하는 도구가 많다는 뜻이다. 다양한 방법으로 성경 본문을 좀 더 정확하게 석의할 수 있으니 얼마나 좋은가? 물론 그 방법들을 어떻게 감당하느냐 하는 과제가 남아 있지만 기본적으로 방법론의 다양성은 긍정적인 신호로 보아야 한다.

② 각 방법론은 나름대로 장단점이 있다. 각각의 방법론마다 장점이 있고 단점이 있기에 한 가지만 절대적으로 좋다고 할 수 없다. 따라서 장점은 잘 살리고 단점은 다른 방법으로 극복해야 한다. 다양한 방법이 있다는 사실 자체가 어떤 한 방법이 석의에 필요한 모든 요구를 충족시키지는 못한다는 뜻이다. 하지만 한 방법의 단점을 다른 방법으로 보충할 수 있다. 따라서 해석자는 각각의 방법의 특징을 잘 이해하고 적절하게 활용해야 한다.

③ 여러 방법을 사용할 때는 시간적 한계와 효율도 생각해보아야 한다. 너무 한 가지 방법에 몰두하여 다른 방법을 쓸 시간이 없게 되면 그 한 가지 방법의 장점은 살릴 수 있지만 그 방법의 단점도 고스란히 감당해야 한다. 누구나 시간에 한계가 있다. 따라서 자신의 처지를 고려하여 여러 방법을 어떤 식으로 사용할지를 잘 판단하는 것이 바람직하다. 모든 사람이 똑같이 모든 방법을 다 사용할 수는 없다. 그게 현실이다. 현실에 맞게 자신이 활용할 수 있는 방법들을 추려야 한다. 처음에는 그 숫자가 적겠지만 숙달될수록 유용한 방법들을 더 습득할 수 있다.

④ 한 사람이 모든 해석 방법을 체계적으로 전부 감당하기란 불가능하다. 사실 이 방법들은 (한 개인에게 주어진 것이라기보다는) 공동체 전체에 주어진 것이다. 따라서 공동의 노력으로, 집단 지성을 활용하여 해당 본

문 석의에 필요한 여러 가지 과제를 해결해가면 된다. 하나님은 각 영역에 알맞는 사람들을 세우셔서 각각의 방법이 제대로 활용될 수 있게 하신다. 각 영역마다 뛰어난 학자들이 있고, 그 학자들의 연구 결과를 알기 쉽게 전달하는 사람들도 있다. 따라서 나 혼자 다 감당하려고 생각하지 말고 다른 신실한 사람들을 통해 석의에 필요한 여러 가지 지식이 제공된다는 사실을 겸손하게 받아들여야 한다. 이런 점에서 해석(석의)은 공동체성을 띤다.

⑤ 해석의 공동체성과 관련하여 훌륭한 연구 결과가 성도와 교회에 전달되는 과정을 이해해야 한다. 어떤 특정 분야(예를 들어 본문비평, 담화분석, 편집비평 등)를 전문적으로 연구하는 사람들이 있고, 그들의 연구 결과를 비평적으로 검토하면서 학계와 교계에 적절히 소개하는 사람들이 있다. 전문적 연구 결과를 모아서 많은 사람에게 알려줄 요량으로 소논문이나 단행본을 쓰는 사람들이 있고, 또한 이런 결과들을 모아 주석서를 쓰는 사람들도 있다(연구 방법들이 계속 새롭게 개발되고, 그로 말미암은 연구 결과도 새롭게 도출되기에 이를 압축하여 종합하는 주석 시리즈는 시대마다 새로 등장할 수 있다). 나아가 이런 내용을 성도들이 쉽게 이해하도록 전달하는 사람들도 있다. 따라서 이런 과정 속에서 자신이 어떤 위치에 있으며 어떤 역할을 감당하는지, 어떤 도움을 받고 또 다른 이에게 어떤 도움을 주는지 알아야 한다.

⑥ 결국 목회자와 성도들은 기독교 공동체가 생산하고 정리하여 제공하는 지식을 잘 받아들여 자신의 성경 묵상에 적절히 사용해야 한다. 이를 위해서는 주석서와 단행본 등의 서적을 활용해야 할 뿐 아니라, 좋은 강의나 세미나 등의 도움도 받아야 한다. 이것이 가능하려면 각 주석서와 책이 어떤 성격인지를 구별할 줄 알아야 하고 어떤 강의나 세미나

가 성경 해석에 도움이 되는지를 판단할 줄 알아야 한다. 물론 이런 판단에는 각 사람이 이전부터 쌓아 올린 지식과 분별력이 영향을 미친다. 좋은 자료와 나의 분별력은 순환 관계 속에서 서로 긴밀한 영향을 미친다고 말할 수도 있다. 앞(5.1.1.)의 예에서 P 목사의 문제는 좋은 연구 결과의 도움을 받기보다는 부적절한 자료에 너무 의존한 것이라 볼 수 있다(너무 쉽게 답을 얻으려는 생각이 문제를 일으킨 셈이다). L 집사는 석의 방법 전체에 대한 지식이 부족했음에도 스스로 그렇지 않다고 생각한 것이 문제였다. P 목사나 L 집사 모두 많은 사람이 공동체 속에서 내놓은 좋은 연구 결과를 확인하고 잘 사용해야 했다.

⑦ 물론 이 말은 개개인의 연구 노력이 불필요하다거나 그런 노력을 게을리해도 된다는 뜻은 아니다. 가능하다면 모든 성도가 스스로 연구하는 데 노력을 기울여야 한다. 곧 여러 사람의 도움을 기반으로 하여 본문을 석의하는 일을 스스로 감당해야 한다. 더구나 목회자에게 이런 노력은 중요할 수밖에 없다. 결국 본문을 석의하는 일은 해석자가 (건전한 공동체의 해석 노력과 함께하면서) 석의에 대한 지식과 능력을 갖추어갈 때 안정적인 궤도에 오르게 된다. 이는 학자건, 목회자건, 일반 성도건 마찬가지다.

5.3. 해석: 온전한 의미 찾기

해석(解釋)은 앞(4.3.3.(2))에서 정리했듯이 본문의 역사적 의미를 고려하면서 결국 본문에서 찾을 수 있는 온전한 의미를 찾아가는 행위다. 해석의 원리도 석의의 원리처럼 크게 세 가지로 압축해서 정리할 수 있다.

5.3.1. 해석의 원리

첫째 원리: "성경 전체로"(*Tota Scriptura*) 조명

첫째, 온전한 의미를 찾을 때는 무엇보다도 성경 전체가 신중하게 고려되어야 한다. 석의 과정에서 얻어진 특정한 본문의 역사적 의미는 홀로 존재하지 않고, 그 본문과 관련된 다른 본문의 역사적 의미와 유기적으로 연결되어 있다. 그래서 역사적 의미를 이해할 때는 타 본문과의 연관성도 고려해야 한다. 그런데 한 본문의 온전한 의미를 찾는 과정에서는 더욱더 다른 본문과의 관련성이 중요하다. 이는 역사적 의미에서 추출되는 원리가 다른 본문에서 추출되는 원리와 충돌하지 않을 뿐 아니라, 오히려 이 둘이 서로 긴밀히 연관되어 하나의 커다란 원리적 의미 체계를 만들기 때문이다(두 본문의 역사적 의미는 충돌하는 듯 보일 수 있어도 그 본문들이 지향하는 원리적 의미는 결국 충돌하지 않는다). 다시 말하면 역사적 의미가 유기적으로 연결되는 지점을 잘 관찰할 때 그 역사적 의미가 지향하는 원리를 더욱 분명하고 정확하게 판단할 수 있다는 말이다.

예를 들어 사무엘하 7장과 시편 2편, 사도행전 4:23-31을 함께 생각해보자. 사무엘하 7:12-13에서 찾을 수 있는 역사적 의미는 다윗의 뒤를 이어 솔로몬이 등장하여 다윗 왕국을 견고하게 하고 제1성전(다윗-솔로몬 성전)을 짓는 것에 연관되지만, 이 본문이 궁극적으로 말하는 바(온전한 의미)는 그리스도로 말미암아 하나님 나라가 실현되는 것(즉 하나님의 다스림이 이루어지고 순종하는 백성들이 거룩하게 되는 것)에 연관된다. 유사하게 시편 2편의 역사적 의미는 세상 왕들의 방해와 시기에도 불구하고 이스라엘의 왕이 세워지는 것을 말하지만, 그 온전한 의미는 하나님이 세우시는 참된 왕이신 예수 그리스도의 위임과 통치 및 승리를 말한다. 그런데 언뜻 보면 이 두 본문의 역사적 의미는 그다지 깊은 관련이 없는 듯하다.

게다가 각 본문의 온전한 의미도 해당 본문만으로는 찾아내기가 쉽지 않다. 하지만 이 두 본문을 사도행전 4:23-31과 함께 연구하면 그 역사적 의미뿐 아니라 각각의 온전한 의미가 서로 깊이 관련되어 있음을 깨닫게 된다.

세 본문은 모두 궁극적으로 하나님이 예수 그리스도를 하나님 나라의 왕으로 세우실 것에 대해 말하고 있다. 이런 점에서 세 본문은 온전한 의미의 일정 부분을 기본적으로 공유할 뿐 아니라 각 본문이 쓰인 시대에 필요한 각각의 역사적 의미를 내포하고 있다. 각 본문을 하나씩 따로 볼 때는 각 본문의 역사적 의미가 서로 얼마나 깊이 연관되었는지 파악하거나 각 본문의 온전한 의미를 찾기가 쉽지 않다. 하지만 세 본문이 동시에 고려될 때 세 본문의 역사적 의미와 온전한 의미가 선명하고 풍성하게 드러난다(물론 이 본문들의 해석에는 그와 관련된 또 다른 본문들뿐 아니라 성경 전체에 대한 이해도 필요하다). 이처럼 각 본문의 온전한 의미를 찾는 과정, 다시 말해 해석 과정에서 다른 본문들을 의미 있게 연관시키는 일은 매우 중요하다. 해석 과정에는 성경 전체가 의미 있게 고려되어야 한다.

종교개혁자들은 성경 해석 과정에서 이런 원리를 중요하게 생각했다. 그들은 성경 본문의 의미를 성경 자체를 통해서(*Sola Scriptura*) 이해하려 했을 뿐 아니라 본문 사이의 연관성을 중요하게 고려하여 성경 전체로(*Tota Scriptura*) 해석하려 했다.

성경 전체로(Tota Scriptura): "성경 전체로 해석하라."

둘째 원리: 궁극적 저자 고려

성경 본문의 온전한 의미를 찾는 두 번째 원리는 성경의 궁극적 저자이신 하나님을 해석 단계에서 깊이 고려하는 것이다. 해석의 첫 번째 원리는 성경 전체를 염두에 두는 것이었다. 해석 과정에서는 관련된 여러 본문을 살펴보며 그 본문들 사이의 상호 관계성을 따져야 한다. 그런데 이 본문들이 함께 고려될 수 있을 뿐 아니라 꼭 함께 고려되어야만 하는 근본 이유는 인간 저자들을 통해 말씀하시는 분이 궁극적으로는 하나님이시라는 사실이다. 물론 우리는 인간 저자들이 성경의 여러 본문을 스스로 이해하고 사용했다는 점도 인정해야 한다(이는 이미 5.2.2.에서 "상호텍스트성"(intertextuality)이라는 이름으로 살펴보았다). 하지만 인간 저자들의 이해와 구상을 넘어서 해당 본문들이 서로 연관되게 하시는 분은 성경의 궁극적 저자이신 하나님이시다. 하나님이 처음부터 특정한 의도와 목표를 가지고 인간 저자들을 통해 성경을 만들어가시기에 성경의 각 책과 각 본문이 상호 유기적 관계를 유지할 수 있다. 바로 이런 이유로 성경의 궁극적 저자이신 하나님을 고려하는 것이 해석의 또 다른 중요한 원리가 된다.

석의 단계에서 역사적 의미를 찾을 때 인간 저자에 유의하는 태도가 필요하듯이, 해석 단계에서 온전한 의미를 찾을 때는 궁극적 저자이신 하나님을 깊이 고려하는 태도가 필요하다. 성경의 각 책과 각 본문을 살필 때 인간 저자의 생각과 의도를 아는 것이 중요한 것처럼, 성경의 여러 책과 여러 본문 사이의 상호 관계에 주목할 때는 그 모든 책과 본문으로 한 성경을 만드신 하나님의 의중이 중요하다.

앞서 언급한 것처럼 사무엘하 7장과 시편 2편, 사도행전 4:23-31이 가진 각각의 온전한 의미는 서로 깊이 연결되는데 이 유기적 연결은 하나님이 그 모든 본문이 기록되는 데 깊이 관여하셨기에 생겨났다. 하나님은 이스라엘 역사를 이끄시며 때에 따라 적절한 메시지를 성경의 저자들을 통해 전해주셨다. 그래서 성경의 본문은 역사의 자리에서 인간 저자가 제공하는 나름의 의미를 가지면서도 하나님이 의도하신 온전한 의미 안에 자리를 잡는다. 따라서 각 본문의 역사적 의미에서 온전한 의미를 찾아갈 때는 여러 본문이 상호 유기적으로, 또 점진적으로 연결되게 하시는 궁극적 저자(하나님)의 시각과 의도를 고려하는 것이 매우 중요하다.

"온전한 의미를 찾을 때는 궁극적 저자이신 하나님의 의중이 중요하다."

셋째 원리: 계시의 흐름과 체계 파악

하나님이 성경의 궁극적 저자로서 역사적 의미를 활용하여 당신이 의도하시는 온전한 의미를 만들어가신다면, 우리는 그분이 어떻게 성경 전체에서 자신의 계획과 의도와 뜻을 표현해가시는지 이해해야 한다. 하나님이 의도적으로 당신의 뜻을 나타낸다는 측면에서 중요하게 부각되는 것이 바로 "계시"다.

그런데 그 계시는 역사 속에서 임의로 불쑥불쑥 등장하는 것이 아니다. 우리 인간의 눈에는 계시가 아무 때나 그냥 나타나는 것처럼 보이겠지만 역사를 이끌어가시는 하나님의 관점에서는 그렇지 않다. 예를 들어 아브라함과의 언약이나 모세에게 주어진 율법이 임의로 불쑥 등장했다고 보면 안 된다. 다윗을 왕으로 세우는 긴 과정도 우연이 아니었고 예언자 나단이 전해준 사무엘하 7장의 약속도 즉흥적인 것이 아니었다. 다니엘에게 나타난 천사의 메시지나, 요셉과 정혼한 마리아에게 나타난 천사 가브리엘의 메시지가 임의적이었을까? 그렇지 않다. 모두 하나님이 가지신 계획과 뜻과 의도에 맞게 역사의 어떤 순간에 등장한 것이었다. 이런 점에서 하나님의 계시는 그것이 역사 속에 등장하는 이유와 순리, 체계와 구조를 가지고 있다. 계시는 유기적으로 연결된 흐름 속에서 등장한다. 계시 자체가 역사 속에서 나타나는 모습에는 일종의 흐름과 체계와 구조가 있다는 말이다.[30]

이런 계시의 체계와 구조를 설명할 수 있는 여러 단면이 있는데, 그중 한 단면의 모습을 "구속사"라고 부른다. 이는 성경의 역사가 인간들이 그냥 살아가며 만들어낸 임의의 역사가 아니라 하나님이 인간을 구속하려는 의도 속에서 만들어가신다는 측면에서 일관성 있게 흐르는 유기적 역사임을 밝히는 말이다. 물론 "구속사"라는 말로 계시의 구조를 빠짐없이 표현하기는 힘든 면이 있다. 계시의 체계를 설명할 다른 개념들이 더 개발되어야 한다.

중요한 것은 온전한 의미를 이해할 때 전체 계시의 구조와 체계가 잘 고려되어야 한다는 점이다. 구속사의 흐름을 염두에 둔다면 각 본문의 역사적 의미가 온전한 의미와 적절하게 연결되는 데 도움을 받을 수 있다. 앞서 다룬 M 교회의 P 목사나 L 집사, K 집사가 고민했던 성전 건축 관련 본문의 해석 문제는 성전 주제와 관련된 계시의 점진적 발전을 제대로 이해하지 못했다는 측면에서 이해할 수 있다.

출애굽기는 이스라엘 백성을 애굽에서 구출하신 후 그들을 거룩한 백성으로 만들려고 노력하시는 야웨 하나님의 모습을 묘사한다. 출애굽기의 전반부에는 구출 이야기가 자세히 기록되어 있다면 후반부에는 이스라엘의 불순종과 그런 이스라엘에게 율법을 주시며 성막을 짓게 하시는 하나님의 모습이 기록되어 있다. 성막은 이스라엘 백성이 가나안 땅

30 참조. G. Goldsworthy, 『성경신학적 설교 어떻게 할 것인가?』(김재영 옮김, 서울: 한국성서유니온선교회, 2002), 163-86.

에 들어간 이후 성전으로 발전한다(삼하 7장, 왕상 5-8장). 광야 시절에는 백성들이 천막에 살았기에 하나님이 좌정하신 자리 역시 성막이었고, 가나안 땅에 들어간 후에는 백성들이 건물을 짓고 살았기에 하나님의 처소도 성전이 된다. 성막과 성전은 모두 하나님이 이스라엘 가운데 거하시며 그들을 다스려 거룩하게 만들어가신다는 사실을 상징한다. 하지만 하나님의 통치를 제대로 따르지 못한 이스라엘은 결국 나라를 잃고 성전은 훼파된다. 정해진 시간이 지난 후 그 후손들은 하나님이 은혜로 베푸신 약속대로 다시 옛 땅으로 돌아와서 제2성전을 짓고 율법을 따르기 위해 노력한다. 하지만 하나님의 통치가 진정으로 실현되는 나라는 이루어지지 않았고, 이스라엘 백성들은 그 나라를 진정으로 실현할 메시아가 오기를 고대하기 시작했다. 따라서 마침내 메시아로 오신 예수님에게 눈에 보이는, 소위 헤롯 성전이라 불린 제2성전의 외형주의는 무의미했다. 하나님의 통치를 진정으로 실현해가시는 메시아로서 자신이 성전의 참 의미를 이루시는 주인공이었기 때문이다. 하나님의 백성을 순종으로 이끌고 거룩하게 만들어서 결국에는 하나님의 다스림을 실현하는 메시아이신 예수님 자신이 참된 성전이시다. 따라서 예수님께 성전이란 리모델링이 필요한 건물이 아니다. 오히려 예수님은 자신이 성전을 사흘 만에 (당신의 십자가 죽음과 부활로) 다시 세울 것이라고 말씀하셨다(요 2:13-22). 또한 신약성경은 메시아 예수로 말미암아 세워지는 거룩한 공공체도 참 성전이 된다는 사실은 누누이 강조한다(엡 2:11-22).[31]

성전 관련 본문들의 온전한 의미는 바로 이런 성전 주제와 관련된 계

---

31 성경 전체에서 성전 주제가 어떻게 체계적으로 엮여 있는가에 대한 방대한 논의는 G. K. Beale, 『성전 신학』(강성열 옮김, 서울: 새물결플러스, 2014)을 참조하라.

시의 흐름과 구조를 따라 이해되어야 한다. P 목사와 L 집사, K 집사는 자신들이 살펴본 성전 관련 본문을 이런 계시의 점진적 흐름과 체계 속에서 이해했어야 한다. 그랬다면 각 본문의 역사적 의미와 온전한 의미를 제대로 찾을 수 있었을 것이다. 그들의 공통된 문제는 본문의 역사적 의미를 거쳐 온전한 의미로 나아간 것이 아니라 성급하게 자신이 원하는 적용을 이끌어낸 데 있다(적용 자체의 오류에 대한 문제는 6장에서 다룰 것이다). 온전한 의미를 제대로 이해하지 못했기에 자신들이 파악한 뜻이 본문과 상관없다는 사실을 깨닫지 못한 것이다.

"계시의 흐름과 체계를 파악해야 온전한 의미를 제대로 찾을 수 있다."

5.3.2. 개발된 주요 방법들

그러면 성경 본문의 온전한 의미를 파악하는 데 도움이 되도록 개발된 연구 방법에는 어떤 것들이 있을까? 널리 알려진 몇 가지 방법을 간략하게 살펴보자.

가장 먼저 생각할 수 있는 방법은 "정경비평"(canonical criticism)이다. 정경비평은 한 본문을 해석할 때 정경(canon)으로 인정된 성경 전체 안에서 해당 본문이 갖는 의미를 고찰하는 방법이다. 해석자는 정경 전체 속에서 한 본문이 갖는 의미를 파악하고 반대로 그 본문의 의미가 전체 성경에 어떻게 기여하는지를 이해하기 위해 노력한다. 예를 들어 시편 2편이 신구약 전체 정경 속에서 어떤 의미를 가지며, 또한 역으로 시편 2편이 성경 전체에 어떤 함의를 선사하는가를 탐구하는 것이다.[32]

---

32 정경비평을 표방한 예로 B. S. Childs, *Introduction to the Old Testament as Scripture*

성경 본문들 사이의 연관성을 이해하려 할 때 가장 큰 걸림돌은 구약과 신약 사이에 존재하는 장벽이다. 사실 신약은 구약 없이 존재할 수 없고, 또 구약은 끊임없이 신약을 내다본다. 자연히 구약과 신약은 불가분리의 관계에 있다. 하지만 교회 현장과 성도의 현실에서 구약은 구약만으로, 신약은 신약만으로 읽히는 경우가 많다. 따라서 이런 장벽을 허물기 위해 구약과 신약 사이의 관계를 파악하려는 연구 방법이 강구되고 있다.[33]

본문들 사이의 연관성을 파악하고 구약과 신약 사이의 장벽을 허물려는 노력은 특별히 "구속사적 해석"이라는 방법으로 표출되었다. 구속사적 해석은 하나님의 계시가 가진 점진적 구조를 파악할 때 구속의 역사라는 측면에서 접근한다. 곧 신구약 성경이 구속사의 틀에서 쓰였기에, 구속사를 이해하고 그 구속사의 시각에서 본문을 해석해야만 해당 본문의 의미를 제대로 파악할 수 있다고 보는 것이다. 구속사적 해석은 특별히 설교 영역에서 "모범적 설교"와 "구속사적 설교" 논쟁을 통해 투명하게 검증된 바 있다.[34]

(London: SCM Press, 1979); *Biblical Theology of the Old and New Testaments*(London: SCM Press, 1992); 『성경신학의 위기』(박문재 옮김, 서울: 크리스천다이제스트, 1992); J. A. Sanders, *Torah and Canon*(Philadelphia: Fortress Press, 1972) 등을 참조하라. K. E. Bailey, 『선한 목자』(류호준, 양승학 옮김, 서울: 새물결플러스, 2015)는 정경적 해석 방법의 아이디어를 기반으로 시편 23편의 목자상이 현대 독자에게 주는 영성적 함의를 수려한 언어로 풀어낸 예라고 볼 수 있다.

33 예를 들어 D. L. Baker, *Two Testaments One Bible: A Study of Some Modern Solutions to the Theological Problem of the Relationship between the Old and New Testaments*(Leicester: IVP, 1976)가 이런 주제를 연구한 예다. 이 책은 국내에 『구속사적 성경해석학』(오광만 옮김, 서울: 엠마오, 1989)으로 번역 출간되었다. 영서의 세 번째 개정판인 *Two Testaments, One Bible: The Theological Relationship Between the Old and New Testaments*(IVP Academic, 2010)는 『구약과 신약의 관계』(임요한 옮김, 서울: 부흥과개혁사, 2016)로 출간되었다.

34 이에 대한 개괄적 소개로는 Greidanus, 『구속사적 설교의 원리』를 참조하라.

한편, 그리스도를 중심에 두고 신구약 사이의 관계를 해석하려는 노력은 교회의 성경 해석사에서 자주 거론된 방식이다. 전통적으로는 "그리스도 중심적"(Christocentric) 해석 방식이 거기에 해당한다. 구속사의 점진적 계시는 신구약 본문에 그리스도가 점진적으로 나타나는 특징을 만들어냈고, 그 결과 구약 본문에 그리스도를 가리키거나 함의하는 내용이 일정 부분 들어 있다고 보는 시각이 가능해졌다. 자연히 이 해석 방식은 구약의 본문에 숨어 있거나 녹아 있는 희미한 그리스도의 모습을 찾으려 애쓰는 방식으로 드러난다(이런 해석 방식은 때로 구약 본문을 억지로 그리스도에게 맞추려 한다는 비평도 받는다).

좀 더 최근에는 그리스도의 렌즈로 신구약 성경을 바라보는 "그리스도 목적적(완결적)"(Christotelic) 해석 방식이 제안되었다.[35] "그리스도 목적적" 해석 방식 역시 그리스도를 매개로 신구약 성경을 해석한다는 점에서는 "그리스도 중심적" 해석 방식과 유사하다. 또한 구속사의 점진적 계시라는 기본적 틀을 전제한다는 점도 유사하다. 하지만 "그리스도 중심적" 해석이 성경(특히 구약) 본문에 나타나는 그리스도의 흔적을 고민하는 해석이라면, "그리스도 목적적" 해석은 이미 오신 그리스도의 사건이라는 렌즈로 신구약의 본문을 이해하는 해석 방식이다. 다시 말해 전자가 그리스도를 향하여 본문을 읽는다면, 후자는 그리스도를 통해서 본문을 읽는 방식이라고 말할 수 있다. 또한 전자가 앞(forward)을 내다보는 방식이라면, 후자는 뒤(backward)를 돌아보는 방식이다(이 두 가지, 곧 내다보기와 돌아보기 방식은 신구약 성경을 그리스도와 연결하여 이해하는 데 도움을 준다). 특별히 초기 교회 사도들이 구약의 본문을 이렇게 그리스도 목적적

35 참조. Enns, 『성육신의 관점에서 본 성경 영감설』, 159-236.

방식으로 이해했다는 주장이 제기되었다.[36]

까다로운 논쟁이 수반되는 또 다른 해석 방식은 "충만한 의미"(*Sensus Plenior*, fuller meaning)를 전제하고 밝히려는 방법이다(충만한 의미의 존재와 정의에 대해서는 이미 4.3.3.(3) "온전한 의미"에서 간략히 설명했다). 이는 인간 저자가 말하려는 의미보다 더 깊은 의미가 본문에 숨겨져 있다고 보는 경우다. 따라서 성경의 궁극적 저자이신 하나님이 본문에 의도하신 의미를 충만한 의미로 보고 이를 찾아내려는 시도가 이어진다. 이 충만한 의미를 판단하는 방법으로서 "모형론", "예언과 성취", "정경적 의미" 등이 제안되었다.[37]

최근에는 성경의 전체 이야기(story) 흐름 속에서 각 본문의 이야기를 살피는 이야기 중심의 연구도 진행되고 있고, 이런 흐름을 반영한 "이야기 주석"(The Story of God Bible Commentary, SGBC)도 출간되고 있다.[38]

현명한 독자는 이미 어느 정도 가늠했겠지만 사실 본문의 온전한 의미를 깨닫게 해주는 방법들은 생각만큼 많이 개발되지 않았을 뿐 아니라 제안된 방법도 보편화되지 않았다. 그 이유는 크게 두 가지로 추측된다. 첫째, (충만한 의미를 포함한) "온전한 의미"라는 개념 자체에 동의하거나 이 개념을 철학적으로 규명하기가 쉽지 않기 때문이다. 성서학자들이 모두 이 개념에 동의하거나 수긍하는 것은 아니기에 그것과 관련한 방법론이

---

36 Enns, 『성육신의 관점에서 본 성경 영감설』, 216-23.

37 참조. 오성호, "센수스플레니오르(*Sensus Plenior*)에 관한 신학적 검토", 142-43, 162-63. 충만한 의미에 대한 논의의 초기 발전 과정에 대해서는 R. B. Brown, "The Development of the Theory of a *Sensus Plenior*", *CBQ* 15(1953), 141-62를 참조하고, 개괄적 연구서로는 Brown, *The Sensus Plenior of Sacred Scripture*를 보라.

38 참조. M. F. Bird, *Romans*(SGBC; Grand Rapids: Zondervan, 2016); Tremper Longman III, *Genesis*(SGBC; Grand Rapids: Zondervan, 2016).

개발되어 발전하기가 그리 녹록지 않다. 둘째, 구체적인 방법을 만들기가 어렵다는 점이다. 한 본문을 석의하기도 쉽지 않은데, 성경 전체를 포괄적으로 이해하면서 한 본문을 해석하는 방법론을 만든다는 게 말처럼 쉬울 리가 없다. 앞서 다룬 세 가지 원리만 보더라도 그 원리를 제대로 충족시키려면 성경 전체를 능숙하게 다룰 줄 알아야 한다는 부담이 밀려온다. 이를 위해서는 신약만 보아서는 안 되고 구약도 보아야 하며, 구약만 연구하면 안 되고 신약도 제대로 파헤쳐야 한다. 이는 신약학자와 구약학자 모두에게 어려운 일이다. 일반 성도들에게는 말할 것도 없다.

이 두 가지 이유를 생각할 때 온전한 의미를 찾아내는 이론을 특정한 방법론으로 체계화하거나 보편화하기가 쉽지 않다는 점을 인정할 수밖에 없다. 하지만 이런 어려움 때문에 앞서 다룬 세 가지 원리를 무시해도 된다는 말은 아니다. 어렵다고 무시하거나 포기해서는 안 된다. 확실히 과거에 비하면 현재의 교회는 이전에 알지 못하던 많은 것을 알고 있고, 과거에는 없던 여러 방법론을 사용할 수 있는 여건을 갖추었다. 따라서 온전한 의미를 찾는 해석의 영역에서도 앞으로 더 좋은 방법들이 개발되고 활용되도록 노력해야 할 것이다.

"해석의 방법론은 더욱더 개발되어야 한다."

5.4. 나가는 말

정리하자. 〈표 17〉에 있는 것처럼 성경해석학의 구조에서 "해석 과정"(〈표 17〉에서 왼쪽 절반의 과정, 즉 "석의-해석"의 과정)은 제대로 이루어져야 한다. 해석 과정을 제대로 거치지 않거나 생략하고 곧바로 현실적 뜻으로

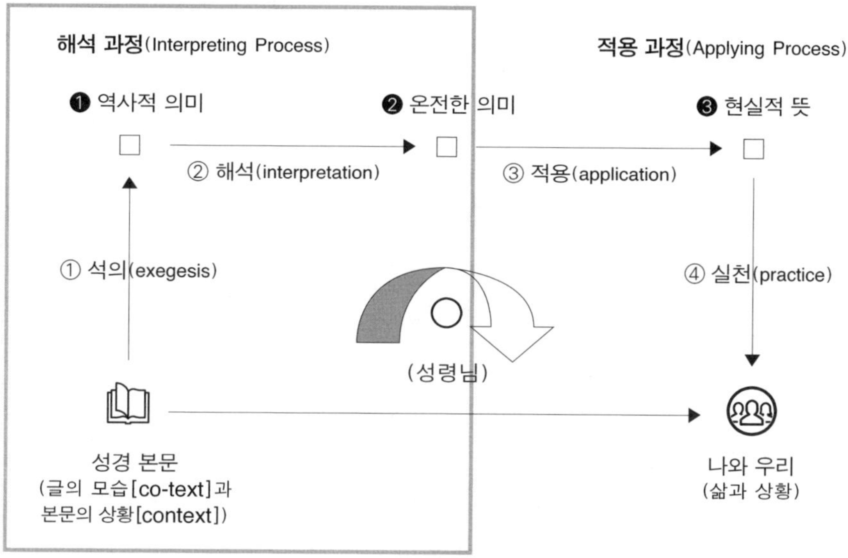

〈표 17〉 해석 과정 제대로 거쳐 가기

(그냥 적용으로) 넘어가는 것은 잘못된 일일 뿐 아니라 위험하기까지 하다.

올바른 석의(釋義)를 위해서는 성경 본문에 있는 글의 모습(co-text)과 본문의 상황(context)이 적절히 고려된 상태에서 석의의 세 가지 중요한 원리—성경 본문 중시, 인간 저자 고려, 역사적 배경과 상황 파악—를 잘 활용해야 한다. 그 결과로 역사적 의미를 찾게 된다. 이 역사적 의미는 해석을 거쳐서 온전한 의미로 나아가야 한다. 마찬가지로 이때도 해석의 세 가지 중요 원리—성경 전체로 조명, 궁극적 저자 고려, 계시의 흐름과 체계 파악—를 잘 활용해야 한다. 결국 여섯 가지 원리가 "해석 과정"(석의-해석의 과정)에 적절히 사용되어야 한다(참조. 〈표 18〉). 이를 위해 이 여섯 가지 원리를 기반으로 해서 개발된 각종 방법을 이해해야 하고 또 그것을 활용할 줄 알아야 한다.

해석 과정이 없는 적용은 위험하다. 해석 과정이 빠진 적용은 마치 키

	출발점(from)	지향점(to)	중요한 원리
석의	성경 본문	역사적 의미	① 성경 본문 중시(*Sola Scriptura*) ② 인간 저자 고려 ③ 역사적 배경과 상황 파악
해석	역사적 의미	온전한 의미	① 성경 전체로 조명(*Tota Scriptura*) ② 궁극적 저자(하나님) 고려 ③ 계시의 흐름과 체계 파악

〈표 18〉 해석 과정의 여섯 가지 원리

없는 배나 핸들이 망가진 자동차와 같다. 해석 과정이 때론 성가셔 보이고 까다로워서 꼼꼼하게 다루고 싶은 마음이 들지 않을 수 있다. 현실은 바쁘게 돌아가고 시간은 모자라는데 어느 세월에 다양하고 복잡한 방법들을 배우고 활용할까 하고 낙심할 수도 있다.

하지만 그럴수록 더 심사숙고해야 한다. 그리고 바쁠수록 원칙을 지켜야 한다. 그래야 결국에는 시간을 아끼고 올바른 결실을 맛볼 수 있다. 물론 배우는 과정은 힘들고 어렵다. 처음에는 까다롭고 시간이 많이 드는 것도 사실이다. 하지만 처음부터 제대로 하는 버릇을 들이면 점차 쉬워지고 시간도 단축된다.

이는 마치 운전을 배우는 것과 유사하다. 처음 운전을 배우면서 면허시험을 준비하는 사람은 운전이 참 어렵다고 느껴진다. 운전대를 잡으면 떨리고 반대편 차가 나를 향해 돌진하는 것처럼 느껴지기도 한다. 나는 몇 번의 낙방 끝에 운전면허에 합격한 어떤 여자분이 면허증을 손에 들고 "자식을 낳은 것보다 더 기쁘다"라고 말하는 것을 들은 적도 있다. 하지만 나중에 운전이 익숙해지면 운전만큼 쉬운 것도 없다. 물론 늘 위험하기에 조심하고 신중해야 한다. 성경 해석도 유사하다. 사실 제대로 된 성경 해석은 까다롭고 어려운 일이다. 하지만 훈련에 훈련을 거듭해 숙달되면 여러 방법이 손에 붙는다. 운전이 익숙해지면 주행 중 차선 변경이 쉬워지고 S자 커브 주행이 자연스러워지며 주차가 어렵지 않은 것과 비슷하다. 따라서 성경해석에 필요한 다양한 방법을 배우고 익혀서 숙달될 때까지 연습을 게을리하면 안 된다.

해석 과정에 필요한 많은 방법론이 개발된 데에는 다 그만한 이유가 있다. 해석 과정이 그만큼 어렵고 중요하기 때문이다. 물론 모든 방법을 다 완벽하게 터득하기는 힘들다. 하지만 중요한 방법들만큼은 잘 배우고 숙달해서 성경 해석에 제대로 쓸 줄 알아야 한다. 이론만 머릿속에 숙지하고 있다고 되는 게 아니다. 이론을 이해할뿐더러 손에 익숙해지도록 훈련해야 한다. 성경 해석도 자동차 운전처럼 숙달되어야 한다. 이론 시험만 합격해서는 안 되고 주행 시험에도 합격해야 한다. 주행 시험에 합격한 후에도 실제 도로에서 안전하게 잘 다닐 수 있는 상태까지 되어야 한다. 해석의 과정이 없는 큐티 및 설교와 나눔은 위험하다. 이는 운전을 제대로 배우지 않고 차를 모는 것과 다를 바 없다. 우리가 하는 성경 묵상에 제대로 된 해석 과정이 자리를 잡기 바란다.

더 읽어볼 만한 자료

Bailey, Kenneth E. 『선한 목자: 시편 23편을 통해 본 성경적 참 목자상』(*The Good Shepherd*), 류호준, 양승학 옮김, 서울: 새물결플러스, 2015.

______. 『중동의 눈으로 본 예수: 고대 중동의 삶, 역사, 문화를 통해 본 복음서』(*Jesus Through Middle Eastern Eyes*), 박규태 옮김, 서울: 새물결플러스, 2016.

Duvall, J. S., Daniel Hays. 『성경 해석: 성경을 읽고 해석하고 적용하는 실제적 지침서』(*Grasping God's Word*), 류호영 옮김, 서울: 한국성서유니온선교회, 2009.

Marshall, I. H. ed. 『신약해석학』(*New Testament Interpretation*), 이승호, 박영호 옮김, 서울: 크리스천다이제스트, 1994.

6장

적용이 잘 안 된다!

적용 과정의 원리

"자꾸 적용을 하라고 말하는데 적용은 어떻게 하는 거죠?"
"해석이 더 중요하나요, 적용이 더 중요하나요?"
"설교는 본문을 해석하는 거고, 큐티는 적용하는 거 아닌가요?"
"우리 목사님은 설교할 때 실생활 이야기를 주로 하세요. 그런데 강사 교수님은 성경 이야기를 많이 하시네요. 왜 이렇게 다르죠?"

한국교회에 큐티 운동이 일어난 후 "적용"이란 단어가 크게 부각되었다. 이전에는 설교에 "은혜받았다"라고 말하는 게 통례였는데, 이제는 성경을 읽거나 설교를 들으면 "적용을 했나요?"라는 말을 자주 듣는다. 큐티에 심취한 교인들은 "적용"을 금과옥조처럼 여기는 경향이 있다. 물론 적용은 중요하다. 하지만 정작 적용이 정확히 무엇을 의미하는지, 또 어떻게 적용을 해야 하는지에 대해서는 그다지 많은 고민을 한 것 같지 않다.

한편 적용이란 말이 흔해지면서 여러 가지 부작용도 생겨났다. 설교는 해석을 강조하고 큐티는 적용을 강조하는 것이라는 오해가 그중 하나다(이미 4장에서 밝힌 것처럼 큐티나 설교 모두 해석과 적용을 필요로 한다). 적용을 만병통치약처럼 생각하는 사람도 생기고(그래서 해석보다 적용을 중시하는 사람도 있고), 적용을 해석으로 착각하는 경우도 나타났다. 때론 적용을 하다가 실패한 경험 때문에 다시금 적용할 엄두를 내지 못하는 사람도 있다. 어떤 목회자는 교인들이 범하는 엉터리 적용만큼 신앙을 망치는 것이 없다고 말하기도 한다.

교회에 오래 다닌 사람일수록 오히려 적용을 어려워하는 아이러니한 상황도 생긴다. 새 신자는 쉽게 적용을 하는데, 교회 생활에 익숙한 사람일수록 적용을 꺼린다. 심지어 목사와 장로들이 적용의 문턱을 넘지 못하는 경우도 있다. 왜 이런 현상들이 생기는 것일까? 적용은 도대체 왜 해야 하며, 어떻게 해야 하는 것일까? 적용은 귀에 걸면 귀걸이고 코에 걸면 코걸이인 것일까? 적용은 쉬운 것일까, 어려운 것일까? 이번 장은 이런 의문을 갖고 시작한다.

4장에서 우리는 성경 묵상에는 성경해석학의 문법이 있다는 점, 그리고 성경해석학의 구조가 해석 과정과 적용 과정의 두 부분으로 구성된다는 점을 살펴보았다(특히, 4.3.1). 5장에서는 해석 과정을 무시할 때 어떤 일이 일어나는가를 살폈고, 거기서 어떻게 해석 과정을 잘 감당할 수 있는지를 알아보았다. 이번 장은 적용 과정을 무시할 때 어떤 일이 벌어지는지를 살펴보고, 어떻게 적용 과정을 잘 감당할 수 있는지를 알아보자.

6.1. 해석중심주의의 문제

"해석이냐, 적용이냐, 그것이 문제로다!"

6.1.1. M 교회 이야기 2: 적용까진 너무 멀다.

M 교회 수련회: P 목사의 고민

M 교회에는 종종 외부 강사가 온다. 계절 특강, 종교개혁주일 특강, 여름 수련회 등이 있을 때다. 주로 다른 교회 목사나 신학교 교수를 초빙하는데 그렇게 하는 이유는 교인들에게 새로운 자극을 주고 교회에 뭔가 새로운 분위기를 만들기 위해서다. 담임 목사의 설교만 들으면 타성에 젖기가 쉽다. P 목사는 이런 점을 고려하여 적절한 때에 맞춰 외부 강사를 섭외한다.

그런데 강사로 타 교회 목사가 올 때와 신학교 교수가 올 때 서로 차이가 있다. 목사들이 올 때는 무난하게 집회가 진행되지만 분명한 변화와 도전의 계기가 잘 되지는 않는다. 반면 교수들이 올 때는 좀 더 새로운 분위기가 형성되지만 집회가 자연스레 진행되는 데 다소 어려움이 있다. 한마디로 말해 목사들은 편하고 신학교 교수들은 좀 어렵다. 목사들은 무난하고 교수들은 편차가 심하다. 어떤 교수는 반응이 좋고 어떤 교수는 반응이 별로다. 사실 더 큰 문제는 적지 않은 사람들이 교수 강사들의 강의나 설교를 어려워한다는 점이다. 심지어 조는 사람도 있다. 또 괜찮다는 교수의 경우에도 평가가 엇갈린다. 어떤 성도들은 성경의 내용이 잘 이해된다고 좋아하지만 다른 성도들은 무슨 성경 말씀이 그렇게 어렵냐고 불평한다. 특히 나이 많이 든 성도들은 교수가 오는 걸 그리 좋아하지 않는다. 그래서 강사를 선택할 때 늘 고민하게 된다. 무난하게 가기 위해 다른 교회 목사를 부를 것인가, 아니면 좀 위험 요소가 있더라도 교인들에게 자극을 주기 위해 신학교 교수를 섭외할 것인가? 판단하기가 쉽지 않다. 목사의 경우는 보통 P 목사가 개인적으로 아는 사람들이기에 어느 정도 예측이 되지만, 교수의 경우는 직접 아는 경우가 적어 결과가 어떨지 예측하기 어렵다. 집회를 준비할 때마다 고민이다.

P 목사는 지난 여름수련회를 준비할 때도 비슷한 고민을 했다. 그냥 쉽게 가기 위해 잘 아는 부흥강사를 부를까, 아니면 좀 더 새로운 분위기 조성을 위해 교수를 섭외할까? 그러다가 결국은 친구 목사의 제안을 따라 모 신학교에서 가르치는 A 교수를 섭외했다. 굵직한 주석서를 쓴 분이셨다. 약간 부담은 되었지만 친구 목사의 추천도 그렇고 주석서 내용이 어느 정도 괜찮은 듯해서 강사로 결정했다. 하지만 결과가 그리 좋지는 않았다. 썩 안 좋은 건 아니었지만 기대한 만큼의 결과는 아니었다. 성경을 새롭게 알게 되었다는 반응도 나왔지만 내용이 어렵다는 이야기가 많았다. 물론 조는 사람들도 있었다. 여름철 더운 날씨 탓도 있었겠지만 강의 내용을 따라가기가 어려웠던 이유가 큰 것 같다. 저녁 집회의 설교도 낮 집회 시간의 강의와 별다르지 않았다. 하기야 교수가 무슨 설교를 그리 많이 해보았을까 하는 생각도 든다. 다음 수련회 때는 아는 부흥강사를 초빙해야겠다는 생각이 앞선다. 이것이 수련회가 끝난 지금의 솔직한 마음이다.

A 교수의 고민

A 교수는 신학교에서 성경을 가르치는 교수다. 주로 바울 서신을 가르친다. 그런데 가르치는 게 쉽지 않다. 바울 서신은 성도들에게 익숙하고 쉬워 보이지만 사실은 그렇지 않다. 물론 성경의 어느 책이 안 어렵겠는가

만 바울 서신은 우리 시대에 들어 더 어려워진 것 같다.

바울 서신은 특히 복잡하고 까다로운 논쟁이 많아서 적절한 답을 내리기가 꽤나 어렵다. 답을 찾는다고 해도 그 답을 설명하기가 쉽지 않다. 연구도 어렵고 학자들과 논쟁하는 것도 힘든 일이다. 또 하나 힘든 건 학교에서 학생들에게 가르치는 일이다. 그 복잡하고 어려운 논쟁의 전후 맥락을 미주알고주알 학생들에게 다 설명할 수도 없고, 그렇다고 별다른 설명 없이 넘어갈 수도 없어 난감하다. 학생들이 그런 논쟁의 맥락을 알고자 하면 그래도 나은데 그냥 "결론이 뭐예요?" 하는 식이면 맥이 빠진다. 때론 "뭐 그렇게 복잡하게 생각할 필요가 있나요? 그냥 믿고 구원받으면 되지"라는 식으로 말하는 학생을 만날 때면 암담해진다. 성경을 읽고 그냥 이해가 술술 된다면 얼마나 좋겠는가?

가끔은 졸업생들에게서 연락이 올 때가 있다. 자신들이 사역하는 교회에 특강 강사로 와달라는 거다. 부목사로 사역하면서 특강 강사를 찾다가 연락이 오는 경우도 있고, 담임 목사로 부임한 뒤 요청하는 경우도 있다. 사실 졸업생이 사역하는 교회에 가서 강의나 설교를 감당하는 일은 부담스럽다. 부목사로 사역하는 제자에게 도움이 되어야 하는데 혹시 특강 후에 결과가 안 좋아서 제자 목사에게 어려움이 생기는 건 아닌지 우려가 된다. 담임 목사로 부임한 경우도 그리 다르지 않다. 그 제자의 사역에 도움이 되어야 하는데 특강 결과가 어떻게 나올지 잘 모르기 때문이다. 문제는 어디서 터질지 모른다. 성도들이 아는 내용을 전해도 그렇고 모르는 내용을 가르쳐도 그렇다. 좀 깊이 설명하다 보면 내용이 어려워져 진땀을 빼게 된다. 교인들이 기존에 아는 내용과 다른 점을 말할 때도 그렇다. 철석같이 믿고 있는 내용이 틀렸다고 말하면 분위기가 썰렁해지기도 한다. 담임 목사가 가르치는 내용과 충돌할 때는 더 어색해진다. 그래서 특강 요청을 받으면 묘한 기분이 든다. 가기도 그렇고 거절하기도 그렇다. 주의 말씀을 가르치고 전하는 일은 언제나 좋지만 말이다.

모르는 교회나 일면식이 없는 목사에게서 강의 요청을 받을 때도 쉽지 않다. 교회가 어떤 성향인지, 담임 목사의 입장이 어떤지 전혀 모르기 때문이다. 자칫하면 도우러 갔다가, 도움은커녕 관계를 망치고 올 수도 있다. 그래서 모르는 교회에 강사로 가는 일도 그리 내키지 않는다.

이번 여름에 강사로 갔던 M 교회 수련회 건도 그렇다. 어떻게 나를 알았는지 연락이 왔다. 갈까 말까를 고민하다 결국 수락했지만 강의 내내 힘들었다. 건네 들은 정보로는 M 교회 성도들이 그 정도는 이해하겠지 싶었는데 그게 아니었다. 몇몇 사람은 더운 날씨 탓인지 아니면 강의가 어려워서인지 졸고 있었고, 어떤 사람들은 이해하기가 쉽지 않은 듯 고개를 갸우뚱거렸다. 그냥 쉽게 결론만 말해주면 좋을 수 있었겠지만, 그건 무조건 믿으라는 식일 수 있기에 조심스러웠다. 가능하면 잘 알아듣게 설명하려 했는데 그게 잘 먹히지 않았다. 작년에 어느 교회에서 집회를 쉽게 이끌었을 때 "들을 게 없다"는 식의 반응이 있었기에, 이번에는 좀 더 잘해줄 의도로 중요한 설명을 넣었음에도 정반대의 반응이 나온 것이다. 결국 중요한 내용을 설명하다가 본전도 못 찾고 대충 마무리한 꼴이 되었다. 저녁 설교 시간도 쉽지 않았다. 청중도 다양했고, 온종일 강의 듣느라 피곤해서인지 대놓고 자는 사람도 많았다. 평상시 자주 듣던 말투와 다른 설교를 어색해하는 사람도 있는 것 같았다. 청중에게 맞는 적용을 제대로 찾았는지도 의문이다. 아무튼 이번 수련회 집회는 그리 성공적이지 못했다. 차라리 가지 말았어야 했나 하는 생각마저 든다. 그 시간에 연구나 더 할 걸 하는 아쉬움이 밀려온다.

6.1.2. 적용을 낳지 못한 해석

무엇이 문제일까?

M 교회의 수련회는 무엇이 문제였을까? 수련회 준비 과정에서 기도가 부족했던 탓일까? 아니면 수련회 계획 자체에 문제가 있었을까? 수련회 때면 늘 성경에만 집중해서 공부해야 한다는 고정관념이 문제인가, 아니면 단순히 강사 섭외의 문제인가? 하나님을 신뢰하지 않고 너무 인간적인 방법만 생각한 게 잘못이었을까?

물론 수련회를 잘하려면 계획 자체를 잘 세워야 한다. 또한 준비 과정에서는 당연히 기도가 필요하다. 수련회 때 성경을 공부하는 것 외에 다른 프로그램을 준비해보는 것도 좋다. 좋은 강사도 적절히 섭외해야 한다. 무엇보다도 하나님을 신뢰하는 가운데 그분의 지혜를 구하며 잘 따르는 것이 중요하다. 하지만 M 교회의 여름수련회를 성경해석학의 문법과 구조 측면에서 보면 어떤 문제가 보일까? 이것이 핵심이다.

해석과 적용은 함께 가야 한다

성경 읽기(성경 묵상)는 마라톤과 같다. 성경 읽기는 과거 역사의 현장에서 시작하여 우리 시대 삶의 현장으로까지 와야 한다. 본문의 자리와 지평을 독자의 자리와 지평에 연결시켜야 한다. 석의와 해석을 통해 본문을 우리에게 맞는 적용과 실천의 자리로 끌어와야 한다. 해석 과정은 적용 과정으로 줄기차게 이어져야 한다. 해석의 과정이 끝났다고 해서 끝이 아니다. 그제야 반환점을 돈 것이다. 그 반환점을 돌고 나서 이제 다시 새로운 지평의 자리로 나아가야 한다. 앞서 여러 번 살펴본 것처럼 성경해석학은 "석의-해석-적용-실천"의 과정을 다 거치는 구조로 되어 있다. "석의와 해석"으로 성경 읽기가 끝나는 게 아니라는 말이다.

그런데 문제는 이 모든 과정을 다 실행한다는 게 사실 쉽지 않다는 것이다. 석의와 해석 후 적용과 실천까지 모두 다 감당하기란 만만치 않은 일이다. 우선 각 단계를 제대로 하기가 쉽지 않은 데다, 각 단계를 서로 긴밀히 연결하려면 숙련된 기술과 영감이 필요하다. 여기에는 일관성 있게 이어나가는 길이 고속도로처럼 쫙 뚫려 있는 것이 아니기 때문이다.

그래서 자칫하면 샛길로 빠진다. 어떤 사람들은 해석 과정이 어려워 그냥 곧바로 적용으로 넘어간다(이 점은 5장에서 P 목사의 설교와 L 집사의 큐티를 통해 살펴보았다). 적용중심주의에 빠져버리는 것이다. 또 어떤 사람들은 해석 과정을 감당하기 힘들어하거나 또는 힘들게 감당하다가 지쳐 적용 과정으로 제대로 나아가지 못한다. 성경 해석과 적용은 긴 시간을 뛰어야 하는 마라톤인데 시작하자마자 조금 뛰고 힘들어 포기하거나 반까지만 뛰고 반환점에서 주저앉는 사람들을 보면 안타깝다. 마라톤을 완주하려면 페이스 조절을 잘해야 할 뿐 아니라 평소에 많은 훈련과 노력을 해야 한다. 평소에 오래 뛰는 훈련을 하지 않다가 갑자기 마라톤에 나서면 금세 지치고 포기하기 십상이다. M 교회 수련회의 문제가 이와 유사하다. 평소에 해석 과정을 제대로 밟지 않다가 갑자기 수련회에서만 힘을 쏟으니 지칠 수밖에 없다. 거기서 억지로 더 가려다가는 탈진으로 쓰러질 것이다.

M 교회의 문제

M 교회는 평소에 해석 과정을 적절하게 훈련하지 못했다. 담임 목사인 P 목사 자신이 해석 과정보다는 적용 과정에 치중했고, 석의와 해석에 특별히 열심을 내지 못했다. 그런 성향은 P 목사의 설교에 그대로 반영되었고, 성도들은 자연히 석의와 해석이 충실한 설교를 들을 수 없었다. 그 결

과 성도들은 평소에 석의와 해석을 경험하거나 배우지 못했다. 바꿔 말하면 그들은 석의나 해석을 마주하는 능력을 키워주는 기본 훈련을 받지 못했기에 해석 과정을 감당하기 힘든 상태였던 것이다. P 목사의 설교가 적용중심주의에 빠져 있었던 것처럼 성도들도 석의나 해석에 큰 관심이 없는 채로 적용중심주의에 빠져 있었다.

그런데 그런 성도들이 특강이나 수련회 때는 갑자기 해석 과정을 강조하는 강의나 설교를 집중적으로 듣게 되었다. 평소에 해석 과정이 생략된 적용 중심의 설교를 듣다가 갑자기 전혀 다른 강의와 설교를 들으니 어려울 수밖에 없다. 물론 해석 과정에 목말라하던 소수의 사람에게는 메마른 땅에 단비가 오는 듯한 일이었겠지만, 교회의 흐름을 따라가던 평범한 교우들에게는 급격히 분위기가 바뀐 특강이나 수련회는 몸에 잘 맞지 않는 옷을 입은 상황이나 처음 보는 음식을 먹어야 하는 처지와 같았다. 해석이 빠진 적용 중심의 설교를 듣다가 갑자기 해석 과정을 꼼꼼히 따지는 강의와 설교를 들으려니, 어려운 게 당연하고 또 졸린 게 자연스러울지 모른다. 어떤 교우들은 '쓸데없이 왜 이렇게 복잡하고 어려운 이야기를 하나?' 하고 생각했을지도 모른다. 이 모든 것이 "적용중심주의"에 있다가 갑자기 "해석중심주의"로 틀이 바뀌어서 생긴 문제다. 평소에 안 하던 것을 갑자기 하려니 어려운 것이다. 수련회니까 삶의 문제가 해결되기를 기대했는데 현실 이야기는커녕 성경에 있는 먼 나라 이야기만 늘어놓으니 관심이 안 가고 졸리는 게 당연하다. 늘 듣던대로 구체적 적용이 소개되기를 기다렸는데 기대와 달리 갑자기 해석에 강세가 붙는다. 이런 상황에서 적용을 먹고 살던 교인들이 시큰둥한 반응을 보이는 건 당연하다 (물론 이들이 평소에 제대로 된 적용을 경험했다고 보기도 어렵다).

그래서 그 결과를 경험한 P 목사는 다음 수련회에는 다시 부흥강사를 택하는 쪽으로, 즉 ("해석중심주의"에서) 다시 "적용중심주의"를 선택하는 쪽으로 기울었다. 따라서 사실 P 목사가 하는 고민의 본질은 이것이다. "해석이냐, 적용이냐, 그것이 문제로다!"

"해석이냐, 적용이냐, 그것이 문제로다!"

A 교수의 문제

A 교수에게도 문제가 없는 건 아니었다. A 교수는 성서학자로서 해석 과정에 몰두해왔다. 우리 시대의 성서학자들은 성경 본문의 "역사적 의미"를 밝히는 데 큰 노력을 기울인다. 물론 온전한 의미에도 관심을 두지만 그것이 성서학 연구의 주류는 아니다. 역사비평학이 발전한 이후 지금까지 성서학자들은 본문의 역사적 의미를 밝히는 일에 많은 시간과 노력을 쏟아왔다.[1] 본문을 적용하는 데까지 학자들의 연구가 나아가면 좋겠지만 아직은 소원(疏遠)한 일이다.[2] 물론 이 분야에까지 나아가려는 시도들이 있기는 하다.[3]

학자들이 깊이 참여하는 해석 과정의 연구, 좁게는 역사적 의미에 대한 탐구는 현재 광범위하고 심도 있게 이루어지고 있는데(이미 앞의 5.2.2.에서 그 방향에 대해 간략하게 다루었다), 그런 연구나 탐구가 결코 쉬운

---

1 현재 학자들의 연구 결과로 나타나는 성경 주석 시리즈(예를 들어 WBC나 NICNT/OT)가 주로 역사적 의미를 찾는 작업에 많은 지면을 할애하는 것을 보면 이를 잘 알 수 있다.

2 예를 들어 Marshall은 성서학자들의 연구가 원래적 의미 파악에 머무르면서 적용의 단계까지 잘 나아가지 않는 현상에 대해 지적한다(I. H. Marshall, "The Use of the New Testament in Christian Ethics", *Expository Times*, 105/5[1994], 136).

3 성서학자들이 참여한 적용 주석 시리즈(예를 들어 NIV 적용 주석)의 등장이 그런 흐름의 일면을 보여준다.

작업은 아니다. 이 작업은 매우 복잡하고 어려우며 많은 시간과 고민을 요구한다. 그래서 그 일에 몰두하는 성서학자들은 늘 고단하다. 그 결과 소기의 목표가 이루어지는 것에 만족하며 그 자리에서 성경 연구를 멈추고는 한다.

이런 현상이 나타나는 주된 이유는 두 가지다. 첫째, 성서학자들의 역할이 일차적으로 거기까지라는 인식이다. 어차피 성서학도 하나의 학문으로서 시대의 흐름을 무시할 수 없고, 학문 발전의 흐름에 따라 한 계단씩 올라가야 한다. 역사비평학이 등장한 후 역사적 의미 파악에 대한 많은 발전이 이루어졌고 아직도 그 연구는 완결되지 않은 상황이다. 온전한 의미와 현실적 뜻에 대한 학문적 연구까지 나아가려면 일정 기간이 더 지나야 할 것으로 판단된다. 둘째, 학자들이 그 이상을 하려고 해도 현실적으로 힘이 부치고 모자란다는 사실이다. 더구나 교수들에게 여러 가지 부가적 책무가 따르는 한국의 신학교 상황에서는 학자들이 실천의 영역까지 감당한다는 건 정말 쉽지 않은 일이다. 그 결과 우리 시대 성서학자들의 전문 영역은 해석 과정, 좁게는 역사적 의미 탐구에 국한된다.

A 교수도 이런 상황에서 벗어나지 못했다. 역사적 의미 연구는 매우 복잡하고 어렵기에 그 답을 찾아서 교회에 전하는 일은 만만치 않다. 더구나 해석 과정에 관심이 많지 않은 교인들에게, 그것도 알아듣기 쉽게 그 결과를 전해야 하는 부담도 적지 않다. 거기에 더하여 특정 교회에 맞는 현실적 뜻을 찾아야 한다. 안 그래도 바쁜 A 교수는 그런 것까지 감당하기에는 너무 벅차다. 결국 A 교수는 해석의 결과를 특정 교회에 맞게끔 잘 풀어내는 역할을 제대로 해내지 못했다. 다른 한편으로는 A 교수 스스로 그 한계를 뛰어넘는 역량을 충분히 키우지 못한 면도 있다. 그의 관심사는 해석 중심의 사역이었지, 성경해석학 구조 전체를 아우르는 사

역이 아니었다. 이는 우리 시대 성서학자 대다수의 한계라고 치부할 수도 있지만 A 교수가 한쪽으로 치우친 건 분명한 사실이다.

이처럼 M 교회 수련회 건은 해석중심주의의 문제를 단편적으로 잘 보여준다. 해석 과정과 적용 과정은 동전의 양면 같아서 양자가 함께 조화를 이룰 때만 성경 묵상이 제대로 이루어진다. 석의와 해석, 적용과 실천이 모두 잘 연결되어 어우러질 때 성경을 통해 하나님이 하시고자 하는 일이 그 본모습을 드러낸다. M 교회 수련회의 문제는 이 두 가지 중 하나에만 집중했기에 나타난 현상이다. 해석 과정과 적용 과정은 연합하여 함께 가야 한다. 해석 과정의 끝은 단지 반환점일 뿐이다. 완주를 위해서는 종착점인 적용 과정까지 가야 한다.

M 교회 수련회의 문제: "적용을 낳지 못한 해석 = 해석중심주의"

6.2. 적용: 현실적 뜻 찾기

방향은 분명하다. 성경 읽기와 묵상은 해석 과정에서 끝나면 안 되고 자연스레 (그리고 마땅히) 적용 과정으로 넘어가야 한다. 적용 과정은 "현실적 뜻"을 찾는 "적용 단계"와, 찾은 뜻을 현실의 삶에서 이루는 "실천 단계"로 구성된다. 이제 각 단계의 원리와 방법을 살필 차례다.

6.2.1. 적용의 원리

사실, 해석 과정이 제대로 진행되면 적용 과정은 든든한 토대를 갖추게 된다. 해석이 올바로 안 되면 본문이 말하지 않는 엉뚱한 내용을 "하나님의 말씀"이라고 갖다 붙일 우려가 있지만, 일단 해석까지만 제대로 되도 그럴 위험은 현저히 감소한다. 적용의 방향이 어느 정도 설정되기 때문이다. 하지만 그 방향을 잘 통제해야 적용이 제 궤도에 오르게 된다. 적용을 바른 궤도에 올려놓는 데 필요한 세 가지 중요한 원리가 있다.

첫째 원리: 온전한 의미로부터

첫 번째 원리는 적용이 일단 "온전한 의미로부터" 와야 한다는 점이다. 이 말은 적용이 바른 해석 과정의 토대에서 진행되어야 한다는 전제와 맥을 같이한다. 대다수 잘못된 적용은 근본적으로 본문이 제공하는 의미에서 이탈하기 때문에 나타난다.

보통 이런 이탈은 두 가지 상황이 함께 어우러지며 발생한다. 첫째, 내가 성경으로부터 듣고 싶은 메시지가 나의 내면에서 은근히 또는 노골적으로 우선시 될 때다. 이때 해석자는 성경이 말하는 것을 듣는 것 같지만 사실은 성경을 단지 "증거" 구절로 사용하면서 성경으로 자기 생각을 "증명"하려고 이용할 뿐이다. 성경이 자신을 지지한다고 믿고 싶은 마음이 더 큰 것이다(이는 5장에서 이미 M 교회의 P 목사나 L 집사의 예로 살펴보았다). 둘째, 본문이 말하는 "역사적-온전한" 의미를 제대로 찾지 않았거나 잘 모르는 상태에서 내가 생각하는 내용이 본문의 메시지라고 단정할 때다(P 목사와 L 집사는 모두 성전 관련 본문을 교회의 예배당 건축 문제와 연결하고 싶어 했다). 일반적으로 이런 두 가지 상황이 공색하게 어우러져 본문과 상관없는 엉뚱하고 이상한 적용이 도출된다.

따라서 이런 엉뚱한 적용을 피하려면 본문이 제공하는 의미, 즉 "역사적 의미"와 "온전한 의미"를 제대로 추적해야 한다. 이는 해석 과정을 제대로 거쳐야 한다는 말이기도 하고, 해석 과정의 결과물인 "온전한 의미"

가 적용의 방향을 제시한다는 뜻이기도 하다. 적용을 제대로 하려면 본문에서 온전한 의미를 잘 캐내야 한다.

앞서 다룬 속담의 예를 통해 이를 어렵지 않게 확인할 수 있다. "소 잃고 외양간 고친다"는 속담을 듣고 자기 집에 외양간이 있는지 없는지를 따지는 건 어리석은 일이다. 오히려 이 속담의 온전한 의미가 무엇인지 생각해보아야 한다. 그 후 "이미 잘못된 일에는 뒤늦게 손을 써도 소용이 없다"는 원리를 자신의 상황에 알맞게 적용해야 한다(참조. 143페이지 〈표 11〉). 마찬가지로 열왕기상 5-8장에 나오는 성전 건축 이야기를 그냥 예배당 짓기와 연관시키는 건 어리석음의 소치다. 해당 본문이 가진 온전한 의미를 깨닫지 못한 채 겉모양에서만 적용점을 찾았기 때문이다. 성전 건축의 온전한 의미가 적용의 토대가 되어야 한다.

이처럼 현실적 뜻을 찾는 첫 번째 원리는 그 뜻이 성경 본문의 "온전한 의미로부터" 와야 한다는 점이다. 적용이 올바로 이루어지려면 해석 과정이 제대로 작동해야 한다. 이는 마치 엔진이 제대로 작동하지 않는 차가 도로를 달릴 수 없는 것과 유사하다.

"해석 과정은 끝이 아니라 적용의 토대이자 디딤돌이다."

보충 설명

해석과 적용의 중첩 문제[4]

현대 해석학에서 해석과 적용에 관해 논쟁할 때 빠지지 않는 범주에는 적용과 해석을 명확히 구별하는 전통적인 시각 외에도 이 둘의 관계를 바라보는 두 가지 시각이 더 있다. 그중 하나는 적용을 해야 의미가 밝혀진다고 보는 시각이고, 다른 하나는 의미와 적용이 서로 투과되는 면이 있다고 판단하는 시각이다(전자는 적용을 해석[석의]과 같은 범주로 보는 경우이고, 후자는 해석[석의]과 적용이 일부 중첩된다고 보는 경우다).[5] 이 세 가지 시각이 가진 차이가 치열한 논쟁을 만들어내고 있다.

사실 이런 논의는 해석학 연구에 꼭 필요한 부분이다. 문제는 이 논의가 매우 철학적이고 복잡하며 어렵다는 사실이다. 하지만 다음의 두 가지 점을 명확히 하면 복잡했던 논의에 대한 답이 어느 정도 가늠되리라 생각한다.

첫 번째로 고려할 점은 (앞서 4.3.2.에서 언급한) "해석학적 나선형 순환"을 깊이 인식하는 것이다. 나선형 순환은 해석 과정과 적용 과정이 서로 융합하면서 상호 자극하고 반응하며 발전되어가는 모습을 설명해준다. 이 나선형 순환의 모습을 한쪽 옆에서 보면 해석(석의)과 적용이 한 범주에 있거나 해석(석의)과 적용이 중첩된 듯이 보

4 이 내용은 좀 어렵다. 그냥 넘어가도 6장 전체를 이해하는 데는 큰 어려움이 없다. 하지만 이 부분을 잘 이해하면 해석학에 대한 시야가 넓어질 것이다.

5 이와 관련한 논의는 복잡할 뿐 아니라 앞으로도 계속 논쟁을 거쳐야 할 것으로 보인다. 이 문제에 관한 쉽고 간략한 설명은 D. M. Doriani, 『적용, 성경과 삶의 통합을 말하다』(정옥배 옮김, 서울: 한국성서유니온선교회, 2009), 35-45을 보라.

이기도 한다. 하지만 이는 입체적 현상을 한 시점에서 관찰할 때 나타나는 현상일 뿐이다. "나선형 순환"이라는 입체적 현상을 정확히 인식한다면 해석(석의)과 적용이 개념적으로 분명히 구분된다는 사실을 알게 된다.

"나선형 순환"을 평면도(平面圖)로 나타내보면 (4.3.1.에서 제시한) 해석학의 구조(127페이지 〈표 8〉)를 단순화할 수 있고 여기서 해석 과정과 적용 과정은 분명히 구분된다.[6] 반면 "나선형 순환" 자체는 입체적이다. 즉 성경해석학이 성경 묵상의 실제 현장에서 실현되는 모습은 평면이 아니라 "입체"(立體)로 나타난다는 말이다. 따라서 성경 묵상의 실제 모습에는 해석과 적용이 겹쳐 보이는 현상이 발생한다. 지금까지 나는 평면도를 기준으로 논의를 진행해왔고 마찬가지 방식으로 해석과 적용 문제도 다루는 중이다. 곧 평면도의 시점에서 적용 과정의 여러 이슈를 논하고 있다는 말이다(기본적으로는 평면도로 이해하고 설명해야 전체의 기본 윤곽을 알기 쉽고 해석과 적용의 기본적 특징과 관계를 직관적으로 깨닫게 된다).

따라서 해석과 적용의 중첩에 대한 철학적 논의는 "해석학적 나선형 순환"을 잘 이해하면 간단히 정리되는 문제다. 평면도와 입체적인 현상을 잘 구별해야 한다. 해석학적 순환의 일면을 포착한 평면도와 실제 발생하는 현상으로서의 해석학적 순환은 같으면서도 분명한 차이가 있다.

두 번째는 "해석", "적용", "의미", "뜻"과 같은 개념들을 명확히 하

---

6 "평면도"는 입체적인 구조물을 위에서 내려다본 것으로서 입체물의 기본적 특징을 간략하게 압축시켜놓은 설계도다.

는 것이다. 예를 들어 어떤 사람은 "의미"라는 개념에 "역사적 의미"와 "온전한 의미" 및 "현실적 뜻"까지 포함시키는 경우가 있고, "의미"와 "뜻"을 분리해 사용하는 경우도 있다. 의미를 광의적으로 사용하면 적용은 해석(석의)과 겹치고 또 의미 찾기에 적용과 해석이 모두 깊은 영향을 주는 것으로 비칠 수밖에 없다. 왜냐하면 광의의 개념으로는 적용이 제공하는 "현실적 뜻"도 "의미"가 되고, 석의와 해석이 찾아내는 "역사적 의미"와 "온전한 의미" 역시 "의미"가 되기 때문이다. 그 결과 적용과 해석(석의)은 모두 의미를 찾는 과정에 들어간다. 여기서 해석이 의미를 밝혀주지만 적용도 의미를 깨닫게 해준다는 말이 나온다.

이처럼 해석학에 관련된 용어가 세심하게, 그리고 결정적으로 사용되지 않으면 관련 논의는 실타래가 엉킨 것처럼 엉망이 되어버린다. 더욱이 이를 뭉뚱그려 풀려는 방식이 해답으로 제시되면서 상황을 악화시킨다. 따라서 논의에 앞서 관련 개념을 보다 확실하게 정의하고 세밀하고도 명확하게 구분하는 조율이 필요하다. 내가 이 책에서 성경해석학의 구조를 평면도로 제시하고 그 평면도 안에서 여러 개념을 세부적으로 구분해 사용하는 것, 또한 그것을 입체적인 나선형 순환 구조로 확대시켜 설명하는 것은 이런 복잡한 문제를 쉽게 풀어가려는 의도다.

정리하면 해석학의 "나선형 순환 구조"에 대한 인식과 성경해석학의 구조를 설명하는 "개념과 용어의 세밀한 이해"는 해석과 적용의 중첩 및 융합에 대한 적절한 답을 찾는 데 결정적 도움을 줄 수 있다.

둘째 원리: 현재 독자의 상황 고려

적용의 두 번째 원리는 해석의 결과를 나와 우리의 상황에 맞도록 적용해야 한다는 점이다. 이 원리는 매우 상식적이다. 하지만 이 원리를 바르게 이해해서 제대로 활용하는 일은 생각만큼 간단치 않다. 적용은 본문이 가진 역사적 상황으로 되돌아가는 것도 아니고, 본문의 역사적 의미를 그대로 나와 우리에게 옮겨놓는 것도 아니다. 오히려 본문에서 찾은 온전한 의미를 나와 우리의 상황에 맞는 현실적 뜻으로 변형시켜 가져와야 한다.

석의와 해석은 찾게 되는 의미가 그 성격상 수렴(收斂, converge)하는 특징을 지닌다. 본문의 의미는 아무런 방향성 없이 이것도 되고 저것도 되는 게 아니라 어떤 특정한 방향에 생겨나는 초점을 향해 모아진다. 물론 해석의 결과에 따라 여러 다른 가능성이 제안될 수는 있지만, 그건 어디까지나 각 해석자의 전제와 가정이 다르기 때문에 나타나는 현상일 뿐이다. 실제 해석의 맞고 틀림이 선명하게 드러날수록 본문의 역사적-온전한 의미는 한 방향으로 수렴할 수밖에 없다. 다양한 표현의 차이는 늘 존재하지만 근본적으로 한 본문이 서로 상충되는 복수의 의미를 가지거나 서로 상이한 의미를 제시하지는 않는다.[7] 물론 저자가 중의적(重義的) 기술을 의도하는 경우가 있기는 하다.[8]

반면 적용 과정에서 찾게 되는 "현실적 뜻"은 그 성격상 발산(發散, diverge)하는 특징을 가진다. 본문이 적용되는 나와 우리가 누구냐에 따

---

7 이런 점에서 해석 과정은 "다의성"(多義性)이 아닌 "일의성"(一意性)을 지닌다고 말할 수 있다.

8 중의적 의미를 만드는 방법을 문학에서는 "중의법"이라고 한다. 이는 한 단어나 문장에 두 가지 이상의 의미를 포함하게 하여 저자가 의도하려는 복합적 메시지를 전하는 방식이다. 복음서에 기록된 예수님의 말씀에서 이런 기법이 간헐적으로 발견되는데, 이 경우 대체로 해당 본문을 이해하기가 쉽지 않다. 예를 들어 막 7:27에 있는 예수님의 말씀("자녀로 먼저 배불리 먹게 할지니 자녀의 떡을 취하여…")은 해석하기 어려운데, 중의법이 사용되었다는 점을 간파하면 해석이 좀 쉬워진다.

라 그 뜻이 다양하게 나타난다. 또 같은 나(와 우리)라도 처한 상황이 어떠냐에 따라(즉 시간과 공간과 문화와 사회의 변화 등에 따라) 그 뜻이 매우 다양한 형태로 변화된다. 현실적 뜻은 본질적으로 다양성(多樣性)을 가진다는 말이다.

예를 들어 사도행전 4:23-31은 적용 대상 및 그 상황에 따라 매우 다양한 형태의 현실적 뜻을 만들어낼 수 있다. 선교지에서 그리스도의 복음을 전하다가 정부의 핍박에 직면한 선교사가 이 말씀을 묵상할 때 깨닫게 되는 현실적 뜻이 있을 것이다. 또한 이와 유사한 선교지의 상황에서 이웃의 핍박에 직면한 성도들이 알게 되는 뜻도 있을 것이다. 물론 선교지가 아닌 경우에도 적용이 가능하다. 예수를 믿는다는 이유로 남편에게 핍박받는 아내의 상황에서 이 본문이 제공하는 현실적 뜻을 찾을 수도 있다. 이 본문의 온전한 의미가 각기 다른 상황에 적용되는 건 동일하지만, 얻게 되는 각각의 현실적 뜻은 다양한 형태로 등장하는 것이다.

또 다른 예로 신명기 8:3을 생각할 수 있다. 이 본문은 광야에서 시험받던 예수님께는 돌로 떡을 만들지 않는 것으로 적용되었다(마 4:3-4). 하지만 동일한 말씀이 (영국 브리스톨에서 고아원 사역을 했던) 조지 뮬러(George Müller) 같은 사람에게는 하나님이 (사람들을 통해) 비밀스럽고 신비하게 공급하시는 헌금을 기대하는 방향으로 적용될 수도 있다. 동일한 말씀이 예수님께는 먹을 것이 공급되지 않는 쪽으로, 뮬러에게는 재정이 채워지는 쪽으로 적용될 수 있다는 말이다.

결국 적용이 다양할 수 있다는 것이 요점이다. 독자의 상황에 따라 적용은 다양해진다.

"석의와 해석이 수렴한다면, 적용은 발산한다."

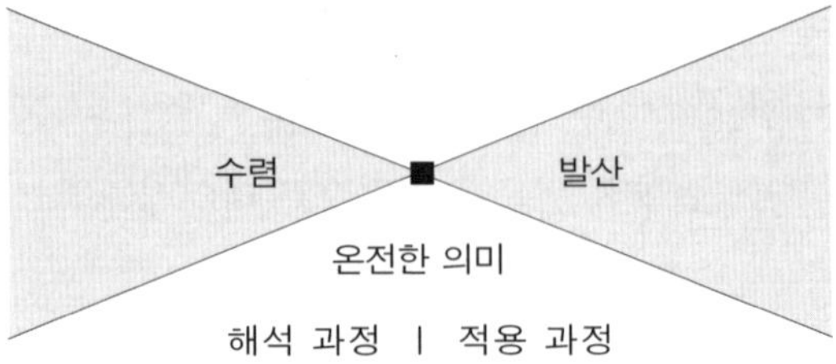

〈표 19〉 해석의 수렴과 적용의 발산

그런데 적용이 본래적으로 갖는 이 다양성은 적용을 위한 바른 태도를 요구한다. 적용은 내가 상황을 어떻게 규정하느냐에 따라, 누구와 관련하여 어떤 점에 초점을 맞추느냐에 따라 다양하고 복합적으로 나타날 수 있기 때문이다. 또한 나의 상황 이해가 적절한지, 아니면 오해에 기반한 것인지에 따라 적용이 달라질 수 있다. 자기 분석 및 상황 분석의 정확도에 따라 적용의 옳고 그름이 갈릴 여지가 있는 것이다. 따라서 적용은 특별히 겸손함을 요구한다.

그런데 통상 사람들은 적용을 할 때 매우 강하게 확신하는 경향을 지닌다. 곧 적용이 자기 자신에게 와 닿는 내용이기에 본문을 해석할 때보다 더 많은 자신감을 가지고 강하게 확신하는 경우가 많다(M 교회 L 집사는 자신의 큐티 적용을 절대화하는 위험성을 갖고 있었다). 이런 확신이 때로는 좋은 쪽으로 작용하기도 하지만, 위험할 때도 많다. 해석은 수렴하는 특징이 있기에 말씀을 정교하게 해석할수록 결론이 정확해지면서 확신이 강해질 수 있다. 반면 적용은 본래 발산하는 특징이 있기에 지나치게 확신하는 건 위험하다. 한 가지 답이 아니라 다양한 답이 나올 수 있기에 지나치게 확신하는 것을 경계해야 한다는 말이다. 그래서 적용할 때는 늘 "겸손한 확신"을 지니는 태도가 필요하다. 해석할 때도 겸손함이 필요하거늘, 적용할 때에는 더욱 겸손함이 필요하지 않겠는가? 적용할 때는 확신이 들어도 여러 번 확인하는 태도가 필요하고, 동일한 적용이 반복되는 경우에도 겸손함을 유지해야 한다. "겸손한 확신"이 적용에 있어서는 필수다.

이 겸손한 확신은 "열린 마음"(openness)과 함께 가야 한다. 적용의 발산성과 다양성은 한 가지 적용만이 능사가 아니라는 점을 잘 알려준다. 한 가지 적용에만 국한하지 않고 다른 적용을 인정할 수 있으려면, 자신이 깨달은 특정한 적용뿐 아니라 다른 방향의 적용에도 열려 있어야 한다. 그래야 지금의 특정한 적용이 다른 날 다른 본문에서 도출된 적용과도 연결될 뿐 아니라 복합적으로 구성되어 좀 더 큰 "현실적 뜻"을 가늠할 수 있게 한다. 때론 나의 적용에 문제가 있거나 잘못되었다는 점을 수긍할 줄도 알아야 한다.[9] 이 모든 것은 "열린 마음"이 없으면 불가능하다.

이처럼 적용은 현재 독자의 상황이 고려된다는 원리를 갖고 있는데, 이 원리는 그 성격상 발산성과 다양성을 지니며 말씀을 적용하려는 독자에게 "겸손한 확신"과 "열린 마음"을 요구한다. 이런 태도는 본문의 온전한 의미를 나와 우리의 상황에 적용하려 할 때 필수적이다. 이런 태도를 갖추지 못하면 적용은 제 궤도를 이탈하고 자칫 매우 위험한 도구로 전락할 수도 있다.

적용의 발산성과 다양성은
"겸손한 확신"과 "열린 마음"의 태도를 요구한다.

---

9 성경 말씀을 잘 적용했다는 나눔은 종종 들을 수 있지만, 잘못 적용했다는 고백은 쉽게 들을 수 없다. 이런 현상은 우리가 적용을 얼마나 이현령비현령(耳懸鈴鼻懸鈴)으로 사용하는지를 간접적으로 보여준다.

셋째 원리: 계시의 체계를 따라

세 번째 원리는 적용이 독자의 시대가 맞닥뜨리고 있는 계시의 체계를 따라야 한다는 것이다. 적용이 우리 시대의 상황을 고려한다고 해서 무작정 이 시대의 흐름을 따라야 하는 것은 아니다. 오히려 독자가 살아가는 시대가 계시의 흐름과 체계에서 어느 위치에 놓였는가를 반추하며 그 계시의 체계를 따라 적용되는 점을 찾아야 한다.

적용의 첫 번째 원리가 본문의 온전한 의미라는 토대를 붙드는 것이고, 두 번째 원리가 독자의 시대 상황을 고려하는 것이라면, 세 번째 원리는 앞의 두 원리가 어우러지는 방식에 대한 것이다. 온전한 의미가 독자의 시대와 관계를 맺을 수 있는 방식은 계시의 체계와 흐름 속에서 찾아져야 한다. 곧 적용이 계시의 흐름 속에서 독자의 시대가 직면한 방향으로 작동되어야 한다는 말이다.

예를 들어 사도행전 4:23-31에 나타난 사도들의 적용은 옛 다윗 왕국을 복원하거나 재건하는 방식이 아니라 그리스도의 복음(하나님 나라의 복음)을 담대하게 전하는 방향으로 이루어졌다. 계시의 체계와 흐름 속에서 사도 시대가 직면한 과제가 바로 "그리스도의 복음"이 전파되어 "하나님 나라"가 실현되는 일이었기 때문이다. 사도들은 계시의 흐름 속에서 다윗의 신정국가가 내다보던 하나님 나라가 예수님의 죽음과 부활에서 출범했기에 다시 옛 다윗 왕국의 현실로 돌아가지 않고 그 시대의 흐름에 맞는 길로 나아갔다. 계시의 점진적 발전이 이루어진 상태에서 다시 옛 단계로 돌아갈 이유가 전혀 없었던 것이다.

마찬가지 이유로 신구약에 등장하는 성전 관련 본문을 가지고 예루살렘에 "제3성전"을 재건해야 한다고 적용하는 것은 온당치 않다(물론 관련 본문을 가지고 이렇게 해석하는 것은 더 큰 오류다). 성전의 온전한 의미란 단순히 건물도 아니거니와 구약에서 말하는 제사 제도의 재현도 아니기에 구약에서 중시되던 "성전 건물"을 예루살렘에 재건하자는 것은 관련 본문의 적절한 적용이 아니다. 이는 계시의 체계와 흐름에 역행하는 일일 뿐 아니라 계시의 완성이신 그리스도를 무시하는 처사이기 때문이다.

제1성전(다윗-솔로몬 성전)이 무너진 것은 하나님이 이스라엘의 불순종 문제를 역사 속에서 가시화하시려는 것 때문이었지, 성전의 온전한 의미를 가리키는 실체가 역사 속에서 나타나 건물로서의 성전이 불필요해졌기 때문은 아니었다. 건물로서 성전의 존재는 계속 유효했고 그 결과 제2성전이 재건되었다. 하지만 예수님 때에는 계시의 구조 속에서 성전의 온전한 의미가 메시아 예수를 통해 분명하게 드러났다. 따라서 이제 건물로서의 성전은 역사 속에서 사라지는 것이 자연스럽고 당연하다. 그래서 예수님은 자신의 십자가와 부활 사건으로 건물 성전의 기능이 종말을 맞을 것이라 말씀하셨다(참조. 요 2:19-22; 마 24:2; 27:51; 막 13:2; 15:38; 눅 19:41-44; 21:6; 23:45). 실제로도 티투스(Titus)가 이끄는 로마 군대의 공격으로 예루살렘 제2성전은 완전히 사라졌다. 그런데 그 성전의 소멸은 근본적으로는 건물 성전의 존재가 계시의 구조 속에서 역할을 다했기 때문이었다. 따라서 신구약의 성전 관련 본문을 "제3성전"의 재건이란 방향으로 적용— 해석도 마찬가지다— 해서는 안 된다. 계시의 체계와 흐름에 맞지 않기 때문이다. 이처럼 적용은 계시의 체계를 따른 것이어야 한다.

"적용은 계시의 체계를 따라야 한다."

6.2.2. 적용 방법과 훈련

그렇다면 이 세 가지 원리가 적용에서 어떻게 해야 제대로 실현될 수 있을까를 고민할 차례다. 해석 과정에 해당하는 다양한 방법론이 개발된 것처럼 적용을 실현하는 좋은 방법들도 개발되어야 한다. 그런데 이 부분에 관한 학자들의 연구는 아직 미미하다.[10] 앞서(6.1.1.) A 교수의 문제를 말할 때도 지적했듯이 성서학자들의 연구는 주로 역사적 의미 찾기에 집중되어 있다. 역사비평학은 여전히 진행 중이고, 본문의 온전한(충만한) 의미에 관한 연구도 아직 충분히 무르익지 않았다. 이런 상황에서 적용에 관한 연구가 탄력을 받는다는 건 아직은 먼 이야기다.

바로 이 대목에서 적용이 가진 "발산성"의 특징을 재고할 필요가 있다. 앞서(6.2.1.(2)) 말했듯이 (해석이 수렴하는 특징을 갖는 것과는 달리) 적용은 발산하는 성격을 보인다. 그리고 이 발산성은 적용의 다양성을 창출해낸다. 대상과 시대와 상황에 따라 수많은 적용의 가능성이 펼쳐진다는 말이다. 적용의 이런 성격과 특징은 적용 방법론을 연구하고 규정하는 데 적지 않은 어려움으로 작용한다. 석의와 해석 단계보다 경우의 수가 훨씬 더 많아지기 때문이다. 이런 점은 적용 방법론에 관한 연구가 해석 과정에 비해 상대적으로 열악한 상황에서 추가적인 악재로 작용한다(방법이 아주 많을 수 있다는 말은 거꾸로 몇 가지를 명확하게 규명하여 제안하기 어렵다는 의미이기도 하다).

하지만 석의와 해석에 대한 연구가 발전하는 것처럼 적용 단계의 방

---

10 Doriani는 책의 서문에서 적용 분야에 관한 학자들의 연구가 미미한 상황을 잘 설명한다(『적용, 성경과 삶의 통합을 말하다』, 8-9). 참조. 송인규, 『성경 어떻게 적용할 것인가?』, 12-13; R. McQuilkin, *Understanding and Applying the Bible*(revised ed.; Chicago: Moody Press, 1992), 12.

법론과 기술도 깊이 연구되어야 한다.[11] 상대적 열세는 인정하더라도 적용 방법은 지속적으로 연구되어야 하고, 또한 그 결과를 활용해서 엮은 적용 주석서도 더 많이 나와야 한다. 다행히 20세기 말과 21세기 초에 적용 주석서 시리즈—NIV 적용 주석 시리즈 등이 여기에 해당한다—가 등장한 것은 고무적인 일이지만, 앞으로 이와 관련한 연구는 더 활발히 진행되어야 하며 관련 서적도 더 많이 나와야 한다(나는 해석학 논의가 격화될수록 적용 분야 연구가 점점 더 발전할 것으로 추측하며 기대한다).

적용 방법에 관한 연구가 적다는 이야기는 교회 현장에서 성도들이 적용하는 법을 잘 모르고 있다는 뜻도 된다. 성도들은 적용을 많이 하고 있다거나 적용이 쉽다고 말하지만 실제로 적용이 잘 되거나 쉬운 건 아니다. 적용을 쉽게들 하지만 사실 엉터리 적용이 많은 데 반해 제대로 된 적용은 드물다. 적용은 제대로 배우고 부단히 훈련해야 한다.

바른 적용 방법을 훈련하는 것과 관련하여 다음 일곱 가지 사항에 유의해야 한다.

① [현대 독자와 관련시키기] 가장 먼저 생각해야 할 사항은 온전한 의미를 나(우리)와 반드시 관련시켜야 한다는 것이다. 본문의 시대와 본문의 등장인물을 이해하는 데 머무르지 말고 거기서 캐낸 의미를 꼭 나 자신 및 우리와 연결해야 한다. 이는 본문의 온전한 의미를 종착점으로 보지 말고 반환점으로 보는 시각을 실현하라는 이야기다. 예수님은 신명기 8:3 말씀이 옛 이스라엘 백성의 상황과 관련되었다는 사실을 분명히 아셨지만, 그것을 자기 자신 및 자신이 창조하는 새로운 이스라엘 백성

11 적용 주제와 관련하여 독자들이 의미 있게 읽어볼 만한 두 책은 다음과 같다. 송인규, 『성경 어떻게 적용할 것인가?』; Doriani, 『적용, 성경과 삶의 통합을 말하다』. Doriani의 책은 2001년에 미국 P & R Publishing에서 출간된 책의 번역서다.

과 연관시키셨다. 이처럼 본문의 의미를 나, 혹은 우리 자신과 연결시켜 이해하는 방식이야말로 적용의 기본이다. 이를 "현대 독자와 꼭 관련시키기"라고 압축하여 정리할 수 있다.

② [구속사적 적용] 둘째는 구속사적 적용 방법이다. 온전한 의미를 현대 독자와 연관시킬 때 구속사적으로 사고하며 적용해보아야 한다.[12] 이는 단순히 단어와 단어, 사건과 사건, 사실과 사실을 일대일로 대응시키는 것이 아니라 구속사적인 틀 안에서 본문의 사건과 의미가 어떻게 나와 우리에게 적용되는가를 고려하는 방법이다. "구속사적 적용 방법"은 계시의 체계와 흐름을 따라 적용하라는 원리를 실현하는 한 가지 방법이다. "구속사"가 계시의 체계 중 하나인 만큼 "구속사적 적용"은 계시의 흐름을 따르는 적용이 된다.

구속사적 적용 방법은 특별히 설교와 관련하여 논의된다. 통상 설교에서 적용은 모범적으로 흐르곤 하는데 그보다는 구속사적으로 적용하는 방식을 추구해야 한다.[13] 예를 들어 솔로몬이 성전을 짓는 모습을 내가 예배당 짓는 것에 (또는 예루살렘의 제3성전을 짓는 것에) 적용하는 방식은 단순히 "모범적인" 적용—사실 "문자적인" 적용에 가깝다—이지만(5장에서 다룬 P 목사의 설교가 이 경우다),[14] 성전이 가진 온전한 의미를 깨달아 우리 시대에 그리스도로 말미암는 참 교회 공동체를 이루어가는 쪽으로 적용하는 방식은 "구속사적" 적용이다. 따라서 열왕기상 5-8장의 성전 이야기가 설교에서 어떤 메시지로 나타나는지를 보면 그 설교가 모범적인 적용을 따른 것인지, 아니면 구속사적 적용을 따른 것인지 분별할

12 참조. 송인규, 『성경 어떻게 적용할 것인가?』, 129-49.

13 모범적 설교와 구속사적 설교 논쟁과 관련하여서는 Greidanus, 『구속사적 설교의 원리』를 보라.

14 물론 마찬가지로 L 집사의 요 2:13-22에 대한 큐티 내용도 모범적인 적용의 성격이 강했다.

수 있다(물론 이런 판단은 "모범적"이라는 단어를 무조건 부정적으로 보아야 한다는 말은 아니다. 부정적 의미의 "모범적 적용"이라는 말은 본문의 온전한 의미를 고려하지 않고 본문의 역사적 의미를 단순히 모범적으로 치환해 추종하려는 방식을 말한다. 반면 구속사적인 모범도 불가능하지 않다. 온전한 의미의 토대에서 구속사적으로 적용된 내용이 때로는 모범적일 수도 있는 것이다).

③ [현대 독자 분석] 현실적 뜻이 나와 우리의 상황을 반영하기에 현대 독자에 대한 분석은 적용에 큰 도움이 된다. 본문의 역사적 의미를 찾을 때 본문의 역사적 배경과 상황 분석이 도움을 주듯이, 현대 독자에 대한 세밀한 분석은 현대 독자를 향한 현실적 뜻을 찾는 데 유용한 방향등 역할을 한다. 역사적 의미를 찾기 위해 여러 방법론(자료비평, 양식비평, 편집비평 등)이 개발된 것처럼 현대 독자 분석을 돕는 다양한 방법론이 개발될 필요가 있다.

개인 독자라면 자신의 인생 이야기를 적절히 분석하는 게 도움이 된다. 말씀을 하루의 특정 시점에만 비추어 적용하는 것이 아니라 자기 인생의 큰 흐름에 비추어 적용해보는 것이다. 물론 적용이 그때만의 적용으로 끝날 수도 있다. 하지만 하나님이 우리를 부르시고 이끌어가시는 길은 하루아침에 끝내거나 한판 대결로 뒤집어엎을 수 없기에 전체 인생의 흐름에 비추어 적용점을 탐색해야 한다. 이를 위해 자신의 인생을 여러모로 분석하고 정리해놓는 작업이 필요하다. 자기 인생일지라도 잘 숙고하고 반성하며 정리해보지 않으면 실태가 어떤지, 어디로 향하는지, 무엇이 필요한 상황인지 정확히 알기 어려울 수 있기 때문이다. 이런 자기 분석과 인생 이야기 서술은 다양한 방법으로 실현될 수 있다(세간에 나와 있는 다양한 분석 틀을 활용할 필요도 있고, 또 해석학의 특성에 맞춰 새로운 방법들을 개발할 필요도 있다). 이런 자기 분석은 특히 큐티의 적용에서 매우 중요하고 요긴하다.

개인 독자만이 아니라 공동체 독자에 대한 분석도 필요하다. 나 혼자만이 아니라 공동체가 어떤 상태이며, 어디서 와서 어떤 방향으로 가고 있는지에 대한 깊은 이해가 우리를 향한 현실적 뜻을 찾는 데 중요하게 작용한다. 또한 이는 설교를 작성하는 데도 요긴하다. 설교를 듣는 청중에 대한 정확한 분석이 없이는 설교의 적용을 제대로 구상하기 힘들다.

독자 시대의 역사와 상황에 대한 분석도 중요하다. 옛 예언자들이 자기 시대에 던진 메시지는 그 시대에 대한 깊은 인식과 분석을 토대로 한다. 그들이 던진 메시지는 시대에 맞는 적용점을 제대로 찾은 것이었다. 마찬가지로 현대 독자가 자기 시대에 맞는 현실적 뜻을 제대로 찾으려면 그 시대가 직면한 역사와 상황에 대한 치밀한 이해와 분석이 필요하다. 적용은 시대 분석과 역사적 이해가 깊어질수록 더욱 살아나며 현실화되고 실제화된다.

④ [적용 목록 활용] 적용 영역의 다양한 틀을 목록으로 만들어 활용하는 방식도 염두에 두어야 한다. 적용 훈련이 잘되지 않은 상태에서는 본문의 온전한 의미가 도출되어도 그것을 어떻게 나와 우리에게 적용할지 도무지 가늠되지 않을 때가 있다. 더군다나 구속사적 적용을 해야 한다고 하면 더욱더 모호해지면서 적용의 실마리가 풀리지 않는 상황이 되기도 한다. 이때는 이미 잘 구성된 적용 영역 목록을 활용할 수 있다.

예를 들어 "나", "가정", "교회", "일", "사회", "선교", "하나님 나라"라는 일곱 가지 영역을 적은 목록을 살피면서—물론 이 일곱 가지를 외워서 차례로 살펴도 된다—본문의 온전한 의미가 독자의 상황에 적용될 부분을 점검하는 것이다. 가령 신명기 8:3 말씀이 현재 우리 "가정"의 어떠한 면에 적용될 수 있는지 살펴보고, 그다음엔 "교회"의 어떠한 면에 적용될 수 있는지 차례로 생각해보면 된다. 물론 이런 영역의 목록은 미리 여러 부분을 잘 고려하면서 자신과 시대의 상황에 맞도록 작성해야 한다.

⑤ [구체적 적용] 구체적 적용도 적용이 제대로 되게끔 하는 중요한 방식이다.[15] 적용이 잘 안 되는 이유 하나는 성경을 읽을 때 원리적 교훈을 찾는 것으로 끝내는 습관이다. 원리적 교훈에서 멈추기 때문에 독자의 상황에 맞는 그 이상의 구체적인 적용으로 발전하지 못한다. 이는 자꾸 본문의 온전한-원리적 의미를 찾는 것에 만족하는 습관이 만들어낸 적용 불감증이다. 이 불감증에서 탈피하려면 온전한 의미를 독자의 삶에 적용할 때 구체적인 면을 들추고 들여다보는 습관이 필요하다.

예를 들어 신명기 8:3에서 깨달은 원리적 의미, 즉 "하나님을 신뢰하면서 그분의 말씀으로 살아야 한다"라는 메시지가 내(우리) 생활의 어떤 영역에 구체적으로 적용되어야 하는지를 추적해보는 것이다. 우선 가정생활에서 하나님을 신뢰하지 못했던 적은 없었는지 살펴보고, 최근에 교회 공동체 안에서 진행되었던 일들이 하나님이 바라시는 바를 따라 이루어진 것인지 아닌지를 꼼꼼히 따져보면 된다. 사업을 하는 사람이라면 지금 추진하는 영업 방식이 하나님을 신뢰한 결과인지 아닌지도 살펴야 한다. 이렇듯 말씀을 삶의 각 영역에 구체적으로 적용하는 방식은 성경 묵상을 풍성하게 만든다.

⑥ [실제적 적용] 구체적 적용과 함께 어울리면서 적용을 적용답게 하는 또 다른 방법은 적용의 사안을 실제적으로 바라보는 것이다. 말씀의 구체적 적용이 적용의 사안을 더 분명하고 세밀하게 살피는 것에 관

---

15 참조. 한국성서유니온선교회 엮음, 『성경묵상 훈련교재』, 54. Duvall과 Hays는 구체적 적용과 실제적 적용을 통합하여 적용의 구체화라는 개념으로 제시한다(『성경 해석』, 346-53).

련된다면, 실제적 적용은 그 적용의 내용이 과연 실제로 이루어질 만큼 현실적인가를 따지는 것과 관련된다. 물론 구체적 적용과 실제적 적용은 서로 긴밀히 연결되어 있다. 하지만 엄밀하게는 구별되어 각기 적용을 적용답게 하는 독특한 역할을 한다.

큐티에서 신명기 8:3을 현재 자기 사업에 적용한다고 하자. "하나님을 신뢰하니 현재 하고 있는 (문제가 불거진) 인테리어 사업을 **오늘부로** 다 접고 무조건 그냥 하나님이 공급하시는 경제적 도움을 기다리자"라고 적용한다면, 이것은 구체적 적용일 수는 있지만 실제적 적용이 되기는 어렵다. 사업을 접는 결정이 성경의 한 본문 한 구절에서 얻은 뜻 한 가지만 가지고 간단히 처리할 수 있는 사안도 아니고(한 구절에서 도출한 그 적용이 절대적으로 확실한지 어떻게 보장할 수 있겠는가?), 접는다고 해도 오늘 당장 사업을 그만둘 수 있는 것은 아니기 때문이다. 이미 진행하고 있는 공사며 예약 건들, 미결 대금 등은 어떻게 하겠다는 말인가? 이런 의미에서 비실제적이다. 적용의 방향이 맞다 해도 그것이 실제적 적용이 되려면 실천 가능한 세부 사항을 고민해야 한다. 사업을 접는 자세한 과정을 적절하게 고려하다 보면 때론 적지 않은 시간이 필요할 수 있다. 물론 이 본문이 실제로 사업을 멈추라는 하나님의 뜻을 전해줄 수도 있다. 하지만 이 경우에도 여러 가지 조건과 조치들을 함께 고려해야 한다. 물론 이 과정에서 성경 묵상의 다양한 방법들—즉 설교나 나눔 등—도 함께 활용되어야 한다.

⑦ [적용의 기도] 기도는 성경 묵상을 해석에서 적용으로 넘어가게 하는 또 다른 주요한 요소다. 해석 과정까지는 의미의 이해에 멈추어 있지만 기도로 나아가는 순간 그 의미가 현장에서 영향력을 갖기 때문이다(물론 해석 과정에서도 기도하며 성령님과 함께해야 한다. 이 점은 이미 4.3.2.와 4.3.4.에서 언급했다). 다시 말해 기도는 의미의 단순한 반복이 아니라 그 의

미에 나와 우리를 포함시키고 또 거기에 현실을 결합시키는 행동의 첫 수순이다. 그래서 적용의 방법에 기도가 들어갈 필요가 있다.

특히 적용이 잘되지 않을 때 깨달은 온전한 의미를 가지고 기도함으로써 본문의 의미를 현실적 뜻으로 바꿀 수 있다. 물론 이때 이 현실적 뜻은 앞서 언급한 대로 구체적이고 실제적인 적용으로서 구속사적으로 밝혀져야 한다. 요한복음 17장에 기록된 예수님의 기도는 하나님의 뜻을 자신에게 적용하는 기도로서 십자가의 길로 향하는 행동의 시작점이었다. 구약성경에 나타난 하나님의 뜻을 구속사적으로 예수님 자신에게 적용한 것이었음은 두말할 나위가 없다.

적용 기도는 독자의 독창적이고 독보적인 행위가 아니다. 그것은 성령이 그 속에서 살아 움직이시는 활동이며, 성령 하나님과 독자가 하나로 연합하여 움직이는 것이다. 따라서 임의로 기도해서는 안 되고, 성령을 따라 성령 안에서 기도해야 한다(참조. 엡 6:18).

적용은 시도하지 않으면 늘지 않고 훈련하지 않으면 몸에 배지 않는다. 해석에 훈련이 필요한 것처럼 적용에도 훈련이 필요하다. 그래서 성경을 읽을 때마다 적용해보려는 태도가 필요하고 적용 방법이 몸에 익도록 훈련하려는 노력도 필요하다. 해석 과정에서 멈추는 습관을 버리고 적용하는 습관을 들이자. 온전한 의미를 파악하는 것에서 멈추지 말고 성경해석학이라는 마라톤에서 끝까지 완주하려는 의지를 불태워야 한다.

그런데 적용을 하다 보면 잘못된 적용이 등장하는 경우가 종종 있다. 잘하려고 했지만 잘못된 적용으로 나아간 것이다. 하지만 그런 경험 때문에 적용을 그만두면 안 된다. 이는 해석을 제대로 못 한다고 해서 해석 자체를 시도하지 않으면 안 되는 것과 마찬가지다. 물론 그렇다고 해서 잘못된 적용을 고칠 줄 모르고 계속 반복해서도 안 된다. 엉터리 적용이 반복되면 엉터리 적용 방식이 몸에 배게 되고, 그러면 진짜 제대로 된 적용을 실천하는 것은 더욱 힘들어진다. 힘들더라도 바르게 적용하려고 노력하면서 늘 적용에 관해 공부하고 도전하는 습관을 지녀야 한다. 그렇게 반복할 때 적용에 익숙해지면서 점차 건전한 적용으로 나아갈 수 있다. 물론 이미 앞서 말한 대로 적용한 사안에 대해서는 언제나 "겸손한 확신"과 "열린 마음"의 태도가 필수적이다.

"적용은 쉽지 않고 힘들지만 노력해서 몸에 배도록 해야 한다."

6.3. 실천: 하나님의 뜻 실현하기

6.3.1. 실천의 원리

적용을 통해 깨닫게 된 "현실적 뜻"은 현장에서 제대로 실천되어야 한다. 실천이 되어야 적용은 진짜가 되고 그제야 적용 과정이 마무리된다. 현실적 뜻은 실천으로 가시화되는데, 이렇게 실천이 이루어지는 국면을 "실천 단계"라고 한다. 이 실천 단계에서도 중요한 세 가지 원리를 찾을 수 있다.

첫째 원리: 현실적 뜻으로부터

실천의 첫 번째 원리는 "현실적 뜻"을 따라서 실천이 이루어져야 한다는 점이다. 이는 이제까지의 흐름으로 볼 때 너무나 당연한 이야기다. 하지만 이 당연한 원리를 실천 단계에서 제대로 지켜내는 것이 중요하다. 실천 단계에서 이루려는 목표가 현실적 뜻이라는 궤도에서 이탈하는 경우를 종종 보기 때문이다. 적용하여 깨달은 현실적 뜻을 실천하기보다 그냥 자신이 (잘못된 생각이나 욕심으로) 바라는 바나 본문의 문자적 내용을 실천하려는 사람이 의외로 적지 않다.

예를 들어 어떤 사람은 열왕기상 17:3의 "동으로 가서"라는 본문을 묵상한 후 자신이 원하는 회사나 학교를 (그것이 자기 집에서 동쪽에 있다는 점을 근거로) 선택하는 경우가 있다. 하지만 이런 판단과 행동은 온전한 의미에서 찾은 현실적 뜻을 제대로 따르지 않은 것일 개연성이 매우 높다. 겉으로는 성경 말씀을 따른 것 같지만 사실은 (숨겨진) 자기 뜻과 (이상한) 문자적 적용을 따라 행동했을 뿐이다.

물론 하나님은 나귀를 통해서도 메시지를 전하실 수 있고(참조. 민 22:28), 돌들로 소리 지르게 하실 수도 있다(참조. 눅 19:40). 하지만 이런 독특하고 기이한 방법으로 성경을 사용하는 태도는 오히려 성경을 주신 하나님의 의도를 무색하게 만드는 꼴이 된다. 하나님은 정상적인 방법을 원하기에 성경을 주셨고, 그렇게 주어진 성경은 성경해석학의 문법 안에서 제 역할을 발휘해야 한다. 우리는 성경을 앞세워 자꾸 기이한 결정을 정당화하거나 성경해석학의 문법을 무시한 채 성경을 사용하는 일이 하나님을 무시하는 처사라는 사실을 기억해야 한다.

사실 열왕기상 17:3은 (당시 패역한 이스라엘의 왕과 백성에 맞서 혈혈단신으로 하나님의 편에서 싸우려 한) 엘리야에게 일단 숨으라는 하나님의 지시를 담은 본문이다. 이는 싸움을 포기하라는 뜻도 아니고, 지금 당장의 승리가 보장된다는 뜻은 더욱 아니다. 어쩌면 비굴하게 보일지 모르지만 일단 숨으라는 말이다. 여기에는 싸움의 근원과 지속성, 싸움의 방법 및 전략 등과 관련한 매우 복잡한 하나님의 의도가 숨겨져 있다. 이런 점들을 모두 감안하여 본문의 온전한 의미를 찾고 그것이 현대 독자에게 주는 뜻을 찾은 후 그에 따라 적용하고 실천해야 한다. 단순히 자신이 가고 싶은 회사나 학교를 지원하는 행동은 이 본문에서 도출할 수 있는 참 실천의 모습이 아니다.

앞의 5장과 6장에서 예로 다룬 M 교회의 P 목사와 L 집사는 모두 성경 본문으로부터 추출되는 현실적 뜻을 따라 실천하려 하지 않고, 자신들이 바라는 바대로 실행하려는 오류를 범했다. 따라서 그들의 열심과 행동은 성경해석학의 문법이 지지하는 실천이라고 보기 어렵다.

"실천은 현실적 뜻을 따라 실현되어야 한다."

둘째 원리: 현실 고려하기

현실적 뜻을 따른다는 것과 함께 생각해야 하는 두 번째 원리는 독자의 현실을 제대로 고려해야 한다는 점이다. 나와 우리를 향한 현실적 뜻이 현장에서 실현되려면 그 독자의 현실이 그 뜻을 실현하기에 얼마나 용이한 상황인지, 거침돌은 무엇이며 어떤 부작용이 나타날 수 있는지 등을 잘 고려해야 한다. 현실적 뜻이 현장에서 쉽게 이루어지는 경우가 많지 않기 때문이다. 물론 아주 간단한 것은 쉽게 실현될 수 있다. 하지만 우리의 생활을 구성하는 요소들과 거기서 발생하는 문제들은 대부분 서로 얽히고설켜 있어서 거기에 변화를 주려면 여러 가지 조치와 함께 긴 시간을 요구한다. 그냥 하나만 쏙 빼서 바로잡을 수 있는 경우는 많지 않다.

예를 들어 "너희가 서로 거짓말을 말라"(골 3:9a)라는 성경 본문을 묵상하면서 이를 회사의 이중장부 문제에 적용한다고 치자. 이때 어떻게 하는 것이 바른 적용이고 적절한 실천일까? 회사의 이중장부를 직접 관리해왔던 직원은 오늘 당장 사표를 던져야 할까? 이중장부를 운용해온 경영자는 지금부터 모든 것을 있는 그대로 기록하라고 지시해야 할까?

사실 꽤 큰 금액에 대해 적지 않은 기간 동안 이중장부를 써왔다면 이와 관련한 여러 문제가 복잡하게 얽혀 있을 것이다. 문제 자체가 하루 이틀에 만들어지지 않았기에 그 해결도 하루 이틀만에 될 리 없다. 따라서 거짓을 버린다는 분명한 원칙을 지키려 할지라도 현장에서 그것을 실제로 실현하는 데는 여러 가지 세부적인 조치와 적잖은 시간이 소요된다.

이렇듯 실천 단계에서는 현장의 상황을 제대로 고려하며 구체적인 스케줄을 짜는 게 필요하다. 회개의 감정은 현장의 복잡한 문제를 해결하는 것과 단순하게 치환되지 않는다. 윤리적 회개는 분명해야 하고 문제를 해결하겠다는 의지도 분명히 고백되어야 한다. 하지만 그 고백만으로 현장의 문제가 하루아침에 다 해결되거나 사라지지 않는다는 점을 명심해야 한다(죄의식에서의 해방과 문제의 해결은 그냥 직결되는 것도, 서로 무관한 것도 아니다. 이 둘은 복잡하게 연결되어 있다).

따라서 적용에서 실천으로 나아갈 때는 현장의 복잡한 사정과 상황을 신중하게 고려하면서 현실적 뜻을 실현해나가는 태도가 필수적이다. 실천은 마음의 문제만이 아니라 현장과 현실의 문제이기도 하기 때문이다. 더구나 현실의 사정은 시대와 상황에 따라 변화하는 특징이 있다. 그렇기에 그런 변화의 흐름을 간파하면서 현실적 뜻을 현장에서 실천하려는 의지가 요구된다. 현실을 고려하지 않는 실천 의지는 현실적 뜻을 이루는 데 실패할 수 있다. 이 말은 잘못된 현실에 적당히 묻어가거나 그와 타협하라는 것이 아니다. 오히려 현실의 어려움을 지혜롭게 이겨내야 한다는 말이다. 뜻은 있지만 이를 실현하지 못하면 진정한 실천이 되지 못하기에, 현실을 고려하면서 뜻을 이룰 방법을 강구해야 한다.

"현재 독자의 현실이 제대로 고려되어야 한다."

셋째 원리: 성령을 따라

세 번째 원리는 성령을 따라 실천해야 한다는 점이다. 현실적 뜻이 현장에서 제대로 실현된다는 것은 현대 독자를 향한 하나님의 뜻이 그의 삶에서 이루어지고 있다는 말이다. 성령은 하나님의 뜻이 실현되는 현장에 함께하시며, 하나님의 뜻이 제대로 실현되도록 이끄신다. 결국 하나님의 뜻을 실천할 때 중요하게 인식해야 하는 점은 실천의 근원이 하나님께 있다는 사실이다(참조. 골 1:29). 내가 하나님의 뜻을 깨닫고 현장에서 실천하려고 노력하지만, 그 실천을 주도하시고 이끄시는 분은 하나님이시다. 그렇기에 실천의 자리에 성령이 함께하심을 인식하는 것은 매우 중요하다. 우리에게 성령을 따라 실천하려는 마음과 행동이 필요한 이유다.

"온전한 의미"와 "현실적 뜻"이 계시의 흐름과 체계를 따라 이해되어야 한다면 그 의미와 뜻을 실천하는 일이 성령을 따라 실현되어야 한다는 점은 당연하다. 계시의 흐름과 체계가 역사와 현실 속에 나타날 때 성령이 활동하시기 때문이다. 물론 성령이 활동하신다는 말은 삼위일체 하나님이 함께 연합하여 그 일을 이루어가신다는 뜻을 내포한다(성부 하나님이 계획하시고 성자 예수님이 결정적 사건을 이루실 뿐 아니라, 예수님이 성부 하나님께 성령을 받아 우리에게 보내셨기 때문이다. 우리에게 오신 성령 역시 성부와 성자의 뜻을 따라 활동하신다). 이처럼 성령과 동행하는 모습은 실천이 지닌 중요하고도 독특한 특징이 된다. 신자들의 행함과 연합이 삼위일체 하나님의 사역과 연합에 깊이 관련되어 있다는 점은 이런 측면에서 우연이 아니다(참조. 엡 4:1-6).

"성령 하나님은 실천 현장의 주인이시다."

6.3.2. 실천 방법과 훈련

이제 남은 문제는 어떻게 실천하는가다. 아무리 좋은 적용이라도 실천되지 않으면 무의미하고, 실천의 원리를 알아도 실제 행동으로 이루어지지 않으면 소용이 없다. 그러기에 실천을 가능케 하는 방법과 훈련은 어쩌면 성경해석학의 최종 수순이다. 그림으로 말하자면 화룡점정(畵龍點睛)의 순간이고, 야구 경기로 말하자면 9회말 상황이다. 실천이야말로 성경해석학이라는 마라톤의 종착점으로 향하는 마지막 구간이다.

하나님의 뜻이 성경 본문에 코드화(encoding)되어 있는데, 코드화되어 있는 그 본문을 과거 독자의 현실로 디코딩(decoding)하는 작업이 석의(釋義)라면, 실천(實踐)은 현재 독자의 현실로 디코딩하는 작업이다. 결국 실천을 통해 독자의 현실 세계에 드러나게 된다. 곧 성경 본문으로 시작해서, 나와 우리의 현장과 현실에 도달한다. 그러기에 실천의 방법과 훈련은 철저하게 현실 세계의 언어와 정서로 이루어져야 한다. 이는 문어(文語)가 아니라 구어(口語)로, 책상이 아니라 현장에서 쓸모 있는 것이어야 한다. 다음에 정리한 일곱 가지 사항은 실천이 바르게 실현되는 데 도움을 줄 수 있을 것이다.

① [행동하기] 가장 먼저 생각할 수 있는 것은 실천하려면 행동하라는 점이다. 머리와 가슴으로 깨달은 뜻을 손과 발로 나타내야 한다. 매우 당연한 말이다. 하지만 이 분명하고 당연한 이치가 자주 막히기에 문제다. 성경 묵상이 머리로 깨달은 것에서 끝나고 마음에 감동된 것에서 머문다면 현실은 그대로일 수밖에 없다.

깨달음과 감동은 손과 발로 이어지고 온몸으로 퍼져나가야 한다. 온몸으로 머리와 마음의 움직임을 받아들여 삶에서 행동으로 나타내야 한다. "행동하기"를 철칙으로 삼아야 한다. 행동하지 않으면 실천은 없다.

실천은 행동이다. 성경은 우리를 행하도록 만든다. “행동하기”는 실천을 만드는 습관이다.

② [그때그때 하기] 두 번째는 그때그때 바로 하는 것이다. 행동하기가 제대로 된 습관이 되려면, 깨달은 점을 오랫동안 묵혀두지 말고 그때그때 실행하는 것이 필요하다. 때론 한 가지 깨달음이 긴 시간 묵으면서 깊은 울림과 동력을 얻기도 한다. 하지만 뜻을 그렇게 오래 묵히려면 그때그때 실행되어 그 열매를 조금씩이라도 맛볼 수 있어야 한다. 그래야 조그만 실천이 또 다른 실천을 만들고, 그런 조그만 실천들이 모여 큰 울림과 거대한 힘을 가져다주게 된다. 결국 깨달은 점을 미루지 않고 곧바로 행동하는 습관이 필요하다는 말이다. 그것이 적용이 흩어지는 것을 막고 신앙의 정체를 극복할 수 있는 방법이다.

③ [기간을 정해서 하기] 또 다른 방법은 실천하는 기간의 마디를 정하는 것이다. “그때그때 하라”는 말은 하던 일을 멈추고 상황을 무시한 채 지금 당장 무조건 실천하라는 뜻이 아니다. 오히려 때와 상황에 맞게 지혜롭게 처신할 줄 알아야 한다.

때와 상황을 고려하면서도 그때그때 실천하는 한 가지 방법은 나름대로 실천의 기간을 정하는 것이다. 깨달은 것을 하루 안에 실천한다든지, 아니면 일주일 안에 실천한다든지 하는 등의 기준을 정하면 된다. 기간을 정해놓지 않으면 마냥 시간이 지체되고 결국은 깨닫고 적용했던 뜻이 부지불식간에 해체되어 사라져버리기도 한다. 이런 적용의 누수, 실천의 공백을 극복하고자 할 때 실천의 기간을 정해놓는 것이 하나의 해답이 된다. “하루에 한 가지씩 실천하기”를 모토로 삼는 것도 좋은 방법이다.

④ [계속되는 실천] 즉각 실천하고, 일정 기간 내에 실천하라는 말을 자칫 오해하면 안 된다. 이 말은 적용한 것을 한 번 실천하고 말거나, 일

정 기간에만 실천하고 끝내라는 말은 아니다. 오히려 깨달은 뜻은 특별한 이유가 없는 한 계속 실천되어야 한다.

가령 "이웃을 사랑하기를 네 몸과 같이 하라"(레 19:18)라는 말씀을 "아파트 주민들에게 인사하며, 경비하시는 분들에게 공손한 말을 쓸 것"으로 적용했다면, 이는 하루나 일주일 동안만 실천할 일이 아니다. 깨달은 뜻이 잘못된 것이 아닌 한 그 아파트에 사는 동안 모든 주민과 인사를 나누고 경비원들에게도 공손한 말을 건네려는 노력이 지속되어야 한다.

⑤ [우선순위 정하기] 때로 어떤 적용은 실천이 잘되는 반면, 어떤 적용은 실천이 잘 안 되는 경우도 있다. 실천하려는 마음은 있어도 시간이 모자라거나 기회를 놓치게 되는 것이다. 매우 중요해 보이는 사항도 늘 머리와 가슴에서만 맴돌고 정작 현실에서는 실천하기가 어렵다. 이런 때는 보통 실천의 우선순위 설정에서 실패한 경우다. 매일 해야 하는 일들에 치여 정작 꼭 실천해야 하는 일을 뒤로 미루어놓은 것이다. 이런식으로 미루다 보면 어떨 때는 기간을 놓쳐 결국 일을 그르치는 경우가 생긴다.

이런 어려움을 극복하려면 실천의 우선순위를 잘 정하는 게 중요하다. 실천 사항을 중요한 것, 긴급한 것, 중요하고도 긴급한 것, 그 둘 다 아닌 것으로 구분해보자. 가장 먼저는 중요하고도 긴급한 일을 실천하고, 그다음에 중요한 것, 긴급하지만 중요하지 않은 것, 중요하지도 긴급하지도 않은 것의 순서로 실천하면 도움이 될 것이다.

⑥ [실천의 기도] 적용과 마찬가지로 실천에도 기도가 중요하다. 기독교 신앙에서 기도가 중요하지 않은 영역은 없겠지만 실천과 관련해서는 그 중요성을 더욱 실감하지 않을 수 없다. 실천의 중요한 원리 중 하나는 "성령을 따라" 행동하는 것이다. 따라서 말에 억양이 있듯이 기도가

실천의 자리에 따라 나오는 것은 너무도 당연하다.

하나님과 동행하는 삶의 첫 단추가 바로 기도이며 이 기도는 실천의 향방과 생명력을 가늠하는 표시가 된다. 기도는 실천의 내면의 모습이다. 기도는 실천의 시작이고, 실천의 악센트이며, 실천의 생명력이다. 기도하지 않는 실천은 향방을 잃기 쉽고, 실천하지 않는 기도는 공허하게 된다.

⑦ [공동체와 함께하기] 실천은 한 개인의 영역에서 이루어지지만 또한 공동체의 영역에서 이루어지기도 한다. 우리는 혼자서만 존재하지 않고 다른 사람들, 즉 공동체와 함께 살아간다. 성경 묵상을 통해 깨달은 뜻은 한편으로 한 인간의 개인적인 영역에서 실현되어야 하지만, 다른 한편으로는 공동체의 영역에서도 실천되어야 한다. 나 혼자만 실천한다고 우리의 삶과 생활이, 교회와 사회의 모습이 쉽게 변하는 건 아니기 때문이다. 다른 사람의 도움과 협력 및 함께 실천하려는 노력이 없이는 사실 어느 것도 제대로 이루어지지 않는다. 따라서 공동체가 함께 실천하려는 노력이 꼭 있어야 한다.

이 말은 적용 단계에서도 자기 자신에게뿐만이 아니라 공동체를 향해서도 적용이 필요하다는 의미이기도 하다. 나 자신만 생각하지 말고 공동체를 고려하면서 나와 우리를 향한 현실적 뜻을 찾아야 한다. 또한 그렇게 깨달아진 뜻은 공동체와 함께 실천하려는 노력으로 이어져야 한다. 여기에는 공동체의 다양한 영역을 잘 구분하여 실천하려는 노력도 중요하다. 부부, 가족, 교회, 일터, 사회 등은 가장 기본적인 영역이다. 이 외에도 자신의 처지와 상황에 맞는 공동체를 적절히 구분하여 실천을 위한 단위로 생각해볼 필요가 있다.

"실천의 방법론도 분명 필요하며 또한 개발되어야 한다."

6.4. 나가는 말

정리하자. 〈표 20〉에 나타나는 것처럼 "적용 과정"은 성경해석학의 해석 과정 다음에 있다. 해석 과정이 힘들다거나, 해석 과정에서 힘을 많이 썼다고 해서 거기서 멈추면 안 된다. 성경해석학의 나머지 반에 해당하는 "적용 과정"으로 힘 있게 나아가야 한다. 적용 과정까지 가지 않으면 성경을 해석(묵상)하는 일은 아직 끝난 것이 아니다. 적용 과정을 제대로 거쳐야 끝에 도달한다. 이번 장에서 다룬 "M 교회 이야기 2"의 문제는 적용 과정으로 제대로 나아가지 못해서 생긴 현상들이다.

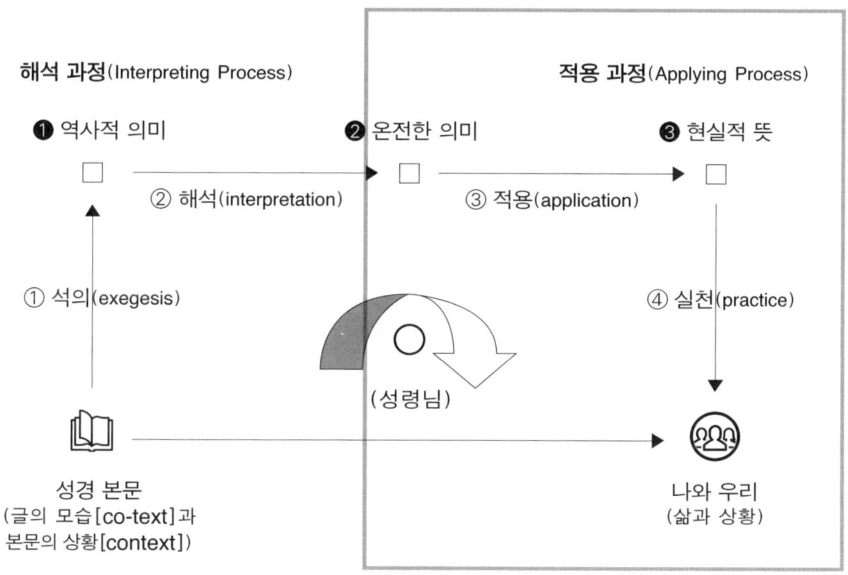

〈표 20〉 적용 과정 제대로 거쳐 가기

적용 과정의 첫 순서인 "적용"은 세 가지 중요한 원리(온전한 의미로부터, 현재 독자의 상황 고려, 계시의 체계를 따라)를 갖고 있다. 이 원리들은 적용을 가능케 하는 여러 가지 방법에 반영되어야 하고, 또한 그 방법들은 제대로 개발되어 사용되어야 한다. 그 결과로 현재의 독자를 향한 "현실적 뜻"이 얻어진다. 그리고 이 "현실적 뜻"은 현재 삶의 자리로 더 나아가야 한다. 그곳은 나와 우리가 사는 자리, 곧 21세기의 현장이다. 이 과정이 바로 실천이다. 실천은 현실적 뜻이 삶의 현장에서 실현되는 단계다. 이 실천 단계에도 마찬가지로 중요한 세 가지 원리(현실적 뜻으로부터, 현실 고려, 성령을 따라)가 있다. 이 원리도 실천에 도움이 되는 여러 방법에 적절히 반영되어야 한다. 다음의 〈표 21〉은 적용 과정에 필요한 여섯 가지 원리를 간략하게 보여준다.

	출발점(from)	지향점(to)	중요한 원리
적용	온전한 의미	현실적 뜻	① 온전한 의미로부터 ② 현재 독자의 상황 고려 ③ 계시의 체계를 따라
실천	현실적 뜻	나와 우리의 현실	① 현실적 뜻으로부터 ② 현실 고려 ③ 성령을 따라

〈표 21〉 적용 과정의 여섯 가지 원리

결국 이 적용 과정의 여섯 가지 원리와 해석 과정의 여섯 가지 원리는 성경해석학 구조의 열두 가지 원리로서 〈표 22〉처럼 압축적으로 정리될 수 있다. 성경을 숙고할 때 이 열두 가지 원리가 잘 구현되고, 또 그 원리를 잘 반영한 방법들이 제대로 실현되면 좋은 결과를 얻게 될 것이다.

석의	해석	적용	실천
1. 성경 본문 중시 2. 인간 저자 고려 3. 역사적 배경과 상황 파악	1. 성경 전체로 조명 2. 궁극적 저자 고려 3. 계시의 흐름과 체계 파악	1. 온전한 의미로부터 2. 현재 독자의 상황 고려 3. 계시의 체계를 따라	1. 현실적 뜻으로부터 2. 현실 고려 3. 성령을 따라

〈표 22〉 성경해석학의 열두 가지 원리 비교

성경을 숙고하는 일에는 성경 해석의 문법이 필요하다. 그 문법은 “석의, 해석, 적용, 실천”이라는 네 단계를 거치며 “역사적 의미”, “온전한 의미”, “현실적 뜻”을 도출하게 한다. 석의와 해석이 쉽지 않다고 해서 해석 과정에서 멈추면 안 된다. 해석 과정에 최선을 다한 만큼 적용 과정도 제대로 실현되어야 한다. 적용과 실천도 그냥 되지는 않는다. 석의와 해석의 토대에서 성경을 제대로 묵상하려는 뒷심이 있어야 한다. 결국 성경 묵상의 문법인 성경 해석학의 각 단계를 제대로 밟아야 성경을 바르게 묵상할 수 있는 것이다.

제2부 정리

2부에서는 성경을 어떻게 해석하고 적용하는가의 주제를 다루었다. 이는 "어떻게 성경을 묵상하는가?"라는 문제의 답을 찾으려 한 것인데, 성경을 묵상하는 원리를 제대로 이해해야 성경 묵상의 방법을 알게 되고, 그 방법들을 적절히 사용할 수 있는 힘을 갖게 되기 때문이다.

4장은 성경해석학의 구조를 다루었다. 성경 묵상에는 나름의 문법이 있는데, 그 문법이 바로 성경해석학이다. 사람들 사이의 의사소통에 필요한 문법과 원리가 있는 것처럼 하나님과 우리 사이에 성경을 통해 의사소통하는 데도 나름의 문법과 원리가 있다. 그 문법을 안다는 말은 성경해석학을 안다는 말이고, 그 원리를 깨닫는다는 말은 성경해석학의 구조를 제대로 파악한다는 말이다.

성경해석학은 "석의, 해석, 적용, 실천"의 4단계로 구성되는데, 이 4단계는 "해석 과정"(석의와 해석)과 "적용 과정"(적용과 실천)이라는 두 부분으로 나뉜다. 이렇게 해석 과정과 적용 과정으로 나뉘는 근본적 이유는 성경해석학이 성경 본문의 세계와 현재 독자의 세계가 이어지는 관계를 다루기 때문이다. 이 두 세계(지평)는 나선형 순환 구조로 지속적으로 연결되면서 두 세계 사이의 융합을 만들어낸다. 그리고 이런 융합의 실제 모습은 곧 성경 해석과 적용의 과정으로 이루어진다. 성경해석학의 구조는 이 나선형 순환 현상의 일면을 보여주는 평면도다.

성경의 해석 과정과 적용 과정이 진행되는 중에 "역사적 의미"와 "온전한 의미" 그리고 "현실적 뜻"이라는 세 가지 의미가 발생하는데,

해석자는 성령과 동행하면서 해석학의 4단계를 잘 밟아가야 할 뿐 아니라 이 과정에서 등장하는 세 가지 의미를 잘 풀어가야 한다. 이 수순을 잘 깨닫고 적용해가려는 노력이 곧 성경해석학의 문법을 배우는 훈련이 된다. 오롯이 성경을 묵상하려는 사람은 먼저 성경해석학의 학생이 되어야 한다.

5장은 성경해석학 구조의 전반부인 해석 과정을 좀 더 깊이 다루었다. 해석 과정의 원리를 올바로 이해해야 석의와 해석이 제대로 이루어지고 성경 묵상의 첫 길이 순조롭게 열린다. 큐티나 설교에 문제가 생기는 것은 해석이 빠진 적용 때문인 경우가 많다. 즉 많은 사람이 성경 본문을 읽고 해석 과정을 적절히 거치지 않은 채 바로 적용 과정으로 넘어간다는 이야기다. 삶과 현실에 대한 답이 너무 급하고, 현장에서 해결해야 할 문제가 다급하게 느껴지기에 성급히 적용으로 나아간다. 하지만 성경을 오롯이 묵상(숙고)하려면 해석 과정의 석의와 해석 단계를 제대로 거쳐야 한다.

본문의 "역사적 의미"를 찾는 석의 단계에는 크게 세 가지 원리가 요구된다. 먼저 "성경 본문"에 집중해야 한다는 것이 그 첫째이고 (이는 보통 "오직 성경으로"[*Sola Scriptura*]라는 모토로 알려져 있다), 둘째는 그 본문을 기록한 "인간 저자"에 큰 관심을 두어야 한다는 것이다. 셋째는 본문과 인간 저자의 "역사적 배경과 상황"을 중요하게 고려한다는 것이다. 이 세 가지 원리를 반영하는 여러 가지 연구 방법이 오랜 교회 역사 속에서 개발되고 발전되어왔다. 특히 최근 몇백 년 동안 역사비평학이 발전하면서 더욱 다양한 방법들이 개발되었다. 이런 방법들을 잘 활용할 줄 알아야 한다.

또한 "온전한 의미"를 찾는 해석 단계에도 세 가지 원리가 적용된다. 첫째는 "성경 전체"를 함께 고려하며 해석해야 한다는 점이다(이는 보통 "성경 전체로"[*Tota Scriptura*]라는 모토로 알려져 있다). 둘째는 성경의 "궁극적 저자이신 하나님"을 깊이 인식하며 해석해야 한다는 점이다. 셋째는 그 하나님이 성경 전체에서 드러내시는 "계시의 흐름과 체계"를 따라 본문을 해석해야 한다는 점이다. 마찬가지로 이런 세 가지 원리를 반영한 연구 방법들이 개발되어왔다. 온전한 의미를 찾는 방법들은 역사적 의미를 찾는 방법론보다는 많이 주목받지 못했지만 시간이 지날수록 그 중요성이 커지고 있다.

현명한 독자는 성경 묵상과 관련한 다양한 방법들을 잘 이해하고 활용할 줄 알아야 할 뿐 아니라 가장 기본적인 여섯 가지 원리를 충분히 습득하고 있어야 한다. 그래야 성경 묵상이라는 마라톤의 전반부를 너끈히 넘어설 수 있다.

6장에서는 성경해석학의 구조에서 후반부를 구성하는 적용 과정에 대해 좀 더 자세히 설명했다. 해석 과정뿐 아니라 적용 과정까지 제대로 진행되어야 성경을 제대로 묵상할 수 있다. 종종 설교나 큐티에서 등장하는 문제는 적용 과정을 제대로 거치지 못해 생긴다. 석의와 해석에 너무 큰 힘을 쓰다 보니 적용까지 나아가지 못하는 일이 빈번하다. 물론 적용 방법을 잘 모르는 점도 원인으로 작용한다. 따라서 성경을 제대로 묵상하려면 해석 과정에 익숙해져야 할 뿐 아니라 적용 과정도 충분히 소화할 수 있어야 한다.

나와 우리를 향한 "현실적 뜻"을 찾는 적용 단계에도 세 가지 중요한 원리가 존재한다. 첫째는 "현실적 뜻"이 반드시 본문의 "온전한 의미에서" 와야 한다는 것이고, 둘째는 그 온전한 의미가 "현재 독자의 상황"에 맞게끔 고려되어야 한다는 것이다. 셋째는 독자의 시대에 맞는 "계시의 체계를 따라" 적용점을 찾아야 한다는 것이다. 이 세 가지 원리를 잘 반영한 방법론들은 앞으로 계속 개발되어야 한다. 지금까지 성서학계는 이런 방법론 연구에 많은 노력을 기울이지 못했다. 하지만 앞으로 이 분야는 더욱 활성화될 가능성이 크다.

마지막으로 "현실적 뜻"이 삶의 현장에서 실현되는 실천 단계에서도 세 가지 중요한 원리를 고려해야 한다. 첫째는 실천이 반드시 "현실적 뜻"에서 와야 한다는 점이다(사실 너무 명확한 원리지만 잘 지켜지지 않는다). 둘째는 뜻을 실천할 때 반드시 독자의 "현실을 제대로 고려해야" 한다는 점이다. 셋째는 현실적 뜻을 이끌어가시는 궁극적 주체가 성령이시니만큼 "성령을 따라" 실천하려고 노력해야 한다는 점이다. 실천의 방법은 아직 학문적으로 깊이 연구되지 않고 있지만, 조금만 깊이 생각하면 누구나 좋은 방법들을 찾을 수 있다. 따라서 이 방법들을 개발하고 활용하는 일을 게을리해서는 안 된다.

성경을 오롯이 묵상하려면 성경 묵상의 문법인 성경해석학을 제대로 깨닫고 활용할 줄 알아야 한다. 해석 과정과 적용 과정에 똑같이 주목하면서 석의-해석-적용-실천의 각 단계를 성실하게 밟으면 된다. 언어에 문법이 있듯이 성경 묵상에도 성경해석학이라는 문법이 있다. 성경을 잘 묵상하려면 성경해석학과 친해져야 한다.

더 읽어볼 만한 자료

송인규. 『성경 어떻게 적용할 것인가?』, 서울: 한국성서유니온선교회, 2001.

Doriani, D. M. 『적용, 성경과 삶의 통합을 말하다』(*Putting the Truth to Work: The Theory and Practice of Biblical Application*), 정옥배 옮김, 서울: 한국성서유니온선교회, 2009.

Duvall, J. S., Daniel Hays. 『성경 해석: 성경을 읽고 해석하고 적용하는 실제적 지침서』(*Grasping God's Word*), 류호영 옮김, 서울: 한국성서유니온선교회, 2009.

제3부

성경을 어떻게 사용해야 하나?

성경 묵상의 방법

성경을 어떻게 사용해야 하나?
성경을 묵상해야 하는 것도 알았고 그 원리도 이해했다면
이제 현장에서 성경을 사용하는 방법에 대해 살펴볼 차례다.

우리가 삶의 현장에서 실제로 맞닥뜨리는 문제는 성경을 어떻게 사용해야 하는가다. 이와 관련해 개인 성경 공부, 큐티, 그룹 성경 공부, 큐티 나눔, 성경 강의, 설교가 각각 어떻게 사용되는지를 아는 것이 중요하다.

제3부에서는 성경을 묵상하는 여러 방법을 설명한다.
7장은 개인 성경 공부와 큐티를 어떻게 하는 것인지 설명하고
8장은 그룹 성경 공부와 큐티 나눔의 방법을 살피며
9장은 성경 강의와 설교에 대해 다룬다.
마지막으로 10장은 성경 묵상이 삶과 목회에 어떻게 반영되어야 하는가를 논한다.

7장

개인이 성경을 숙고하는 방법

개인 성경 공부와 큐티

"큐티 본문을 그냥 한번 눈으로 쭉 읽고 큐티를 마치는 경우가 많아요."

"성경을 혼자서 공부하는 방법을 제대로 배웠으면 좋겠어요."

적지 않은 사람이 공감하는 말이다. 많은 사람이 큐티가 중요하다는 사실을 안다. 큐티가 신앙생활에 큰 도움이 된다는 점을 알기에 큐티에 재미를 붙여 잘하고 싶다. 큐티가 내 삶과 영성을 이끌어주는 활력이 되면 좋겠다. 그런데 그게 맘대로 되지 않는다. 큐티가 어느새 본문을 그냥 한번 쭉 읽고 마는 식이 되어버렸다. 마음은 원이지만 현실은 늘 삐걱거린다. 본문을 쭉 읽고 내용을 대충 이해하는 것으로 큐티를 했다는 위안을 삼는 경우가 많다. 큐티가 중요한 줄은 아는데 실제로는 잘 못 하겠다. 이게 문제다.

혼자 성경을 공부하는 건 더 어렵다. 어디서부터 시작해야 할지 모르겠다. 그냥 주석서를 읽으면 될까? 주석서를 읽으며 노트에 정리를 하면 되는 건가? 아니면 나 혼자 무작정 성경을 읽으며 깨닫는 바를 적어야 하는 건가? 성경을 읽으며 스스로 연구하려 해보지만 별로 생각나는 게 없다. 반복해서 여러 번 읽으면 그냥 깨달아지는 건가? 읽은 횟수가 부족한 건가, 아니면 기도가 부족한 건가? 기도하면서 읽어도 여전히 깨달아지지 않는 건 어찌 된 일인가? 성경 연구 방법을 제대로 배우고 싶다.

이번 장에서는 이런 고민들에 대한 답을 찾아보고자 한다. 우리는 앞서 성경 묵상의 의의(제1부)와 원리(제2부)에 관해 이야기했다. 이제부터는 성경을 묵상하는 **방법**을 다룰 차례다. 개인이 성경을 묵상하는 방법부터 알아보자.

7.1. 개인 성경 공부와 큐티의 특징

앞서 2장에서는 성경을 묵상하는 여섯 가지 방법을 전체적으로 소개했고, 그중 혼자 성경을 숙고하는 방법인 개인 성경 공부(PBS)와 큐티(QT)에 대해서도 간략하게 살펴보았다. 4장에서는 이 두 방법이—물론 여섯 가지 방법 모두가—성경해석학의 원리에 따라 진행되어야 함도 알아보았다. 이 두 방법 모두 해석 과정과 적용 과정을 잘 밟아야 한다. 하지만 개인 성경 공부와 큐티에는 강조점의 차이가 있다. 개인 성경 공부는 해석 과정을 강조하는 반면, 큐티는 적용 과정에 더 치중한다. 그렇기에 이 두 방법이 제공하는 유익도 약간 다르다. 이는 같은 말이라도 억양과 악센트에 따라 뉘앙스와 느낌이 다른 것과 유사하다. 그런데도 이 두 방법은 개인이 성경을 숙고한다는 점에서 뿌리가 같다.

성경의 지지

성경에는 다음과 같이 개인이 성경을 숙고하는 방법을 소개한다.

첫째, 예수님이 보여주신 묵상의 모습은 더없이 중요하다. 마태복음 4:1-11은 예수님이 광야에서 신명기 말씀을 혼자 묵상하신 모습을 잘 보여준다. 더욱이 이 본문에 소개된 예수님은 옛 이스라엘과 대비되는 새 이스라엘을 대표하시기에 예수님의 성경 묵상이 갖는 무게감은 결코 간과될 수 없다.

둘째, 성도 스스로 성경을 숙고하는 삶에 대해서도 성경은 침묵하지 않는다. 시편 1편은 이런 삶이 얼마나 중요한지에 관해 말한다. 사도행전 8:26-28은 에티오피아의 내시가 혼자 성경을 공부하던 장면을 매우 인상적으로 묘사한다.

셋째, 리더 자신이 성경을 숙고해야 한다는 점도 성경에 자주 등장한다. 여호수아에게는 성경을 묵상하라는 명령이 주어졌으며(수 1:7-8), 학사 에스라는 성경을 연구하고 준행하려는 굳은 결심을 실행하였다(스 7:10). 교회의 리더인 디모데는 말씀을 분별하면서 하나님과 만나 교제하는 삶을 살아야 했다(딤후 2:15).

이렇듯 혼자서 성경을 묵상하는 방법은 성경 묵상에서 빼놓을 수 없는 영역이다.

다른 방법에 영향을 미침

혼자서 성경을 묵상하는 방법이 주목받아야 하는 또 다른 이유가 있다. 개인이 스스로 성경을 묵상하는 방법은 자신의 묵상에만 도움이 되는 게 아니라 묵상을 실천하는 다른 방법들에도 도움이 된다. 즉 개인 성경 공부와 큐티가 그룹 성경 공부, 큐티 나눔, 성경 강의, 설교에도 적지 않은 영향을 미친다는 말이다. 다시 말해 개인 성경 공부와 큐티가 제대로 되지 않으면 그룹 성경 공부, 큐티 나눔, 성경 강의, 설교를 잘하기가 쉽지 않다. 개인 성경 공부에서 얻은 통찰력과 깨달음은 그룹 성경 공부 및 성경 강의에 깊이 반영되기 마련이다. 개인의 큐티 내용이 큐티 나눔이나 설교에 활용될 수 있다는 사실도 어렵지 않게 알 수 있다. 개인 성경 공부와 큐티를 제대로 할 수 있어야 나머지 네 가지 방법을 잘할 수 있는 여지도 커지는 것이다.

개인 성경 공부와 큐티의 중요성

개인 성경 공부는 성경 묵상을 위한 나머지 다섯 가지 방법의 기초가 된다. 개인 성경 공부와 큐티와의 관계를 생각해봐도 이 점은 쉽게 가늠할 수 있다. 적용은 제대로 된 해석이 뒷받침되어야 한다. 해석이 틀리면 올바른 적용을 보장받을 수 없다. 따라서 적용을 중요하게 강조하는 큐티는 바른 해석을 깊이 있게 추구하는 개인 성경 공부에 기초를 두어야 한다. 개인 성경 공부가 잘된 본문은 적용하기가 쉽지만, 공부가 제대로 되지 않은 본문은 적용하기가 어렵다. 본문의 의미가 뭔지 잘 모르거나 오해하고 있는 상태에서는 적용 자체가 큰 의미가 없다. 본문이 말하는 의미에서 벗어난 적용은 참된 적용이 아니기에 그렇다. 큐티의 기초는 본문에 대한 정확한 이해, 즉 바른 개인 성경 공부에 있다.

개인 성경 공부의 성패는 스스로 성경 본문과 얼마나 씨름하느냐에 달려 있다. 물론 이 말은 타인의 성경 공부와 연구를 무시하라는 뜻이 아니다. 혼자 성경 공부를 한다고 해서 타인의 도움을 무시하면 안 된다. 그건 혼자 공부하는 게 아니라 스스로 오만함에 빠지는 것이다. 성경을 공부한다는 말은 다른 사람들의 생각을 들을 뿐 아니라 타인의 연구 결과를 적절히 활용하는 것까지 포함한다. 타인의 연구 결과나 아이디어를 잘 살펴보아 좋은 점은 활용하고 잘못된 점은 수정하며 더 좋은 결과를 만들어내야 한다. 이처럼 개인 성경 공부에서는 타인과의 상호작용이 중요하다. 타인의 생각을 활용하면서 자신의 성경 공부를 발전시켜가야 한다. 이는 일반 성도나 목회자, 신학자나 성서학자가 마찬가지다.

큐티는 개인 성경 공부의 기초 위에서 피어난 꽃이라 할 수 있다. 개인 성경 공부가 잘되어 있어야 큐티가 활짝 필 수 있다. 물론 개인 성경 공부만으로 모든 것이 다 되는 건 아니다. 적용을 특별히 강조하는 큐티의 특징을 제대로 살릴 수 있는 구체적 방법들도 활용해야 한다. 그래야 묵상의 꽃이 예쁘게 필 수 있다.

큐티는 나 자신의 변화에 있어 매우 중요하다. 개인 성경 공부도 삶의 변화에 영향을 미친다. 하지만 삶의 변화를 더욱 힘 있게 이끌어낼 수 있는 건 개인 성경 공부가 아닌 큐티다. 큐티를 통해 개인의 삶을 깊이 되돌아볼 뿐 아니라, 그 삶을 강권적으로 이끌어가시는 하나님을 뚜렷이 인식하기 때문이다. 물론 설교와 큐티 나눔도 삶에 많은 도전과 도움을 준다. 하지만 이 둘은 그 메시지가 개인의 내면으로 깊이 들어가지 못한 채 사라질 수 있는 여지가 큐티보다 많다(물론 모든 건 각각의 방법을 얼마만큼 제대로 하느냐에 따라, 즉 하는 사람에 따라 다르다. 큐티건 설교건 간에 제대로 훈련되지 않은 사람이 하면 실패하고 잘 훈련된 사람이 하면 성공한다). 큐티는 내 개인의 내면과 실제 문제를 직접 다루기에 삶의 변화를 이끌어낼 가능성이 (다른 방법에 비해) 큰 편이다(물론 엉터리 큐티로 자기 합리화에 빠질 위험성이 크다는 점도 인정해야 한다).

"개인 성경 공부와 큐티는 다른 묵상 방법들의 기초가 된다."

7.2. 개인 성경 공부

7.2.1. 통상적인 방법

PBS: 혼자서 하는 성경 공부?

개인 성경 공부는 보통 PBS(Personal Bible Study)라는 말로 더 잘 알려져 있다. 종종 "PBS를 배운다" 혹은 "PBS를 한다"는 말을 들어보았을 것이다. 그런데 이 PBS란 말은 실체가 그다지 명확하지 않다. 단순히 말뜻만 놓고 보면 개인이 성경을 공부하는 것이어서 그냥 혼자 하는 성경 공부를 PBS라고 생각하는 경향이 있다. 어떤 특별한 방법이나 정형화된 방식을 말하기보다 혼자 성경을 읽으면서 노트에 이것저것 끄적거리는 행위 자체를 PBS로 생각하는 것이다. 말뜻만으로 보면 틀린 이야기는 아니지만 좀 더 명확한 방법이나 구체적인 방식이 제안될 필요가 있다.

PBS: 귀납적 성경 연구?

성경 해석과 관련한 여러 지침이나 힌트 등이 PBS 방법으로 소개되기도 한다.[16] 하지만 그중에는 꼭 PBS만의 지침이 아니라 성경 해석을 위한 일반적인 지침인 경우가 많다.[17] 그런 지침은 "성경 해석 방법"이란 넓은 범주에 속하기에 "개인 성경 공부"에만 국한시켜 생각할 필요는 없다.

널리 알려진 PBS 방법으로는 "귀납적 성경 연구"(Inductive Bible

16 예를 들어 이용세, 『성도의 전공필수 개인성경 연구』(서울: 한국성서유니온선교회, 2007), 111-43을 보라.

17 참조. J. R. McQuilkin, 『성경의 해석과 적용』(송용조 옮김, 서울: 서울성경학교 출판부, 1992). 예컨대 Sterrett의 『성경 해석의 원리』는 성경 해석의 일반적인 지침을 다양하게 제공하는 고전적인 책인데 이 책의 여러 지침은 자연히 개인 성경 공부의 방법이 되기도 한다.

Study)가 있다.[18] 이는 "관찰-해석-적용"의 틀에 여러 해석 지침을 넣어 개인이 직접 성경 본문을 가지고 씨름하며 다루도록 만든 성경 연구 방법이다. 한때는 한국교회에서 귀납적 성경 연구 방식이 인기를 구가했던 적도 있었다. 선교 단체나 개교회에서 이 방법을 가르치는 데 열심인 사람들이 있었다. 그래서 지금도 PBS 하면 귀납적 성경 연구 방법을 떠올리는 경향이 남아 있는 듯하다.

귀납적 성경 연구의 장점

귀납적 성경 연구 방법은 다음과 같은 장점들이 있다.

첫째, 가장 눈여겨볼 장점은 정형화된 패턴이다. 다양한 해석 지침을 그냥 나열하지 않고 "관찰-해석-적용"이라는 틀 안에 넣어 유기적으로 배열함으로써 접근성과 효율성을 높였다.

둘째, 이렇게 패턴으로 정리되자 개인 성경 공부가 좀 더 쉽게 따라 할 수 있는 무언가로 느껴졌다. 다양한 지침을 무작정 하나씩 활용해보는 것보다 정해진 틀 속에서 활용해보면 전체적인 흐름을 쉽게 알 수 있다.

셋째, 또한 귀납적 성경 연구의 틀은 성경해석학의 구조를 어느 정도 반영한 형태다. 관찰, 해석, 적용의 순서를 차례로 밟아가다 보면 성경해석학이 지향하는 길로 자연스레 나아갈 수 있다.

넷째, 그뿐 아니라 방법론의 효율성, 즉 시간 투자 대비 효과가 좋은 편이다. 많은 시간을 들여 적은 결과를 얻는 게 아니라, 적은 시간을 들여 괜찮은 결과를 얻을 수 있다.

---

18 예를 들어 E. E. Johnson의 *Expository Hermeneutics*(Grand Rapids: Academie Books, 1990)라는 성경 해석서는 책 전체가 귀납적 성경 연구 방법의 틀로 구성되어 있다. 이용세도 기본적으로는 이 관찰-해석-적용의 틀을 따른다(『성도의 전공필수 개인성경 연구』, 55-196).

이런 장점들 때문에 귀납적 성경 연구 방법은 여전히 매력적인 개인 성경 공부 방법으로 알려져 있다.

귀납적 성경 연구의 한계

하지만 귀납적 성경 연구가 개인 성경 공부의 대표적인 방법이라고 하기에는 어려움이 있다. 이 방법의 한계와 단점이 부담으로 작용하기 때문이다.

첫째, 무엇보다도 귀납적 성경 연구가 "명확한 방법"으로 규정되기 어렵다는 점이 발목을 잡는다. "관찰-해석-적용"이라는 틀은 성경해석학 구조의 기본 특징 중 일부를 표현한 것에 불과하지, 명확하고 결정적인 방법론이라고 보기는 어렵다. 즉 어떤 식으로 관찰해야 하는지, 어떤 식으로 해석해야 하는지 등이 명확한 방법 체계로 규정되지 않았다. 예를 들어 "시제의 변화", "인칭의 변화", "반복되는 단어"를 관찰하라는 식의 지침들을 방법론이라고 부르기는 어렵다.

둘째, 개인에 따라 관찰의 정도가 달라지는 것도 큰 어려움이다. 연구자의 관심이 무엇이냐에 따라 관찰 대상이 다르게 나타나는 현상은 쉽게 발생한다. 나의 경험이 비슷한 사례가 될 수 있다. 나는 의류 회사에 다닐 때 넥타이 분야 신규 사업을 조사한 적이 있었다. 넥타이에 대해 관심을 갖고 공부하는 중에 버스를 타고 서울의 종로 거리를 지나게 되었다. 나는 그때 처음으로 종로에 넥타이 매장이 꽤 많다는 것을 깨달았다. 이전에는 하나도 보이지 않던 넥타이 가게들이 눈에 쏙쏙 들어왔다. 영화를 볼 때도 남자 주인공의 넥타이 문양이 보였다. 이전에는 상상할 수 없는 일이었다. 넥타이에 관심이 있을 때와 없을 때가 사뭇 달랐다. 성경 연구에서도 이런 일이 충분히 일어날 수 있다. 바울 서신에 나오는 "믿음" 논쟁에 대해 연구하는 중에 보면 신약성경에서 믿음이란 단어가 어떤 식으로 쓰이는지가 비로소 눈에 들어온다. 이전에도 자주 본 본문이지만 완전히 새롭게 읽히는 것이다. 이처럼 관찰자의 관심과 상태에 따라 관찰 결과가 달라진다. 따라서 (귀납적 성경 연구 방법에서 말하는) 막연한 관찰에는 관찰자의 주관과 경험이 크게 개입할 여지가 생긴다.

셋째, 또 한 가지 어려움은 귀납적 성경 연구 방법의 폐쇄성이다. 귀납적 성경 연구는 기존의 다른 성경 연구 결과나 학자들의 성경 연구 결과와 진지하게 대화하려는 노력을 그다지 기울이지 않는 방법이다. PBS는 말 그대로 스스로의 공부에 집중하는 경향이 강하다. 관찰자가 보이는 것을 적고 그것을 해석하며 그 결과를 적용하는 데 집중한다. 자신의 관찰과 해석이 다른 사람의 것들과 얼마나 다른지, 그 차이점을 어떻게 극복해야 하는지 등의 노력은 그 방법 안에 포함되지 않는다. 자연히 개인 성경 공부는 말 그대로 자기만의 공부로 남는다. 잘못하면 자신의 공부와 타인의 공부를 분리하거나 자신의 공부에 도취되어 다른 견해에 대해 배타적인 모습으로 흐를 위험성이 있다.

이런 점들 때문에 귀납적 성경 연구는 개인 성경 공부의 대표 주자로 보기 어렵다. 귀납적 성경 연구보다 좀 더 명확하고 포괄적인 개인 성경 공부 방법이 개발되어야 한다.

"귀납적 성경 연구에는 유익한 점이 있으나 분명한 한계가 있다."

7.2.2. 조건 및 준비

개인 성경 공부에는 기본적으로 성경해석학이 작동해야 한다. 성경해석학이 성경을 묵상하는 문법이기 때문이다. 해석 과정과 적용 과정 모두 중요하지만 우선은 해석 과정이 더 심도 있게 고려되어야 한다. 이때 해석 과정에서 놓치지 말아야 하는 두 가지 요소가 있다. 하나는 "글의 모습"이고 다른 하나는 (본문에 얽혀 있는) "역사적 상황"이다(참조. 127페이지 〈표 8〉). 이는 개인 성경 공부를 든든하게 지탱해주는 두 개의 큰 기둥이다.

"글의 모습" 이해

성경 본문이 가진 "글의 모습"을 이해하는 방법들에 대해서는 5장에서 잠시 언급했다(참조. 5.2.2.(1)). 그중 20세기 후반부터 지금까지 계속 발전하고 있는 "담화분석"(discourse analysis)이란 방법이 있다. 포터(S. E. Porter)는 담화분석이 크게 네 그룹의 형태—북미 모델, 영국과 호주 모델, 유럽 대륙 모델, 남아프리카 모델이다—로 발전되어왔다고 본다.[19] 이 네 그룹의 발전 형태를 모두 자세히 알 필요는 없다. 하지만 각 모델이 발전시키는 방법들이 실제 본문을 이해하는 데 필요한 구체적 지침과 도구들을 제공한다는 점은 수긍할 필요가 있다(이런 지침들을 쉽게 활용할 수 있도록 도와주는 유용한 책이 나오기를 기대한다).

나는 1980년대부터 성경 본문의 "글의 모습"을 입체적으로 이해하게 해주는 "문맥 구조" 연구 방법을 개발하여 지금까지 사용하고 있다. 문맥 구조 연구는 글이 가진 "의미의 관계적 구조"를 파악하여 글(본문)이 말하려는 의미를 찾는 방법론이다. 글의 문맥 구조 연구는 본문의 의미 이해에 도움을 줄 뿐 아니라 다른 성경 연구에 요긴하게 활용될 수 있다. 이 문맥 구조 연구 방법은 ("담화분석"의 남아프리카 학파를 이끄는 한 사람인) 라우(J. Louw)의 "콜론 분석"(colon analysis)과 유사한 면이 있다.[20] 이런 점

---

19 Porter, "Discourse Analysis and New Testament Studies", 14-35.

20 참조. Louw, "Discourse Analysis and the Greek New Testament", 101-18.

때문에 나는 라우의 방법론과 나의 문맥 구조를 결합하여 "수정된 콜론 분석"(modified colon analysis)이란 이름으로 학술적 연구에 활용한 적도 있다.[21] 하지만 "콜론 분석"이나 "수정된 콜론 분석"은 복잡할 뿐 아니라 너무 전문적이어서 상용화하기는 어렵다. 반면 "문맥 구조" 연구 방법은 목회자와 일반 성도도 그리 어렵지 않게 활용할 수 있는 방법이다. 문맥 구조를 찾으면 성경 본문의 글의 모습을 어렵지 않게 이해할 수 있다.[22] 이 문맥 구조 연구 방법은 개인 성경 공부에 요긴하다.

"글의 모습"을 이해하는 좋은 방법은 "문맥 구조 연구" 방법이다.

"역사적 상황" 이해

해석 과정에 꼭 필요한 또 다른 기둥은 본문에 얽혀 있는 "역사적 상황"에 대한 이해다. 역사비평학의 발전과 더불어 본문의 역사적 상황을 이해하게 해주는 다양한 방법들이 개발되었다고 이미 언급했다(참조. 5.2.2.(2)). 이에 관해 오랜 기간 동안 여러 학자가 연구해왔고, 또 그 결과가 소논문이나 단행본으로 소개되었다. 나아가 그런 결과들이 종합되어 주석서 형태로 일반 대중에게까지 전달되고 있다.

따라서 혼자 성경을 공부할 때 이런 다양한 자료를 적절히 활용할 필요가 있다. 이미 나온 좋은 연구 결과를 굳이 외면할 이유가 없다. 더구나 요즈음에는 인터넷으로 접할 수 있는 자료도 많아서 본문의 역사적 상황에 대한 이해가 예전에 비해 훨씬 쉬워졌다. 이제 개인 성경 공부에 이런

---

21 Lee, "The Law of Faith in Romans", 240-47.

22 참조. 이진섭, "문맥 구조란 무엇인가?", 416-26; "에베소서 2:1-10의 문맥 구조 분석과 그 함의", 151-83.

자료들을 활용하려는 노력은 필수적이다. 이를 위해서는 좋은 주석서가 어떤 것인지 알아야 할 뿐 아니라 유익한 자료에 접근하는 방법도 배워야 한다. 또한 각종 자료를 적절히 평가할 수 있는 안목도 키워야 한다.

"역사적 상황"을 소개하는 좋은 자료를 활용해야 한다.

7.2.3. PBS 진행 방법: 일곱 단계

이제 개인 성경 공부를 어떻게 정형화하느냐를 생각할 차례다. "귀납적 성경 연구"로는 부족하다. 좀 더 체계적인 방법을 개발하고 다른 사람들의 연구 결과도 잘 활용해야 한다. 또한 본문이 가진 "글의 모습"과 "역사적 상황"을 함께 고려하는 개인 성경 공부가 되어야 한다. 그렇다면 어떻게 해야 할까? 아래서 설명하는 일곱 단계의 PBS 방법이 그에 대한 하나의 답이 될 수 있다.

(1) 1단계: 문맥 구조 만들기

문맥 구조: "의미의 관계적 구조"

가장 먼저 해야 할 일은 스스로 해당 본문의 "문맥 구조"를 만드는 것이다. 문맥 구조란 글이 가진 "의미의 관계적 구조"를 체계화한 것을 말한다. 나는 문맥 구조를 다음과 같이 설명한다.

> "문맥 구조" 연구 방법은 글 자체(성경 본문)가 갖고 있는 글의 구성, 특별히 글에 나타난 문맥의 구조적 모습을 연구하는 방법론이다. 하나의 의미는 또 다른 의미와 연결되고 그 의미의 연결은 문맥을 만든다. 그런데 그 연결 모습은 복잡하게 구성되어 있다. 입체적이라고 할 수도 있고 구조적이라고 할

수도 있다. 따라서 글의 문맥을 제대로 보려면 문맥이 가지고 있는 구조를 파악해야 한다. 이런 "의미의 연결 구조"를 "문맥 구조"라고 부른다.[23]

문맥 구조 작성 방법

문맥 구조를 작성하는 방법의 원리는 간단하다.[24] 그 원리는 크게 두 단계로 구성된다. 첫째는 한 문장의 의미를 파악하는 단계이고, 둘째는 문장의 의미와 의미 사이의 연결 관계를 밝히는 단계다. 문장이 있는 만큼 이 두 단계를 계속 반복하면 해당 문장들—하나의 문단이나, 더 나아가 하나의 책—이 가진 의미의 관계적 구조를 알 수 있게 된다.[25]

한 문장은 하나의 의미(m1[meaning 1])를 가지고, 이어지는 또 하나의 문장은 또 다른 의미(m2)를 가진다. 그런데 이 두 문장은 서로 연결되어 새로운 의미(m1-2)를 만든다. 이어지는 세 번째 문장은 또 다른 의미(m3)를 가진다. 그런데 이 세 번째 의미는 앞의 의미들(m1, m2, m1-2)과 연결되어 새로운 또 하나의 의미(m1-2-3)를 탄생시킨다. 이런 방식으로 문장이 추가될 때마다, 의미와 의미가 연결되어 새로운 관계의 의미(m1-2-3…-i)가 형성되기에 이 관계적 의미를 매번 찾아야 한다. 그래서 결국 모든(i개의) 문장들이 서로 연결되어(예를 들어 하나의 문단이 되어) 갖게 되는 관계

23 이진섭, "문맥 구조란 무엇인가?", 417.

24 나는 이 방식을 다른 곳에서 유사하게 설명한 적이 있다(이진섭, "에베소서 2:1-10의 문맥 구조 분석과 그 함의", 153-56). 여기서는 그 설명을 토대로 몇 가지를 추가하여 좀 더 자세히 설명한다.

25 이진섭, "에베소서 2:1-10의 문맥 구조 분석과 그 함의", 154. Louw는 그의 "콜론 분석"(colon analysis)에서 문장 대신 하나의 "콜론"(colon), 즉 주어와 술어가 있는 최소 단위로 의미의 연결 관계를 분석하려 한다. 물론 이런 방식이 원리적으로는 마땅하다. 하지만 실제로 이렇게 하면 분석은 매우 복잡하고 방대해져서 오히려 의미 구조 판단에 어려움을 주는 경우가 생긴다. 오히려 실제 방법론에서는 단순화가 필요하다. 보통 한 문장의 의미 파악에는 큰 어려움이 없기에 나는 한 문장 단위로 하는 것이 더 실제적이고 유익하다고 생각한다.

적 의미(m1-2-3…-i)를 찾는 작업을 반복한다(예를 들어 맨 마지막에 나타나는 관계적 의미 m1-2-3…-i를 한 문단의 의미, M1이라 표현할 수 있다). 문맥 구조는 이런 많은 의미(즉 m1, m2, m1-2, m3, m1-2-3,…mi, m1-2-3…-i)를 체계화시켜 한눈에 볼 수 있도록 만든 결과물로 나타난다(성경 본문의 문맥 구조를 만들 때는 한 문장 대신 한 절[節]을 넣어 사용할 수 있다).[26]

첫 번째 문장의 의미(m1)	
두 번째 문장의 의미(m2)	→ 창출된 새로운 관계적 의미(m1-2)
세 번째 문장의 의미(m3)	→ 창출된 새로운 관계적 의미(m1-2-3)
⋮	⋮
i 번째 문장의 의미(mi)	→ 창출된 새로운 관계적 의미(m1-2-3…-i)
	→ 한 문단의 의미(M1)

〈표 23〉 한 문단에서 의미의 누적과 관계적 의미의 파악 과정[27]

그런데 이 의미와 의미의 연결은 단순히 직선적(直線的, linear)으로만 연결된 형태가 아니라 복잡하게 체계적으로 연결된 구조를 가진다. 하나의 문장이 바로 앞 문장과 직결되고, 또 뒤 문장과 직결되는 식으로만 생각해서는 안 된다. 그런 경우도 있겠지만 때로는 앞뒤로 멀리 있는 문장들이 직결되거나 바로 앞뒤 두 문장과 함께 더 많은 문장이 복합적으로 연관될 수도 있다(통상적으로 실제 문장들의 연관 관계는 직선적이기보다는 복합적인 경우가 태반이다). 따라서 의미의 관계 연결이 체계적이고 구조적이라는 점을 늘 염두에 두어야 한다. 이 구조와 체계를 도식화할 때 숫자와 괄호, 의미 관계 용어, 성경 구절 표시 등을 사용하는 것이 좋다.[28]

---

26 이진섭, "에베소서 2:1-10의 문맥 구조 분석과 그 함의", 154-55.

27 이진섭, "에베소서 2:1-10의 문맥 구조 분석과 그 함의", 155.

28 이진섭, "에베소서 2:1-10의 문맥 구조 분석과 그 함의", 155-56.

이런 방법을 빌립보서 1:27-30에 실행하여 얻은 문맥 구조의 예는 다음과 같다(연구 과정은 이 책에서 자세히 언급하지 않는다. 나중에 문맥 구조만 집중적으로 설명하는 책을 따로 낼 예정이다).[29]

권면 요지: 복음에 합당하게 생활하라(1:27-30)
1. 권면 내용: 복음에 합당하게 생활하라 → 연합과 대결 측면(1:27-28a)
(1) 요지: 복음에 합당하게 생활하라(1:27a)
(2) 설명: 합당한 모습을 두 가지로(양쪽 면으로) 설명(1:27b-28a)
1) 적극적(연합): 한마음으로 서서 복음의 신앙을 위해 분투함(1:27b)
2) 소극적(대결): 대적하는 자를 두려워하지 않는 것(1:28a)
2. 권면 근거: 고난과 싸움 중에 있는 교회의 구원(1:28b-30)
(1) 주요 근거: 이런 모습의 합당함 → 구원에 이르게 함(1:28b-28d)
1) 설명: 이런 태도는 구원을 가져다줌(1:28b-28c)
1〉 소극적: 이것이 그들에게는 멸망의 증거(1:28b)
2〉 적극적: (이것이) 여러분에게는 구원의 증거(1:28c)
2) 정리(요약): 이것이 하나님으로부터 난 것이다(1:28d)
(2) 추가 근거: 권면의 배경(1:29-30)
1) 배경 1: 주어진 것의 의도(1:29)
1〉 왜냐하면 그리스도를 위하여 여러분에게 주어진 것은
2〉 두 가지 의도: 그를 믿을 뿐 아니라, 고난도 받게 하려는 것
2) 배경 2: 바울과 동일한 상황(1:30)
1〉 여러분: 여러분에게도 (나처럼) 같은 싸움이 있다
2〉 나: 여러분이 내 안에서 보고, 이제 또 내 안에서 들음

〈표 24〉 빌립보서 1:27-30의 문맥 구조[30]

그런데 이런 문맥 구조 연구 방법은 문장에만 국한되지 않고 문단

29 내가 작성한 성경 문맥 구조의 예는 다양한 논문이나 저서를 통해 소개되었다. 이 자료들 대부분은 내가 운영하는 성경·삶·사역연구소 홈페이지(www.BibleMinistry.kr)의 "연구 자료실"에서 무료로 내려받을 수 있다.

30 이진섭, 『빌립보서』, 145-46.

(paragraph)과 문단 사이의 관계에도 그대로 적용된다. 문단이 한 가지 생각을 전하는 단위라면 첫 번째 문단이 가진 의미(M1)는 이어지는 다른 문단이 가진 의미(M2)와 연결된다. 이 두 문단은 상호작용을 통해 두 문단 사이의 관계가 지향하는 의미(M1-2)를 만든다. 세 번째 문단의 의미(M3)를 찾은 후 마찬가지로 앞 문단들과의 상호작용 속에서 창출되는 관계적 의미(M1-2-3)를 찾는다. 이런 작업을 n개의 문단에서 반복하면서 n개의 문단 모두가 누적되어 창출하는 의미(M1-2-3···-n)를 발견한다. 결국 이 의미는 문단들 전체, 즉 책 한 권이 전달하려는 가장 큰 의미(M)가 된다.

첫 번째 문단의 의미(M1)	
두 번째 문단의 의미(M2)	→ 창출된 새로운 관계적 의미(M1-2)
세 번째 문단의 의미(M3)	→ 창출된 새로운 관계적 의미(M1-2-3)
⋮	⋮
n 번째 문단의 의미(Mn)	→ 창출된 새로운 관계적 의미(M1-2-3···-n)
	→ 책 한 권의 의미(M)

〈표 25〉 책 한 권에서의 의미 누적과 관계적 의미의 파악 과정

마찬가지로 이런 방식을 빌립보서 전체에 적용하여 얻은 빌립보서 전체의 문맥 구조를 간략하게 요약하면 다음과 같다.

31 이진섭, 『빌립보서』, 53.

* 빌립보 교회여, 그리스도의 복음에 합당하게 생활하라.
I. 머리말(1:1-2)
II. 몸말(1:3-4:20)
[1] 도입: 바울의 감사와 간구 기도(1:3-11)
[2] 본론: 복음에 합당하게 생활하기를 권면함(1:12-4:9)
{1} 권면 논지: 나처럼 복음에 합당하게 생활하라(1:12-30)
1. 권면의 기초: 바울 자신의 예를 제시(1:12-26)
2. 권면의 요지: 복음에 합당하게 생활하라(1:27-30)
{2} 권면 확대: 그리스도의 복음에 합당한 생활(2:1-4:9)
〈1〉 권면의 원리 제시(2:1-18)
1. 연합(내적 측면): 연합의 원리(2:1-4)
2. 대결(외적 측면): 예수의 주되심(2:5-11)
3. 권면의 원리 종합: 복음에 합당한 삶의 모습(2:12-18)
〈2〉 권면의 실제 제시(2:19-4:9)
1. 연합(내적 측면): 에바브로디도와 관련한 연합(2:19-30)
2. 대결(외적 측면): 그리스도를 굳게 붙들라(3:1-21)
3. 권면의 실제 종합: 성도들의 구체적인 삶의 모습(4:1-9)
[3] 맺음: 바울의 기쁨과 칭찬(4:10-20)
III. 끝말(4:21-23)

〈표 26〉 빌립보서의 문맥 구조[31]

혹자는 어디서부터 어디까지가 한 문단 단위인지 어떻게 아느냐고 반문할지 모른다. 맞는 이야기다. 사실 이 방법으로 문맥 구조를 찾으려 시도하는 순간, 기존의 (번역) 성경에 있는 (또는 내가 이미 알고 있는) 문단은 무시해야 한다(더 나아가 장과 절의 구분에 현혹되지 말아야 한다.) 그런데 이 문맥 구조 연구 방법으로 한 문장씩 의미를 누적하여 그 관계적 의미를 찾다 보면 의미의 덩어리가 어디서 시작되어 어디서 마무리되는지를 가늠할 수 있게 된다. 자연히 이 과정에서 문단의 덩어리들을 구분할 수 있게 된다. 이 문단 찾기는 책의 맨 마지막에 이르기 전까지 계속되고 책의 맨 마지막 문장을 책 전체 속에서 가늠하게 될 때 비로소 완료된다. 결국 맨 마지막에 가서야 모든 문단을 구분하고 책 한 권의 의미를 최종적으로 밝힐 수 있게 된다.

그런데 사실 이런 설명은 문맥 구조 연구 방법을 최소한으로, 아주 간략하게 소개한 것이다. 이 방법이 가진 전제, 실행 단계에 필요한 각종 개념과 용어, 이해를 도와주는 예제 및 실습을 위한 연습 과제 등을 제시하려면 또 다른 책 한 권이 나와야 할 것이다.

글의 문맥 구조를 찾는 일은 글을 쓰는 저자가 글을 쓰기 전에 글의 방향과 전개 과정 등을 요약한 얼개(윤곽, 개요, outline)를 찾는 작업이라 할 수 있다. 저자는 먼저 얼개를 만들고 그 얼개에 따라 차곡히 글을 쓴다(좋은 글일수록 얼개가 더 세밀하고 정밀하며 빈틈이 없다). 성경 본문의 문맥 구조를 찾는 일은 글 쓰는 작업을 거꾸로 되돌리는 것이라고 볼 수도 있다. 곧 (본문에 내재해 있는) 본문의 뼈대가 되는 체계를 찾아내서 밝히는 일이다. 문맥 구조가 드러나면 본문을 올바로 해석할 수 있는 가능성이 더욱 커진다.

혹자는 이 방법이 특정 장르(특별히 서신서)에 국한된 것이 아니냐고 반문할지도 모른다. 하지만 의미의 연관 구조를 가진 글이라면 모두 가능하다. 글은 의미와 의미를 연결하여 새로운 의미를 만들어내기 때문이다. 이는 서신이나 시(詩)나 내러티브(narrative)나 역사 이야기나 모두 마찬가지다. 물론 의미를 연결하는 방식과 형태는 장르마다 다를 수 있다. 하지만 의미의 관계 구조로써 의미가 전달된다는 점은 동일하기에 문맥 구조 방법은 장르에 상관없이 사용될 수 있다.[32]

---

32 물론 잠언의 경우는 좀 다르다. 전체 시편의 각 시 사이의 관계 문제도 마찬가지다. 하지만 하나의

나는 1980년대부터 지금까지 몇십 년 동안 이 방법으로 성경의 각 책을 반복해서 공부해왔다. 영국 신학교에서 유학하던 1992년에는 1년 동안 신약성경의 각 책의 문맥 구조를 찾는 작업을 했다. 기존에 만들어두었던 문맥 구조를 참고하지 않은 채, 하루에 한 장(章)씩 성경 본문의 문맥 구조를 찾는 연구를 반복했다. 나는 이 연구를 학교 수업이나 과제보다도 우선시했다. 그날 정한 장의 문맥 구조를 완성한 후에야 학교 과제에 손을 댔다. 때로는 이렇게 문맥 구조 연구를 하는 것에 회의감이 들었고 그만두고 싶은 마음도 자주 일었다. 하지만 문맥 구조를 완성한 후에는 본문에 대한 이해가 훨씬 깊어지는 경험을 하면서 다시 힘을 얻고 포기하지 않을 수 있었다. 지금도 성경 연구나 강의 등을 시작할 때 가장 먼저 하는 작업이 바로 문맥 구조 연구다. 성경 본문의 문맥 구조 연구는 개인 성경 공부의 첫 순서가 될 만한 충분한 가치가 있다. 이 방법으로 성경 본문이 가진 글 모습의 윤곽을 그릴 수 있기 때문이다.

"문맥 구조 만들기는 PBS의 첫 작업이자 기초다."

(2) 2단계: 타인의 문맥 구조와 비교하기

두 번째 단계는 내가 작성한 문맥 구조를 타인의 문맥 구조와 비교하는 것이다. 이때 내가 한 것이 더 나을 수도 있고 그 반대일 수도 있다. 물론 문맥 구조를 오랜 기간 훈련하면 좀 더 개선된 결과를 얻을 수 있다. 하지만 그런 때도 타인의 연구 결과와 비교해보는 건 필수다. 자신의 문제와 단점을 찾고 극복할 수 있는 좋은 기회가 될 뿐 아니라 더 나은 방향

시편이 형성하고 있는 문맥 구조 연구는 의심할 여지 없이 유용하다.

으로 나아갈 수 있는 길이 열리기 때문이다.

타인의 것과 비교할 때는 무조건 내 것이 옳다는 식으로 생각해서는 안 된다. 자신의 장단점은 무엇인지, 또 타인의 장단점은 무엇인지 세밀하게 비교하며 분석해야 한다. 또 나는 이런 식으로 생각했는데, 저 사람은 왜 저런 식으로 판단했는지 생각해보고 그 이유를 분석해보자. 그래야 자기 생각과 시각의 한계를 볼 수 있을 뿐 아니라 사고의 폭을 넓힐 수 있다. 이렇게 자신이 도출한 문맥 구조와 타인의 결과물을 함께 비평적으로 다루다 보면 보다 나은 답을 찾을 수 있는 여지가 생긴다. 그렇다고 해서 무조건 타인의 결과를 수용하고 따라가도 안 된다. 단, 타인의 문맥 구조가 더 낫다는 판단이 서고 그 이유가 분명할 때 겸손한 마음으로 자기 것을 수정하면 된다.

내가 만든 문맥 구조와 비교할 수 있는 자료는 이곳저곳에서 찾을 수 있다. 물론 "문맥 구조"란 용어로 되어 있는 자료를 발견하기는 어려울 수 있다. 하지만 이곳저곳에 소개된 본문의 구조, 얼개, 윤곽, 아우트라인(outline) 같은 자료들은 본문의 의미 구조를 밝혀주는 결과물들이다(물론 그것이 얼마나 정확하고 엄밀하게 작성되었는가는 다른 문제다).[33]

가장 쉽게 참고할 수 있는 자료는 주석서에 소개된 본문의 구조 분석(또는 내용 분석)이다. 대부분의 주석서는 성경 각 권의 내용을 분석하는 자료를 싣고 있다. 따라서 신뢰할 만한 주석서에 있는 자료와 자신이 도출한 문맥 구조를 비교하기란 어렵지 않다. 한국어로 번역된 WBC, NICNT/OT, NIGTC 주석 등은 이런 면에서 사용하기 좋은 주석서다. 주

33 나의 문맥 구조 연구 방법은 본문의 의미론적 구조를 엄밀하게 따져서 정확하게 밝히려는 시도라 볼 수 있다.

석서 외에 성경 본문의 얼개를 제공하는 단행본이나 연구 도서도 많다.[34] 예를 들어 국제 SIL(SIL International)[35]에서 발행하는 "의미론적 구조 분석" 시리즈는 좋은 도구가 된다.[36]

"참고 자료로 내가 만든 문맥 구조를 발전시켜라."

(3) 3단계: 역사적 연구

세 번째 단계는 공부하려는 성경 본문과 관련된 역사적 연구다. 이 연구와 관련해서는 앞서 언급했듯이 우선 학자들이 전문적으로 연구한 결과를 잘 활용하는 게 중요하다. 역사적 연구 분야가 워낙 넓기도 하거니와 다루는 내용이 전문적인 경우가 많기 때문이다. 이미 축적된 지식과 연구 결과를 적절히 활용하는 것은 지혜로운 기술이다.

단행본과 사전류

역사적 배경과 상황에 관한 기존의 연구 결과는 주로 단행본이나 사전 등에 집약되어 있으므로 이런 참고 자료를 적절히 활용하는 것이 유익하

34 예를 들어 J. Balchin, et al., *The Bible in Outline*(London: Scripture Union, 1985); 배종열, 『문맥에 따라 읽는 에베소서』(서울: 기독교문서선교회, 2005) 등.

35 국제 SIL의 원래 이름은 "하계언어학연구소"(Summer Institute of Linguistics)다. 세계성경번역선교회(Wycliffe Bible Translators, WBT)의 자매기관으로서 주로 소수 민족 언어를 연구하며 성경 번역 선교를 돕는 일을 하고 있다. 연구소 홈페이지(www.sil.org)에서 의미론적 구조 분석에 대한 다양한 자료를 검색할 수 있다.

36 예를 들어 디도서의 의미론적 구조 분석을 시도한 Banker의 자료를 보라(J. Banker, *A Semantic and Structural Analysis of Titus*[Semantic and Structural Analysis series, Rev. ed.; SIL, 1994]).

다.[37] 평소에 성경 본문의 역사적 배경과 상황에 관한 책을 두루 섭렵하여 읽는 것은 좋은 습관이다. 신구약 성경의 배경에 대해 집중적으로 정리한 책도 있고,[38] 신구약 중간기 역사에 대한 자료들도 많다.[39] 또한 제2성전기 유대교에 관한 연구 자료들도 있다.[40] 제2성전기 유대교에 대한 이해는 신약성경을 해석하는 일에 요긴하므로 이에 대한 기본적 내용은 반드시 소화하고 있어야 한다. 또한 로마 제국의 제국 종교(imperial cult)에 관한 연구도 신약학에서 점차 중요하게 부상하고 있기에 이 분야의 글도 읽어보아야 한다(앞으로 이 분야는 신약 연구에서 더 중요해질 것으로 보인다).[41] 고고학 저술들도 잘 활용할 필요가 있다.[42] 성경에 등장하는 여러 사물(예를 들어 꽃, 동물 등)이나 특정 주제에 관한 연구도 많아지고 있으니, 필요한 자료를 잘 가늠해서 활용해보자.[43]

---

37 예컨대 영국 IVP에서 출간한 *New Bible Dictionary*(Leicester: IVP, 1982)가 대표적이다. 이 책은 『새 성경 사전』(서울: 기독교문서선교회, 1996)으로 번역되었다. 요약된 형태인 *New Concise Bible Dictionary*는 한국 IVP에서 『IVP 성경사전』(서울: 한국기독학생회출판부, 1992)으로 번역되었다.

38 예컨대 A. A. Bell, 『신약 시대의 사회와 문화』(오광만 옮김, 서울:생명의 말씀사, 2001); Bimson, 『구약의 배경』을 보라. IVP의 신구약 배경 주석도 번역되어 한 권의 책으로 나왔다. 이 책은 성경을 읽을 때 참고하기 좋다. C. S. Keener, et al.(eds.), 『IVP 성경배경주석』(정옥배 옮김, 서울: IVP, 2010).

39 참조. W. Förster, 『신구약 중간사』(서울: 컨콜디아사, 1994).

40 참조. Sanders, *Paul and Palestinian Judaism*.

41 예를 들어 R. A. Horsley ed., *Paul and Empire*(Harrisburg: Trinity Press International, 1997)를 보라. 이후 여러 단행본이 이어지고 있다.

42 참조. 문희석 편저, 『성서고고학』(서울: 대한기독교서회, 1974); A. F. Rainey, R. S. Notley, 『성경 역사, 지리학, 고고학 아틀라스』(강성열 옮김, 서울: 이레서원, 2010).

43 예를 들어 성경에 등장하는 꽃에 관한 연구로는 F. N. Hepper, *Illustrated Encyclopedia of Bible Plants*(Leicester: IVP, 1992)를 보라.

인터넷 자료와 전자 서적

요즈음에는 인터넷을 통해서도 양질의 자료를 접할 수 있다. 성경의 역사적 연구에 관한 각종 자료를 집약해놓은 사이트도 여럿인데, 제공되는 자료를 적절히 평가하고 (진짜와 가짜를) 잘 구별하는 안목이 필요하다. 영어를 사용하는 데 어려움이 없으면 유익한 자료들을 활용할 수 있는 기회는 훨씬 더 커진다.

전자 서적이 점점 더 많이 출간되고 있기에 이를 활용하는 일도 적잖이 도움이 된다. "로고스바이블"(Logos Bible Software)은 1, 2차 자료를 다수 포함하고 있어 매우 유용하다. 무엇보다도 전자책 자료를 검색할 수 있어 활용도가 높다. 이 프로그램에는 역사적 상황에 대한 좋은 자료들이 시각적으로 잘 정리되어 있다. 영어 버전의 경우 기본 운영 프로그램은 무료이고 자신이 꼭 필요한 자료만 선택적으로 구매하면 된다. 운영 프로그램만 있으면 인터넷 연결로 성경 배경이나 역사와 관련한 자료를 쉽게 찾을 수 있다.

주석서

본문과 직접 관련된 역사적 연구를 하려면 무엇보다도 주석서가 좋다. 주석서에는 성경 각 권에 대한 현재까지의 연구가 집약되어 있으므로 짧은 시간만 투자해도 중요한 연구 결과를 손쉽게 알 수 있다. 우선, 가장 적절하다고 판단되는 주석서의 서론 부분을 보는 게 좋다(주석서는 그 종류와 저자를 보고 판단하는 게 안전하다). 서론에는 해당 본문과 관련된 중요한 역사적 연구를 요약해서 설명한 경우가 많기 때문이다. 좋은 주석서 한 권의 서론만 잘 읽어도 중요한 연구 결과를 대략적으로나마 습득할 수 있을 것이다.

성경 본문

개인이 직접 성경 본문을 가지고 역사적 연구를 시작할 수 있다. 때로는 본문에 역사적 사실과 배경이 소개되는 경우가 있기 때문이다. 예를 들어 누가복음 2:1-2은 로마 황제가 인구조사를 명령한 내용을 소개한다. 이런 구절은 실제 역사적 사실과 비교해보아야 한다(물론 이 구절에 대한 주석가의 설명이나 성경 사전을 찾아보면 쉽게 관련된 지식을 얻을 수 있다). 역사적 사건이 길게 언급될 때도 있다. 예를 들어 열왕기하 18:9-19:37은 앗수르(아시리아, Assyria)가 이스라엘을 침략한 사건을 묘사한다. 이런 역사적 사건을 연구할 때는 본문에 기록된 여러 가지 표현을 놓치면 안 된다. 물론 그와 관련된 역사적 기록을 찾아보는 것도 중요하다(본문에 대한 주석가의 설명이나 성경 사전의 설명은 시간을 단축시켜준다).

때로는 성경 본문에 직접 언급되지는 않지만 이면에 숨겨진 역사적 배경과 상황을 유추하는 방법도 필요하다. 예를 들어 마태복음 6:25-34에는 먹을 것과 입을 것을 염려하지 말라는 내용이 있고, 바로 앞 문단인 6:19-24에는 재물이 많은 사람에 대한 경고가 기록되어 있다. 아마도 마태복음 6:19-24과 6:25-34은 부유한 자와 가난한 자의 삶의 모습을 대비하려 한 듯하다. 그런데 가난한 자의 문제를 묘사할 때 "의식주"(衣食住)의 문제에서 "식"(食)과 "의"(衣)의 문제가 집중적으로 다루어진다(주[住]의 문제는 빠져 있고, "식"[食]의 문제를 가장 먼저 다룬다). 이는 당시 가난한 유대인들의 삶에서 유독 "먹는 것"과 "입는 것"이 어려웠다는 사실을 알려주는 단초다. 여기서 우리는 예수님 당시의 빈곤 문제가 현재 한국 사회의 빈곤 문제와는 양상이 다르다는 사실을 알 수 있다. 물론 이를 한 본문에 대한 관찰만을 근거으로 단정할 수는 없다. 타 본문에 대한 관찰과 유추, 나아가 다른 역사적 자료와 타인의 연구 결과를 종합하여 합리적인 판단을 내려야 한다. 하지만 성경 본문 자체가 역사적 배경과 상황에 대한 정보를 어느 정도 가지고 있다는 점은 잊지 말아야 한다.

이처럼 PBS의 세 번째 단계는 역사적 연구다. 이미 축적된 연구 자료와 본문 자체의 단서를 면밀히 살펴보자.

"PBS의 또 다른 기초는 역사적 연구다."

(4) 4단계: 해석하기

PBS의 네 번째 단계는 스스로 석의하고 해석하기다. 본문의 문맥 구조와 역사적 이해의 터 위에서 해당 본문을 석의하고 해석하는 단계다. 이 책의 5장에서 언급했던 다양한 방법을 이때 쓰면 된다. 물론 모든 방법을 다 쓴다는 건 현실적으로 어렵다. 자신이 사용 가능한 방법을 선별해 사용해보자. 또 알고 있는 성경 해석의 원리와 지침 등—귀납적 성경 연구 방법에서 제시했던 지침들도 포함해서—을 이 자리에서 활용하면 된다.

사실 석의와 해석의 방법은 너무 다양하여 한두 가지로 정리하기는 어렵다. 그래서 여러 방법과 원리 및 지침 등을 사용하면서 자신에게 맞는 방법을 먼저 찾아 숙달시키고 이를 점점 확대하여 발전시켜가는 게 좋다. 아무리 좋은 방법도 자신이 할 수 없으면 무용지물이기 때문이다. 결국 자기만의 방법을 나름대로 만들어가는 게 중요하다는 말이다.

본문을 꼼꼼히 연구할 때는 보통 직역(直譯)을 한 성경 번역본(개역한글, 개역개정역 등)을 보면서 필요할 때마다 원어 성경을 참조하면 된다. 원어와 번역이 함께 나열되어 있는 "행간 성경"(Interlinear Bible)을 사용하면 원어를 잘 알지 못해도 필요한 때 적절히 참조할 수 있다. 요즈음에는 원어와 관련된 다양한 정보를 쉽게 찾을 수 있도록 돕는 성경 소프트웨어도 많이 보급되었다. 예를 들어 "바이블웍스"(BibleWorks)는 원어로 성경을 연구하고 분석하는 데 매우 유용한 도구다.[44]

이미 작성한 문맥 구조는 본문을 석의하고 해석할 때 중요한 참고 자료가 될 뿐 아니라 친절한 가이드가 된다. 물론 문맥 구조가 모든 것을 다 말해주지는 않는다. 하지만 해석 과정에서 여러 가지 난관에 부딪힐 때 문맥 구조에서 도움이 되는 아이디어를 찾을 수 있는 경우가 많다.

반대로 해석의 결과가 이미 작성했던 문맥 구조에 질문을 던지기도 한다. 해석의 결과가 문맥 구조의 지향점과 충돌하는 경우가 생길 때는 그게 해석의 오류 때문인지, 문맥 구조의 오류 때문인지 엄밀하게 다시 점검할 필요가 있다. 이 과정에서 문맥 구조가 새롭게 조정되기도 하고 해석의 방향이 달라지기도 한다. 이를 통해 문맥 구조와 해석이 상호작용을 이루며 각기 제자리를 잡아간다. 역사적 연구와 본문의 해석도 상호 영향을 미치는데 이는 문맥 구조가 해석과 상호작용을 일으키는 것과 유사하다.[45]

---

44 BibleWorks 사용법에 대해서는 김한원, 『바이블웍스 길라잡이』(서울: 세움북스, 2014)를 참조하라. 신약성경 그리스어 사전으로는 W. Bauer, F. W. Danker, et al., *A Greek-English Lexicon of the New Testament and Other Early Christian Literature*[3rd ed.; Chicago: University of Chicago Press, 2000])(=*BDAG*)와 G. Kittel, Gerhard Friedrich, *Theological Dictionary of the New Testament*[Vols. 1-10; Grand Rapids: Eerdmans, 1964])(=*TDNT*)를, 구약성경 원어 사전으로는 L. Koehler, et al., *The Hebrew and Aramaic Lexicon of the Old Testament*[Vols. 1-5., Leiden/New York/Köln: Brill, 1993-2000])(=*HALOT*)를 보라.

45 문맥 구조와 역사적 연구가 해당 본문의 석의와 해석에 시종일관 반영된 예를 보려면, 나의 빌립보서 주석 이곳저곳을 참조하라(이진섭, 『빌립보서』).

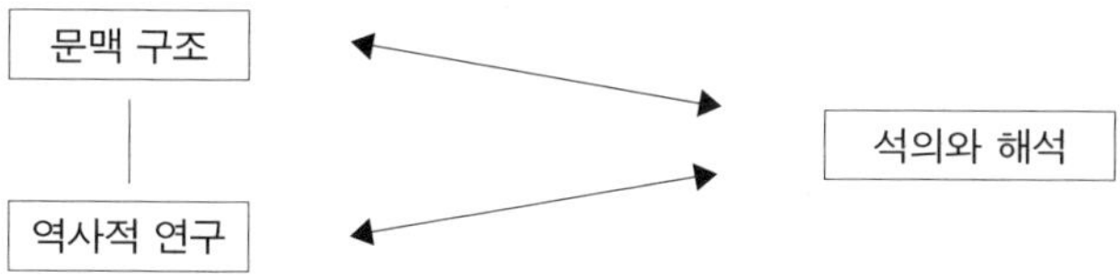

〈표 27〉 문맥 구조, 역사적 연구, 석의와 해석 사이의 상호 관계

"본문 해석은 문맥 구조 및 역사적 연구와 상호작용을 일으킨다."

(5) 5단계: 해석 참고 자료 활용

다섯 번째 단계는 다른 사람의 해석 결과를 보며 자신의 해석을 발전시키는 과정이다.[46] 내가 해석한 것만으로 만족해서는 안 된다. 내 해석이 맞을 수도 있지만 틀릴 수도 있고, 또 내가 아는 것도 있지만 모르는 것도 있기 때문이다. 다른 사람이 석의하고 해석한 내용을 검토하면서 내가 잘못 판단한 것을 찾아낼 뿐 아니라 새로운 내용을 배워서 내 해석을 발전시켜가야 한다. 쉽게 말해 나와 다른 사람이 토의하는 가상의 장을 만든다고 생각하면 된다. 물론 이때 나는 중립적 입장을 지켜야 한다. 곧 내 해석을 편들기보다 내 의견과 타인의 의견 중에 어떤 게 더 나은지 신중하게 검토하는 위치에 서는 것이다(어떤 자료가 좋은지를 판단하는 일은 그다지 쉽지 않다. 이를 위해서는 많은 지식과 꾸준한 연구 및 노력이 필요하다. 그렇지만 다른 사람의 성경 연구 결과를 간략하게 보여주는 자료들을 활용하면 시야를 넓힐 기회가 좀 더 쉽게 찾아온다. 바우어[D. B. Bauer]의 『성경 연구를 위한 손안의 서재』가 그런 종류의 예다).[47]

---

46 교부들의 해석을 보려면 ACCS(Ancient Christian Commentary on Scripture) 주석 시리즈를 참고하라.

47 D. B. Bauer, 『성경 연구를 위한 손안의 서재』(황의무, 왕희광 옮김, 서울: 새물결플러스,

우리가 실제로 참고할 수 있는 자료는 주석서, 일반 단행본, 소논문 및 사전류 정도다. 논문과 단행본을 참고하는 것은 더 깊이 들어갈 수 있어 좋지만, 때론 너무 전문적이거나 적잖은 시간을 요구하기에 PBS를 하면서 사용하기는 어려울 수 있다. 따라서 사용하기 가장 좋은 자료는 주석서다. 내가 연구하려는 해당 본문을 다루는 주석서를 찾아보면 된다. 물론 이때도 앞서 언급한 것처럼 주석서의 성격과 저자를 고려하여 책을 골라야 한다. 마찬가지로 전자 자료나 인터넷 자료도 활용할 수 있어야 한다.

"좋은 주석서로 내 해석을 발전시키자."

(6) 6단계: 적용하기

여섯 번째는 적용 단계다. 이 단계는 본문 해석이 결국 독자에게 어떤 뜻을 남기는지를 찾는 과정이다. PBS는 성경 연구만이 아니라 성경을 묵상하게끔 하는 공부이기에 적용까지 가야 한다. 물론 여기서 독자는 일차적으로 "나"와 "우리 공동체"다. 해석된 본문이 나에게 어떤 뜻이 되는지, 또한 내가 속한 공동체(가정, 교회, 직장, 사회, 나라 등)에 어떤 함의를 갖는지 생각해서 그 내용을 적으면 된다. 이런 내용은 차후에 큐티나 설교 등에서도 적절히 사용할 수 있다.

적용 내용은 해석을 할 때 적은 것의 오른편이나 밑에 기록하면 된다. 종이 노트에 적을 때에는 오른쪽 공간을 적용하는 자리로 비워놓으면

2014). 성서학에 사용되는 용어나 기초 자료를 참고하려면 N. Turner, *Handbook for Biblical Studies*(Philadelphia: Westminster Press, 1982)를 보라.

된다(참조. 〈표 28〉). 컴퓨터 문서 작성 프로그램(한컴오피스의 흔글이나 MS-Word 등)을 사용한다면 어디에나 적용 내용을 끼워 넣을 수 있기에 굳이 오른쪽 공간을 비워둘 필요는 없다. 하지만 이때에는 적용 내용임을 알려주는 어떤 기호 표시 ― 예를 들어 ▷표시 같은 것 ― 를 사용하는 게 좋다. 그래야 나중에 그 부분이 적용임을 금세 알아볼 수 있다.

석의와 해석	적용

〈표 28〉 PBS 종이 노트 양식

적용을 잘하려면 자신과 공동체의 상황이나 처지를 잘 이해하고 있어야 한다. 현대인은 자신을 잘 아는 것 같지만 실제로는 잘 모르는 경우가 대다수다. 자신과 공동체에 대한 분석이 잘되어 있으면 적용을 더 쉽게 할 수 있다. 이 책의 6장(6.2.2.)에서 설명한 방법을 이때 적절히 사용하면 된다.

"적용 PBS는 따로 해야 한다."

(7) 7단계: 적용 참고 자료 활용

마지막 단계는 적용 참고 자료를 활용하는 것이다. 해석의 경우와 마찬가지로 자신이 했던 적용만으로 끝내지 말고 다른 사람의 적용 연구를 참조하기 바란다. 적용 참고 자료를 보면서 자신이 적어놓았던 적용 내용을 심화하거나 발전시키는 게 필요하다.

다른 사람의 적용 자료를 통해 내가 미처 생각하지 못했던 적용거리가 떠오르는 경우가 있다. 물론 참고 자료에 있는 내용을 고스란히 나의 적용 노트로 옮겨 올 필요는 없다. 때론 나의 상황과 맞지 않거나 우리 시대와 사회에 잘 어울리지 않는 경우도 있어서 적절한 판단이 필요하다. 이때 나와 우리 공동체를 깊이 이해하고 있으면 어떤 아이디어가 적절한 적용거리인지 아닌지를 판단하는 안목이 커진다.

적용 주석서(NIV Application Commentary, Life Application Bible Commentary 등)는 적용에 도움이 되는 기초 자료다. 또한 큐티용 정기간행물(「매일성경」이나 「생명의 삶」 등)에 있는 도움말도 적용의 아이디어를 찾는 데 유익하다.

이렇게 PBS의 일곱 단계를 모두 거치면 개인 성경 공부의 전 과정이 일단락된다(참조. 〈표 29〉). 물론 이어지는 본문마다 이런 과정을 반복해야 한다. 그러면 통상의 경우 이어지는 다음 본문을 PBS 할 때 그 공부의 정도가 점점 더 깊어지는 것을 경험하게 된다. 본문이 이어질수록 PBS가 심화된다. 이전 본문의 PBS 결과를 수정하는 경우도 발생하고, 더 확장하는 경우도 생긴다. 이런 과정을 거치면서 개인 성경 공부는 나선형으로 발전해나간다. 그리고 결국에는 나 스스로 성경의 한 책(창세기나 로마서 등)을 공부해서 나온 결과를 갖게 된다. 곧 나만의 주석서가 생기는 셈이다.[48]

"PBS 내용을 모으면, 나만의 주석서가 된다."

48 내가 쓴 『빌립보서』 문맥 주석은 이런 PBS 방법을 활용하여 만들어진 결과물 중 하나다.

적용 참고 자료 활용
적용하기
해석 참고 자료 활용
해석하기
역사적 연구
문맥 구조 비교
문맥 구조 만들기

〈표 29〉 PBS의 일곱 단계

7.2.4. 참고 사항

지금까지 개인 성경 공부를 하는 일곱 단계를 살펴보았다(물론 각 단계를 실행하는 구체적인 방법마다 추가 설명이 필요하다. 하지만 이는 별도로 책 하나를 쓸 만큼의 양이기에 여기서는 언급하지 않는다). 이 일곱 단계와 관련된 몇 가지 참고 사항을 확인해보자.

① [상호 유기적 관계] PBS의 각 단계는 유기적으로 상호작용을 한다. 예를 들어 문맥 구조와 역사적 연구가 본문 해석에 영향을 주고, 본문 해석 역시 문맥 구조와 역사적 연구를 다시금 생각하게 한다. 문맥 구조와 역사적 연구도 서로 영향을 주고받는다. 잘된 문맥 구조는 역사적 연구에 도움을 주고, 그 역도 마찬가지로 참이다. 한편 해석이 적용에 영향을 미치는 만큼 적용도 해석에 영향을 미친다. 이처럼 PBS의 각 단계가 서로 영향을 주고받는다는 사실을 깊이 인식해야 한다. 이는 각 단계를 진행할 때 필요하면 이전의 결과를 수정하고 조율해야 한다는 말이기도 하다.

② [실행 우선순위] 일곱 단계의 순서는 중요도 순서가 아니라 실행 면에서의 우선순위를 말해준다. 이 순서로 진행할 때 가장 효과가 높다

는 뜻이다. 이렇게 할 때 시간을 줄이고 오류를 최소화하며 효율성을 극대화할 수 있다. 따라서 각 단계의 절대 우위를 고민할 필요는 없다.

③ [문맥 구조와 구문 구조] 문맥 구조를 구문(構文) 구조로 오해하면 안 된다. 이 둘은 서로 다르다. 구문 구조는 한 문장이 문법적으로 어떻게 얽혀 있는가의 문제인 반면, 문맥 구조는 의미가 어떤 식으로 연결되어 있는가를 보여준다. 예를 들어 『구문분석에 의한 SBI 문맥성경』은 내가 말하는 문맥 구조를 밝히는 것이 아니라 신약성경 본문의 "구문"을 쉽게 보여주는 성경이다.[49] 다시 말해, 그리스어가 가진 구문을 한글로 풀어 나타냈다고 보면 된다. 따라서 "문맥 성경"이라기보다는 "구문 성경"으로 보는 게 더 정확하다. 물론 의미 구조는 단순히 구문의 구조만으로 결정되지 않는다. 구문의 특성은 의미 구조를 이해하려 할 때 참고할 수 있는 하나의 사항일 뿐이다.

④ [자료 축적] PBS는 축적을 항상 염두에 두어야 한다. 새롭게 공부하고 깨달은 것들은 빠짐없이 이전 자료에 추가할 수 있어야 한다. 그래서 만일 종이 노트로 공부한다면 바인더 노트를 사용하는 게 좋다. 컴퓨터 문서 작성 프로그램을 사용하면 자료 축적이 용이하다. 전자 문서 자료를 일목요연하게 정리해서 보려면 "개요보기"(한글의 경우)나 "문서구조"(Word의 경우)등의 도구를 활용하는 게 좋다. 이런 도구들은 컴퓨터 화면의 왼쪽 창에 일렬로 띄워놓고 본문과 함께 볼 수 있다.

⑤ [문맥 구조 완성] 문맥 구조는 PBS를 시작할 때 제일 먼저 작성하지만 PBS를 끝낼 즈음에 최종적으로 완성하게 된다. 문맥 구조를 제일

---

49 서울성경연구원 엮음, 『구문분석에 의한 SBI 문맥성경: 로마서-요한계시록』(서울: 그리심, 2001); 『구문분석에 의한 SBI 문맥성경: 마태복음-사도행전』(서울: 그리심, 2002).

먼저 작성하는 이유는 일단 공부할 때 사용하기 위해서다. 그런데 PBS의 각 단계는 서로 영향을 주어 맨 마지막으로 문맥 구조를 완성시킨다. 문맥 구조가 맨 마지막에 다시 정리되어야 하는 이유는, 결국 문맥 구조란 본문의 의미의 총 집합체이기 때문이다. 문맥 구조가 밝혀지면 의미 구조를 알 수 있고, 의미 구조를 알면 본문의 의미를 깨닫게 된다.

7.3. 큐티

개인 성경 공부(PBS, Personal Bible Study)가 해석에 치중한다면 큐티는 적용에 강조점을 둔다. 하지만 두 방법이 서로 배타적이지는 않다. 두 방법 모두 성경을 묵상하는 것을 목표로 삼고 있다는 점에서는 동일하고 또 서로 보완적이다. 개인 성경 공부가 큐티에 도움을 주고 큐티의 결과가 개인 성경 공부의 약점을 보완한다.

개인 성경 공부의 결과는 큐티의 기초 자료로 사용할 수 있다. 큐티 본문에 대한 PBS 자료가 있으면 큐티가 수월해질 뿐 아니라 더 풍성해진다. PBS 자료를 기초로 해서 큐티 노트에 적용 부분을 자세히 적어나가면 된다. 반대로 큐티에서 적용했던 내용이 PBS 노트에 추가될 수도 있다. PBS와 큐티는 이처럼 서로 보완하면서 성경 묵상을 풍성하게 한다.

오늘 큐티 본문을 다룬 PBS 자료가 있으면 그것을 옆에 펼쳐놓고 함께 살펴보면 된다. 큐티 책자의 도움말을 참고해도 큰 도움을 받을 수 있다.

"PBS는 큐티를 돕고, 큐티는 PBS를 돕는다."

7.3.1. 조건 및 준비

큐티가 제대로 되려면 적절한 조건이 갖추어져야 한다. 마음의 상태와 같은 내적 조건이 큐티에 미치는 영향은 지대하다. 물론 외적 조건도 큐티에 적잖게 영향을 끼친다. 그러므로 미리 적절한 외적 조건을 마련하고 또 필요한 점들을 준비해두는 게 좋다. 이를 위해서는 시간, 장소, 본문의 분량, 읽기 표, 큐티 교재와 기타 도구 등을 사전에 고려해야 한다.

시간

큐티는 아침에 20-30분 정도 하는 게 좋다. 저녁보다는 아침이 낫다. 두 가지 이유 때문이다. 아침은 복잡한 생각이나 갖가지 일에 연루되기 전이므로 조용히 하나님께 집중하기 좋다. 반면 저녁은 하루 동안 경험했던 다양한 일들 때문에 마음을 다스리기 어려울 수 있다. 또한 저녁에는 시간을 내기가 그리 쉽지 않다. 다른 약속이 생기거나 예기치 않은 일들이 일어날 수 있다. 큐티는 정해진 시간에 정기적으로 하는 것이 중요한데 아침에는 자신이 미리 정한 시간을 큰 방해 없이 지킬 수 있다.

한편, 전업주부의 경우에는 아침에 가족을 챙기느라 시간을 내기 어려울 수 있다. 그런 경우에는 남편과 아이들을 다 내보내고 오전 일거리를 마무리한 후 시간을 내보자. 오히려 그 시간이 집중하기에 낫다. 중요한 건 가능하면 시간을 정해두어야 한다는 점이다. 그래야 매일같이 큐티를 지속할 수 있다.

시간은 너무 길지 않게 20-30분 정도가 적당하다. 너무 길어지면 시간을 내기가 어려울 뿐 아니라 자칫하면 큐티가 아닌 성경 연구로 빠질 가능성이 있다. 미리 마련된 PBS 자료나 큐티 교재의 도움말 등을 활용하면 20-30분 안에 큐티를 소화할 수 있다.

장소

장소는 다른 일로 방해받지 않는 조용한 곳이면 된다. 아침 식사 전 책상 앞이나, 업무 시작 전 회의실 같은 곳이면 좋다(나는 직장 생활을 할 때, 다른 사람보다 1시간 정도 미리 출근하여 회의실에서 30분 정도 큐티를 했던 경험이 있다. 아침에 30-40분 정도 미리 움직였는데 정체 시간이 줄어들어 1시간 전에 사무실에 도착할 수 있었고, 큐티 후 나머지 시간은 하루 일을 준비하거나 자기 계발을 하는 데 사용했다).

부득이한 경우는 버스나 전철 같은 곳에서도 큐티를 할 수 있다. 하지만 깊이 집중한다든지 큐티 노트를 기록하는 것이 어렵기에 그다지 추천할 만하지는 않다.

큐티를 할 때 주변이 복잡하거나 어수선하면 방해를 받게 된다. 큐티에 집중해야 하는데 주변 사물 때문에 자꾸 딴 일이나 다른 생각이 날 수 있기 때문이다. 그래서 가능하면 컴퓨터를 켜놓지 않은 상태에서 큐티를 하거나 주변이 정리된 곳에서 하는 게 좋다. 스마트 폰도 잠시 꺼놓거나 다른 곳에 두는 게 좋다.

본문 분량

본문의 분량은 20-30분간 큐티하기에 적당한 정도면 된다. 보통 10절 전후라고 보면 되고 이야기식 본문이나 구약 본문은 좀 더 길어도 된다. 스스로 성경 본문을 선택할 때는 적당량의 본문을 지정하면 된다. 기왕이면 매일 다른 책의 본문을 선택하기보다는 성경의 한 책을 선택하여 계속 이어나가는 방식으로 하는 것이 좋다.

기존의 큐티 교재를 사용하는 경우는 이미 적절한 분량이 정해져 제시되기 때문에 크게 신경 쓸 필요가 없다. 하지만 적절한 분량으로 구성된 교재를 잘 선택해야 한다.

읽기 표

자신이 큐티 성경 본문을 매일 직접 선택할 수도 있다. 하지만 이렇게 하다 보면 자신이 좋아하는 특정 본문이나 책에 집중함으로써 편파적이 될 수 있다. 또한 본문을 직접 선택하는 일에 시간을 써야 하는 번거로움도 생긴다. 따라서 자신이 매번 본문을 선택하기보다는 미리 정해진 성경 읽기 표를 사용하는 게 낫다. 기성 큐티 교재를 사용하면 그 교재가 미리 정해놓은 구성을 따라 체계적으로 접근할 수 있어 좋다. 아니면 이미 잘 알려진 성경 읽기 표를(예컨대 맥체인[M'Cheyne] 성경 읽기 표와 유사한 것을) 사용해도 된다.[50]

큐티 교재

큐티 교재의 도움을 받을 수도 있다. 큐티 교재가 주는 큰 유익 중 하나는 큐티 본문을 결정하는 일에서 나타난다. 큐티 교재를 사용하면 매일 본문을 결정하기 위해 고민할 염려가 없다. 또 큐티 교재는 본문을 해석하거나 적용하는 데 필요한 팁을 줄 수 있다. 읽은 본문이 잘 이해가 되지 않거나 적용의 방향에 감이 잡히지 않을 때, 큐티 교재에 있는 도움말이 결정적인 역할을 한다.[51]

하지만 큐티 교재가 오히려 독이 되는 경우도 있다. 큐티 교재의 도움말을 읽는 데 익숙해져서 성경 본문을 읽기보다 큐티 도움말을 읽으며

---

50 "맥체인 성경 읽기 표"에는 하루에 4개의 본문이 배정되는데, 1년 안에 신약과 시편은 2번, 시편을 제외한 구약은 1번 읽게 되어 있다. 이 표를 큐티에 사용할 경우, 하루에 제시되는 4개의 본문 중 하나를 선택해야 한다. 이렇게 하면 4년간의 큐티 본문이 결정되는 셈이다.

51 송인규에 따르면, 2015년 현재 한국에서 발행되는 큐티 교재는 약 20여 종이다. 그 종류 등 자세한 내용은 송인규, "한국교회와 경건 훈련", 송인규 외, 『한국교회 큐티 운동 다시 보기』, 165-66을 보라.

큐티를 하는 습관에 빠질 수 있기 때문이다. 본문을 읽기 전에 큐티 도움말부터 읽는 습관을 주의해야 한다. 근본적으로 성경 본문을 통해 하나님을 만나는 것이지, 큐티 노트에 적힌 도움말로 하나님을 만나는 게 아님을 잊지 말아야 한다. 어떤 큐티 교재는 본문을 설명하면서 여러 가지 예화나 설명을 덧붙이는 경우가 있는데, 이 경우는 자칫하면 성경 본문보다 예화를 묵상하는 오류를 범할 수 있기에 더욱 조심해야 한다. 그래서 가능하면 본문의 의미를 간결하게 설명해주는 큐티 교재를 선택하는 것이 좋다.

물론 앞서 말했듯이 자신이 이미 작성한 PBS 자료가 있으면 그걸 참고해도 좋다. 자신의 자료가 하나의 맞춤형 큐티 도움말이 되는 셈이다.

기타 도구

그 외에도 큐티할 때 준비해야 할 몇 가지가 있다. 지극히 당연한 이야기지만 성경책이 필요하다. 큐티 교재에 성경 본문이 들어 있는 경우도 있지만 기본적으로는 성경책을 따로 쓰는 게 좋다. 때론 영어 성경 등 다른 번역을 참고하는 것도 좋은 방법이다. 또한 성경책과 함께 꼭 있어야 하는 것은 자신의 큐티 내용을 기록할 큐티 노트다. 보통 큐티 교재는 큐티 노트 역할도 하는데 그걸 사용해도 된다. 큐티 교재에 필기할 공간이 없거나 자신에게 맞는 특별한 큐티 노트를 생각한다면 자기 맞춤형 노트를 만들어서 사용하는 것이 좋다. 필기 도구 역시 필수 준비물이다. 여러 색을 사용하려면 3색 볼펜 같은 것을 사용하면 된다. 마지막으로 시간을 알려줄 시계도 필요하다.

"큐티를 잘하려면 좋은 조건과 바른 준비가 필요하다."

7.3.2. 큐티 진행 방법: 4단계

큐티를 하는 방법에 대해서는 시행 단체와 역사적 맥락에 따라 다양한 의견이 있다.[52] 하지만 본질적 내용에는 큰 차이가 없이 대동소이하다. 여기서는 크게 네 단계로 구분해서 살펴보자(이 설명은 302페이지의 〈표 31〉 "나의 큐티 노트"와 연동되어 있다. 표를 참고하면서 읽기 바란다).

(1) 1단계: 시작 기도

1단계는 시작하는 기도다. 성경을 읽기 전에 먼저 조용히 마음을 모아 기도한다. 이때의 기도는 구하는 바를 아뢰는 요청이 아니라 "하나님 앞에서 제가 듣겠습니다"라는 잔잔한 고백이 되어야 한다. 하나님 앞에서 들으려는 마음이 필요하다는 뜻이다. 성경을 해석하고 적용하는 것도 중요하지만 그전에 하나님 앞에서 들으려는 마음이 우선이다. 이 마음이 전제되어야 해석과 적용이 빛을 발한다. 성경의 궁극적 저자이신 하나님이 성경을 통해 나와 우리에게 말씀하시기에 하나님께 들으려는 마음이 무엇보다 중요하다. 성경을 묵상하는 것은 곧 하나님의 말씀을 듣고 반응하는 일이므로 하나님의 말씀을 들으려는 마음이 먼저다(이 점은 설교에서도 마찬가지다. 설교를 통해 하나님이 나에게 하시는 말씀을 들으려는 마음이 매우 중요하다).

성경 묵상은 책과 만나는 게 아니라 하나님과 인격적으로 만나는 것을 목적으로 한다. 자연히 큐티를 하는 몇 가지 기술과 숙련된 방법만으

---

52 참조. 윤종하, 『명상의 시간』; 한국성서유니온선교회 엮음, 『성경묵상 훈련교재』, 7-9, 24-41; 문정욱, 『성경 묵상』(서울: 홍림, 2010), 108-60; 송인규, 『나의 주 나의 하나님』, 22-28; 문원욱, 『솔라피데 성경 묵상법』, 20-143; J. C. Wilhoit, E. B. Howard, 『렉시오 디비나』(홍병룡 옮김, 서울: 아바서원, 2016), 97-203.

로는 큐티의 목표인 성경 묵상에 도달하기 힘들다. 단순히 그날의 적용거리를 찾으려 하지 말고 하나님을 만나고자 하는 마음이 선행되어야 하며 그것을 기도로 조용히 아뢰어야 한다.

하다 만 일이 걸려 있어 마음이 쓰이거나 해야 할 일이 자꾸 생각나는 때는 큐티를 제대로 하기 힘들다. 일단 이것을 내려놓아야 하나님을 만날 수 있다(이런 이유로 오후보다는 오전에, 저녁보다는 아침 기상 직후에 큐티를 하는 게 유리하다). 복잡한 일이 있는 때일수록 큐티할 때 자신의 마음을 조용히 하나님 앞에 내려놓기 위해 노력해야 한다. 그래서 복잡한 상황에 놓여 있을수록 시작 기도가 더욱 중요하고 또한 더 집중해서 할 필요가 있다. 예수님도 종종 복잡한 사안이 있을 때 기도로 하나님을 만나는 일을 게을리하지 않으셨다(참조. 마 14:22-23; 막 1:35).

"하나님을 만나고자 하는 마음이 중요하다."

(2) 2단계: 본문 읽기

두 번째는 본문을 읽는 단계다. 그날 정해진 성경 본문을 찬찬히 읽으면서 전체 내용, 곧 대의(大意)를 파악한다. 파악한 대의는 큐티 노트에 간략히 기록한다. 대의를 파악할 때는 이전 큐티 본문의 흐름을 참고하면서 기록할 필요가 있다. 해당 본문이 하늘에서 그냥 뚝 떨어진 것이 아니기 때문이다.

전체 내용을 파악하는 이 단계에서는 두 가지 점을 고려해야 한다. ① 하나는 오늘 본문이 가진 **글의 모습**(co-text)이다. 이는 개인 성경 공부의 첫 단계에서 보았던 문맥 구조 같은 것이다. 만일 자신이 이미 공부한 문맥 구조가 있으면 그 내용을 큐티 노트에 간략하게 요약해서 옮겨놓자

(PBS의 문맥 구조 내용을 복잡하게 다 쓸 필요는 없다). 자신이 공부한 문맥 구조가 없다면 참고하는 큐티 교재의 도움을 받아도 된다. ② 또 하나는 오늘 읽은 본문에 나타난 **역사적 상황**(context)이다. 본문을 찬찬히 읽으면서 이해되는 역사적 상황을 간략하게 적으면 된다. 이것도 개인 성경 공부 노트에 정리한 게 있으면 그것을 활용하면 되고, 없으면 큐티 교재의 도움을 빌려도 된다.

이렇게 오늘 본문의 개요를 글의 모습 및 당시 상황과 함께 이해하고 나면 다음 단계로 넘어갈 준비가 된 것이다.

"글의 모습과 역사적 상황을 이해하며 대의를 파악한다."

(3) 3단계: 본문 묵상

세 번째 단계는 본문을 곰곰이 묵상하는 순서다. 큐티 본문을 한 절 한 절 다시 읽으면서 묵상한다. 이때 성경해석학에서 다루었던 세 가지 의미, 즉 역사적 의미, 온전한 의미, 현실적 뜻을 찾는다.

역사적 의미와 온전한 의미: 하나님, 인간, 일, 사상

석의와 해석의 과정을 거치며 역사적 의미와 온전한 의미를 찾아 큐티 노트의 해당 자리에 적는다. 이때 네 가지 범주(category), 즉 하나님(神), 인간(人), 일(事), 사상(想)—쉽게 "신인사상"으로 외울 수 있다—을 고려하면 이 두 의미를 찾는 데 도움이 된다.[53]

---

53 성서유니온의 큐티 교재 「매일성경」에서는 "하나님은 어떤 분입니까?"라는 질문과 "내게 주시는 교훈은 무엇입니까?"라는 두 가지 범주의 질문을 던진다.

① [하나님(神)] 먼저 본문을 읽으면서 하나님과 관련된 어떤 언급이 있는지 찾는다. 삼위일체 하나님에 대해 알 수 있는 내용, 하나님이 하신 말씀, 하나님이 행하신 일 등을 찾아 기록한다.

② [인간(人)] 두 번째는 본문에 어떤 인물이 등장했는지를 주목하면서 읽는다. 주로 등장하는 인물은 누구이며 배경으로 등장하는 인물은 누구인지, 누구의 말과 행동이 나타나며 그 말과 행동은 어떻게 평가할 수 있는지 등을 생각하며 기록한다. 때로는 등장인물 사이의 미묘한 언행 차이를 눈여겨볼 필요도 있다. 이는 인간에 관심을 두며 역사적 의미와 온전한 의미를 찾는 작업이다.

③ [일(事)] 세 번째는 어떤 일이 본문에서 두드러지는지를 살피는 것이다. 때로 그 일은 하나님이 일으키신 일일 수도 있고 아니면 사람이 만든 일일 수 있다. 어떤 일이 일어나서 어떤 식으로 번져가는지를 보면서 그 일이 하나님과 인간 사이에 어떤 관계가 형성되게끔 작용하는지 찬찬히 생각한다. 그러면 본문의 역사적 의미와 온전한 의미를 찾는 데 도움이 된다.

④ [사상(想)] 마지막으로 본문 안에 흐르는 사상을 찾는 일이다. 하나님, 인간, 일, 그리고 이 세 축이 어우러져서 어떠한 생각과 사상을 만들어내는지를 살핀다. 등장인물의 어떤 생각에 집중하거나 하나님이 이루신 일이 만들어내는 사상에 주목해야 한다. 사상의 근원과 배경 및 흐름 등을 전체적으로 살피며 본문이 드러내려는 사상적인 강조점을 찾아야 한다.

주요 내용을 필기할 때는 자세하게 기록해도 좋지만, 간략하게 요점만 기록하는 형태를 취하는 게 큐티를 진행하는 데 유리하다. 쓰는 내용 앞에 자신에게 맞는 기호(예를 들어 •, ■, ∨ 같은 표시)를 사용하면 일목요연하게 정리할 수 있고, 내용 뒤에는 괄호로 성경 구절을 기록하는 게 좋다.

예) • 그리스도의 복음에 합당하게 생활해야 함(빌 1:27a)

현실적 뜻: 자신에게, 구체적으로, 실제적으로 적용

해석 과정에서 알게 된 의미는 나와 우리를 향한 현실적 뜻으로 전환되어야 한다. 본문의 역사적 의미나 온전한 의미를 찾는 것만으로 만족해서는 안 된다. 그것을 자신에게 반드시 적용하여 나와 우리를 향한 뜻을 발견해야 한다. 바로 여기에 큐티의 진가가 있다. 적용을 통해 나와 우리를 향한 하나님의 뜻을 발견할 때 큐티가 제대로 살아난다. 적용이 부실하면 큐티는 큐티다움을 잃는다. 큐티의 진가가 드러나게끔 하는 적용에서는 세 가지 점을 반드시 고려해야 한다. 곧 ① 자신에게, ② 구체적으로, ③ 실제적으로 적용해야 한다는 점이다.[54]

① [자신에게] 큐티를 큐티답게 하는 첫 번째 요소는 자신에게 적용하는 것이다. 그냥 일반적인 깨달음이나 통상적인 교훈에 머무르지 말고 나를 향한 뜻을 반드시 발견해야 한다. 예를 들어 빌립보서 1:27a에서 "그리스도의 복음에 합당하게 생활해야 한다"는 교훈을 얻었다면 그 교훈이 나와 어떻게 관계되는지 찾아야 한다. 빌립보 교회 교인들이 아니라 지금의 내가 중요하다. 지금 나의 상황에서 어떻게 사는 게 복음에 합당한 삶인지를 돌아봐야 한다.

사실 본문의 역사적 의미나 온전한 의미는 이미 했던 PBS나 큐티 교

54 이 책의 6.2.2. "적용 방법과 훈련"을 참조하라. 한국성서유니온선교회의 『성경묵상 훈련교재』, 36-38에서는 네 가지 원리, 즉 "개인적"(Personal), "구체적"(Precise), "실제적"(Practical), "입증할 수 있어야"(Provable) 한다는 원리를 제시한다.

재의 도움말에 어느 정도 나와 있다. 그래서 시간을 많이 쓰지 않아도 금세 큐티 노트에 적을 수 있다. 그런데 나에게 적용하는 일은 좀 다르다. 현재 자신의 상황을 깊이 돌이켜 보아야 나를 향한 적용점을 찾을 수 있다. 때론 자신의 상황을 생각해보아도 적용이 잘되지 않을 때가 있다. 그럴 때는 자신의 상황을 여러 방향에서 입체적으로 생각해볼 필요가 있다. 예를 들어 하나님과의 교제, 마땅한 윤리, 삶의 방향, 필요한 도움 등의 범주로 생각할 수 있다(앞서 살펴보았던 하나님, 인간, 일, 사상이란 각도로 생각하는 것도 도움이 된다). 이 과정에서 나를 향한 뜻을 찾게 된다. 예를 들어 "내가 지금 직장에서 하는 어떤 일이 복음에 합당한 것이 아니구나"라고 깨달을 수도 있다. 그러면 주님께 기도하면서 답을 찾으면 된다. "주님, 제가 지금 하는 이 일이 복음에 합당한 것이 아닌가요? 그러면 어떻게 해야 합니까?"라는 식으로 기도하며 하나님과 대화를 이어가면 된다. 중요한 것은 적용할 때는 늘 자기 자리로 돌아와야 한다는 점이다.

한편 자신에게 적용하라는 말은 적용의 범위를 개인에게만 국한하라는 뜻이 아니다. 나에게 적용하다 보면 자연스럽게 나와 관련된 다른 사람이나 공동체를 생각하게 된다. 그래서 나를 향한 하나님의 뜻을 깨달을 뿐 아니라 나와 관계된 공동체를 향한 주님의 뜻도 알 수 있다. 자신을 향한 하나님의 뜻은 공동체를 위한 적용으로 발전되는 게 자연스럽고 마땅하다. 그래서 자신에게 적용해야 한다는 원리를 개인주의적 지침으로 오해하면 안 된다. 다만 자기를 뺀 적용은 무의미하다는 뜻이다.

② [구체적으로] 큐티의 적용은 구체적이어야 한다. 구체적으로 적용하라는 말은 적용하는 사안이 매우 분명하고 사실적으로 드러나야 한다는 뜻이다. 큐티에서의 적용은 (남에게 보이려는 게 아니라) 자신의 사정을 세밀하고 꼼꼼하게 들추며 생각하는 것이다. 그래서 사안이 명확하게 드

러나는 것이 정상이다. 앞의 예로 생각하자면, 내가 직장에서 하는 일 가운데 어떤 일이 복음에 합당하고 합당하지 않는지를 명확히 해야 한다는 말이다. 내가 하는 일을 뭉뚱그려 적용하지 말고 좀 더 세밀하게 노트에 적고 기도하면서 인도하심을 구해야 한다. 예를 들어 "주님, 제가 일을 하면서 부장님의 압력과 요구 때문에 10만 원을 부당하게 회계 처리를 한 게 있습니다. 오늘 말씀을 읽으니 그렇게 한 것이 마음에 걸립니다"라는 식으로 명확하고 세밀하게 적용할 필요가 있다는 말이다. 물론 이런 적용 내용은 해당 본문의 다른 교훈에도 잘 부합하는 방향으로 발전해가야 한다.

③ [실제적으로] 적용은 또한 실제적이어야 한다. 적용이 아무리 구체적이라 할지라도 실제적이지 않으면 적용으로서의 가치가 손상된다. 여기서 실제적이어야 한다는 말은 적용하는 내용이 현실에 부합하는 것이어야 한다는 뜻이다. 그 적용이 실제 상황을 제대로 반영한 것인지, 진정 실현 가능한지, 혹 현장의 사정과 동떨어진 것은 아닌지 잘 살펴야 한다. 예를 들어 앞에서 10만원을 부당하게 회계 처리 한 문제 때문에 회사에 사표를 내겠다고 적용하거나 부장님과 이 문제로 시비를 가리겠다고 적용한다면 과연 적절한 적용인지 의문이 든다는 말이다. 말씀을 삶에 적용할 때는 사안의 경중을 따지고 그 규모와 파급효과 등을 적절히 고려해야 한다. 적용이 아무리 발산성이 있다고 하더라도 아무런 제약 없이 무조건 다 적용할 수 있다는 말은 아니다. 큐티의 적용은 기본적으로 실제적이어야 한다. 이를 넘어선 큐티의 적용은 때론 위험하며 오히려 여러 가지 문제를 만들 수 있다.

"큐티 적용은 자신에게, 구체적으로, 실제적으로 해야 한다."

(4) 4단계: 마무리 기도

마지막 단계는 기도하는 순서다. 이는 묵상한 내용을 가지고 다시금 하나님 앞에서 고백하고 다짐하며 대화하는 단계다. 앞서 묵상 단계에서는 본문의 역사적 의미와 온전한 의미를 찾고 그 의미가 제공하는 현실적 뜻을 고민했다. 또한 특별히 자신에게 적용할 부분을 깊이 탐색하면서 구체적이고 실제적인 실천 사항을 찾았다. 마지막 단계에서는 이런 자신의 깨달음을 다시 점검하면서 그 내용을 하나님 앞에서 분명히 고백하는 시간을 가진다.

자연히 이 단계에서는 아래 두 가지 점에 초점을 맞추게 된다.

첫째, 내가 실행해야 할 일의 요약이다. 적용 과정에서 발견한 여러 가지 아이디어와 실행 방법을 종합하면서 다시 일목요연하게 정리하는 것이다. 이렇게 정리하다 보면 다양하게 적용했던 내용 안에 흐르는 중심을 파악하게 되고 나에게 권고하시는 하나님의 음성을 듣는 게 더 쉬워진다.

둘째, 실행할 요점을 놓고 하나님께 드리는 기도다. 곧 나 혼자서만 다짐하고 새기는 것이 아니라 그 내용을 하나님께 아뢰면서 고백해야 한다. 이 과정은 큐티를 시작할 때 드렸던 기도와 짝을 이룬다. 시작 기도가 하나님과의 깊은 만남을 의식하고 추구하는 만큼, 마지막 기도도 하나님과의 깊은 만남을 염두에 둔다. 시작 기도가 하나님의 음성을 듣기 전에 그 음성을 잘 듣겠다고 다짐하는 일이라면, 마무리 기도는 하나님의 음성을 찬찬히 들은 후에 그에 대해 분명하게 반응하는 표현이자 행동이다. 이 두 기도는 큐티가 하나님과의 만남임을 확고히 해주는 분명한 표시다. 큐티는 기도로 시작해서 말씀을 읽고 묵상한 뒤 다시 기도함으로써 끝난다. 큐티가 하나님과 만나 대화하는 일이기 때문이다.

"마무리 기도는 실행할 것을 요약하며 하나님 앞에 고백하는 것이다."

7.3.3. 큐티 노트

시작 기도, 본문 읽기, 본문 묵상, 마무리 기도의 네 단계로 한 번의 큐티는 완성된다. 큐티는 하나님과 만나는 하나의 방법이기에 이 네 단계를 거치면서 하나님과 깊이 교제하는 것이 목표다. 그런데 이런 흐름이 익숙하지 않으면 종종 큐티를 하다가 다른 방향으로 빠져 길을 잃는 경우가 있다. 어떤 경우는 성경 연구로 빠지기도 하고 어떤 경우는 진행 순서가 뒤죽박죽이 된다. 때로는 본문만 읽고 맹숭맹숭하게 그만두거나, 심지어 큐티 교재의 도움말만 읽고 큐티를 마치는 경우도 있다.

잘 짜인 큐티 노트를 사용하면 이런 단점을 보완할 수 있다. 생각이 머릿속에서만 발전하기는 쉽지 않다. 훈련이 된 사람은 기록하지 않아도 생각을 발전시킬 수 있지만 대부분은 그렇지 않다. 따라서 본문의 의미와 현실적 뜻을 제대로 밝히려면 필요할 때마다 일정 부분을 노트에 기록하는 게 좋다. 앞서 다룬 큐티의 네 단계를 잘 반영한 형태로 만들어진 큐티 노트를 사용하면 큐티를 적절한 방향으로 이끌도록 도와주는 가이드북 역할을 한다.

성서유니온선교회의 「매일성경」은 어느 정도 잘 꾸며진 큐티 노트의 예다. 여기에는 "중심 내용", "하나님(또는 예수님)은 어떤 분입니까?", "내게 주시는 교훈은 무엇입니까?", "적용", "기도"라는 제목으로 구성된 여섯 개의 박스가 합쳐진 형태의 표가 사용된다.[55] 이 표는 큐티를 쉽게 단순화한다는 장점이 있다. 물론 단순하다는 장점이 때로는 단점이 되기도 한다.

---

55 대표적인 예는 한국성서유니온선교회 사역국 엮음, 『성경묵상 기본과정』, 55; 한국성서유니온선교회 엮음, 『성경묵상 훈련교재』, 62의 표를 참조하라.

큐티의 흐름을 더 자세히 표현한 틀을 사용해도 좋다. 나는 앞서 제시한 큐티의 네 단계 흐름을 반영할 뿐 아니라 (4장에서 다룬) 성경해석학 구조의 기본 흐름을 반영한 큐티 노트(〈표 31〉 "나의 큐티 노트")를 만들어 오래전부터 사용해왔다. 이 틀에 맞춰 큐티를 하면 자연스럽게 성경해석학 구조를 따라 본문을 해석하고 적용할 수 있을 뿐 아니라, 내가 제시한 큐티의 네 단계 과정을 그대로 실현할 수 있다. 이 노트는 〈표 30〉에서 보는 대로 각 구성 요소가 전체적으로 균형을 이루고 있다. 하나님과 인간, 말씀과 기도, 과거 상황과 현재 상황, 과거 메시지와 현재 메시지가 대비되며 중앙에 하나님의 메시지가 있다(이 그림에서 번호는 〈표 31〉의 번호와 연결된다).

1 성경 본문 … 하나님
① 글의 문맥 … 성경 말씀
② 역사적 상황 … 인간의 상황(그들) [과거]
2 역사적 의미(옛날, 그들) … 과거의 메시지 [과거]
3 온전한 의미 … 하나님의 메시지 [초시간적]
4 현실적 뜻(현재, 나/우리) … 현재의 메시지 [현재]
② 내가 실행해야 할 것 … 인간의 상황(나/우리) [현재]
① 기도 … 기도
5 나와 우리(삶과 상황) … 인간

〈표 30〉 "나의 큐티 노트"가 가진 원리

"좋은 큐티 노트는 큐티를 잘 인도하고 돕는다."

1 **성경 본문**	일시: 장소:
① 글의 문맥은? ⇨ ⬇	② 옛날 그들의 상황은?
2 **원래의 역사적 의미(옛날, 그들에게)** 인간 저자가 말하는 하나님의 모습은? 사람, 일, 사상에 대해 주는 가르침은? 3 **온전한 의미: 하나님의 윤리, 교훈, 가르침** 하나님의 마음과 모습은? 진리의 말씀은?	4 **현재에 적용된 뜻/나와 우리의 반응** 1. 교제: 고백, 감사, 위로, 확인 2. 윤리: 교훈, 다짐, 고침, 회개 3. 방향: 할 일, 계획, 인도, 결정 4. 도움: 간구, 중보, 지원, 해결
➡	
5 **나와 우리의 삶과 상황**	⬋
① 계속 기도할 내용	② 구체적으로 실행할 사항
나를 향한 중심 메시지:	

〈표 31〉 나의 큐티 노트

7.3.4. 참고 사항

지금까지 살펴본 큐티의 조건과 준비, 큐티 방법과 큐티 노트에 대한 설명은 큐티로 성경을 묵상하는 길을 대체적으로 보여준다. 다음의 몇 가지 참고 사항은 추가적으로 도움이 될 것이다.

① [큐티와 성경해석학] 큐티는 다른 어떤 기술을 요하는 게 아니라 성경해석학의 기술을 요구한다. 성경해석학이 훈련되어 있는 만큼 큐티를 잘할 수 있다. 특히 적용 능력이 향상되어 있다면 큐티의 장점을 잘 살릴 수 있다. 따라서 이 책의 4, 5, 6장, 특히 6장을 자세히 살펴보면 도움이 된다. 물론 성경 해석과 적용의 기술들은 훈련을 통해 습득해야 한다.

② [큐티와 PBS] 이미 언급했듯이 큐티는 PBS와 직결되어 있다. 개인 성경 공부가 잘되어 있는 본문은 큐티하기도 쉽다(그렇지만 큐티를 한다면서 PBS로 넘어가는 일이 없도록 조심해야 한다). 일단 해석이 되어야 적용을 할 수 있는데 이미 본문 해석에 많은 준비가 된 셈이기 때문이다. 하지만 PBS만으로 큐티가 완성되지는 않는다. PBS는 필수 전제이지만 충분조건은 아니다. 큐티를 잘하려면 PBS를 넘어서야 한다. PBS를 기초로 적용을 풍성하게 펼칠 수 있어야 한다. 큐티는 적용 과정에 강조점이 있기 때문이다.

③ [Stop-Go법] 앞서 살펴본 대로 해석 과정은 수렴하고 적용 과정은 발산한다. 해석 과정에서는 엄밀하게 따져서 바른 해석을 찾아가야 하고, 적용 과정에서는 적용의 범위와 영역을 자유롭게 펼쳐서 가능성을 넓혀가야 한다. 성경해석학의 틀을 따르는 큐티에서 이 원리는 그대로 유효하다. 큐티 본문을 해석할 때는 생각나는 것을 무조건 확대하거나 단정해서는 안 된다. 오히려 엄격하게 따져서 바른 해석의 결과를 찾아야 한다(그래서 이미 했던 PBS나 큐티 교재의 도움말을 참조한다). 그냥 쉽게 나아가기보다는 해석에 제동을 걸어야 한다. 이를 "스톱"(Stop)의 원리라

고 말할 수 있다. 또한 적용할 때는 다양한 방향으로 아이디어의 물꼬를 터야 한다. 이는 "고"(Go)의 원리라고 말할 수 있다. 이 둘을 합하면 결국 "스톱-고"(Stop-Go)의 원칙이라고 부를 수 있다("고스톱"(Go-Stop)이란 놀이를 연상하면 쉽게 기억할 수 있다). 큐티를 할 때 이 "스톱-고"의 흐름을 잘 타야 한다.

④ [현재 상황 분석] 큐티를 잘하려면 자신과 자신이 속한 공동체에 대한 상황 분석이 잘되어 있어야 한다. 의외로 자신에 대해 잘 모르기 때문에 큐티가 안 되는 경우가 많다. 이 경우 자신을 객관화해서 보는 노력을 지속할 필요가 있다(거꾸로 말하면 큐티를 오랫동안 제대로 한 사람은 자신의 삶을 여러모로 분석해본 경험이 많을 수 있다). 따라서 때론 자기 자신뿐 아니라 자신이 속한 여러 공동체를 이해하고 분석하려는 노력을 해야 한다. 또 자기 이야기를 여러 형태로 할 줄 알아야 한다. 이를 위해 정기적으로 일정 기간마다 "경건의 날"(Quiet Day)을 가지는 게 도움이 된다(Quiet Day는 일정 기간에 걸친 자기 삶을 하나님의 말씀에 비추어 보며 기도하는 특별한 날을 말한다).[56]

⑤ [적용거리만 찾는 큐티 피하기] 큐티가 적용을 강조한다고 해서 적용거리만 찾는 큐티가 되어서는 안 된다. 이미 앞에서 말했듯이 큐티의 목표는 성경 묵상이고 무엇보다 하나님을 만나는 것이다. 큐티를 통해 하나님과 인격적으로 만나는 것을 즐거워해야지, 오늘 내가 얻게 될 적용거리 몇 가지에 만족하면 안 된다. 따라서 큐티가 적용을 강조해야 하고 큐티에 적용이 풍성해야 하는 것은 맞지만, 주객이 전도되어 적용만을 찾아 나열하는 큐티가 되어선 안 된다. 적용거리만 찾는 큐티는 하

---

56 Quiet Day에 대한 자세한 내용은 이진섭, 『그리스도인의 계획 어떻게 세울 것인가? 실제편』(서울: 경륜, 2001), 91-97을 참조하라.

나님을 일개 점쟁이로 전락시키는 우를 범하는 것이다.

⑥ [실천의 상승작용] 큐티의 적용이 가끔 매너리즘에 빠지는 경우가 있다. 여러 원인이 있겠지만 그중 하나는 실천 없이 머리와 입술로만 적용을 반복하기 때문이다. 실천하지 않고 이론적인 적용만 할 경우 적용이 다람쥐 쳇바퀴 돌듯 무의미하게 반복되는 경우가 많다. 그 결과는 적용의 매너리즘이다. 실제로 실천이 이루어져야 적용도 힘을 얻고 살아난다. 적용은 실천할수록 발전하게 되고 또한 새로운 적용의 물꼬를 튼다. 그 결과 하나님과의 인격적 관계가 살아난다. 이렇듯 적용은 실천과 함께 상승작용을 일으킨다.

⑦ [겸허한 확신] 앞서 6장의 적용 부분(6.2.1.(2))에서 언급했듯이 큐티는 "겸허한 확신"의 모습을 지녀야 한다. 내가 수행한 큐티를 절대화하는 것은 매우 위험하다. 많은 사람이 자신의 틀린 큐티는 덮어버리고 좋았던 기억만을 바탕으로 자신의 큐티를 절대화하는 경향이 있다. 이런 일을 반복하다 보면 자신의 큐티로 다른 사람을 평가하는 안 좋은 습관이 생길 수 있다. 큐티는 기본적으로 겸허한 확신의 모습으로 진행되어야 한다. 자신의 적용이 분명히 맞는다는 생각이 들 수는 있다. 하지만 그럴수록 겸허해야 한다. 확신이 있지만 겸허한 모습을 지닐 때 행동이 더욱 잘 살아난다. 내 큐티도 중요하지만 그것이 다른 사람과 함께 하는 그룹 성경 공부와 큐티 나눔, 성경 강의 및 설교와 조화를 이루어야 한다. 겸허한 확신은 큐티를 보호해주는 좋은 울타리 역할을 한다.

7.4. 나가는 말

개인 성경 공부와 큐티는 개인이 스스로 성경을 묵상하는 방법이다. 이를 통해 하나님과의 만남에 큰 도움을 얻을 수 있다. 이 방법들이 단지 기술이나 지식은 아니지만 그렇다고 기술이나 지식을 무시해서도 안 된다. 이는 어떻게 보면 종합예술 같은 것이다. 성경해석학의 구조가 그 안에 자리하고 있으며 학문과 지식과 삶과 실천이 모두 어우러져야 한다.

또한 개인 성경 공부와 큐티는 서로 긴밀히 연결되어 있다. 개인 성경 공부의 배경이 든든하면 큐티가 훨씬 잘된다. 개인 성경 공부가 큐티에 큰 도움을 주기 때문이다. 그 역도 마찬가지로서 개인 성경 공부의 약점을 큐티가 보완해준다. 이처럼 개인 성경 공부와 큐티는 서로를 보완하면서 개인이 하나님을 잘 만나도록 이끌어주는 중요한 방법이다. 이런 점에서 이 두 가지는 성도들에게 필수적인 아이템이다. 이 두 가지가 초신자에게나 필요한 것이라고 생각하는 건 잘못된 판단이다. 오히려 모든 성도에게 필요하다. 그리고 굳이 따지자면 리더나 리더가 될 사람에게 더욱 필요한 성경 읽기 방법이다.

개인 성경 공부와 큐티는 나머지 네 가지 방법(그룹 성경 공부, 큐티 나눔, 성경 강의, 설교)과도 연관되어 있다. 다음 〈표 32〉는 이를 한눈에 보여준다. 이 여섯 가지는 서로 묶여서 성경 묵상을 이루는 하나의 탑이 되며 개인 성경 공부와 큐티는 그 기저층을 이룬다.

〈표 32〉 여섯 가지 방법이 만드는 성경 묵상의 탑

더 읽어볼 만한 자료

윤종하. 『명상의 시간』, 서울: 한국성서유니온, 1983.

이진섭. 『그리스도인의 계획 어떻게 세울 것인가? 실제편』, 서울: 경륜, 2001, 91-97.

______. 『빌립보서』, 성경문맥주석, 서울: 새창조, 2016, 416-426("문맥 구조란 무엇인가?").

한국성서유니온선교회 사역국 엮음. 『성경묵상 기본과정』, 서울: 한국성서유니온선교회, 2015.

Bell, A. A. 『신약 시대의 사회와 문화』(*Exploring the New Testament World*), 오광만 옮김, 서울: 생명의말씀사, 2001.

Bimson, J. 『구약의 배경』(*The World of the Old Testament*), 윤종석 옮김, 서울: 한국성서유니온, 1993.

Sterrett, T. N. 『성경 해석의 원리』(*How to Understand Your Bible*), 한국성서유니온 편집부 옮김, 서울: 한국성서유니온, 1978.

8장

몇 사람이 함께 성경을 묵상하는 방법

그룹 성경 공부와 큐티 나눔

신앙생활을 하다 보면 그룹 성경 공부가 재밌게 느껴지는 때가 있다. 성경 공부 모임에 나가 이런저런 이야기를 나누는 재미가 쏠쏠하다. 성경 본문을 직접 해석해보는 것도 즐겁고 다른 사람이 이야기하는 내용을 듣는 것도 유익하다. 큐티 모임에 나가서 자기 이야기를 하는 것도 흥이 난다. 일단 말하고 나면 속이 후련해지는 느낌이 들기도 한다. 말하면서 뭔가 생각이 정리되는 느낌도 든다.

반면 소그룹 모임이 탐탁지 않은 때가 있다. 말을 하고 싶지 않은데 자꾸 하라고 재촉해서 불편한 마음이 들 때도 있다. 말이 많은 한 두 사람 때문에 짜증이 나는 경우도 생긴다. 때론 다른 사람의 말 한마디가 마음에 상처가 되기도 한다. 큐티를 나눌 때 뭐 저렇게 은밀한 것까지 다 말하나 싶은 생각이 들기도 한다. 좀 어색해 보이기도 하고 무슨 자기 점검을 저렇게까지 해야 하나 싶은 생각이 날 때도 있다. 때론 스트레스를 받아 모임에 몇 번 빠지기도 하지만 그래도 공동체 생활이니 참여해야지 하고 다시 참석하게 된다.

소그룹 모임은 좋기도 하지만 한편으로 불편하다. 어떻게 해야 소그룹 모임이 성경 묵상을 돕는 유익한 만남이 될 수 있을까? 이번 장의 숙제가 바로 이것이다. 이제 몇 사람이 함께 성경을 묵상하는 방법을 고민할 차례다. 함께 묵상하는 방법에는 그룹 성경 공부(Group Bible Study, GBS)와 큐티 나눔(QT Sharing)이 있다.

8.1. 그룹으로 하는 성경 묵상의 특징

그룹 성경 공부와 큐티 나눔은 개인 성경 공부(PBS)와 큐티(QT)처럼 해석 과정과 적용 과정을 거친다. 이 네 가지 방법들이 모두 (4장에서 다룬) 성경해석학의 원리를 따른다는 점은 동일하다. 다만 이 원리를 개인이 혼자 실현하느냐(PBS, QT) 아니면 몇 명이 함께 감당하느냐(GBS, QT Sharing)의 차이가 있고, 또한 해석에 더 집중하느냐(PBS, GBS) 아니면 적용에 더 시간을 쓰느냐(QT, QT Sharing)에서 서로 차이가 있다.

그룹으로 하는 성경 묵상의 묘미

그룹 성경 공부는 해석에 좀 더 치중하고, 큐티 나눔은 적용에 강조점을 둔다. 자연히 그룹 성경 공부는 개인 성경 공부와, 큐티 나눔은 큐티와 더 깊이 관련된다.

개인 성경 공부를 잘하는 사람이 많을수록 그룹 성경 공부는 수월하다. 그룹 성경 공부는 조원 각 사람의 역량에 많이 의존하기 때문이다. 조원들 대다수가 스스로 성경을 해석하는 일이 어려운 수준에 머물러 있으면 그룹 성경 공부가 잘되기 힘들다. 큐티 나눔도 유사하다. 큐티를 잘하는 사람이 많으면 큐티 나눔이 잘되고, 역으로 큐티를 잘하는 사람이 적으면 큐티 나눔은 어려워진다. 결국 그룹으로 묵상하는 방법은 함께하는 사람들의 해석 및 적용 능력의 총량과 일차적으로 관계가 있다.

하지만 그룹으로 하는 성경 묵상의 성패가 꼭 그렇게 결정되지만은 않는다. 그룹으로 하는 성경 묵상은 잘하는 사람의 역량을 통해 역량이 부족한 사람이 도움을 받을 뿐 아니라 부족한 사람의 능력이 향상될 수 있는 도구이기 때문이다. 그래서 모름지기 그룹으로 묵상하는 방법은 모임을 성공적으로 이끄는 운영의 묘가 중요하다. 엉터리로 하는 사람이 모임을 주도하는 흐름을 타면 전체가 어려워지지만, 바르게 하는 사람이 모임에 주된 영향을 끼치면 전체가 좋은 방향으로 나아간다. 바로 이런 점에 그룹으로 성경을 묵상하는 방법의 묘미가 있다.

그룹으로 하는 성경 묵상의 장점

그룹 묵상 방법은 사람들에게 묵상을 효과적으로 전달할 수 있다는 장점이 있다. 개인 성경 공부와 큐티는 개인이 혼자 묵상하는 방법이기에 다른 사람에게 묵상 자체를 전파할 수는 없다. 개인의 묵상이 개인의 것으로만 남기 때문이다. 또한 스스로 묵상을 발전시켜야 하기에 묵상의 결과가 개인의 능력과 직결된다. 스스로 잘하면 분명한 발전이 있지만 그럼에도 혼자 발전하는 데는 한계가 있다. 어떤 사람은 점점 더 성장하지만 어떤 사람은 앞으로 나아가기가 쉽지 않다. 결국 개인 성경 공부와 큐티는 자기 한계에 갇혀 매몰되는 경우가 흔하다.

이런 한계를 뛰어넘도록 해주는 게 그룹 성경 묵상이다. 그룹 성경 공부는 막혀 있는 개인의 해석에 새로운 시각과 아이디어를 준다. 그룹 큐티 나눔은 막혀 있는 적용에 물꼬를 터주는 역할을 한다. 다른 사람이 해석하는 것을 보고 "아, 이렇게 해석하면 되는구나"라고 깨닫기도 하며, 옆 사람이 적용하는 내용을 들으면서 자신에게 맞는 적용의 영역을 새롭게 깨우치기도 한다. 자연히 그룹 성경 공부와 큐티 나눔은 본문을 스스로 해석하는 능력을 배양해주는 동시에 본문을 개인의 삶과 관련시키는 훈련을 받게 한다. 따라서 그룹 성경 공부와 큐티 나눔에 참여하는 사람들은 자신의 삶에서 일어나는 변화를 더 쉽게 경험하게 된다.

물론 개인 성경 공부와 큐티를 잘하면 삶의 변화를 경험할 수 있다. 하지만 스스로 그 길을 찾기가 쉽지 않다. 또한 강의와 설교를 통해서도 신앙에 도전을 받을 수 있다. 그러나 리더 한 사람의 영향력이 개인적 삶의 구석까지 미치기란 참 쉽지 않다. 반면 그룹 성경 공부와 큐티 나눔은 성경 본문이 나의 삶으로 들어오는 가깝고 쉬운 길을 터준다. 그런데 이 두 방법이 소정의 효과를 내려면 여러 조건을 잘 갖추어야 한다. 또한 그 조건에 맞는 여러 가지 기술을 잘 사용해야 한다.

"GBS와 큐티 나눔은 삶이 변하는 데 큰 도움이 된다."

8.2. 그룹 성경 공부

8.2.1. GBS의 목표

그룹 성경 공부는 다양한 모습으로 진행된다. 교회의 구역(셀) 모임에서 하는 경우도 있고 부서별로 하기도 한다. 선교 단체에서도 많이 한다. 공부하는 방식도 다양하다. 성경을 공부하더라도 주제별로 하는 경우가 있고,[57] 인물별로 하는 경우도 있다.[58] 하지만 성경 본문을 문단 단위로 다루는 공부가 가장 대표적인 그룹 성경 공부라 할 수 있다. 이는 성경 본문이 원래 의도했던 바를 제대로 실현하기 쉬운 방식이다.

본문을 그룹으로 공부할 때 지향해야 할 세 가지 목표가 있다.

첫째, 성경 묵상을 지향한다. 그룹 성경 공부는 성경 묵상에 도달하는 하나의 방법이다. 때론 다른 의도, 예를 들어 사람들 사이의 교제를 활성화한다든지 모이는 사람의 숫자를 늘리고 싶다든지 하는 생각이 끼어들지도 모른다. 그럴 때라도 모임의 원래 목표를 놓치지 않는 게 중요하다. 그룹 성경 공부를 통해 무엇보다 하나님의 뜻을 깨닫고 함께 하나님의 다스림을 실현하도록 노력해야 할 것이다.

둘째, 토의를 지향한다. 그룹 성경 공부는 PBS와는 달리 함께 공부하는 것이기에 구성원 간의 토의는 필수적이다. 토의는 구성원의 여러 지식과 해석 능력이 상승작용을 일으키면서 본문이 말하는 의미를 다양한 각도에서 꿰뚫어 볼 수 있게 한다. 다시 말해 토의를 잘해야 본문의 의미가 풍성해진다. 간혹 한두 사람이 말을 너무 많이 하거나 자기주장을 강하게 하여 토의가 힘들어질 수 있는데 이런 현상은 경계해야 한다.

셋째, 다양한 적용을 나눠야 한다. 그룹 성경 공부는 치열한 해석만으로 끝나지 않는다. 해석을 할 때는 예리하게 의견을 제시하며 다양한 생각을 나눈다. 하지만 해석에서 끝내지 말고 적용까지 가야 한다. 적용은

---

57 예를 들어 네비게이토 선교회에서 만든 성경 공부 교재가 있다. 참조. 『그리스도와의 교제』(그리스도인의 생활 연구 제2권, 서울: 네비게이토출판사, 1986).

58 예를 들어 C. R. Swindoll, 『구약의 인물들: 삼손, 나아만 등』(찰스 스윈돌 성경 공부 시리즈 4; 서울: 두란노서원, 1986).

기본적으로 다양성이 보장된다. 각자의 처지가 동일하지 않기에 당연히 적용이 다를 수 있다. 그래서 다른 조원이 말하는 새로운 적용을 잘 듣는 게 중요하다. 물론 그리 타당해 보이지 않는 적용이나 어색한 적용에는 적절한 도움말을 추가할 수도 있다.

"GBS는 성경 묵상, 토의, 적용을 지향한다."

8.2.2. GBS 교안

(1) 교안의 필요성, 역할, 성격

교안의 필요성

그룹 성경 공부 교안은 이 공부의 목표를 성취하는 데 꼭 필요하다. 그룹 성경 공부는 여럿이 함께 해석하고 적용하는 것이어서 때론 어느 방향으로 튈지 모르는 럭비공과 같다. 본문을 해석하고 적용하는 능력이 사람마다 다르기에 어디로 갈지 모른다. 잘못하면 불필요한 논쟁에 빠지거나, 수다만 떨다 헤어질 위험도 있다. 그래서 전체 모임의 방향을 잡아줄 장치가 필요하다. 그 장치 중 하나가 바로 교안이다.

잘 짜인 교안이 있으면 그룹 성경 공부의 목표를 이루기가 쉽다. 무엇을 토의해야 하는지, 어떤 방향으로 적용해야 하는지를 교안이 이끌어주기 때문에 여러 조원이 함께 성경을 묵상하기가 수월해진다.

교안의 역할

이런 점에서 그룹 성경 공부 교안은 두 가지 역할에 주안점을 두고 만들어야 한다. 하나는 그룹 성경 공부의 세 가지 목표를 이루도록 돕는 일이다. 교안은 ① 성경 묵상이 자연스럽게 이루어지도록 만들어야 하며, ②

조원들이 함께 잘 토의할 수 있도록 꾸며야 할 뿐 아니라, ③ 조원들이 다양한 적용을 잘 나눌 수 있도록 설계해야 한다.

또 다른 역할은 그룹 성경 공부가 자연스럽게 이루어지도록 돕는 일이다. 물론 일차적으로는 사회자가 그룹을 인도한다. 하지만 잘 짜인 교안은 사회자가 모임을 자연스럽게 이끌고자 할 때 꼭 필요하다. 사회자가 교안에 따라 흐름을 조절하면 토의와 나눔이 물 흐르듯이 이루어질 수 있다. 결국 교안은 사회자의 부담을 덜어주면서 동시에 모임이 나가는 방향을 이끌 수 있도록 작성되어야 한다.

교안의 특징과 성격

이런 역할을 잘 감당하려면 교안은 다음과 같은 특징과 성격을 지녀야 한다.

첫째, 교안은 방향 제시의 특징을 지녀야 한다. 교안이 모임을 이끄는 역할을 하려면 토의 방향을 적절히 제시해야 한다. 그래야 모임이 엉뚱한 방향으로 흘러가지 않을 수 있다. 이 말은 교안이 주석서가 되어야 한다는 뜻은 아니다. 교안은 필요한 영역의 방향만을 제시하면 된다. 교안이 모든 것을 다 설명할 필요는 없고 그렇게 해서도 안 된다.

둘째, 교안은 간략하고 쉬워야 한다. 장황한 설명을 늘어놓아서도 안 되고 어려운 말이 자주 나와도 안 된다. 간결체를 유지하고 단어 숫자를 줄여야 한다. 교안에 있는 말 자체가 어려우면 교안으로서의 기능을 다하기 어렵다. 그렇지 않아도 성경 본문이 어려운데 여기에 교안까지 가세하면 안 된다. 오히려 본문을 볼 때는 어렵다고 느끼다가도 교안의 어투를 보면 편안하고 쉬운 느낌을 주어야 한다(물론 교안이 어려운 개념을 토의하고 적용하게 하는 건 다른 문제다).

셋째, 교안은 발제문의 성격을 지녀야 한다. 발제자가 논의해야 할 부분을 자극해야 하듯이 교안은 조원들이 토의해야 할 자리가 어딘지를 짚어줄 수 있어야 한다. 곧 지적·영적 호기심을 자극할 수 있는 질문을 머금고 있어야 하는 것이다.

"GBS 교안은 그룹 성경 공부의 숨은 사회자다."

(2) 교안 작성

교안의 구성

그러면 이런 특징과 성격을 지닌 그룹 성경 공부 교안을 어떻게 작성할 수 있을까? 먼저 교안이 크게 세 가지 영역—"기본 정보", "설명", "질문" 이다—으로 구성된다는 점을 고려해야 한다. 이는 다음과 같이 간략히 정리할 수 있다.

1) 기본 정보
- ① 성경 본문
- ② 전체 제목
- ③ 소제목(예를 들어 "읽기", "참조", "정리" 등)
- ④ 인도하는 말

2) 설명: 해석, 토의, 적용에 필요한 도움말
- ① 시작 전 도움말
- ② 질문에 추가되는 도움말 (보통 "참고"라고 표기)
- ③ 적용 도움말
- ④ 정리 도움말

3) 질문: 함께 성경 공부를 하는 데 필요한 질문[59]

① 관찰/석의 질문: 본문을 찬찬히 관찰하고 석의하도록 돕는 질문

② 해석 질문: 관찰 후에 더 깊이 생각하도록 돕는 질문

③ 적용 질문: 해석한 내용을 각자의 삶에 연결하도록 돕는 질문

④ 복습 질문: 공부한 내용을 전체적으로 정리하도록 돕는 질문

교안에서 이 세 가지 영역 중 가장 중요한 부분은 "질문" 영역이다.[60] 어떤 질문을 어떻게 하고 또 질문을 어떻게 배열하느냐에 따라 교안의 목표를 성취할 수도 있고 그렇지 못할 수도 있다. 따라서 질문은 심사숙고하여 작성해야 한다.

"GBS 교안의 성패는 질문을 어떻게 하느냐에 달려 있다."

교안 작성 원리와 과정

그룹 성경 공부가 성경 묵상의 한 방법이기에 자연히 그룹 성경 공부 교안은 (성경 묵상의 문법인) 성경해석학을 반영한다. 따라서 석의, 해석, 적용, 실천의 네 단계를 염두에 두고 교안을 작성해야 하며 "역사적 의미", "온전한 의미", "현실적 뜻"을 찾는 일에도 주의를 기울여야 한다. 교안을

---

59 보통은 성경 공부 교안을 구성하는 핵심 질문을 "관찰 질문", "해석 질문", "적용 질문"으로 생각한다. 여기에 "도입 질문", "정리 질문", "상관 질문" 등의 질문을 추가하는 경우가 있다. 참조. J. F. Nyquist, J. Kuhatschek, 『성경 공부의 모든 것』(서울: 한국기독학생회출판부, 1990), 40-45; 한국대학생선교회 교육국, 『순모임, 이렇게 한다』(수원: 순출판사, 1988), 48-51. 하지만 나는 이미 설명한 성경해석학의 틀을 반영하여 "관찰/석의 질문", "해석 질문", "적용 질문"을 중심으로 교안을 구성하는 것이 적절하다고 판단하며, 여기에 "복습 질문"을 추가한다.

60 참조. 한국대학생선교회 교육국, 『순모임, 이렇게 한다』, 46.

구성하는 "기본 정보", "설명", "질문"은 모두 이 일이 잘 실행되도록 돕는 역할을 한다. 여기서 특별히 질문이 중요하다. "관찰/석의 질문", "해석 질문", "적용 질문"이 중요하게 부각되는 것은 이런 이유 때문이다.

교안을 만들 때 기본적으로 필요한 것은 PBS 노트다. 성경해석학을 반영하여 만들어낸 개인의 결과물이 PBS이고, 그 결과가 그룹 성경 공부 교안에 반영된다. 성경해석학이 PBS에 반영되고, PBS 내용이 GBS 교안에 반영되는 것이다.

성경해석학 → PBS 노트 → GBS 교안

"GBS 교안을 투사하면 그 안에 있는 성경해석학 구조가 보인다."

교안 작성의 열 가지 단계

자신이 작성한 PBS 노트를 가지고 GBS 교안을 만드는 과정은 10단계로 나누어 설명할 수 있다. 만일 자신만의 PBS 노트가 없다면 가장 적절하다고 판단되는 주석서 1-2권을 참고하면서 GBS 교안을 작성할 수도 있다(이 10단계 내용은 326페이지에 나오는 빌립보서 1:27-30의 그룹 성경 공부 교안의 예를 참고하면서 읽으면 더 좋다).

① [독자 분석] 제일 먼저 교안을 읽는 독자를 설정하고 분석해야 한다. 교안을 사용할 독자가 누구인가를 파악하며 그 특성을 찬찬히 곱씹어 보아야 한다. 그래야 교안의 독자—결국 성경 공부 그룹의 구성원이 될 사람들이다—에 맞는 교안을 작성할 수 있다. 대상이 함께 성경을 공부할 유초등부 어린이들인지, 중고등학생들인지, 청년들인지, 30대인지, 중년들인지 등을 잘 고려해야 한다. 남녀 구성비나 교육 및 생활 수준, 주요 관심사 등도 어느 정도 가늠해야 한다. 이런 분석은 교안에 들어갈 해

석의 깊이를 어느 정도로 해야 할지 가늠하게 해주고 적용 질문을 효과적으로 만들어가는 데도 도움을 준다.

세상에는 여러 종류의 성경 공부 교재가 있지만 자기 청중에 딱 맞는 교재를 찾는 일은 그리 쉽지 않다. 따라서 인도자가 스스로 자기 청중에 맞는 교안을 작성할 수만 있다면 성경 공부의 효과를 극대화할 수 있다. 물론 교안을 얼마나 잘 만드느냐도 중요한 문제다. 하지만 시중에 출판된 것보다 좀 세련되지 못하더라도 맞춤형 교안이 주는 혜택은 그 어디서도 쉽게 찾을 수 없다. 또한 교안을 작성하는 과정에서 얻을 수 있는 다른 여러 유익—자기 청중에 대한 깊은 이해, 소통 능력 고양 등이 그것이다—도 상당히 값어치가 있다.

② [본문과 제목] 다음 단계는 본문을 결정하고 제목을 붙이는 단계다. 본문을 결정하는 일은 의외로 간단치 않다. 이 문제는 공부할 책 전체를 어떻게 나누는가 하는 문제와도 연결되어 있다. PBS에서 도출한 본문의 문맥 구조가 있으면 교안의 본문 결정이 좀 더 수월하다. 이때는 책 한 권의 내용을 몇 개의 교안으로 나눌지 대충 가늠한 후 문맥 구조를 보면서 문단을 나누면 된다. 또 역으로 전체 문맥 구조를 보면서 적절한 문단으로 나눈 후 교안의 수가 적절한지 판단해도 된다. 이 두 가지 방법을 적절히 고려하면서 책 한 권을 공부할 교안 수와 해당 본문을 정한다.

본문이 결정되면 그 본문에 맞는 제목을 정한다. 이때도 문맥 구조가 큰 도움이 된다. 문맥 구조가 본문의 의미와 대지를 대체적으로 알려주기 때문이다. 물론 PBS 노트에 담긴 전체 내용도 반영하면서(즉 PBS 노트를 죽 훑어보면서) 적정한 제목을 고안해야 한다. 정리하면 PBS 노트, 그중에서도 문맥 구조 내용을 잘 반영하면서 해당 본문 교안의 제목을 정하면 된다. 하지만 이것으로 제목이 완성된 게 아니다. 이후 교안을 작성하면서 제목을 계속 수정할 수 있다. 또한 교안을 다 만든 후 과연 이 제목이 적절한지 다시 판단해야 한다. 따라서 제목은 결국 맨 마지막에 최종적으로 결정된다.

③ [교안의 얼개(outline)] 본문과 제목의 시안이 결정된 후에는 교안을 어떻게 구성할지를 알 수 있는 교안의 얼개(outline)를 작성한다. 글쓰기 전에 전체 구성을 잡는 것과 유사하게 교안을 쓰기 전에 전체 흐름을 살펴보는 것이다.

교안의 얼개를 작성할 때는 다음의 네 가지를 적절히 고려한다. 전체 논리, 메시지의 초점(핵심 메시지와 세부 메시지), 질문의 배분, 교안의 양(모임 진행 시간). 이 모든 것은 독자(청중) 분석의 내용에 비추어 결정한다. 예를 들어 중고등부를 대상으로 한다면 논리의 복잡성이나 분량을 줄여야 한다. 중고등부는 40-50분 정도의 시간을 쓸 수 있는 양이면 좋다. 성인의 경우는 청중의 수준에 따라 논리의 복잡성을 결정하고 시간은 50-90분 정도가 적절하다.

얼개를 작성할 때 기초가 되는 자료는 물론 PBS 노트(또는 주석서를 공부한 내용)다. 교안의 얼개 작성 이전에 본문을 잘 알고 있어야 한다는 뜻이다. 본문을 스스로 공부했다면 본문의 논리와 메시지뿐 아니라 해석하기 어려운 점, 꼭 적용해야 하는 점 등도 잘 알고 있다. 이 지식을 기초로 하여 그룹 성경 공부 교안의 전체 얼개를 세울 수 있다. 이 얼개는 이후 교안을 작성하는 지도가 된다. 이 얼개를 토대로 해서 교안의 질문과 설명을 만들어간다.

④ [본문 읽기 지시] 교안에 본문과 제목을 단 후에 제일 먼저 쓸 내용은 해당 본문을 읽도록 하는 지시문이다. 예를 들어 "빌립보서 1:27-30을 찬찬히 읽어봅시다"라는 말을 교안의 첫 줄에 쓴다. 이로써 그룹 구성

원들이 해당 성경 본문을 읽을 기회를 준다. 큐티에서 본문을 읽으며 대의를 파악하는 게 필요하듯이 그룹 성경 공부에서도 본문을 먼저 읽어야 한다. 때로는 조원들이 돌아가며 한 두 구절씩 읽도록 구체적으로 제안하는 것도 나쁘지 않다.

⑤ [설명(도움말)] 교안은 크게 세 가지(기본 정보, 설명, 질문)로 구성된다고 했는데, 분량과 중요도의 비중으로 보면 질문>설명>기본 정보의 순서다. 기본 정보는 양이 아주 적으므로 교안은 주로 질문과 설명으로 구성된다. 설명은 질문을 도입하거나 정리할 때, 또한 질문을 질문답게 만들 때 필요한 도움말이다. 자연히 설명은 크게 두 가지로 나뉜다. 하나는 "도입(또는 정리) 설명"이고, 다른 하나는 (질문에 부가하는) "참고 설명"이다.

먼저 "도입 설명"은 교안의 질문이 시작되기 전에 본문을 이해하는데 필요한 최소한의 지식을 간략하게 기술하는 것이다. 이때 너무 많은 내용 대신 꼭 필요한 부분을 쉽고 간단하게 제시한다. 도입 설명은 특별히 두 가지 점을 염두에 두어야 한다. 하나는 역사적 배경과 상황을 간략하게 소개하는 것이고, 또 다른 하나는 해당 본문 전후에 나타나는 글의 문맥을 간단히 언급하는 것이다(역사적 상황과 글의 문맥, 이 두 가지는 PBS나 큐티 노트에서 해석의 기초로 중요시되는 영역임을 주목하라). 도입 설명에 복습 내용을 넣을 수도 있다. 이때는 "지난 시간에는…내용을 공부했습니다. 이번 시간에는 ~을 다룹니다"라는 식의 문구를 넣으면 된다(만일 복습 질문이 따로 있다면 도입에서 복습 내용을 넣지 않아도 된다). 도입 설명은 본문을 읽으라는 지시문 후에 이어지는 게 좋다.

다음으로 "참고 설명"은 질문에 따르는 도움말이다. 질문을 던지는 것만으로는 그 질문을 통해 얻으려는 토의 효과를 달성하기 어려울 때가 있다. 이때 질문과 함께 기초 정보를 "참고 설명"으로 제시함으로써 질문이 의도했던 답이나 토의 방향을 끌어낼 수 있다. 물론 모든 질문에 참고 설명이 들어갈 필요는 없다. 하지만 질문에 답하는 데 특별한 지식이 요구되는 경우나, 질문의 범위를 한정하고자 할 때 관련 내용을 간략하게 알려줌으로써 그룹 성경 공부가 불필요한 방향으로 나아가는 것을 방지할 필요는 있다.

⑥ [복습 질문] 복습 질문을 따로 넣을 수도 있다. 그룹 성경 공부 본문이 시리즈로 이어질 때는 이전 공부 내용을 되돌아보는 것이 큰 도움이 된다. 이 경우 복습 질문은 질문 중 제일 처음에 등장하는 게 좋다. 보통 "지난 시간에 공부했던 점을 정리해봅시다"라는 지시문과 함께 지난 공부 내용을 상기할 수 있는 간략한 문답 몇 개를 던지는 게 좋다.

복습 질문을 설명으로 대신할 수도 있다. 이럴 때는 "지난 시간에는…을 배웠습니다"라는 식으로 간략하게 정리해서 제시하면 된다. 이 설명은 "도입 설명"의 일부분으로 만들면 된다.

⑦ [관찰/석의 질문] 본격적인 질문은 관찰과 석의 질문으로 시작한다. 조원이 성경 본문을 찬찬히 관찰하며 석의할 수 있도록 세부적이고 구체적으로 질문한다. 질문 다음에는 그 답의 근거가 되는 성경 구절을 제시한다. 혼자 성경을 읽을 때는 잘 깨닫지 못하던 점도 교안의 관찰/석의 질문을 따라가면서 본문을 대하면 분명히 인식되도록 질문을 만들어야 한다. 물론 이렇게 질문을 만들려면 해당 본문을 잘 알고 있어야 한다. 즉 해당 본문의 PBS가 제대로 되어 있는 상태에서, PBS 노트나 주석서에 나와 있는 중요한 사항을 관찰/석의 질문으로 들추어주는 것이다. 다시 한번 강조하지만 교안을 작성하는 사람이 본문을 충분히 이해하고 있어야 좋은 관찰/석의 질문을 만들 수 있다.

관찰/석의 질문을 만드는 몇 가지 방법과 조건이 있다. 첫째, 답을 모르게 하지 말고 알도록 질문해야 한다. 문제를 푸는 사람이 알쏭달쏭하게 질문하는 게 아니라, 성경을 펼쳐서 읽으면 답을 찾을 수 있게 해야 한다. 즉 답을 주기 위해 문제를 제시하는 것이다. 둘째, 모호하게 질문하지 말고 명확하게 질문해야 한다. 질문의 범위나 초점, 의도가 분명하게 드러나도록 질문을 던진다(물론 해석 질문은 이와는 좀 성격이 다르다). 셋째, 본문의 핵심을 관찰할 수 있게 하는 질문을 만들어야 한다. 다시 말해, 부수적인 여러 가지를 다루기보다 본문 이해를 겨냥한 핵심적인 문제를 던져야 한다. 넷째, 문맥의 흐름을 따라갈 수 있도록 질문을 만들어야 한다. PBS에서 도출된 문맥 구조를 참조하면 도움이 된다.

관찰/석의 질문은 참여자들에게 여러 면에서 유익을 준다. 첫째, 무엇보다 참여자들이 스스로 본문을 쉽게 관찰할 수 있도록 해준다. 혼자서는 본문을 잘 관찰하지 못하는 사람도 질문에 답하면서 본문을 쉽게 관찰할 수 있게 된다. 둘째, 본문을 대하는 거부감을 자연스럽게 줄여준다. 참여자들이 '아, 성경을 이렇게 공부할 수 있구나!'라고 생각하게 된다. 셋째, 성경 보는 눈을 시나브로 열어준다. 혼자서 성경을 공부하는 것에 부담을 느끼던 사람도 관찰/석의 질문으로 공부하다 보면 재미를 느끼고 성경을 공부하는 방법을 배우게 된다. 이처럼 관찰/석의 질문은 그룹 성경 공부에 재미를 느끼게 하는 매우 중요한 요소다. 어떻게 보면 교안의 일차적인 성패는 관찰/석의 질문의 수준에 달려 있다고 해도 과언이 아니다.

⑧ [해석 질문] 관찰/석의 질문이 어느 정도 진행된 후에는 해석 질문으로 넘어가야 한다. 해석 질문은 관찰하고 석의한 내용을 좀 더 깊이 생각해보도록 이끄는 질문이다. 필요한 경우에는 관련 본문들을 소개하거

나 덧붙여주어도 좋다. 해석 질문은 특별히 본문을 바라보는 관점 및 신학적 판단과 직결된다. 물론 해석 질문에도 개인 성경 공부의 결과가 많이 반영된다. 아무튼 잘 만들어진 해석 질문은 교안을 한 단계 업그레이드시킨다.

좋은 해석 질문을 만들 때도 몇 가지 조건이 필요하다. 첫째, 해석 질문은 (관찰/석의 질문과는 달리) 뻔한 질문이어서는 안 된다. 뻔한 답은 토의 대상이 아니다. 따라서 쉽게 "예"와 "아니요"가 나올 수 있는 질문은 피해야 한다. 긍정, 부정을 묻는 질문도 가능하면 찬반양론 토의가 가능한 것을 찾아야 한다. 둘째, 다양한 해석이 나올 수 있는 것에 대해 질문한다. 물론 답을 찾을 수 없는 질문을 굳이 할 필요는 없다. 하지만 의문의 여지가 있는 내용, 복잡한 판단이 필요한 내용은 해석 질문으로 다루어야 한다. 셋째, 해석 질문은 본문의 메시지 및 주요 주제와 긴밀하게 연결된 점을 다루어야 한다. 본문을 이해하는 데 그다지 상관없는 내용을 굳이 어렵고 복잡하게 따질 필요는 없다. 넷째, 토론을 유도한답시고 해석 질문을 너무 어렵게 만들 필요는 없다. 질문이 너무 어려우면 오히려 토의가 되지 않는다. 어려운 주제를 다루더라도 질문은 뭔가를 잡을 수 있을 만큼 명확하게 던져야 한다. 그래야 어려운 주제를 토의할 여지가 생긴다.

좋은 해석 질문은 조원들이 서로 토의할 수 있도록, 동시에 다른 사람의 다양한 의견을 듣도록 유도한다. 해석 질문을 통해 조원들은 사고의 폭을 넓힐 수 있다. 또한 좋은 해석 질문은 조원들이 성경을 해석하는 방법을 배우게 한다. 처음 토의할 때는 답답하더라도 조원 사이의 상호작용을 통해 답을 찾은 경험이 생기면, 성경을 해석하는 방식에 대해 좀 더 폭넓게 이해하게 된다.

⑨ [적용 질문] 해석 질문 다음에는 적용 질문을 해야 한다. 그룹 성

경 공부가 해석으로 끝나는 게 아니라 적용까지 나아가야 하기 때문이다. 적용 질문은 본문의 메시지와 주제 등이 현실에서 어떤 의미인지 알게 하는 질문이다. 적용 질문을 잘하면 조원들이 성경 본문을 자신들의 삶으로 들여오게 된다. 적용 질문에는 기도를 요청하는 내용이 포함될 수 있다.

적용 질문에도 필요한 조건이 있다. 첫째, 적용 질문은 현실의 나와 우리를 향하도록 만들어야 한다. 교안을 만드는 첫 단계에서 독자(청중)를 분석한 내용은 특별히 적용 질문을 만들 때 적절히 사용되어야 한다. 둘째, 적용 질문을 만들 때는 구체적·실제적 지점을 고려하되 답의 방향성을 어느 정도 정해주어야 한다. 현재 상황과 이슈를 염두에 두고 적용의 씨앗을 뿌려준다고 생각하면 된다. 물론 너무 세부적인 내용은 언급하지 않는 것이 낫다. 그러면 적용의 범위가 급격히 축소되기 때문이다. 셋째, 공동체를 함께 생각할 수 있는 질문을 포함해야 한다. 조원 각자의 적용을 이끌어내는 질문도 필요하지만 폭을 넓혀 조원들이 포함된 공동체를 생각하게 하는 질문도 있어야 한다.

교안의 적용 질문은 성경 본문이 나와 우리에게 직접 관련된다는 의식을 만들 뿐 아니라 조원들의 생각과 삶이 더 실제적이 될 수 있도록 도와준다. 이런 점에서 그룹 성경 공부는 때로 설교보다 더 강력한 메시지를 전달하기도 한다.

"관찰/석의 질문, 해석 질문, 적용 질문이 교안의 질을 결정한다."

⑩ [마무리] 교안은 전체 내용을 마무리하는 질문이나 말로 끝난다. 그룹 성경 공부를 통해 깨달은 바를 되새기며 기도하자는 지시문으로 마

무리할 수도 있고, 본문의 가장 핵심이 되는 점을 상기시킴으로써 끝낼 수도 있다. 때로는 가장 중요한 본문을 다시 읽고 깊이 묵상하도록 도우면서 마무리해도 좋다. 다양하고 창의적인 방법으로 마무리를 해도 된다. 단, 중요한 것은 그룹 성경 공부를 통해 깨달은 바를 확고히 하면서 마무리해야 한다는 점이다.

거듭 말하지만 그룹 성경 공부용 교안에서는 질문이 가장 중요하다. 관찰/석의 질문, 해석 질문, 적용 질문을 유기적으로 잘 만들어야 한다. 따라서 관찰/석의 질문, 해석 질문, 적용 질문을 만드는 기술을 익히는 게 관건이다. 그리고 좋은 질문을 만드는 기본 재료는 개인 성경 공부에 있다. PBS 노트가 잘되어 있으면 GBS 교안을 만들기 수월하다. 물론 이 모든 것의 기초에는 성경해석학이 있다.

"성경해석학 + PBS → GBS 교안"

GBS 교안의 예

다음은 "빌립보서 1:27-30의 그룹 성경 공부 교안"의 예다. [ ] 안의 내용은 교안 작성법 이해를 돕기 위한 설명이며, 실제 교안에 쓸 필요는 없다.

성경 본문: 빌립보서 1:27-30

제목: 그리스도의 복음에 합당한 생활

⊙ 먼저 빌립보서 1:27-30을 찬찬히 읽어봅시다. [본문 읽기 지시문]

※ 바울은 지금 로마 감옥에 갇혀 있으면서 재판을 받는 중입니다. 그런 상황에서도 자신이 당한 일이 오히려 복음을 전파하는 일에 도움이 되었다

고 판단하면서(빌 1:12-18) 자신이 왜 그렇게 생각하는지 그 이유를 말합니다(빌 1:19-26). 이제 그런 자신의 예를 기초로 빌립보 교회에 진심으로 전하고자 하는 말을 시작합니다. [역사적 상황과 본문의 흐름에 대한 도입 설명]

1. 바울이 빌립보 교회에 권면하는 내용의 핵심은 무엇입니까? [관찰/석의 질문]

• 빌 1:27a

- "오직"이라는 말을 붙인 이유는 무엇일까요? [관찰/석의 질문]

- "생활하라"는 말은 무슨 뜻일까요? [석의 질문]

〈참고〉 바울은 자신이 통상 쓰던 "행하라"라는 말을 쓰기보다 "생활하라"는 말을 씁니다. 아마도 자신의 권면을 빌립보 사람들의 처지에 맞게 상황화하면서 지혜롭게 처신하는 모습을 강조하려는 의도인 듯합니다. [참고 설명]

2. 바울은 복음에 합당한 생활을 크게 두 가지 방향에서 다시 설명하며 권면합니다. 그 두 가지는 무엇입니까? [관찰/석의 질문]

(1) 빌 1:27b(적극적 측면)

〈참고〉 한마음으로 "서서"라고 서 있음을 강조한 것은 아마도 빌립보라는 도시를 건설했던 필리포스 2세의 유명한 전술인 "밀집장창제"(密集長槍制)를 연상시키려는 의도인 듯합니다. 이 병법은 군사들이 빽빽이 서서 긴 창을 수평으로 들고 진격하던 전법입니다. 빌립보 사람들은 이 전법의 핵심이 연합임을 잘 알고 있었습니다. [참고 설명]

- 왜 한 마음과 한뜻으로 있어야 한다고 권면할까요? [해석 질문]

〈참조〉 빌 1:13-14

- 특별히 어떤 점에서 연합해야 합니까? [관찰/석의 질문]

- 요즈음 나는 다른 사람들과 잘 연합하고 있습니까?
  연합이 잘되는 대상은 누구고, 잘 안 되는 대상은 누구입니까?
  연합의 어려움을 어떻게 극복할 수 있을까요? [적용 질문]

(2) 빌 1:28a (소극적 측면)

- "대적하는 자들"은 누구를 가리킬까요? [석의/해석 질문]

〈참조〉 빌 1:15a, 17

빌 3:2-3, 19

- 이곳의 대적하는 자들이 왜 두려운 대상일까요? [석의/해석 질문]

〈참조〉 행 17:5-7

- 바울을 대적하는 사람들과 빌립보 교회를 대적하는 사람들 사이의 공통점은 무엇입니까? [해석 질문]

- 요즈음 나와 우리 교회 또는 한국교회가 부딪치는 대상은 누구입니까? 그런 때 나(와 우리)는 어떤 태도를 취해왔습니까? [적용 질문]

3. 빌립보 교회가 왜 이런 태도를 취해야 합니까? [관찰 질문]

• 빌립보서 1:28b

- "이는"은 무엇을 가리킵니까? [석의/해석 질문]

- 누가 멸망 당하고 누가 구원받는 것입니까? [석의/해석 질문]

〈참고〉 바울은 이미 앞(빌 1:12-18, 19)서 자신의 바른 태도가 자신을 참 구원에 이르게 한다고 설명했습니다. 이제 자신의 예를 빌립보 교회와 연결하려고 합니다. [참고 설명]

- 내 삶과 내 구원은 서로 어떤 관계가 있습니까? [해석/적용 질문]

4. 바울은 추가로 자신이 이렇게 권면하는 배경 두 가지를 밝힙니다. 그 두 가지는 무엇인가요? [관찰/석의 질문]

(1) 빌 1:29(고난의 의도)

- 은혜를 주신 것은 그를 믿을 뿐 아니라 무엇도 함께 받게 함이라고 말합니까? [관찰 질문]

- 은혜가 왜 고난과 함께 가야 할까요? [해석 질문]

〈참조〉 딤후 1:8; 2:1; 롬 8:17

- 하나님의 은혜를 느끼며 고난을 함께 겪었던 경험이 있으면 나누어봅시다. [적용 질문]

(2) 빌 1:30(상황의 유사성)

- 바울이 말하는 "같은 싸움"은 무엇을 말하는 것일까요? [석의/해석 질문]

- 바울은 빌립보 교회에 권면(빌 1:27-30)하기 전에 왜 자신이 당면한 싸움과 자신의 처신(빌 1:12-18, 19-26)을 먼저 언급했을까요? [해석 질문]

- "이제도 내 안에서 듣는 바이다"라는 말은 구체적으로 무슨 뜻일까요? [석의/해석 질문]

- 가르침을 먼저 실천하는 리더가 참된 리더입니다. 내 주위에서 이런 모습을 보여주는 사람은 누구입니까? 이름을 적고 지금 그분을 위해 기도합시다. [적용 질문]

- 나는 어떤 종류의 리더입니까? (가정, 직장, 교회, 작은 공동체에서)

- 이 두 가지 배경을 바울이 첨가한 의도는 무엇일까요? [석의/해석 질문]

5. 오늘 본문에서 가장 와 닿는 말씀은 무엇입니까? 세 가지 점을 적고, 이 말씀이 실현되도록 3분간 함께 기도합시다. [마무리 질문/지시문]

①

②

③

8.2.3. GBS 진행

(1) GBS 준비

모임 구성

모임은 보통 5-12명으로 구성한다.[61] 구성원이 너무 적으면(5명이 안 되면) 토의가 활성화되기 어렵고 너무 많으면(12명이 넘으면) 토의 방향을 조절하기가 어렵다. 그래서 가능하면 이 범위 안에 맞추는 것이 좋다.

각 조의 구성원을 조직하는 일은 중요하다. 먼저 각 조에서 사회를 볼 사람을 선정한다. 교안은 전체 책임자가 작성하거나 또는 외부 교안을 사용한다 해도 결국 사회자가 모임을 어떻게 이끄느냐에 따라 모임의 결과가 달라지기에 사회자를 잘 선정하는 일은 매우 중요하다. 사회자는 교안의 의도와 방향을 숙지하고 모임 전체를 그 방향으로 이끌 만한 능력이 있는 사람으로 정해야 한다. 또한 각 조에는 해석과 적용을 잘하는 사람을 어느 정도씩 골고루 포진시켜야 한다. 이들은 사회자를 간접적으

61 Cotterell은 3-6명을 "가족 크기 그룹", 8-16명을 "소그룹"으로 나누며 이 소그룹이 가장 효과적인 모임이라고 판단한다(P. Cotterell, *Small Groups, Big Results*[Eastbourne: Kingsway Publications, 1985], 8-10). 하지만 한국교회의 현실에 비추어 볼 때, 5-12명 안에서 조를 짜는 것이 적절해 보인다.

로 돕는 역할을 할 수 있다. 또한 모임에 어려움을 줄 수 있는 사람이나 모임에 잘 참석하지 않을 것 같은 사람도 각 조에 적절히 배분해서 배치하는 게 좋다. 이들이 한 조에 많이 모여 있으면 그 조는 모임 자체를 진행하기가 어려울 수 있다.

교안 풀기

교안이 미리 준비되어 있어야 한다. 모임 전체를 책임지는 리더가 맞춤형 교안을 만들어 나누어주든지, 아니면 적절한 외부 교재를 택하여 조원 모두에게 미리 공지해서 구할 수 있게 해야 한다. 모임 전에 조원들이 교안을 스스로 풀어볼 수 있도록 독려한다. 물론 사회자는 모임 전에 반드시 교안을 미리 풀어보아야 한다.

시간, 장소, 순서

그룹 성경 공부는 보통 60분 정도가 좋다. 대상과 여건에 따라 40-90분 정도로 조정할 수도 있다. 장소는 토의에 방해받지 않는 조용한 곳이면 된다. 진행은 보통 ① 간단한 대화(이 시간이 길어지지 않도록 주의해야 한다), ② 기도, ③ 함께 교안 풀기, ④ 마무리 기도 순서로 한다.

(2) 사회자의 역할

그룹 성경 공부의 성패는 한편으로는 교안에 달려 있고, 다른 한편으로는 조원 구성과 사회자에 달려 있다. 그리고 조원 구성보다는 사회자의 역할이 더 크다. 사회자가 모임을 어떻게 이끄느냐에 따라 그 결과가 달라진다. 사회자의 역할은 크게 네 가지로 나누어 이해할 수 있다.

① [교안 따라가기] 사회자의 첫 번째 역할은 교안을 잘 따라가도록

돕는 일이다. 잘 짜인 교안은 모임의 전체 방향을 이끌며 자연스레 성경 묵상이 이루어지도록 인도한다. 사회자는 교안의 그런 목표가 잘 실현되도록 실제적인 가이드 역할을 해야 한다. 이때 사회자가 특별히 어떤 방향을 내세우기보다는 교안을 물 흐르듯이 따라가도록 이끄는 게 좋다. 물론 좋은 교안을 사용한다는 전제하에서 그렇다.

사회자는 교안의 양을 미리 확인하고 시간을 어떻게 사용할지 가늠해보아야 한다. 한 질문에 어느 정도 시간을 써야 정해진 시간에 잘 끝낼 수 있을지 생각해보고, 관찰 질문은 좀 빨리 넘어가고, 석의 질문은 좀 더 시간을 쓰며, 해석 질문에는 더 시간을 배정하면서 모임을 이끌어야 한다. 또한 적용 질문에 쓰는 시간이 모자라지 않도록 시간 배분을 잘해야 한다.

② [질문하기] 사회자의 또 다른 역할은 적절한 질문을 던지는 일이다. 기본적인 질문은 교안에 이미 다 있기에 사회자가 새로운 질문을 많이 만들 필요는 없다. 하지만 교안의 질문을 좀 더 세부적으로 확장한다든지, 조원의 상황에 맞게 변형한다든지 하는 일은 사회자의 재량에 달렸다. 특별히 조원의 답이 명확하지 않거나 덧붙일 내용이 생겼을 때 상황에 맞게 적절한 질문을 추가할 수 있다.

사회자의 추가 질문은 교안과 마찬가지로 관찰/석의 질문, 해석 질문, 적용 질문의 성격을 띨 수 있다. 만약 교안에 관찰과 석의가 부족하면 관찰/석의 질문을, 해석이 좀 더 필요하면 해석 질문을, 적용이 모자라면 적용 질문을 던지면 된다. 보통 사회자가 가장 많이 개입해야 하는 질문은 적용 질문이다. 통상 교안은 관찰/석의, 해석, 적용 질문 순서로 갈수록 질문의 정확도가 떨어지며 반대로 다루는 영역은 넓어진다. 교안의 초점이 각 청중에 아주 세밀히 맞춰지기는 어렵기 때문이다. 그래서 사회자는 뒤로 갈수록 조원의 상황에 맞는 질문을 추가해야 할 경우가 많아진다는 사실을 염두에 두어야 한다. 단, 이때 조심해야 할 점은 조원들이 편하게 답을 할 수 있도록 질문해야 한다는 것이다. 혹 너무 어렵거나 난감한 질문을 해서 조원을 당황하게 만들면 안 된다.

"…외에 다른 뜻은 없을까요?", "혹 다른 분은 어떻게 생각하세요?"라는 식으로 부드럽게 질문하는 방식이 좋다. 토의 방향이 엉뚱한 곳으로 흘러가서 그 방향을 조정하고 싶을 때는 "혹시 이렇게 생각할 수는 없을까요?"라는 식으로 토의 방향만 잠깐 교정하면 된다. 말을 안 하고 듣기만 하는 조원이 있을 때는 "○○ 성도님은 어떻게 생각하세요?", "어떤 느낌이 드세요?"라는 식으로 지목해서 질문할 수도 있다. 하지만 이때도 상대방의 사정을 잘 살피며 감정이 상하지 않도록 조심해야 한다.

③ [사회 보기] 사회자는 말 그대로 사회를 보는 역할을 잘 감당해야 한다. 사회자는 사회자이지 선생이나 상담자가 아니다. 사회자가 모임 준비를 너무 많이 한 경우에 자칫하면 자세히 설명하고 싶은 유혹에 빠질 수도 있는데 이때도 절제력을 발휘해 잘 극복해야 한다. 조원이 엉뚱한 대답을 내놓았을 때, 그냥 정답을 말하지 말고 조금 참아야 한다. 그럴 때는 적절한 답을 할 만한 사람에게 의견을 묻는 방식을 취하는 게 좋다.

조원들이 문제를 풀면서 사회자에게 답을 점검받는 식이 되면 곤란하다. 혹 조원들이 그런 분위기로 갈지라도 사회자는 지혜롭게 분위기를 바꾸어야 한다. 누군가가 사회자의 의견을 묻더라도 직접 대답하기보다는 다른 사람에게 말머리를 돌리며 "○○님의 의견은 어떠세요?"라고 묻는 것도 한 가지 요령이다. 좋은 그룹 성경 공부는 한두 사람의 의견에 좌우되기보다 여러 사람이 함께 의견을 나누며 답을 찾아가는 방식이어야 한다. 사회자가 한두 사람과 주로 대화하는 방식이나 모든 조원들과 일대일로 대화하는 방식은 좋지 않다. 오히려 사회자와 조원이 함께 어울려 서로 의견을 자유롭게 주고받는 방식이 되어야 한다(물론 새 신자들이 주로 모여서 성경 공부를 하는 경우는 예외다).

모임을 활성화하는 좋은 방법 하나는 교안이 마련해놓은 주제에 조원들이 관심을 두도록 만드는 것이다. 사회자는 조원들이 이 주제 안으로 들어오도록 노력해야 한다. 일단 이 주제에 조원들이 관심을 두고 빠져들면 토의와 적용은 수월해진다. 따라서 부차적이고 말초적인 내용에 시간을 쓰기보다 가능하면 빨리 핵심 주제에 대한 논의가 이루어지도록 힘써야 한다.

④ [조원 독려하기] 사회자가 조원을 독려하는 일도 중요하다. 조원 중에는 적극적으로 토의에 참여하는 사람도 있지만 그렇지 않은 사람도 분명 있다. 이런 사람들은 소극적으로 듣기만 하려 한다. 이런 사람이 몇 명만 있어도 모임의 분위기가 어색해질 수 있다. 사회자는 이럴 때 소극적 참여자를 독려할 필요가 있다. 돌아가며 한 번씩은 꼭 말하도록 하는 방법을 쓰거나 특정 인물을 지목해서 말을 걸어도 된다. 말을 안 하는 사람을 먼저 지목하기보다는 다른 사람을 지목해서 말을 하게 한 후 곧이어 그 사람에게 "○○님 생각은 어떠세요?"라는 식으로 질문하면 좋다. 소극적이던 사람이 멍석을 깔아주면 자기 의견을 거침없이 말하는 경우도 있다.

질문에 대한 답변은 상승작용을 내도록 이끌어야 한다. 관찰 질문은 단답식으로 처리하고 넘어갈 수 있지만 해석과 적용 질문은 답이 연쇄적으로 나올 수 있도록 분위기를 만들어야 한다. 다양한 대답이 나올 때 토의가 토의다워지면서 적용이 다양하고 풍성해진다. 답이 잘 안 나오면 사회자는 적절히 답할 수 있는 사람을 지목하면서 스스로 답하는 분위기를 조성해야 한다.

해석과 적용 질문의 경우에는 사람들이 맨 처음으로 답하기를 꺼리는 경향이 있다. 그럴 때는 의견을 잘 낼 수 있는 조원—보통 이런 조원을 헬퍼(helper)라 부르기도 한다—에게 먼저 답을 하게 한 후, 다른 사람들에게도 의견을 묻는 방식을 취하면 된다.

"사회자는 조원들이 교안을 잘 따라가도록 돕고 이끈다."

(3) 조원의 역할

그룹 성경 공부는 함께 해석하고 적용하는 모임이기에 조원 각자가 모임에 열심히 참여하려는 태도가 중요하다. 각각의 조원은 나름대로 모임에 기여한다. 따라서 각자 자신이 이해하고 적용한 바를 적극적으로 나누려고 노력해야 한다. 교안을 바탕으로 예습을 해 오면 모임 중에 더 많은 것을 얻을 수 있다.

조심해야 할 점도 있다. 혼자서 너무 말을 많이 한다든지, 자기 주장만을 끝까지 관철하려고 억지를 부리면 안 된다. 남을 비방하는 것도 조심해야 한다. 자기 생각과 입장을 말하는 것은 좋지만 자칫하면 남을 비방하는 것을 자기 입장이라고 착각할 수 있다. 자기 생각을 잘 표현하되 남을 비방하는 말이 되지 않도록 표현에 조심해야 한다. 오히려 자신의 생각을 말하면서도 다른 사람에게 배우려는 마음으로 모임에 임해야 한다. 그런 마음이 한데 모일 때 그룹 성경 공부가 활성화된다. 사회자의 지시와 인도를 잘 따르는 마음도 필수적이다. 그래야 전체 모임이 조화롭게 진행된다.

"조원이 함께 해석하고 적용할 때 모임은 잘된다."

8.2.4. 참고 사항

그룹 성경 공부와 관련하여 몇 가지 참고할 사항이 있다.

① [결과에 민감하지 말 것] 첫째는 결과에 너무 민감하지 말라는 것이다. 그룹 성경 공부는 같은 조원이 모여도 어떤 날은 잘될 수 있고 어떤 날은 죽을 쓸 수도 있다. 그룹 성경 공부는 함께 조율하며 이루어가는 것이기에 어떻게 보면 이는 자연스러운 현상이다. 따라서 한 번의 결과에 너무 민감하게 반응할 필요가 없다. 이는 사회자나 조원 모두 마찬가지다. 단 한 번의 결과에 단정적인 판단과 행동으로 반응하지 않도록 조심해야 한다.

② [격려와 전제] 사회자는 조원들이 교안을 가지고 미리 공부해 오도록 독려하고 격려할 필요가 있다. 하지만 너무 심하게 중압감을 주는 건 곤란하다. 조원들이 그룹 공부에 재미를 느껴 스스로 준비하려는 마음을 갖도록 유도하는 방식이 좋다. 또한 준비 없이 그냥 오는 사람도 있을 수 있다는 점을 사회자나 조원 모두가 너그럽게 받아들일 수 있어야 한다. 다른 조원이 준비 없이 왔다고 해서 기분 나빠하거나 뾰로통해 있으면 모임은 더 어려워진다. 혹 교안을 집에 두고 온 사람이 있거나 딴청을 피우는 사람이 있더라도 기분 상하지 않도록 넓은 마음을 가져야 한다.

③ [완벽주의 조심하기] 그룹 성경 공부에서는 질문에 대한 정확하고 합당한 답이 나오지 않을 수 있다. 한 질문에 여러 답이 나와 모호해질 때도 있다. 그럴 때 꼭 정답만을 강요하며 굳이 한 의견으로 전체를 몰아갈 필요는 없다. 차라리 가능성을 열어두고 다양한 의견을 공유한 채로 넘어가는 게 낫다. 완벽주의적인 태도는 그룹 성경 공부에서는 오히려 독이 될 수 있다는 사실을 명심해야 한다.

8.3. 큐티 나눔

8.3.1. 모임의 성격

큐티 나눔은 그룹 성경 공부와 유사한 면이 있다. 하지만 둘 사이에는 분명한 차이가 존재한다. 세 가지 면에서 그 차이를 느낄 수 있다.

(1) 공동 작업 vs. 개별 작업

그룹 성경 공부가 함께 모여 공동으로 해석하고 적용하는 특징을 지닌다면, 큐티 나눔은 함께 모이기는 하지만 개별적으로 해석하고 적용한 내용을 다른 사람과 나눈다는 특징을 지닌다. 전자가 공동 작업이라면 후자는 개별 작업의 집합이다. 비유하자면 그룹 성경 공부는 캠핑 가서 함께 요리해 먹는 식이라면, 큐티 나눔은 각자 한 가지씩 만들어 온 음식을 함께 모여 먹는 식이다. 그래서 큐티 나눔에서는 각 사람의 해석과 적용의 특징을 그대로 맛볼 수 있다. 집안에 따라 요리 맛이 다른 것처럼 각 사람이 했던 해석과 적용이 각기 다른 맛을 낸다. 반면 그룹 성경 공부는 여러 사람의 해석과 적용이 한데 모여 상호작용을 통해 융합된 형태로 맛을 낸다. 이처럼 큐티 나눔은 그룹 성경 공부와 유사하면서도 근본적으로 개별적 작업을 모은 것이란 점에서 차이가 있다.

(2) 각 개인의 나눔에 따라 그 결과가 다름

이런 성격 때문에 큐티 나눔에는 각 개인의 특징이 그대로 드러난다. 이런 모습은 큐티 나눔의 장점이 되기도 하고 단점이 되기도 한다. 큐티를 잘하는 사람의 나눔은 다른 참석자들에게 도움을 준다. 곧 다른 참석자가 해석과 적용을 배울 수 있다. 특히 적용의 실마리를 깨우치는 데 큰 도움이 된다. 반면 잘못 해석하고 엉터리로 적용한 사례는 정반대의 효과를 불러온다. 사실 큐티 나눔은 함께 토의하며 답을 찾는 모임이 아니기에 남의 해석과 적용에 토를 달 수 없는 한계가 있다. 따라서 큐티 나눔은 그냥 남의 이야기를 듣고 공감하는 정도에 따라 그 효과가 다르게 나타날 수밖에 없다. 이것이 큐티 나눔의 장점이자 단점이다. 이런 점 때문에 큐티 나눔을 하는 조(組)를 어떻게 조직하고 편성하는가가 큐티 나눔이 잘되고 못되고를 결정하는 중요한 변수로 작용한다.

(3) 교안이 필요하지 않음

큐티 나눔은 그룹 성경 공부와 달리 교안이 필요하지 않다. 교안이 없기 때문에 적절한 해석과 적용을 보장해주는 가이드가 딱히 없으며 각자의 해석과 적용 능력에 의존할 수밖에 없다. 따라서 해석에 문제가 있거나 엉뚱한 적용이 튀어나올 수 있다. 이는 큐티 나눔을 할 때 어쩔수없이 감수해야 하는 한계다. 이 한계를 어느 정도 극복하는 하나의 방법은 참석자들이 같은 큐티 교재를 사용하는 것이다. 큐티 교재는 해석과 적용에 필요한 도움말을 제공해주기에 해석과 적용이 어느 정도는 안정될 수 있다.

큐티 나눔에서 꼭 공유해야 할 것이 있다면 그것은 같은 성경 본문이다. 큐티하는 본문이 같아야 큐티 나눔이 의미 있게 작용한다. 서로 다른 본문을 묵상해도 나눔이 가능하기는 하지만 그런 경우에는 참석자들이 긴밀한 영향을 주고받기가 어렵다. 같은 큐티 교재를 사용하면 자연히 큐티 본문이 동일하기에 큰 어려움 없이 나눔을 할 수 있다.

8.3.2. 큐티 나눔 진행

(1) 시간, 조 편성, 순서

큐티를 나누는 시간은 30-60분 정도가 적당하다. 시간이 너무 짧으면 참석자가 준비한 내용을 다 나눌 수 없고 너무 길면 모임이 따분해진다. 구역 모임을 큐티 나눔으로 진행할 때는 교제와 생활 이야기가 함께 나오면서 시간이 더 길어지기도 한다(그래도 너무 길어지는 건 조심해야 한다).

구성원은 보통 5-10명 정도가 적절하다. 이보다 많으면 시간이 너무 많이 걸리고, 적으면 자기 것을 나누기가 좀 멋쩍을 수 있다. 구역 모임에서 할 때는 인원이 더 많아질 수 있지만 인원이 너무 많으면 모임이 산만해지고 큐티 나눔보다는 생활이야기로 빠지는 경우가 생기기 쉬우므로 주의해야 한다.

큐티 나눔 조(組)는 서로의 삶을 나눌 때 공감대가 생길 만한 사람들로 구성하는 게 좋다. 구성원을 너무 천편일률적으로 구성해도 이상하지만, 너무 상이해도 좋지 않다. 가능하면 삶을 나누며 각자의 적용을 소개할 때 거리끼지 않을 사람들로 한 조를 편성한다. 예를 들어 시어머니와 며느리가 같은 조라든지, 같은 직장의 상사와 부하가 함께 나눔을 하는 경우에는 어려움이 따를 수밖에 없다. 실제로 기독교 계열 직장에서 큐티 나눔을 하면 진솔한 이야기가 잘 나오지 않는다. 실생활에서 갈등을 겪으며 적용한 점을 사실적으로 나누기 부담스러운 경우가 종종 생기기 때문이다(이런 경우 겉치레 나눔이 되기 쉽다). 한 부부가 같은 조에 편성되는 것도 마찬가지다. 하지만 아예 부부 전용 모임으로 여러 쌍이 함께 모이는 경우는 괜찮다.

큐티를 나누는 순서는 자발적으로 해도 되고, 시계 방향처럼 특정 순서를 지정해도 된다. 가장 좋은 것은 자발적으로 나누면서, 나누는 내용이 꼬리를 물며 발전하는 모습이다. 하지만 자발적으로 나눔이 진행되지 않을 때는 특정 순서를 정해주는 것이 낫다.

(2) 사회자의 역할

큐티 나눔에도 사회자가 필요하다. 하지만 그룹 성경 공부처럼 사회자의 역할이 그렇게 막중하지는 않다. 큐티 나눔의 사회자는 각 조원이 큐티를 나누는 순서를 정해줄 수 있다. 앞서 말했듯이 가장 좋은 방법은 자발적으로 나눌 수 있도록 분위기를 만드는 것이다. 하지만 그게 안 될 때는 특정 인물을 지목하여 나눔을 요청할 수 있다. 이 경우 조원들이 언제 지목될지 몰라 불안해할 수 있다. 따라서 시계 방향이나 시계 반대 방향으로 돌아가며 차례대로 나눔을 하도록 하는 방식을 쓰는 것도 괜찮다. 그럼에도 큐티 나눔은 자기 삶의 내면을 드러내는 것이기에 가능하면 자발적으로 나눌 수 있도록 사회자가 분위기를 잘 만드는 게 가장 좋다.

사회자는 큐티 나눔을 시작하거나 마무리할 때 기도할 사람을 지목하거나 자신이 기도를 맡을 수 있다. 큐티의 가장 첫 부분이 하나님께 마음을 열고 기도하는 것이고 또 그 기도의 승패가 이후 큐티의 방향에 큰 영향을 미치는 것처럼 큐티 나눔에서도 시작 기도는 매우 중요하다. 이때 너무 습관적이거나 형식적인 기도는 참석자들의 마음을 한데 모으는 데 별 도움이 안 된다. 마무리 기도도 중요하다. 모임이 진정한 나눔으로 채워졌다면 마지막 기도는 더 의미 있게 펼쳐질 것이다(사도행전 4:23-31에 나타난 교우들의 마무리 기도는 진정한 의미와 힘을 가진 기도였다).

(3) 참여자의 역할

큐티 나눔에 참여하는 사람은 모두 나름대로 모임에 기여할 수 있다. 이

때 지켜야 할 기본 원칙은 각자가 큐티한 내용을 모임에서 적절하게 나누어야 한다는 것이다. 이때 몇 가지 점을 고려해야 한다.

① [바른 해석과 적절한 적용] 먼저는 바른 해석에 근거한 적용을 나누도록 노력해야 한다는 점이다. 자의적으로 해석한 내용이나 본문의 의미와 동떨어진 적용을 나누면 곤란하다. 큐티 나눔은 자기가 원하는 바를 성경을 빌려서 표출하는 게 아니라 성경 말씀에 자신의 삶을 비추어 말하는 것이다.

② [적용 중심 나눔] 해석을 길게 말하기보다 적용 중심으로 나누는 자세가 필요하다. 해석을 전혀 말하지 말라는 것은 아니다. 단지 본문을 해석한 내용을 시시콜콜하게 설명하는 것은 큐티 나눔의 성격과 잘 맞지 않는다. 해석은 짧게 하는 대신 그것이 자신의 삶에 어떻게 적용되었는지를 자세하게 나누어야 한다.

③ [일반적 적용 넘어서기] 큐티 나눔이 일반적인 적용으로 끝나면 안 된다. 앞(7.3.2.(3))서 말했듯이 큐티는 "자기에게" "구체적이고" "실제적으로" 적용해야 한다. 큐티 나눔에서도 "자기에게" "구체적이고" "실제적으로" 적용한 내용이 다루어져야 한다. 일반적인 적용에서 끝나는 건 사실상 큐티 나눔에 참여하지 않은 셈이 된다. 종종 해석만 길게 말하고 일반적인 적용으로 끝내는 사람들이 있는데 그런 모습은 진정한 큐티 나눔을 한 것이라고 말하기 어렵다.

④ [적극적 참여와 삶의 공감대 마련] 큐티 나눔 모임의 구성원 모두는 적극적으로 나눔에 참여해야 한다. 큐티 나눔 모임은 말씀에 비추어 삶을 나누는 자리다. 사실 이 자리는 부담스럽고 껄끄러운 자리일 수 있다. 하지만 참여자는 이런 부담을 극복하려고 노력해야 한다. 내가 극복하려고 할 때, 다른 참여자도 그 일에 동참할 수 있다. 나는 아무런 노력

을 하지 않으면서 상대방에게만 일방적으로 요구할 수는 없다.

물론 나 혼자만의 힘으로 모임을 제대로 이끌어갈 수는 없다. 조원들이 서로 친밀함을 느끼고 진정 같은 방향으로 나아가고 있다는 동지애를 공유해야 한다. 큐티 나눔이 제대로 되려면 구성원 간에 삶의 공감대가 먼저 형성되어 하나의 작은 아름다운 공동체를 이루어야 한다. 참 공동체가 되어야 참 나눔이 있고, 또 역으로 참 나눔이 있어야 참 공동체가 된다.

⑤ [적용 새롭게 하기] 각 참여자는 다른 사람의 적용을 듣고 배울 줄 알아야 한다. 다른 사람이 해석하고 적절히 적용한 것을 듣다 보면 본문 말씀이 완전히 새로워지는 경험을 할 때가 있다. 또한 나에게 무엇이 부족했는지, 본문이 나의 삶을 어떻게 조감하는지를 새롭게 깨달을 수 있다. 이것이 큐티 나눔의 장점이자 혜택이다. 각 참여자는 이를 잘 누릴 수 있게 노력해야 한다.

8.3.3. 참고 사항

큐티 나눔에도 몇 가지 참고할 사항이 있다.

① [인간의 나눔] 큐티 나눔은 사람들 사이의 나눔이라는 점을 잊지 말아야 한다. 물론 큐티 자체는 하나님 앞에서 그분의 뜻에 따라 자신의 삶을 살피는 것이다. 그래서 큐티에서는 감출 것도 없고 적용하지 못할 것도 없다. 하지만 큐티 나눔은 큐티와는 좀 다르다. 하나님과 개인적으로 교제한 내용을 다른 사람들과 나누는 것이기 때문이다. 때론 하나님과 자신만 아는 교제가 있을 수 있다. 남에게 드러내기 곤란한 이야기도 있고, 이야기해도 이해하기 어려운 내용도 있다. 그렇기에 어떤 부분은 사람들 앞에서 공개하는 것에 신중을 기해야 한다.

때로 어떤 사람은 자신의 은밀한 죄—바람을 피운 사실을 고백하는 경우도 있다—를 대상에 상관없이 나누기도 한다. 자연히 이런 나눔에는 거센 후폭풍이 따른다. 하지만 이는 솔직함의 문제라기보다는 분별의 문제다. 하나님께 고백하는 것과 사람 앞에서 나누는 것은 차원이 다르다. 사람은 하나님이 아니기에 큐티 나눔에서 이야기할 수 있는 내용의 수위를 조절해야 한다.

② [조의 특성에 맞게 나눔] 큐티 나눔이 인간의 나눔이기에 조의 특성에 맞게끔 그 수위와 분량을 조절해야 한다. 어떤 사람에게는 나눌 수 있어도 다른 사람에게는 나눌 수 없는 내용이 있다. 나눔의 내용은 모인 사람들이 어떠하냐에 따라 달라질 수밖에 없다. 이 점을 지혜롭게 감안하면서 큐티 나눔에 임해야 한다.

직장에서의 큐티 나눔과 주부 모임에서의 큐티 나눔이 다르다. 또한 부부 모임에서 나누는 내용이 달라질 수 있다. 이런 차이는 불신앙이나 가식 때문에 생기는 게 아니라 대상과 상황의 변화 때문에 생겨난다. 나누는 적용의 영역이 달라질 뿐, 불신앙으로 인해 무언가를 감추는 게 아니라는 사실을 기억해야 한다. 이 모임과 저 모임에서 일관성 없이 가식적으로 행동하며 남을 속이는 건 따로 다루어야 하는 문제다.

③ [적용의 발전] 다른 사람의 적용이 나의 적용을 발전시키는 씨앗 노릇을 하는 경우가 있다. 남의 적용에서 적용을 위한 씨앗을 얻었다면 그것을 품어서 싹을 틔워야 한다. 이런 일이 큐티 나눔에서 일어나기를 기대해야 한다. 한 사람의 나눔이 적용의 공감대를 불러일으키고 다른 사람들도 그 방향으로 적용에 힘쓰면 그 모임이 참 공동체로 발전하는 계기가 마련될 수 있다. 이렇듯 적용의 발전이 큐티 나눔 공동체를 발전시킨다.

④ [절대화 조심하기] 적용을 나눌 때 자기 적용을 절대화하는 태도를 조심해야 한다. 큐티를 하다 보면 자기에게 깊이 와 닿는 적용점을 절대화하고 싶은 유혹을 받는다. 하지만 자기 적용의 절대화는 위험하다(이는 이미 7.3.4.에서 언급했다). 따라서 큐티 나눔에서도 자신의 적용을 절대화하는 식의 발언은 조심해야 한다. 이는 자신을 위태롭게 할 뿐 아니라 모임에 참여한 다른 사람들도 어려움에 빠뜨릴 수 있다. 큐티에서 "겸허한 확신"이 필요한 것처럼 큐티 나눔에서도 겸허한 확신이 필요하다.

8.4. 나가는 말

그룹 성경 공부와 큐티 나눔은 여럿이 함께 성경을 묵상하는 방법이다. 따라서 이 두 방법의 목표가 성경을 묵상하는 것임은 자명하다. 그룹 성경 공부와 큐티 나눔에서는 자기만 생각하면 안 되고 남을—더 정확히 말하면 공동체를—먼저 생각해야 한다. 자신의 해석과 적용이 함께하는 다른 사람에게 도움이 되고 다른 사람의 해석과 적용이 나에게 도움이 되는 과정을 통해, 공동의 해석과 적용이 모두를 하나의 공동체로 묶어 준다. 이처럼 하나의 공동체로서 함께 성경을 묵상하는 것이 바로 그룹 성경 공부와 큐티 나눔이다.

물론 이 두 가지는 차이가 있다. 그룹 성경 공부는 해석에 좀 더 치중한다면, 큐티 나눔은 적용에 더 큰 관심을 둔다. 하지만 이 둘은 해석과 적용을 거쳐 하나님을 만나게 하는 방법이라는 점에서 동일하다. 그룹 성경 공부는 개인 성경 공부의 기초 위에 세워지고, 큐티 나눔은 개인 큐티를 한 다음에야 가능하다. 개인 성경 공부를 잘하면 그룹 성경 공부가 수월해지고, 개인 큐티를 잘하면 큐티 나눔이 잘될 수 있다. 이렇듯 개인이 하는 성경 묵상의 방법과 그룹으로 하는 성경 묵상의 방법은 긴밀하게 연결되어 있다. 그리고 이 방법들은 모두 (9장에서 다룰) 리더가 청중을 성경 묵상으로 이끄는 방법과도 긴밀한 관계가 있다.

그룹 성경 공부와 큐티 나눔은 참여자에게 다양한 자극과 도전거리를 제공해준다. 성경을 묵상하는 일이 어색하거나 흥미가 없는 사람에게 그룹 성경 공부와 큐티 나눔은 좋은 자극제가 된다. 이 두 모임에 참석하다 보면 성경을 사용하는 일에 관심이 생겨날 수 있다. 또 관심을 가지고 적극적으로 참여하는 사람은 신앙과 인격의 각성 및 변화를 경험할 수 있다. 이 두 방법은 냉랭한 신자를 변화시키고 교회의 질적·양적 성장을 이끌어내는 좋은 도구라 할 만하다.

더 읽어볼 만한 자료

한국대학생선교회 교육국. 『순모임, 이렇게 한다: 소그룹 성경 공부 인도법』, 수원: 순출판사, 1988.

Cotterell, P. *Small Groups, Big Results*, Eastbourne: Kingsway Publications, 1985.

Nyquist, J. F., J. Kuhatschek. 『성경 공부의 모든 것: 그룹 성경 공부 인도자를 위한 안내서』(*Leading Bible Discussion*), 서울: 한국기독학생회출판부, 1990.

9장

리더가 청중을 묵상으로 이끄는 방법

성경 강의와 설교

[8]하나님의 율법책을 낭독하고 그 뜻을 해석하여 백성에게 그 낭독하는 것을
다 깨닫게 하니 [9]백성이 율법의 말씀을 듣고 다 우는지라. 총독 느헤미야와
제사장 겸 학사 에스라와 백성을 가르치는 레위 사람들이 모든 백성에게 이르기를 "오늘은 너희 하나님 여호와의 성일이니 슬퍼하지 말며 울지 말라" 하고(느 8:8-9).

루터는 강단으로 올라갔다. 전하는 바로는 그 강단은 널빤지로 만든 낡은 강단이었고, 그 예배당은 붕괴를 면키 위해 사방에 지주를 받쳐놓은 낡은 나무 예배당이었다고 한다. 이곳에서 종교개혁의 설교가 시작되었다. 루터가 설교하자 그 작은 예배당은 발 디딜 틈도 없이 사람들이 몰려들었다. 그는 도시의 큰 교회로 자리를 옮겼고 "천재성과 웅변과 탁월한 교리로 그곳

청중도 깜짝 놀라게 했으며, 그의 명성은 널리 퍼졌다."[1]

묵상으로 이끄는 여섯 가지 방법 중에서 마지막으로 남은 두 가지 방법은 성경 강의와 설교다. 이 두 가지는 리더가 청중을 묵상으로 이끄는 방법이다. 이번 장은 이 두 가지 방법을 다룬다.

9.1. 리더가 청중을 묵상으로 이끄는 방법의 특징

성경 강의와 설교에도 성경해석학의 문법이 유유히 흐른다는 점은 동일하다. 두 방법 모두 해석 과정과 적용 과정을 거친다. 하지만 다른 방법들(PBS와 큐티, GBS와 큐티 나눔)과 마찬가지로 이 두 방법에는 강조점의 차이가 있다. 성경 강의가 해석에 치중한다면, 설교는 적용에 더 신경을 쓴다. 그런데 이 두 방법은 앞의 네 가지 방법과 비교할 때 몇 가지 특징이 두드러진다.

넓고 큰 파급효과

첫째는 다른 어떤 방법들보다 이 두 방법의 파급효과가 크다는 점이다.

개인 성경 공부와 큐티는 개인이 스스로 하는 것이기에 일차적으로 그 효과가 자기 자신에게 국한된다. 물론 그 한 사람이 다른 사람에게 어떤 영향을 줄 수는 있어도, 일단 그 방법의 일차적 효과는 거기까지다. 그

1 J. V. Jacobs, 『교회사 속에 숨겨진 450가지 일화』(이길상 옮김, 서울: 아가페출판사, 1998), 23-24.

룹 성경 공부와 큐티 나눔은 파급효과 면에서 그보다는 낫다. 하지만 효과가 좀 더 확대된다 해도 참여한 몇 사람에게만 미칠 뿐이다.

그런데 성경 강의와 설교는 다르다. 이 두 방법은 청중을 대상으로 한 것이기에 이전의 네 가지 방법보다 파급효과가 훨씬 크고 넓게 나타난다. 청중의 규모가 100명이라면 산술적으로는 개인이 하는 방법의 100배에 달하는 효과를 불러일으킬 수 있다(물론 단순히 산술적으로 계산할 문제는 아니다). 청중의 규모가 더 커질수록 그 파급효과 또한 비례해서 커진다.

이는 긍정적 효과나 부정적 효과 모두 마찬가지다. 좋은 성경 강의와 감동적인 설교는 긍정적 파급효과를 일으키지만, 오류가 많은 성경 강의와 엉터리 설교는 부정적 파급효과를 초래한다. 물론 긍정적이든 부정적이든 이 두 가지 방법의 파급효과가 크다는 점은 부인할 수 없는 사실이다.

성경해석학의 철저한 실현

바로 이런 점 때문에 이 두 방법은 성경해석학을 더욱 철저히 실현해야 하는 부담을 만들어낸다. 그래서 성경 강의를 인도하거나 설교를 맡은 사람은 다른 어떤 사람들보다 성경해석학의 문법을 정확하게 지키려고 노력해야 한다.

그룹 성경 공부에서는 해석이 좀 완전하지 않더라도 넘어갈 수 있고, 큐티 나눔에서는 좀 어색한 적용이 나오더라도 괜찮다. 그룹으로 하는 방법이 지닌 포용력이 어느 정도의 오류와 불확실함을 감내할 수 있기 때문이다. 또한 PBS를 하면서 약간 잘못된 판단을 할 수도 있고, 혼자 큐티하면서 엉뚱한 적용을 할 수도 있다 해도 그 결과는 PBS 노트와 큐티 노트에 남아 한 개인의 삶에 국한된 영향을 끼칠 뿐이다. 당장에 큰 문제가 이곳저곳에서 한꺼번에 발생하지는 않는 것이다.

하지만 성경 강의나 설교는 전혀 다르다. 잘못된 강의나 엉터리 설교는 매우 큰 부작용을 불러일으킨다. 설교나 강의에서 선보인 잘못된 해석과 부적절한 적용은 이후 청중의 삶에서 어떤 모양으로 나타날지 쉽게 예측하기 어렵다. 이를 회복시키거나 되돌리기도 쉽지 않을 수 있다. 비유컨대 엉터리 의사의 처방이 많은 사람에게 피해를 입히는 것과 유사하다.

PBS에서 개인의 잘못된 해석은 그룹 성경 공부를 통해 교정될 여지가 있고, 잘못된 큐티의 적용 역시 큐티 나눔을 거치며 바로잡힐 수 있다. 또한 그룹 성경 공부와 큐티 나눔은 여러 사람이 함께 해석하며 적용하기에 완전히 잘못된 방향으로 가기가 말처럼 쉽지 않다. 하지만 성경 강의와 설교는 리더 한 사람이 잘못 생각하고 어그러지면 청중 전체가 나쁜 영향에 쉽게 노출되어버린다. 바로 이런 점에서 성경 강의와 설교는 성경해석학의 문법을 더욱 철저히 따라야 할 필요가 있는 것이다.

리더가 감당

그런데 그 큰 책임이 일차적으로는 성경 강의와 설교를 인도하는 자에게 있다. 따라서 인도자가 성경해석학의 문법을 잘 알고 제대로 실현시켜야 한다. 그 막중한 책임 때문에 강도 높은 훈련을 받아야 하는 것은 물론이고 강의와 설교를 준비하는 데 많은 시간을 할애해야 한다. 이는 의사가 되려는 사람이 많은 시간을 공부하고 충분한 임상 경험을 해야 하는 것과 마찬가지다.

바로 이런 점에서 성경 강의와 설교의 중요한 특징이 나타난다. 곧 이 두 방법은 그것을 감당할 사람이 제한된다는 것이다. 혼자 PBS를 좀 했다고 해서 곧바로 성경을 강의할 수 없고, 큐티를 몇 년 했다고 해서 곧

바로 설교자로 설 수도 없다. 의사가 되려면 오랜 기간에 걸쳐 까다로운 공부를 마치고 일정 기간 동안 수련의 과정을 거쳐야 하는 것처럼 성경을 강의하고 설교하려는 데도 일정 기간에 걸친 까다로운 공부와 적절한 훈련 과정이 요구된다.

한마디로 말해 성경 강의나 설교는 모든 사람이 감당할 수 있는 성경 묵상 방법이 아니다. 물론 모든 이가 청중으로서 성경 강의와 설교에 참여할 수 있고 또 적극적으로 참여해야 한다. 하지만 모든 사람이 강의와 설교를 이끄는 자로 부름 받은 건 아니다.

"성경 강의와 설교는 잘 훈련된 리더가 성경해석학의 문법을 철저히 반영하여 실행해야 한다."

9.2. 성경 강의

9.2.1. 성경 강의의 활용

성경 강의는 해석에 집중한다. 성경 본문을 자세히 다루기에 그 어떤 다른 방법보다도 청중이 성경의 의미와 메시지를 이해하는 데 큰 도움을 준다. 단점이라면 설교보다 이해하기가 어렵다는 것이다. 하지만 강사가 청중에 맞게 난이도를 조절하여 설명하고 또 청중이 집중해서 경청한다면 공동체가 함께 성경을 묵상하는 자리로 나아가는 데 큰 유익을 얻을 수 있다. 성경 강의는 성경 묵상의 큰 보따리를 풀 수 있는 좋은 자리다.

성경 강의는 정기적으로 또는 비정기적으로 할 수 있다. 예를 들어 "에스라성경대학원대학교"의 학위 과정은 전체 교육과정이 성경 강의로 구성된다. "두란노바이블칼리지"의 성경연구학과는 (학위 과정은 아니지만) 성경 강의를 정기적으로 운영하고, 성서유니온선교회는 성경 강의를 비정기적으로 개최한다. 일선 교회들은 수련회 때나 특별한 기회를 보아 성경 강의를 연다. 어떤 교회는 일정 기간 성경 강의를 운영하기도 한다. 요즈음은 인터넷으로 성경 강의를 접할 수 있는 기회도 많아졌다(내가 관리하는 "성경·삶·사역연구소"[www.BibleMinistry.kr]에서도 온라인 성경 강좌를 운영한다). 성경 강의는 이래저래 한국교회에서 조금씩 더 자리를 잡아가는 듯하다.

성경 강의에는 주제별 강의, 인물 중심 강의 등 여러 형태가 있을 수 있으나 본문 전체를 문단 단위로 나누어 자세히 푸는 "본문 강의"가 가장 본질적이다. 본문 강의는 청중이 성경을 좀 더 세밀하게 묵상하도록 돕는다. 쉽게 말해 본문 강의는 관련 주석서의 방대한 내용을 청중에 맞추어 짧은 시간에 쉽게 전달하고 적용할 수 있게 이끄는 것이다.

"성경 강의는 주석서를 청중에게 맞게 풀어놓은
성경 묵상의 보따리라 할 수 있다."

9.2.2. 성경 강의 준비

(1) 강의안 작성

성경 본문을 많이 연구하고 묵상을 깊이 하는 강사가 좋은 강사다. 구약성경의 학사 에스라(참조. 스 7:10)나 신약성경의 바울이 그런 사람이다(참조. 행 13:15-41; 17:2, 11; 19:8 등). 강의안을 준비하는 데 가장 중요한 요소는 개인 성경 공부의 양이다. 물론 각종 신학을 두루 섭렵할 필요도 있고 다양한 분야에 대한 독서량도 많아야 한다. 분명히 사람과 세상에 대한 깊은 이해도 필요하다. 하지만 성경 강의에서 무엇보다 중요한 점은 본문에 대한 깊은 이해다. 본문에 대한 이해를 바탕으로 (강의 때 강사 자신이 쓸) "강의안"을 작성해야 한다(반면 청중에게 나누어주는 것은 강의 "교안"이라 부른다). 본문 이해를 기초로 강의안을 작성하는 방법을 다음과 같이 여덟 가지로 나누어 생각해볼 수 있다.

1) PBS 노트로 기초 삼기

혼자서 오랫동안 만들어온 PBS 노트는 성경 강의안의 기초가 된다. 잘 작성된 PBS 노트는 나만의 주석서라고 이미 말했다. 이 나만의 주석서가 잘 준비된 사람이 성경 강의도 잘 준비할 수 있다. 물론 주석서를 읽고서 성경 강의안을 만들 수도 있다. 하지만 자신의 PBS 노트가 없다는 말은 주석서의 내용을 소화하지 못했다는 뜻이기도 하고 자기 나름의 연구가 풍성하지 않다는 뜻이기도 하다. 따라서 자신의 PBS 노트가 없을 때 성경 강의를 시도하는 것은 시기상조다. 자신만의 PBS 노트를 풍성하게 만든 후 성경 강의에 도전하는 게 좋다.

앞서(7.2.3.) 설명했던 PBS의 일곱 단계가 모두 성경 강의안에 음양으로 반영된다. 따라서 그 일곱 단계가 모두 풍성하게 이루어졌을 때 그 내용을 성경 강의안으로 변환하는 게 좋다. 성경 강의는 파급효과가 크기에 강의안을 만드는 데 신중을 기해야 한다. PBS 노트 내용을 엄밀하게 평가하고 따지면서 PBS 내용을 개선하고 그 내용을 기초로 성경 강의안을 만들어야 하는 것이다.

"잘된 PBS 노트를 성경 강의안으로 변환한다."

2) 문맥 구조로 뼈대 만들기

PBS의 일곱 단계에서 가장 기초가 되는 부분은 본문의 문맥 구조를 만드는 것이다(참조. 7.2.3.(1)). 제대로 작성된 문맥 구조는 이후 PBS의 나머지 여섯 단계에서 뼈대 역할을 한다. 성경 강의안을 만들 때도 마찬가지다. PBS 일곱 단계를 거치면서 최종적으로 완성된 본문의 문맥 구조는 성경 강의안의 뼈대가 된다.

본문의 문맥 구조를 알면 본문 강의를 어떻게 구성할지 결정할 수 있다. 본문의 흐름 전체를 이해한 상태에서 강의 횟수와 분량에 따라 강의안의 기본 얼개를 작성하는 것이다. 가장 단순한 방법은 문맥 구조의 내용을 고스란히 강의안의 뼈대로 삼는 방식이다. 이렇게 하면 PBS 노트 내용을 강의안으로 만드는 게 의외로 어렵지 않다. 하지만 이런 경우 강의안의 번호 체계 등이 복잡해지고 또 강의안을 강의 횟수에 따라 나누는 게 쉽지 않아진다. 따라서 개선된 방식이 요구된다. 즉 기본적으로는 문맥 구조에 따라 강의안을 만들어나가되, 강의 시간과 횟수에 따라 강의 본문을 구분하고 그 구분이 전체 강의안의 기본 골격이 되도록 하는 것이다. 어떤 방식을 선택하던 간에 가장 중요한 점은 강의안이 본문의 문맥 구조에 지배를 받는다는 점이다.

"문맥 구조는 강의안의 얼개를 지배한다."

3) 강의안 분량 조절하기

강의안을 만드는 초기부터 강의안의 분량을 고려해야 한다. 먼저 몇 분짜리 강의를 몇 번에 걸쳐서 해야 하는지 확인해보자. PBS 노트에 담긴 내용을 모두 다 강의안에 넣을 수는 없다. 알고 있는 모든 내용을 강의안에 다 넣다 보면 앞부분만 이야기하다가 정작 본문을 제대로 다루지 못하고 강의를 종료해야 하는 상황—대부분 제한된 시간 때문이다—이 발생한다(수련회 때 강사가 와서 본문 앞부분만 다루고 끝내는 경우가 바로 이런 경우다). 또는 준비한 많은 내용 중 어느 것을 선택해야 할지 우왕좌왕하는 경우가 생긴다. 그러면 자연스레 강의의 흐름이 막히고 집중도가 떨어진다. 그러기에 주어진 시간과 청중에 따라 강의안의 내용과 깊이를 미리 조절하는 것이 중요하다.

어떤 때는 약속한 강의 시간이 늘거나 줄어 만들어놓은 강의안을 수정해야 한다. 예를 들어 이미 10시간 분량으로 만들어놓은 강의안이 있는데 실제 주어진 강의 시간이 5시간으로 줄어드는 경우다. 이럴 때는 기존의 강의안을 그대로 쓸 수 없다. 기존의 것을 그대로 쓰면서 시간을 절약하고 싶겠지만 5시간에 맞추어 강의안을 다시 작성하는 게 맞다. 물론 이때 10시간 분량의 강의안이 무용지물이 되는 건 아니다. 그 강의안에서 필요한 부분만을 선택해서 쓸 수 있기 때문이다. 혹 그동안 연구가 깊어져 PBS의 내용이 달라졌다면, 새롭게 깨달은 내용을 새 강의안에 추가해야 한다. 이처럼 강의 시간에 맞게 강의안을 마련해야 할 때, 통상 자신이 만든 강의안 몇 페이지가 강의에서 얼마만큼의 시간에 해당하는가를 알면 큰 도움이 된다.

4) 청중 분석하기

청중을 고려하면서 강의안을 만들어야 한다. 이 말은 강의안을 만들기 전에 청중에 대한 이해와 분석이 일단 어느 정도 되어 있어야 한다는 뜻이다. 물론 성경 강의는 해석에 더 집중하는 것이기에 청중에 따라 그 내용이 크게 달라지지 않는 면도 있다. 하지만 청중에 따라 설명의 방식은 천차만별일 수 있다. 청중에 따라 설명에 필요한 예화가 달라지고 강의에 사용되는 어휘나 논리도 달라지기 때문이다. 따라서 강의안을 작성할 때는 언제나 청중을 염두에 두어야 한다.

그런데 강의안을 작성하는 시점에서 강의 대상(청중)이 명확하지 않을 수 있다. 이때도 청중을 무시하기보다는 잠재적인 청중을 가정하여 강의안을 만드는 것이 좋다. 가장 보편적인 강의 대상—즉 자신이 통상 접하는 강의 대상—을 상정하면 된다. 그래야 성경 강의의 해석과 적용이 바른 궤도에 올라타고 성경 강의가 살아 있는 성경 묵상으로 발전할 수 있다. 강의안이 작성된 후 청중이 명확해지면 그때 청중의 성향에 맞게 강의안을 일부 수정해도 늦지 않다.

"강의안은 강의 시간과 청중을 고려하여 작성한다."

5) 강의안의 기본 골격 세우기

강의안의 기본 골격은 도입(서론), 본론, 정리(맺음)로 구성하는 것이 일반적이다. 도입(서론)은 강의 전체를 진행하는 데 필요한 내용을 먼저 다루는 부분이다. 본론은 성경 본문을 직접 다루며 설명하는—해석과 적용을 포함한다—부분으로서 성경 강의의 핵심이 된다. 본론의 얼개는 (이미 설명한 대로) 문맥 구조에 크게 영향을 받는다. 정리(맺음) 부분은 본문을 모두 다룬 후 본문 전체를 넓은 시각으로 조명하거나 특별히 상기해야 할 점 등을 다룬다.

만약 시리즈로 이어지는 강의라면 큰 틀에서 도입-본론-정리의 형태를 취할 수 있다. 자연스레 첫 번째 강의안은 강의 전체의 "도입"(서론)에 해당하는 내용으로 구성된다(이때 서론이 너무 길어지지 않게 조심해야 한다). 물론 시리즈 강의의 매 강의안도 도입-본론-정리의 형태를 취하는 것이 좋다. 시의적절한 도입과 명쾌한 정리는 강의를 알차게 만들어준다. 그런데 강의의 진행 방식에 따라 도입과 정리도 다시 생각해야 한다. 강의가 시리즈로 2박 3일 동안 이어진다면 강의 때마다 굳이 도입과 정리를 포함시킬 필요가 없다. 반면 일주일에 한 번씩 진행하는 강의라면 도입과 정리는 더 잘 준비하는 게 좋다.

강의안의 골격과 본론의 얼개를 작성할 때는 컴퓨터 워드프로세서의 해당 기능(훈글의 "개요"와 "스타일", word의 "문서구조"와 "스타일")을 사용하면 큰 도움이 된다.

"강의안은 보통 '도입', '본론', '정리'로 구성한다."

6) 도입 조절하기

도입은 적절하게 조절한다. 강의 전체의 맨 처음에는 해당 성경책을 소개하는 내용이 들어갈 필요가 있다. 하지만 도입 부분에서 이것을 너무 자세히 설명하는 방식은 조심해야 한다. 예를 들어 묵직한 주석서의 서론에 있는 긴 내용을 성경 강의에서 모두 소개하는 것은 그다지 적절하지 못하다. 청중은 그런 내용보다는 본문을 직접 다루는 것을 좋아하기 때문이다. 따라서 가능하면 해당 성경에 관한 전체 서론은 성경 강의의 도입에서는 간소화하는 것이 좋다. 오히려 그런 내용은 성경 강의에서 본문을 직접 다루는 중에 관계된 내용을 설명하는 방식이 더 유익하다. 서론이 길면 청중은 금세 싫증을 낼 수 있다는 사실을 유념해야 한다.

시리즈 강의에서는 도입을 더욱 짧게 하는 게 좋다. 청중에게 본문을 빨리 만나게 해주는 것이 강사의 중요한 책임이자 역할이다. 이어지는 강의의 도입에서는 다룰 본문을 이해하는 데 특별히 중요한 점만 간단하게 언급하고 넘어가면 된다. 또한 이전 강의 내용을 간략하게 복습하는 것도 좋은 방법이다. 이런 복습은 시리즈 강의가 하나의 큰 강의가 되도록 돕는다.

"도입이 너무 길고 장황하면 안 좋다."

7) 강의안의 표현 방식 다듬기

강의안은 문장과 문단으로 구성된 책보다는 조금 자세한 보고서처럼 내용을 쉽게 이해할 수 있는 방식으로 쓰는 게 좋다. 강의안은 강사가 강의에서 실제로 사용하는 것이기 때문이다. 강의안을 문장과 문단 형식으로 쓰면 강의 내용이 한눈에 다 들어오지 않는다. 그러면 강사가 당황해서 강의안을 그냥쭉 읽는 방식을 취하게 된다. 이렇게 되면 강의가 경직되면서 생명력을 잃는다. 그래서 강의안은 굳이 "…이다"처럼 한 문장을 마무리하는 방식으로 쓰지 않아도 된다. 오히려 실제 강의할 때 눈에 잘 띄는 방식으로 표기하는 게 좋다. 또한 자신에게 맞는 기호 체계를 만들어 활용하면 여러모로 편하다.

강의안을 만들 때는 문어체보다 구어체가 좋다. 어차피 강의 때 구어체를 쓰기 때문이다. 강의안을 문어체로 쓰면 강의 때 이를 다시 구어체로 바꾸어야 해서 번거롭다. 아니면 반대로 강의 때 문어체를 써야 하는데 그러면 강의가 지루하고 딱딱해지기 십상이다. 요즘은 일반 책들도 문어체보다 구어체로 쓰는 흐름이 인기를 얻고 있다. 구어체가 문어체보다 이해하기 쉽기 때문에 독자나 청중의 이해를 겨냥한다면 구어체를 활용하는 게 나은 것이다.

"강의안은 책처럼 쓰지 말고 쉬운 보고서처럼 쓰라."

8) 논쟁 포함 여부 고민하기

강의안을 만들다 보면 복잡한 논쟁거리를 넣어야 할지 말아야 할지 고민이 된다. 그런 주제를 다루자니 강의가 어려워질 것 같고, 빼자니 마치 이가 빠진 것 같은 느낌이 들어 진퇴양난이다. 이런 고민은 강의안을 작성하는 누구에게나 찾아온다. 사실 이 문제에 관한 정답은 없다. 몇 가지 요소를 고려하면서 그때그때 적절하게 판단하는 수밖에 없다. 무조건 넣거나 빼는 것이 아니라 사안의 중요성, 강의 대상, 강의 시간과 분량에 따라 판단해야 한다. 어떤 논쟁을 다루지 않고서는 중요한 설명을 할 수 없다면 피할 수 없다. 하지만 강의 대상에 따라서 그 판단도 달라질 수 있다. 또 같은 논쟁을 다루면서도 설명 방식이나 깊이에 차이를 둘 수 있다. 물론 강의 시간과 분량도 제약 요건이다. 이 모든 점을 함께 고려하면서 해당 청중과 강의의 성격에 맞는 쪽으로 결정해야 한다. 이는 종합적이고 전략적인 판단일 수밖에 없다.

"어려운 논쟁의 포함 여부는 복합적이고 전략적으로 판단해야 한다."

(2) 교안과 PPT 작성

강의 교안

강의 교안은 강사가 강의할 때 청중이 강의를 잘 따라올 수 있도록 돕기 위해 나누어주는 것이다. 강의 교안은 강의안을 만든 후 그 강의안을 토대로 해서 작성하면 된다. 따라서 강의할 내용이 결정되고 강의안이 완성되어야 강의 교안을 만들 수 있다.

교안은 강의안의 기본 골격을 그대로 따라가되 강의안에서 중요한 부분만 남기는 형태로 작성하면 된다. 보통은 강의안을 컴퓨터 문서로 작성하기에 완성된 강의안 파일에서 일부를 삭제하고 편집하면 교안을 만들 수 있다(이때 워드프로세서의 "개요", "문서구조", "스타일" 등을 사용하면 도움이 된다). 따라서 강의안 작성에는 많은 시간이 걸리지만 강의 교안 작성에는 그다지 많은 시간이 소요되지 않는다.

교안의 가장 중요한 기능은 강의를 안내하는 것이다. 교안은 청중이 강의를 잘 따라올 수 있도록 돕는 역할을 할 뿐 아니라 강사가 강의 전체를 한눈에 볼 수 있게 해준다. 전체 강의의 지도 겸 나침반 역할을 하는 셈이다. 이런 기능을 적절히 유지하려면 교안은 너무 자세해서도 안 되고 너무 빈약해서도 안 된다.

통상 청중은 자세히 서술된 교안을 받기 원한다. (심하게 말하면) 강사가 사용하는 강의안 전체를 받기 원하는 것 같다. 하지만 이는 부적절한 요구다. 강의안은 강사에게 필요한 것이지, 청중에게 필요한 게 아니다. 교안이 강의안처럼 자세하면 청중은 강의 때 강사의 말을 귀 기울여 듣지 않는다. 교안을 들여다보는 사람이 많아지면서 강의를 듣는 게 아니라 글을 읽는 시간이 되어버린다. 그렇게 하려면 강의안을 차라리 책처럼 쓰는 나을 것이다(더 나아가 그런 경우라면 필요한 것은 강의가 아니라 책의 저술이다). 강의의 참맛은 강의안이 아니라 청중이 성경 말씀을 묵상할 수 있도록 애쓰는 강사의 강의 자체에 있다. 강의는 묵상이 살아 있는 시간이다. 책처럼 쓰인 자세한 교안은 오히려 그 살아 있는 묵상을 질식시킨다.

역으로 교안이 너무 빈약해도 문제다. 교안은 전체를 보여줄 뿐 아니라 현재 강사가 어떤 내용을 다루고 있는지에 관한 기본 정보를 줄 수 있어야 한다. 그런데 교안이 빈약하면 이 기능이 제대로 작동하지 않는다. 청중은 교안의 도움을 통해 강사의 말에 집중할 수 있어야 하는데 빈약한 교안은 그런 도움을 주기 어렵다.

결론적으로 교안은 너무 빈약해도 안 되고 너무 자세해도 안 된다. 그 대신 강사와 청중의 중간에서 강의 내용을 매개하면서 소위 밀고 당기는 일에 도움이 되도록 제작되어야 한다.

프레젠테이션 자료 작성

강사는 필요한 경우 프레젠테이션 도구를 사용할 수 있다. 가장 보편적인 컴퓨터 프로그램은 PPT(PowerPoint)다(줌[zoom] 효과가 특징인 프레지[Prezi]라는 도구가 있지만 아직 많이 알려지지 않았다). 이는 교안에 있는 내용 일부를 확대해서 설명할 필요가 있거나, 강의 내용 중 일부를 청중에게 쉽고 강렬하게 알릴 필요가 있을 때 사용하면 좋다.

하지만 잘못 사용—너무 많이 써도 문제다—하면 청중이 강사의 말에 집중하기보다 화면에 집중하는 부작용을 낳을 수 있어 조심해야 한다. 또한 PPT 작성에 너무 많은 시간이 소진될 수도 있기에 균형을 잡아야 한다.

"교안과 PPT는 성경 강의를 보조하며 돕는다."

9.2.3. 성경 강의 진행

성경 강의를 진행하는 강사는 다음 몇 가지 수칙을 잘 지켜야 좋은 강의를 할 수 있다.

강의안 숙지

강사가 강의안을 작성했다고 해서 준비를 마친 것은 아니다. 강의안 작성—강의안과 교안 및 PPT 작성까지 포함한다—은 그야말로 강의를 위한 최소한의 준비다. 강사는 만들어진 강의안과 교안 및 PPT를 다시 보면서 강의 전에 강의할 내용을 숙지해야 한다. 강의는 강의안을 쭉 읽는 것이 아니라 강의안의 내용에 기초하여 청중과 함께 만들어가는 하나의 성경 묵상 작업이다. 그렇기에 강사는 강의 시작 전에 강의안의 내용을 충분히 살펴보고 암기하여 그 내용이 자기 안에 체화되도록 해야 한다. 이미 숙지한 강의안이더라도 최소 (강의 하루 이틀 전에) 1-2회 정도는 반복해서 읽어보아야 강의 준비를 마쳤다고 말할 수 있을 것이다.

강의안을 숙지할 때는 여러 색의 형광펜과 볼펜, 또는 색연필을 가지고 주요한 부분에 밑줄이나 동그라미 등으로 표시한다. 이는 강사가 강의안을 깊이 숙지하는 데 도움을 줄 뿐 아니라 실제 강의 때 강의안을 힐끗 보기만 해도 핵심을 쉽게 파악할 수 있도록 해준다. 때론 강의안을 숙지하는 과정에서 청중에게 맞게 추가할 사항이 떠오를 수 있다. 그럴 때는 수기(手記)로 강의안에 써 넣으면 된다. 강의안의 원래 글씨 색깔과 다른 색 펜을 사용하면 눈에 잘 띄어 좋다(강의안 문서 파일은 나중에 수정한다).

라포르(rapport) 형성

강사는 청중과의 공감을 염두에 두고 강의를 진행해야 한다. 강사와 청중 사이의 공감 관계, 즉 라포르(rapport)는 성경 강의에서 꼭 필요하다. 성경을 깊이 해석하고 적용하는 과정은 까다롭고 복잡하기에 청중과 깊은 공감 관계를 만들어놓지 않으면 난관을 헤쳐나가기가 힘들다. 따라서 강사는 강의 초반부터 청중과의 라포르를 형성하기 위해 노력해야 한다.

이런 관계를 형성하기 위한 가장 기본적인 태도는 청중을 바라보면서 강의를 진행하는 것이다. 강사가 청중을 바라보지 않으면 라포르를 형성하기 힘들다. 청중을 전후좌우로 바라보면서 청중과 눈이 마주치도록 부단히 노력해야 한다. 그 외 여러 가지 방법—간단한 질문과 답을 주고받을 수도 있다—으로 이 관계를 형성하고 유지해갈 수 있다.

강의안을 그냥 읽지 말 것

준비한 강의안을 쭉 읽는 방식은 라포르를 무너뜨린다. 강의안을 쭉 읽으면 강사와 청중은 금세 따로 놀게 된다. 따라서 강의안은 처음부터 (책과 같은 형식이 아닌) 보고서 형식으로 만들어야 하며, 그 내용을 숙지한 상태에서 청중과 대화하는 형태로 강의를 진행해야 한다.

혹여 강의안을 보더라도 흐름만 잠깐 훑어보는 식이 되어야 한다. 그래야 강의가 읽는 것이 아닌 대화하며 소통하는 방식으로 진행된다. 당연히 이때 강의안은 미리 숙지하고 있어야 한다.

청중에 맞게 진행

또한 성경 강의는 청중에 맞게 진행해야 한다. 청중의 반응을 보면서 그 분위기에 맞게 설명하고 진도를 나가야 한다. 청중이 이해할 수 있어야 진도를 나가는 게 의미가 있다. 따라서 청중의 상태에 따라 성경 강의의 속도와 흐름이 변한다. 청중의 대다수가 졸린 상태라면 그에 맞는 조치를 취해야 한다. 성경 강의는 형식적으로는 강사가 앞서서 이끌지만 사실은 강사와 청중이 함께 만들어가는 살아 있는 성경 묵상이다. 그 시간은 아무런 변화가 없는 무생물이 아니라 살아서 시시각각 움직이며 변화하는 유기체와 같다. 강사는 이 점을 잘 이해하고 청중에 맞게 강의를 진행해야 한다.

성령께 의존

성경 강의의 진정한(이면적) 주체는 하나님이시다. 강사가 성경 본문을 다루고 청중이 강의 내용을 이해하기 때문에 자칫하면 성경 강의를 사람들이 모여서 하는 행위만으로 이해하기 쉽다. 하지만 성경 본문을 주시고 그 본문이 풀어질 때 그 안에서 말씀하시는 분은 하나님이시다. 따라서 강사는 성경 강의의 숨어 있는 주체가 하나님이시라는 사실을 잊지 말아야 한다. 강사와 청중 모두가 이 점을 분명히 인지해야 한다. 통상 성경 강의의 시작과 끝을 기도로 시작하고 맺는 이유도 여기에 있다. 강사는 그저 하나님이 말씀하시는 도구로 사용될 뿐이다. 그러므로 강사는 강의 내내 성령께 의존해야 한다(물론 강의안을 작성할 때도 성령께 의존해야 한다).

9.2.4. 성경 강의 듣기

성경 강의를 듣는 청중 역시 몇 가지 수칙을 잘 지켜야 강의를 통해 성경을 묵상하는 기쁨을 맛볼 수 있다.

강의 들으며 성경 보기

첫째는 강의를 들으면서 성경을 보아야 한다는 점이다. 성경 강의는 청중이 그냥 가만히 앉아서 듣는 것이 아니다. 강사가 성경을 풀어 본문의 의미를 설명할 때 청중은 성경이 과연 그렇게 말하고 있는지를 확인해보아야 한다. 바울의 말을 듣던 베뢰아 사람들이 과연 하나님의 말씀이 그러한가를 확인하며 성경을 상고한 것처럼(행 17:11), 성경 강의를 듣는 청중은 강의를 들으면서 관련 구절을 찾아보고 그 내용을 확인하는 게 마땅하다.

물론 강의는 제쳐두고 그 시간에 혼자 성경을 공부하라는 말이 아니다. 강사가 성경의 내용을 설명할 때 청중도 적극적으로 성경을 찾아보는 태도를 가져야 도움이 된다는 말이다. 좋은 성경 강의는 청중이 본문의 의미를 상고해보고 다시 성경 말씀을 확인하며 새롭게 이해하게 한다. 성경을 전혀 찾아볼 수 없게 만드는 강의는 진정한 성경 강의라 말할 수 없다. 청중이 강의 중에 성경 본문을 보게 하는 것은 성경 강의의 진가를 확인시켜주는 하나의 시금석이 된다.

교안 따라가기

청중은 교안을 잘 활용해야 한다. 교안은 강의가 나아갈 방향을 알려주며, 강사가 지금 현재 무엇을 말하고 있는지를 쉽게 간파하도록 돕는 표지판 역할을 한다. 따라서 교안을 잘 보면서 따라가면 강의의 향방을 잃어버리지 않을 수 있을 뿐 아니라 강사가 말하는 내용의 전후 맥락을 파악할 수 있다.

교안을 받으면 먼저 강의가 어떠한 방향으로 흐를지 전체를 훑어보면서 가늠해보자. 또한 강의의 진행에 따라 교안을 보며 주제가 어떻게 변하는지, 또 어떤 구절을 다루는지 확인하면 강사가 전하려는 내용을 이해하는 데 도움을 받을 수 있다. 교안에는 이미 강의를 이해하는 데 필요한 중요한 힌트들이 모두 쓰여 있기 때문이다.

이해한 것을 적어보기

교안을 활용할 때 청중이 해야 하는 중요한 일 중 하나는 강사가 말하는 내용 일부를 추가로 적는 일이다. 때로는 교안에 있는 내용에 밑줄을 그을 수도, 추가 설명을 더 적을 수도 있다. 이는 단순히 알아야 할

지식의 양을 늘리자는 것이 아니다. 기록을 추가하다 보면 강사가 설명하는 내용 중 무엇이 핵심이며 또 무엇이 부차적 설명인지 등을 쉽게 가늠할 수 있다. 또한 강의 내용이 귀에 더 분명히 들어오고 이해도 더 잘 된다.

하지만 강의 내용을 굳이 전부 타이핑하는 식으로 적을 필요는 없다. 쓰거나 타이핑하는 속도가 매우 빠르지 않으면 오히려 강의 내용 중 못 듣는 부분이 생기기도 하고 강사가 말하려는 핵심을 놓칠 수도 있다.

나아가 강의를 듣다 의문이 생길 때는 관련 내용 옆에 간략하게 적어 두는 것이 좋다. 그러면 질문 시간에 잊지 않고 물어볼 수 있고 강의가 끝난 후에 더 깊이 연구할 기회가 생긴다.

스스로 적용하기

강의를 들으면서 자신에게 적용하는 일은 청중에게 매우 중요하다. 성경 강의는 해석에 치중하면서 적용의 영역과 방향만을 제시하기에 청중의 구체적 상황과 처지에 꼭 맞는 실제적 메시지가 전달되지는 않는다. 강의의 내용을 자신에게 구체적이고 실제적으로 적용하는 일은 청중의 몫이다.

물론 그렇다고 해서 강의를 듣는 중에 세밀하게 적용하는 데 정신이 팔리면 곤란하다. 그러다 보면 강의 내용을 못 듣게 되기 때문이다. 그 결과 강의의 전체 내용을 이해하는 데 문제가 생기고 성경 강의의 궁극적 목적인 성경 묵상에도 차질이 생길 수 있다. 따라서 자신에게 적용되는 내용은 간략하게 아이디어만 알아볼 수 있게 적고, 강의가 끝난 후 따로 시간을 내어 곰곰이 생각하면서 자세히 적용하자. 여기서 중요한 것은 강의 내용을 자신에게 끌어오는 적용의 실마리를 빼놓지 말아야 한다는 점이다.

"청중도 성경 강의에 적극적으로 임해야 성경 묵상을 잘 이룰 수 있다."

9.3. 설교

설교는 성경 강의와 유사하게 리더가 청중으로 하여금 성경을 묵상하도록 돕는 방법이지만 성경 강의보다 적용에 더 신경을 쓴다는 점에서 차이가 있다. 그렇다고 설교에서 해석이 빠지는 것은 아니다. 성경 강의만큼 자세하게 다루지는 않지만 설교 역시 적절한 해석을 필요로 한다. 다만 성경 강의와 비교할 때 청중의 상황을 좀 더 염두에 두고 특별히 청중에 맞는 적용에 많은 신경을 쓴다는 이야기다.

설교는 교회가 오랜 기간에 걸쳐 사용해왔고 지금도 편만하게 실행하고 있는 성경 묵상 방법이다. 설교의 영향력과 파급력을 생각하면 설교 및 설교 방법을 자세히 살펴보아야 한다. 하지만 여기서는 이 책의 성격에 맞게 몇 가지 점(설교의 정체성, 설교안 작성 방법, 설교의 실행, 청중의 노력 등)만 간략하게 다룬다.

9.3.1. 설교의 정체성

설교의 정의와 특징

설교는 "성경 말씀을 강해하고 선포하며 설득함으로써 청중이 하나님을 만나게 하는 행위"라고 간략하게 정의할 수 있다. 이 정의는 설교의 목표를 분명히 드러낸다. 이런 점에서 청중이 하나님을 만나게 하는 설교는 성경을 묵상하는 하나의 방법이다. 그런데 설교가 성경을 묵상하게 하는 방식은 독특하다. 이미 여러 번 설명한 대로 설교는 리더 한 사람의 수고에 많은 비중을 둔다. 리더는 성경 말씀을 ① 강해하고, ② 선포하며, ③ 설득하는 수고를 해야 한다. 이 세 가지는 설교가 지녀야 할 중요한 특징이다.

설교: 성경 말씀을 강해하고 선포하며 설득함으로써
청중이 하나님을 만나게 하는 행위

강해 설교

설교는 본문을 다루는 방식에 따라 주제 설교,[2] 교훈 설교,[3] 주해 설교,[4] 강해 설교 등으로 분류할 수 있다. 이 중 강해 설교가 성경 본문을 가장 자연스럽고 분명하게 묵상하게 한다는 점에서 주목을 끈다.[5] 강해 설교는 "① 성경 본문을 풀어 해석하여, ② 본문이 가르치는 중심 메시지를 드러내 선포하고, ③ 그것을 청중에 맞게 설명하며 전하는 설교"라고 간

---

2 주제 설교는 어떤 특정 주제와 교리 등을 중심으로 그에 맞는 성경 구절을 설명하며 설교하는 방식이다.

3 교훈 설교는 설교자가 하고 싶은 어떤 교훈을 전달하려고 성경 본문을 찾아 전하는 설교 방식이다. 본문을 사용하긴 하지만 해당 본문을 충분히 석의하지 않은 채 주로 예화나 일반적인 윤리 권면을 강조하며 전한다. 본문이 중심이 되기보다 교훈이 중심이 된다는 측면에서 내가 붙인 이름이다. 한국교회에서는 종종 "제목 설교"라 불리는 설교 방법이 있는데, 그 특징을 분석하면 내가 말하는 "교훈 설교"와 유사하다. 교훈 설교는 진정한 의미에서 설교라 부르기 곤란하다.

4 주해 설교는 일정 본문을 정하여 차례로 석의하는 식으로 진행하는 설교를 말한다. 주제 설교가 주제를 중심으로 본문을 다룬다면, 주해 설교는 본문의 구절 순서를 중심으로 본문을 다룬다.

5 강해 설교는 주제 설교와 주해 설교의 중간 즈음 되는 지점에 있다. 주제 설교가 주제 중심으로 접근하며 주해 설교가 본문의 구절 순서를 따라간다면, 강해 설교는 본문의 문단 단위가 말하고자 하는 핵심을 설명하려 한다.

략히 정의할 수 있다.[6] 이 정의는 설교가 가진 "강해", "선포", "설득"의 요소를 강해 설교가 잘 담고 있음을 보여준다. 이런 점에서 강해 설교는 설교의 대명사가 될 수 있다.

강해 설교의 정의	설교의 특징
① 성경 본문을 풀어 해석하여	…강해
② 본문이 가르치는 중심 메시지를 드러내 선포하고	…선포
③ 그것을 청중에 맞게 설명하며 전하는 설교	…설득

〈표 33〉 강해 설교의 정의와 설교의 세 가지 특징

"강해 설교는 설교의 특징에 잘 부합하는 설교 방식이다."

9.3.2. 설교 작성 방법: 본문에서 설교까지

(1) 사전 준비

설교 본문 선택

설교 본문을 선택하는 것이 가장 먼저 할 일이다. 설교 본문을 매번 무작위로 선택하는 일은 어렵다. 그 결과 자신이 친숙한 본문이나 큐티하면서 특별히 와 닿았던 부분을 설교 본문으로 택하는 설교자가 있다. 이런 것도 때로는 필요하다. 하지만 지속적으로 설교해야 하는 상황이라면 성경의 일정 부분—책 한 권이나 큰 문단 덩어리를 말한다—을 연속되는 설교의 본문으로 정하는 것이 좋다. 이렇게 하면 얼마 동안은 설교 본문을 결정하는 부담도 덜게 된다. 이때 설교할 세부 문단을 나누어야

6 강해 설교의 다양한 정의에 대해서는 김서택, 『건축술로서의 강해 설교』, 30; Lane, 『강해 설교』, 31; Robinson 『강해 설교』, 23 등을 보라.

하는데 해당 책(또는 큰 문단)의 문맥 구조를 알면 별 어려움이 없다.

개인 성경 공부(PBS) 노트

앞의 7장에서는 개인 성경 공부(PBS)의 중요성을 다루었다. 내가 말하는 방식대로 PBS를 한다면 그룹 성경 공부 교안을 만드는 것도 쉽다(참조. 8.2.2). PBS 노트를 활용하여 곧바로 GBS 교안을 만들 수 있기 때문이다. 설교도 마찬가지다. 전하려는 본문의 PBS 노트를 활용하여 곧바로 설교안을 작성할 수 있다. 따라서 본문에서 설교 준비까지의 과정은 크게 두 단계로 압축된다. 첫째는 PBS를 하는 단계이고, 둘째는 설교안을 작성하는 단계다(참조. 〈표 34〉). 따라서 PBS 노트가 이미 있다면, 즉 내가 제시한 7단계 과정을 거친 결과물을 가지고 있다면(참조. 7.2.3.) 설교를 준비하는데 시간이 그다지 많이 걸리지 않는다. 이미 PBS를 하면서 설교에 필요한 기본 자료를 준비한 셈이기 때문이다.

해당 본문의 PBS → 설교안 작성

〈표 34〉 2단계의 설교 준비

보통은 성경의 한 책 전체를 PBS 한 후에 그중 어떤 본문을 설교하는 것이 좋다. 그래야 해당 본문을 바르게 묵상하도록 설교를 구상할 수 있다. 하지만 한 책은 물론이고 해당 본문의 PBS 노트도 잘되어 있지 않은 경우에는 어쩔 수 없이 PBS를 약식으로 하면서 설교를 준비할 수밖에 없다. 이 과정은 크게 네 단계로 설명할 수 있다. 첫째는 해당 본문의 문맥 구조를 파악하는 단계이고, 둘째는 해당 본문의 역사적 상황을 연구하면서 해당 책의 서론을 공부하는 단계이며, 셋째는 해석과 적용 연구를 하는 단계다. 그리고 마지막 넷째는 설교안을 작성하는 단계다. PBS 전체 노트가 없는 대신 앞의 세 단계로 간략한 PBS를 하는 것이다. 이 과정을 요약하면 다음과 같다.

문맥 구조 → 서론/역사적 연구 → 해석/적용 연구→ 설교안 작성 (=해당 본문의 PBS)

〈표 35〉 4단계의 설교 준비

사실 이 경우는 설교를 준비하는 데 시간이 많이 든다. 그러다 보니 목회 현장에서 바쁘게 살아가는 대다수 설교자는 종종 앞의 세 단계—PBS에 해당한다—를 건너뛰는 방식으로 설교를 준비하게 된다. 그리고 그 결과는 부실한 설교로 나타난다. 설교가 성경 묵상을 잘 실현하지 못하는 주된 이유가 바로 여기 있다(물론 더 안 좋은 경우는 남의 설교를 모방하거나 통째로 베끼는 것이다. 인터넷이 발달한 요즈음엔 이런 경우가 더 많아졌다. 하지만 역설적이게도 더 쉽게 발각되기도 한다. 이런 문제도 설교 준비에 필요한 과정을 제대로 거치지 않았기에 나타나는 결과다). 설교를 제대로 하려면 최소한 이 네 단계 과정을 거쳐야 할 것이다.

"PBS 노트가 있어야 설교안을 작성할 수 있다."

전제: 성경해석학의 이해와 청중 분석

두 단계든, 네 단계든 이 과정에는 분명한 전제가 있다. 첫 번째 전제는 설교 준비자가 성경해석학을 충분히 이해해야 한다는 점이다. 설교는 성경해석학의 문법을 반영한다. PBS도 마찬가지다. 따라서 설교자는 당연히 성경해석학을 이해한 상태에서 PBS를 하고 설교안을 작성해야 한다. 이것이 부실하면 설교가 엉뚱한 방향으로 흐른다(2부에서 이미 다룬 내용을 참조하라).

두 번째 전제는 설교자가 청중을 분석해서 이해하고 있어야 한다는 점이다. 청중을 잘 알아야 청중이 잘 깨달을 수 있도록 본문을 해석하고 그에 맞는 적용을 할 수 있다. PBS 단계에서도 염두에 두는 청중이 있어야 한다. 설교 준비에는 청중 분석이 더더욱 중요하다. 설교안 작성에 들어가기 전에 그 설교를 듣는 사람들을 깊이 헤아려보아야 한다. 인원수, 남녀 구성비, 나이, 특징, 성향, 사회적 지위 등은 기본 정보다. 통상적인 설교는 자기 교회의 청중을 대상으로 하기에 이런 이해가 당연히 전제된다. 하지만 외부인을 대상으로 설교할 때는 반드시 설교 준비 전에 청중에 대해 알아보면서 신경을 써야 한다.

(2) 설교안 작성

PBS 노트를 기초로 설교안을 작성한다. 설교안은 다음 일곱 가지 사항(설교 구조, 설교안, 제목, 서론, 본론, 설교문 작성 기술, 결론)을 기본적으로 숙지하고 단계적으로 작성해야 한다.

1) 설교 구조

[설교안 작성의 시작] 설교안 작성은 설교 구조를 만드는 것에서 시작한다. 앞서 말한 사전 준비가 갖춰졌다면 PBS 노트를 기초로 설교 구조를 만들 수 있다. 물론 설교 구조는 설교안을 작성하면서 수정을 거치고 설교안을 마무리할 때쯤 최종적으로 완성된다.

[설교 구조란?] 설교 구조는 설교가 어떻게 펼쳐질 것인가를 간략하

게 표현한 것이다. 어떤 글이나 말이든 전체의 흐름을 결정하는 구조가 있다. 이를 윤곽, 개요, 또는 얼개라고 말한다. 따라서 설교 구조란 한마디로 설교의 뼈대라고 할 수 있다. 설교가 어떻게 흘러갈지 결정되어야 설교안을 작성할 수 있다.

[설교 구조에 있어야 하는 두 가지] 설교 구조에는 두 가지가 분명히 나타나야 한다. 첫째는 설교의 중심 메시지다. 설교에서 말하려는 중심 메시지를 한 문장으로 짧게 요약할 수 있어야 한다. 둘째는 그 메시지를 전개하는 흐름과 논리다. 이 두 가지가 명확하고 간결하게 나타나야 설교 구조라 말할 수 있다.

[구조 형식] 글의 구조를 담아내는 다양한 형식이 있다. 예를 들어 질문과 답, 기승전결(起承轉結), 서론(도입)-본론(중심 말)-결론(정리) 형식이다. 설교 구조에도 다양한 형식이 반영될 수 있다. 그런데 보통은 "서론-본론-결론" 형식이 가장 선호된다. 간단하면서도 설득력이 있는 방식이기 때문이다.

[설교 구조와 문맥 구조] 혹자는 설교 구조를 만드는 일이 어렵다고 해서 설교 구조 없이 그냥 원고를 작성하려 한다. 하지만 설교 구조 없이 만드는 설교는 어지간해서 완성도를 보장하기가 힘들다. 설교안 작성은 설교 구조를 만들면서 시작하는 게 정상이다. 어떻게 보면 설교 구조를 만드는 일이 어려운 가장 큰 이유는 본문을 잘 모르기 때문이다. 반대로 PBS를 제대로 했다면 본문을 자세히 알게 되고, 곧이어 설교 구조를 작성할 아이디어가 넘쳐나오게 되어 있다.

설교 구조를 만드는 데 가장 요긴하게 사용되는 것은 문맥 구조다. 문맥 구조는 PBS를 할 때도 가장 중심이 되지만 설교를 작성할 때도 밑바탕이 된다. 일단 문맥 구조를 파악하면 본문의 흐름과 논리가 어떠한지 알 수 있기에 설교의 중심 메시지와 흐름을 작성하기도 쉬워진다. 즉 문맥 구조를 반영하여 설교 구조를 짜면 된다. 물론 문맥 구조가 곧 설교 구조는 아니다. 하지만 이 설교 구조가 문맥 구조의 영향을 크게 받는 것은 분명하다. 가장 쉬운 방식은 문맥 구조를 대부분 반영하여 설교 구조를 짜는 것이다. 좀 더 발전된 방식은 문맥 구조를 내적으로 반영하여 설교 구조를 짜는 것이다. 처음에는 전자 위주로 연습하다가 점차 후자의 방법으로 넘어오면 된다. 〈표 36〉은 전자의 방법으로 빌립보서 1:27-30의 설교 구조를 짠 예이고, 〈표 37〉은 후자의 방법으로 설교 구조를 짠 예다(269페이지의 〈표 24〉 "빌립보서 1:27-30의 문맥 구조"와 비교하라). 〈표 36〉은 문맥 구조와 거의 유사하고, 〈표 37〉은 설교자의 의도에 따라 일부 변형되었다. 물론 실제 설교 구조는 이보다 더 자세하고 촘촘하게 짜야 될 수 있다.

"문맥 구조는 설교 구조를 지배한다."

I. 서론(도입)
- 생활의 기준: 예화
- 바울 권면의 흐름

II. 본론(중심 말)
1. 복음에 합당한 생활(빌 1:27-28a)
   (1) 적극적 측면: 연합
   (2) 소극적 측면: 대결
2. 그렇게 생활해야 하는 이유(빌 1:28b-30)
   (1) 신자의 구원(빌 1:28b)
   (2) 신자의 싸움(빌 1:29-30)

III. 결론(정리)
- 권면의 핵심
- 우리 생활의 기준

〈표 36〉 빌립보서 1:27-30의 설교 구조 1: 문맥 구조와 유사

I. 서론(도입)
- 생활의 기준: 예화
- 바울 시대의 생활 기준

II. 본론(중심 말)
1. 바울과 빌립보 교회의 상황(빌 1:12-26, 29-30)
   (1) 바울의 상황(빌 1:12-26)
   (2) 빌립보 교회의 상황(빌 1:29-30)
2. 바울의 권면: 복음에 합당한 생활(빌 1:27-28a)
   (1) 적극적 측면: 연합
   (2) 소극적 측면: 대결
3. 권면의 목표: 빌립보 교회의 구원(빌 1:28b)
   (1) 멸망의 증거
   (2) 구원의 증거

III. 결론(정리)
- 권면의 핵심
- 우리 생활의 기준

〈표 37〉 빌립보서 1:27-30의 설교 구조 2: 문맥 구조에서 변형

2) 설교안(說教案)의 특성

[설교안의 필요성] 설교 구조를 짠 후 "설교안"(설교 원고)을 작성한다. 설교안은 설교자가 설교할 때 볼 수 있도록 만든 자료다(반면 설교 "교안"은 청중에게 나누어주는 자료다). 설교자들은 보통 설교안이 없으면 자연스럽게 설교하기가 어렵다. 많은 내용을 모두 암기하기가 어렵기 때문이다. 암기할 능력이 있다고 해도 설교안이 있어야 암기할 거리가 생긴다. 그런 점에서 설교안은 설교하기 전에 미리 만들어놓는 설교다. 설교자는 설교안을 통해 정밀한 논리와 흐름을 만들 수 있다. 또한 설교안을 다 암기하더라도 설교안을 가지고 단에 서는 것이 심리적으로 안정감을 준다.

[설교안의 형식] 설교안을 작성하는 세 가지 방식이 있다. 완전서술형, 요점형, 혼합형이다.

① 완전서술형은 말할 문장과 문단을 빠짐없이 쓰는 방식이다. 이 방식은 설교안이 하나의 완성된 글 형태를 갖춘다. 이 방식은 설교할 내용을 모두 글로 쓰기에 안전하다는 장점이 있다. 하지만 단점도 만만치 않다. 일단 설교안을 쓰는 데 시간이 오래 걸린다. 또 설교가 설교안을 쭉 읽는 방식으로 진행되어 맥이 빠져버릴 가능성이 크다. 자연히 설교의 장점인 현장감을 유지하기 어렵다.

② 요점형은 설교 구조의 요점만 추려서 적는 방식이다. 마치 신문의 헤드라인처럼 주어와 어미 등을 생략한 채 핵심 단어만 나열한다. 이 방식은 설교안이 한눈에 확 들어온다는 장점이 있다. 자연히 설교가 활기를 띠게 될 가능성이 크다. 하지만 말실수를 하거나 간혹 중요한 내용을 빠뜨리는 경우가 생기기 쉽다는 단점이 있다. 사람에 따라서 어떻게 말해야 할까 하는 심리적 부담감을 크게 느낄 수도 있다.

③ 혼합형은 완전서술형과 요점형을 취합한 방식이다. 굳이 모든 문

장을 다 쓰지 않고 요점 형태로 쓰다가 필요한 경우에 온전한 문장을 쓰는 것이다. 문단 형태가 아니라 보고서 형태로 보기 쉽게 만든다. 혼합형은 앞의 두 방식의 장점을 다 취하면서도 단점은 최소화할 수 있다. 물론 잘못하면 장점은 사라지고 단점만 남을 수도 있다. 하지만 나의 경험에 비추어 보면 혼합형을 쓰는 게 여러 면에서 유익하다. 혼합형은 앞의 성경 강의 방법에서 설명한 강의안 작성 방식과 유사하다고 보면 된다.

[유의 사항] 설교안을 작성할 때 유의할 몇 가지 사항이 있다.

① 첫째는 문어체를 쓰지 말고 구어체를 써야 한다는 점이다. 어차피 설교는 구어로 이루어지기 때문이다. 설교안을 쓰라고 하면 글을 쓰던 버릇 때문에 곧바로 문어체가 나오기 쉽다. 하지만 일단 문어체로 설교안을 써놓으면 실제 설교 때 구어체로 바꾸어 말하기가 쉽지 않다. 문어체 설교는 청중에게 제대로 전달되기 어렵다. 심지어 청중을 졸게 만든다. 따라서 설교안은 처음 작성할 때부터 구어체를 사용해야 한다.

② 단문으로 쓴다. 글은 대체로 단문으로 쓰는 게 좋다. 그래야 뜻도 분명해지고 전달하기도 쉬워진다. 설교문은 소통이 중요하기에 더욱 그렇다. 문장이 길어지면 청중은 길을 잃고 딴생각에 잠길 가능성이 커진다. 단문을 써서 의미를 만들고 그 의미가 또 다른 단문으로 빨리 연결되도록 하는 게 좋다. 물론 혼합형 설교안이라면 문장을 모두 쓸 필요는 없다. 단문을 사용하여 혼합형 설교안을 만들면 된다.

③ "여러분"이 아니라 "우리"라고 말해야 한다. 어떤 설교자는 설교할 때 "여러분"을 자주 외친다. 물론 설교가 청중을 향한 권면이고 설득이기에 "여러분"이란 말을 써야 할 때가 있다. 하지만 그 말 속에는 나와 청중을 은연중에 구분하는 의식이 들어 있다. 사실 "청중" 속에는 설교자인 나 자신도 포함된다. 설교자가 하나님의 말씀을 대언하는 것은 사실이

지만 그 설교자 역시 하나님의 말씀을 함께 듣는 자다. 그는 말씀을 앞서 듣는다는 차이가 있을 뿐 동일하게 청중의 자리에 있다. 이런 사상을 가장 함축적으로 나타내는 표현이 "우리"다. 따라서 설교 시 "우리"를 써야 한다. 물론 필요한 경우에는 "나"나 "여러분"도 써야 한다. 하지만 대다수 경우는 "우리"가 적절하다.

"설교안을 보면 실제 설교가 어떨지 어느 정도 보인다."

3) 제목

[제목 설정] 일단 설교 구조가 결정되면 설교 내용을 한마디로 표현하는 제목을 정한다. 물론 이 제목도 잠정적이며 설교안을 쓰는 동안 바뀔 수 있다. 설교 내용이 확실해짐에 따라 제목도 확실해진다. 설교 구조가 확정된 후 제목도 최종적으로 결정한다.

[제목 작성법] 매력적인 제목을 만드는 몇 가지 방법이 있다.

① 가장 중요한 점은 핵심을 건드리면서도 모호함을 남겨두라는 것이다. 제목은 핵심 요약이 아니다. 핵심과 제목은 다르다. 제목은 핵심을 담고 있어야 하지만 그것을 어느 정도 가리기도 해야 한다. 설교의 메시지를 일부 알려주면서도 궁금증이 남게 한다. 주면서도 주지 않고, 알리면서도 알리지 않아야 하는 것이다. 청중이 제목을 보고서 "무슨 소리인지 알겠다"라는 식이 되면 곤란하다. 그러면 청중은 설교를 자세히 들으려 하지 않을 수 있다. "또 이런 설교야?"라는 불만을 품을지도 모른다. 룻기 2장을 본문으로 하는 설교의 제목이 "사랑을 해야 합니다"라든지 "인애의 삶을 살아야 합니다"라는 식이면 곤란하다. 그보다는 "인애를 덮는 인애"라고 정하는 게 낫다. 설교 제목은 설교를 듣고 나서야 확실히

깨달아지는 표현으로 만들어야 한다. 설교 전체를 듣기 전에는 궁금증을 유발하는 제목이 좋은 제목이다. 예를 들어 빌립보서 1:27-30의 설교 제목으로 "그리스도의 복음에 합당한 생활"—이는 너무 직설적이고 뻔하다—보다는 "복음과 생활"이나 "어떻게 생활할까요?"가 낫다. 의도적으로 모호함을 남기는 방법 하나는 소유격 조사 "의"를 사용하는 것이다.

② 설교 제목의 표현 방식은 다양하게 바꿀 필요가 있다. 제목을 정할 때 비슷한 방식으로 표현하지 말고 다른 방식을 찾아 변화를 주자. 예를 들어 지난 설교에서 "복음과 생활"처럼 명사가 병렬로 나열되는 형태를 사용했다면 이번 설교에서는 다른 형태를 사용한다. 때로는 의문형으로, 때로는 부사구로 표현하는 등 다양한 방식의 표현을 번갈아 쓰는 것이다. 그래야 청중이 설교를 처음 대할 때 싫증이 아니라 신선함을 느낄 수 있다.

③ 제목을 너무 길게 하지 않는다. 설교 제목을 너무 길게 하면 한눈에 들어오지 않을 뿐 아니라 메시지의 강렬함도 잘 전달하지 못한다. 제목은 설교가 끝난 후에 설교 전체를 다시 생각나게 하는 것이어야 한다. 그러려면 긴 제목보다는 짧지만 강렬한 제목이 낫다. 청중이 쉽게 기억하는 제목은 간결하고 짧은 문구다.

"제목은 설교 전에는 궁금증을 유발하고
설교 후에는 강렬함을 남기도록 작성한다."

4) 서론(도입)

[서론의 역할] 제목을 작성한 후에는 PBS 노트와 설교 구조를 보면서 서론을 작성한다. 서론은 (메시지를 본격적으로 전하는) 본론으로 이어져야 하

고 결론을 어느 정도 내다보는 것이어야 한다. 한마디로 서론의 역할은 본론으로 이끌고 결론을 내다보는 것이다.[7]

[서론의 목표] 서론의 목표는 세 가지로 압축할 수 있다.

① 먼저는 청중을 유인하고 끌어들이는 것이다. 설교자는 본론의 이야기로 지체 없이 청중을 끌어들이고 싶어 한다. 하지만 청중은 보통—훌륭한 청중이라면 예외다—본문의 이야기에 그다지 관심을 두지 않는다. 청중은 일상의 삶을 바쁘게 살다가 허겁지겁 강단 앞에 나온다. 설교자는 그런 청중을 성경 본문의 세계로 들어오게 해야 한다. 이때 서론의 역할이 중요하다. 서론은 청중과 본문을 연결해주는 길목이다. 설교자는 서론을 통해 청중을 본문으로, 즉 본론의 자리로 오도록 유인하며 이끌어야 한다.

② 서론은 방향을 제시하는 것이어야 한다. 설교자는 청중이 관심을 둘 만한 어떤 것을 말함으로써 주의를 끌 수 있다. 하지만 그것이 본론에서 말하려는 바와 연결되지 않으면 곤란하다. 청중의 관심을 끌고 유인하는 것만으로는 안 된다. 그 관심이 자연스럽게 본론으로 향하게 해야 하고 청중이 본론에 마련해놓은 길로 첫발을 디디게 해야 한다. 서론은 그렇게 본론으로 가는 방향을 제시한다.

③ 또한 서론은 적용의 길을 암시하는 것이어야 한다. 설교의 본론은 결국 청중의 삶의 문제로 나아간다. 곧 성경 본문의 메시지가 청중의 삶의 어떤 영역에 어떤 시사점을 주는지 밝히는 것이다. 서론은 본론이 지향하는 이런 영역을 어느 정도 암시해야 한다.

---

7 참조. W. Black, 『강해 설교 어떻게 준비할 것인가?』(서울: 성서유니온선교회, 2000), 132-39; Robinson, 『강해 설교』, 182-91.

[서론 작성법] 서론 작성에는 다음의 일곱 가지 방법이 도움이 된다.

① 설교의 중심 메시지와 연관된 것을 찾는다. 서론이 설교의 도입으로서 본론으로 이끌어 가는 방법은 여러 가지가 있겠지만, 중요한 한 가지 방법은 본론의 중심 메시지와 관련된 어떤 것을 찾아 서론에 넣는 것이다. 이는 중심 메시지를 서술적으로 넣으라는 이야기가 아니다. 오히려 중심 메시지와 관련된 예화나 사건, 생각의 꼬투리 등을 찾아 복선을 까는 식으로 해야 한다.

② 청중을 유인할 수 있는 주제나 이야기를 찾는다. 청중은 각종 상황 속에서 씨름하다가 교회의 강단 앞으로 나온다. 배우자와 싸운 사람, 마음이 분주한 사람, 위로가 필요한 사람 등이 청중 속에 포함되어 있다. 그런 이들을 설교에 집중하게 하려면 설교를 시작하는 첫 5분이 중요하다. 그 시간에 청중의 관심을 설교로 돌려놓아야 한다. 따라서 청중이 관심을 보일 만한 주제나 이야기로 시작하는 게 좋다. 물론 그것은 본론과 연관되어야 한다.

③ 메시지 전개에 기초가 될 만한 것을 찾는다. 설교의 본론에서는 메시지를 만들어가면서 그에 필요한 논리를 펼친다. 그 과정에 힌트가 될 만한 것이 있다면 서론에서 잠시 언급할 수 있다. 본론의 메시지나 논리 과정 모두를 서론에 넣으려 할 필요도 없고 그렇게 해서도 안 된다. 기초가 될 만한 한 가지만 찾아 넣으면 된다.

④ 서론을 티가 나도록 너무 급격히 끝내면 안 된다. 그런 식으로 서론을 끝내면 청중은 이제 본론이 시작된다는 분명한 신호를 포착하고 그때부터 관심의 창을 닫을 수 있다(물론 신실한 청중은 예외다). 관심의 창이 닫히면 이제껏 공들인 서론이 수포로 돌아갈 수 있다. 따라서 서론에서 본론으로 부자연스럽게 넘어가는 순간은 가급적 안 만드는 것이 좋다. 물론 어

느 순간 본론으로 넘어간다는 점을 완전히 숨길 수는 없다. 다만 가급적이면 청중이 "서론과 이질적이다"라고 느끼지 않게 하는 것이 중요하다.

⑤ 청중에게 가까운 것을 사용한다. 서론에서는 청중이 현재 관심을 두고 있거나 친숙한 어떤 점을 활용하는 게 좋다. 사회에서 이슈가 되는 사건을 언급하는 것도 하나의 방법이다. 하지만 찬반이 첨예하게 대립하는 이슈는 피하는 것이 좋다. 종종 청중이 잘 모르는 것을 서론에서 언급하는 경우가 있는데 이는 적절하지 않다. 예를 들어 미국에서 유행하는 어떤 소설이나 영국의 유명 작가, 혹은 해외의 정치가 이야기 등은 설교자의 관심 사항일 수는 있겠지만 청중과는 상관이 없다. 설교자는 자신의 관심사보다 청중의 보편적 관심사를 살피면서 서론을 작성해야 한다.

⑥ 결론을 내리는 식으로 서론을 만들면 안 된다. 서론의 역할은 방향 제시이지 결론 도출이 아니다. 처음에는 결론을 멀리서 뿌옇게 내다보는 것이 흥미롭다. 처음부터 선명한 그림은 이내 질리고 만다. 따라서 결론에서 할 말을 서론에서 하면 안 된다. 서론은 이제 떠날 길에 대한 관심을 촉발하고 동기를 북돋우는 것으로 충분하다.

⑦ 서론을 다양화해야 한다. 모든 설교의 서론을 천편일률적으로 작성하면 안 된다. 그러면 서론은 서론의 역할과 기능을 제대로 하지 못하고 청중은 싫증을 낸다. 따라서 가능하면 서론은 다양한 방식으로 표현하는 게 좋다. 지난번에는 예화를 사용했다면 이번에는 질문을 던지고, 다음번에는 충격을 주는 진술을 소개한다. 속담이나 개념 설명, 역설 등을 사용해도 좋다. 때론 동영상을 보여주거나 관심을 끌 만한 행동을 할 수도 있다. 창의적으로 생각하면 할수록 좋은 결과를 기대할 수 있다.[8]

---

8 참조. Black, 『강해 설교 어떻게 준비할 것인가?』, 133-36.

[서론을 쓰는 시점] 서론을 쓰는 시점은 보통 설교 구조를 구상하고 제목을 쓴 다음 설교안을 쓰기 시작하는 초반부다. 이때 서론을 작성하는 것이 본론을 쓸 때 도움이 되기 때문이다(물론 본론을 예상하며 서론을 쓴다. 전체 구상이 설교 구조에서 어느 정도 예상되기에 서론 작성이 가능하다). 하지만 서론으로 쓸 내용이 도무지 감이 안 잡히면 본론이나 결론을 쓴 다음에 작성할 수도 있다. 중요한 것은 서론, 본론, 결론에 적절한 상응점이 있어야 한다는 점이다.

"서론이 잘 풀리면, 설교가 잘 풀릴 확률이 높다."

5) 본론(중심 말)

[본론의 역할과 목표] 본론은 설교에서 메시지를 만들어 제시하는 부분이다. 물론 이 과정에서 성경해석학의 문법이 제대로 지켜져야 한다. 해석과 적용이 잘 살아 있어야 좋은 본론이다.

본론의 목표는 크게 세 가지다. 첫째, 가장 중요한 목표는 메시지를 만드는 것이다. 본론에서는 어찌되었든 메시지가 등장해야 한다. 설교자는 본론에서 본문을 해석하고 적용하면서 본문이 말하는 메시지를 강렬하게 전달해야 한다. 둘째, 메시지가 설득력을 갖도록 논리를 전개하고 이야기의 흐름을 만드는 것이다. 메시지가 힘이 있으려면 말의 논리와 흐름이 명확하고 생명력이 있어야 한다. 셋째, 본론은 설교가 본문의 지배를 받게 하는 자리다. 서론에서는 청중과 가까운 이야기로부터 시작했지만, 본론에서는 본문을 가장 중심에 놓아야 한다. 설교자는 본문이 설교 이야기를 끌고 가도록 힘써야 한다.

[본론 작성법] 본론을 작성하는 기본적인 방법 몇 가지를 생각해볼

수 있다.

① 본론을 설교의 중심이 되도록 만든다. 이는 너무나 당연한 이야기이지만 잘 지켜지지 않는다. 그 설교가 어떤 설교인지는 본론이 어떻게 펼쳐지는가에 달려 있다. 서론과 결론에 너무 많은 시간을 할애하지 말고 본론에 집중해야 한다. 서론과 결론이 너무 튀면 청중들은 어느새 본론에 시큰둥해진다. 따라서 서론, 본론, 결론의 비중을 잘 배분해야 한다. 결국 설교는 본론에서 판가름이 난다. 본론의 성패가 사실 설교의 성패인 셈이다.

② 문맥 구조를 반영하여 본론의 논리와 흐름을 만든다. 문맥 구조는 설교 구조를 작성할 때도 중요하게 작용했다. 본론의 구조, 즉 설교의 논리와 흐름을 만들 때도 마찬가지다. 어떻게 본론을 펼쳐갈지를 고민할 때 문맥 구조가 항상 옆에 있어야 한다. 문맥 구조는 성경 본문이 가진 논리와 흐름에 바탕을 둔다. 설교자는 성경 본문의 문맥을 설교 본론에서 어떻게 사용할지 고민해야 한다.

③ 적절한 대지(大旨)를 2-3개 세운다. 대지는 본론의 논리와 흐름을 끌어가는 주제 단위다. 대지의 숫자 면에서 보면 전통적인 3대지 설교에 장점이 있다. 하지만 대지의 연결이 너무 뻔하지 않도록 주의해야 한다. 대지가 5개를 넘어가면 청중은 설교가 복잡하다고 느낀다. 따라서 5개 이상의 주제를 생각하고 있으면 그중 몇 개를 묶어 2-3개의 대지로 만드는 것이 좋다. 물론 대지 안에 묶이는 주제는 자연히 소지(小旨)가 된다. 아무튼 대지는 4개가 최대치여야 한다. 많은 양의 지식을 전달하는 것도 좋지만 기억할 만큼의 지식에 집중하는 것이 설교에 맞는 방식이다. 또한 청중에 따라 대지 숫자를 조절할 수도 있다. 유초등부의 경우라면 대지는 2개가 최대치다.

④ 대지는 소지로 뒷받침한다. 몇 개의 대지가 본론의 중심 메시지를 함께 만들듯이, 몇 개의 소지가 하나의 대지를 만든다(보통 소지는 2개 정도씩이 좋다). 물론 소지는 본문의 PBS 노트에서 찾아낸 결과로 구성하면 된다. 소지를 적절히 배열함으로써 자신이 만든 대지가 말이 되도록 해야 한다.

⑤ 본론이 성경 본문의 지배를 받는지 늘 생각한다. 대지와 소지로 본론을 써 나가는 과정에서 이 점을 여러 차례 확인해야 한다. 설교안은 그냥 내가 말하고 싶은 것을 쓰는 게 아니라 본문이 말하는 내용을 적는 것이다. 따라서 하고 싶은 말을 쓰기보다 본문에서 하는 말을 찾아서 쓴다. 설교자는 본문을 따라갈 뿐이다. 물론 이 매개체는 본문의 PBS 노트다. 그중에서도 문맥 구조가 가장 중요하다. 문맥 구조를 기반으로 한 PBS 노트는 자신이 만들어가는 설교 본론이 본문에 근거한 것인지를 판단하게 해주는 시금석이 된다.

⑥ 청중에 맞게 본론의 분량을 조절한다. 어른, 중고등부, 유초등부에 따라 설교의 길이, 곧 본론의 분량이 다르다. 그렇다고 해서 본론의 메시지가 달라지지는 않는다. 같은 메시지를 시간을 조절해 설교하는 것이다. 설교의 길이는 주로 본론의 분량이 결정하는데, 똑같은 어른 설교라고 해도 청중의 상태와 여건에 따라 본론의 분량이 달라져야 한다. 설교를 길게 해도 좋은 청중이 있고 그렇게 하면 안 되는 청중이 있다. 이 점을 잘 분별하면서 본론의 양을 조절한다. 이 말은 곧 대지와 소지의 양을 조절해야 한다는 뜻이기도 하다.

"본론은 중심 메시지를 만드는 자리다.

여기에 본문이 살아 있어야 한다."

6) 설교안 작성 기술

설교 구조를 잘 세우는 것도 중요하지만 어떻게 설교안을 만드는가도 중요하다. 앞서 말한 대로 설교안은 혼합형으로 작성한다 해도 그 안의 내용을 어떤 방식으로 채우는가에 따라 그 맛이 달라진다. 즉 설교안 작성 기술이 설교의 맛을 다르게 한다. 설교는 일차적으로 설교 구조(구체적으로는 본론 구조)에 의해 좌우되고, 이차적으로는 설교안에 따라 좌우된다. 따라서 설교안을 작성하는 기술은 매우 중요하다.

근본적으로 설교안 작성법은 메시지를 만드는 기술이고 다른 한편으로는 의사소통 기법이다. 하지만 단순한 의사소통 기법은 아니다. 오히려 강해 설교의 원칙에 입각한 것으로서 본문의 내용을 어떻게 청중에게 적절하고 바르게 전달하는가의 문제다. 다시 말해 성경 본문이 설교의 중심이 되도록 만드는 기술이라고 할 수 있다. 이를 다음과 같이 아홉 가지로 정리할 수 있다.

① [본문의 초점을 말하라] 가장 중요한 기술은 본문의 초점을 말하는 것이다. 본문에 대해 여러 가지 할 말이 있겠지만 무엇보다 본문 자체가 말하는 초점을 밝히는 일이 가장 중요하다. 설교는 내 이야기가 아닌 본문의 이야기이어야 하며, 내 마음을 토로하는 게 아니라 본문의 초점을 밝히는 것이어야 한다. 본문의 초점은 문맥 구조를 보면 잘 알 수 있다. PBS에서 밝혀진 본문의 초점은 설교문의 중요한 대목에서 분명히 언급되어야 한다. 예를 들어 빌립보서 1:27-30의 설교문 어딘가에는 "오늘 본문에서 바울은 빌립보 교회 성도들에게 복음에 합당하게 생활하라고 합니다"라는 말이 꼭 들어가야 한다. 초점을 말할 때는 약간의 설명이 필요하지만, 설명이 장황해지는 건 피하는 것이 좋다. 초점을 밝히는 과정에서는 때론 아까운 말도 버려야 할 때가 있는 법이다.

② [메시지의 각도를 달리하라] 본문의 초점은 간단하고 명확한 말로 전달해야 하지만, 청중이 그것을 잘 이해하게 하려면 동일한 메시지를 다른 각도에서 표현할 필요가 있다. 사물과 현상을 이해하는 데는 다양한 각도에서의 접근이 필요하다. 한쪽에서 봐도 이해할 수 있지만 다른 각도에서 다시 조명하여 보면 더 잘 이해된다. 메시지도 마찬가지다. 한쪽 각도에서 초점을 잡아 설명했다면 같은 이야기를 다른 각도에서 다시 설명해보자. 사실 성경 본문에도 그런 일이 비일비재하다. 바울의 글이나 시편이 특히 그렇다.

바울은 빌립보서 1:27-28a에서도 이런 방식으로 말한다. 말하는 핵심은 복음에 합당하게 생활하라는 것이지만(빌 1:27a), 이 점을 두 가지 다른 각도에서 설명한다. 먼저는 적극적 측면의 시각에서 연합을 강조하고(1:27b), 그다음에는 소극적 측면의 시각에서 대적자를 두려워하지 말라고 말한다(빌 1:28a). 바울이 직접 그렇게 썼기에 설교자가 각도를 달리해서 말하기는 더 쉽다. "복음에 합당하게 생활하는 것은 달리 말해 교회가 한 뜻으로 잘 연합하는 것이라고 바울은 이야기합니다"라고 시작하면 된다.

본문에서는 다른 각도로 설명하고 있지 않더라도 설교자가 메시지를 다른 방향에서 보고 색다르게 표현해주는 것이 필요하다. 각도를 달리한 반복은 매우 의미 있는 반복이다. 반복함으로써 메시지의 강도를 높여주기 때문이다.

③ [예를 들라] 각도를 달리할 뿐 아니라 구체적인 예를 들어 설명하면 효과적이다. 사실 예를 드는 것도 크게 보면 각도를 달리해 설명하는 방법 중 하나다. 청중은 적절한 예를 통해 메시지에 친근감을 느끼고 이해력을 높일 수 있다.

예를 드는 방식도 여러 가지다. 현실적인 예를 들 수도 있고 구체적인 예를 들 수도 있으며 청중에 맞는 예를 들 수도 있다. 물론 성경 안에 있는 예도 괜찮다. 한 가지 패턴으로만 예를 들지 말고 다양한 방식으로 예를 들기 위해 노력해야 한다.

앞서 말한 연합의 주제에 맞는 다양한 예를 찾아보자. 부부 사이의 일치감이나 직장의 팀, 잘 모이는 구역 모임 등이 떠오른다. 그중 본문을 설명하는 데 도움이 될 뿐 아니라 청중이 적극 호응하고 수긍할 만한 예를 찾으면 된다.

④ [감각을 건드려라] 감각을 건드리는 설교는 청중에게 가까이 다가갈 수 있는 좋은 방법이다. 청중은 추상적인 것보다는 구체적인 것을 잘 이해한다(물론 추상적인 것을 설명해야 할 때가 있지만, 시종일관 추상적이면 곤란하다. 가능하면 청중에게 구체적으로 와 닿도록 설명하는 게 좋다). 설교를 구체화하는 한 가지 좋은 방법은 "감각"을 건드리는 것이다. 이를 위해 오감(시각, 청각, 후각, 미각, 촉각)을 활용하는 표현을 생각해두어야 한다. 그중에서도 시각과 청각이 매우 중요하다. 같은 메시지와 설명도 시청각적으로 말하면 청중이 느끼는 맛이 달라진다.[9]

예를 들어 "연합해야 합니다"라는 추상적인 말 대신, "하나님은 우리가 연합하는지를 **보고** 계십니다"라든지 "우리가 연합했다는 말을 **듣기** 원하십니다"라는 표현이 더 호소력이 있다. 물론 항상 동일한 방식을 반복하면 싫증이 난다. 따라서 단어를 적절히 섞어가며 오감을 건드리는 표현을 사용해야 한다. 특히 메시지의 각도를 달리하거나 예화를 들 때 이렇게 감각을 건드리는 표현을 활용하면 좋다.

---

9 Adams는 스펄전의 설교에서 중요한 요소 중 하나가 "감각에의 호소"(sense appeal)라고 말한다(J. E. Adams,『설교 연구』[정양숙, 정삼지 옮김, 서울: 기독교문서선교회, 1994], 10-82).

⑤ [배경을 설명하라] 본문이 생성된 배경을 설명해야 본문의 메시지가 잘 이해된다. 배경 설명은 역사적 의미를 잘 이해하도록 해준다. 그리고 역사적 의미를 정확히 알아야 나와 우리에게 주는 현실적 뜻도 제대로 깨달을 수 있다.

빌립보를 건설했던 필리포스 2세의 "밀집장창제" 전술을 설명하면 바울이 연합의 주제와 관련하여 "한마음으로 서서"라고 말한 의미를 더 잘 이해하게 된다.[10] 또 바울이 빌립보서 1:27-28a에서 복음에 합당한 생활을 연합과 대결로 나누어 권면한 배경도 설명할 필요가 있다. 이는 결국 바울과 빌립보 교회의 상황과 연관된다.

⑥ [문맥을 드러내라] 본문의 초점을 밝히고 그것을 여러 각도로 풍성히 드러내는 것은 설교의 중요한 목표다. 그런데 이 목표는 글의 문맥을 잘 설명하면 달성된다. 글의 문맥에는 선택한 "해당 본문 안의 문맥"이 있고, "해당 본문 밖의(전후의) 문맥"이 있다. 이 두 가지를 모두 꿰뚫어 보고 설명할 때 본문의 초점이 더 잘 드러날 수 있다.

빌립보서 1:28b-30은 바울의 핵심 권면(빌 1:27-28a)에 근거를 제시하는 역할을 한다. 이를 청중에게 잘 설명한다면 "복음에 합당한 생활"이라는 핵심 주제를 좀 더 분명하게 부각할 수 있다(해당 본문 안의 문맥).

반면 빌립보서 1:27-30의 초점인 "복음에 합당한 생활"은 이 문단 전후의 흐름을 이해할 때 더 잘 이해된다. 바울은 이전에 자신의 처지와 태도를 설명한 후(빌 1:12-26) 그것을 근거로 빌립보 교회에 권면하기 시작한다. 또한 이후에는 자신이 한 권면을 자세히 풀어서 하나씩 구체화한

10 참조. 이진섭, 『빌립보서』, 149-50.

다(빌 2:1-4:9).[11] 이런 점을 청중에게 쉽게 이해시킬수록 메시지는 더더욱 강렬해질 수 있다(해당 본문 밖의 문맥).

앞서 살펴본 "빌립보서 1:27-30의 설교 구조 1"(〈표 36〉)은 해당 본문 안의 문맥을 잘 설명하는 형태로 만들어졌고, "빌립보서 1:27-30의 설교 구조 2"(〈표 37〉)는 해당 본문 밖의 문맥까지 고려하여 작성되었다. 각 경우 모두 장단점이 있으니 상황에 맞게 선택해야 한다.

⑦ [타 본문과 연결하라] 타 본문과 연결하면 본문의 메시지가 더욱 입체적으로 다가올 수 있다. 연관된 본문은 같은 책 내에서, 같은 저자 내에서(예를 들어 바울 서신 내에서), 신구약 성경 전체에서 찾을 수 있다. 뒤로 갈수록 정교한 기술이 필요하기에 성경해석학의 이해와 활용 능력이 중요해진다. 예를 들어 "설교 구조 2"(〈표 37〉)는 "같은 책 내에서" 일부 연관 본문을 다룬 것이다. 구속사적 해석이 필요한 경우에는 "신구약 성경 전체"까지 범위를 확대해야 한다.

또 연결의 정도는 청중에 맞추어 판단해야 한다. 청중이 타 본문을 어느 정도 이해할 수 있는지에 따라 연결의 수준을 결정한다. 설교문을 제아무리 심오하게 만들어도 결국 청중이 이해하지 못하면 아무런 소용이 없다. 설교는 무조건 학술 가치를 높이는 게 최선이 아니다. 오히려 설교는 청중과 소통하는 채널임을 잊지 말아야 한다.

⑧ [충만한 의미를 설명하라] 때론 설교에서 본문의 충만한 의미를 설명할 필요가 있다. 역사적 의미와 현실적 뜻만 전해도 무리 없이 넘어가는 경우가 많다. 하지만 어떤 경우는 반드시 충만한(온전한) 의미를 짚고 넘어가야 한다(충만한 의미에 대해서는 4.3.3.(3)을 참조하라).

---

11 참조. 이진섭, 『빌립보서』, 144-45, 162-63 등 여러 곳.

예를 들어 시편 2편을 설교하면서 “왕 되신 예수 그리스도”를 빼놓기는 힘들다. 더구나 이 시에서 언급하는 “왕”은 우리 시대의 권력자와 쉽게 연결할 수 없다. 이처럼 설교에서 충만한 의미까지 추적해야 하는 경우가 있다. 결국 그 판단은 설교자가 얼마만큼 성경해석학을 잘 이해하고 또 얼마나 해당 본문의 PBS를 잘해놓았느냐에 달려 있다.

⑨ [적용하라] 마지막으로 남은 중요한 방법은 적용하는 것이다. 본문의 중심 메시지는 청중, 즉 나와 우리에게서 실현되어야 한다. 이 다리를 건너려면 적용이 필수다. 설교자는 본문의 초점을 창조적으로 적용하여 표현할 줄 알아야 한다. 단지 원리와 교훈으로 끝내지 말고 구체적이고 실제적인 적용을 도출하기 위해 노력해야 한다.

앞부분에서 연합의 주제와 관련해 부부 관계를 예로 제시했다면 이제는 어떻게 해야 부부가 하나로 연합할 수 있는지를 제시한다. 일터의 갈등을 언급했다면 그 해결책이 나와야 한다. 교회 안에서의 갈등을 다루었다면 마지막 자리에서 다시 구체적 대안을 언급하는 것이 좋다.

7) 결론(정리, 맺음말)

[결론의 역할과 목표] 본론을 다 쓴 후 결론을 쓴다. 결론은 본론의 내용 전체를 정리하고 요약하면서 설교의 메시지를 응축하여 더욱 강력하게 권면하는 부분이다.[12] 본론에서는 지적으로 풀어서 감성적으로 설득했다면, 결론에서는 의지적인 요소를 가미해야 한다. 결론의 목표는 정리, 설득, 적용으로 압축할 수 있다.

① 결론의 일차적 목표는 메시지의 초점을 정리하는 것이다. 여기서

12 참조. Black, 『강해 설교 어떻게 준비할 것인가?』, 140-48.

는 우선 본론에서 깨달은 내용, 전하려는 내용을 정리하면서 이를 부각시킨다. 이때 설교 내용 중 일부를 말하거나 단순히 반복하는 식이면 곤란하다. 오히려 전체 내용이 와 닿도록 하면서도 가장 중요한 주제가 마음에 새겨지게 해야 한다. 정리한다고 하면서 일일이 나열하는 방식도 곤란하다. 만일 다양한 각도에서 접근하며 입체적으로 설교했다면, 결론은 그 입체적 설교의 중심 및 뿌리 부분을 되새기는 것이어야 한다.

② 그런데도 그 정리는 설득의 요소를 품어야 한다. 설교안은 단순히 논리적 정리로 끝나면 안 된다. 그것은 논설문이 아니라 설교 원고이기 때문이다. 설교의 설득적 요소가 결론 자리에서 분명하게 드러나야 한다. 이를 위해 감정과 의지에 호소하는 형태가 필요하다. 때로는 유명한 사람의 호소력 있는 말—루터의 결심, 학사 에스라의 결심이 여기에 속한다—이 결론을 맺는 데 도움이 될 수 있다.

③ 결론의 또 다른 목표는 적용을 강조하는 것이다. 적용은 본론의 중간중간에 등장한다. 결론에서는 그런 다양한 적용의 중심부를 다시 환기시켜야 한다. 그래서 청중이 "아, 내가 앞으로 이 부분에서 이렇게 행동해야겠구나!"라고 다짐하도록 이끌어야 한다.

[결론 작성법] 결론을 작성하는 데 필요한 몇 가지 도움말은 다음과 같다.

① 결론은 본론에서 다룬 것을 정리한다. 완전히 새로운 내용을 결론에서 제시하는 것은 적절하지 않다. 물론 본론의 내용을 다른 각도에서 정리하는 것은 문제가 없다.

② 결론은 너무 길면 안 된다. 결론이 길면 지루해지면서 역효과를 낼 수 있다. 그러면 지금까지 공들여 이끌어온 설교가 수포로 돌아가게 된다. 따라서 결론은 짧고 간명해야 한다.

③ 또한 결론은 서론과 짝이 맞아야 한다. 서론에서 넌지시 내다본 것이 본론에서 구체적으로 다루어지고 결론에 와서는 명확히 정리되어야 한다. 그러면 일종의 인클루지오 구조가 형성되면서 설득력이 커진다.

④ 도전과 설득의 요소를 포함하도록 만든다. 단순히 정리만 하지 말고 거기에 의지와 감성을 넣는다. 때론 설교자 자신의 의지가 드러나야 한다. 설교자가 본문의 메시지를 듣는 첫 번째 사람이기 때문이다.

⑤ 진부하게 만들지 말라. 결론을 늘 같은 식으로 내리면 청중이 결론에서 도전을 받기 힘들다. 따라서 다양한 방식으로 결론을 내는 길을 모색해야 한다. 때로는 다른 사람의 말을 인용하고, 때로는 질문을 던지며 끝낼 수 있다. 한 번은 강하게 초청하며 마무리하고, 다음번에는 여운을 남기는 식으로 마무리해도 된다. 여기서 핵심은 진부함을 극복하기 위해 다양한 방식을 찾아보는 것이다.

"결론 부분은 설교의 화룡점정(畵龍點睛)이다."

9.3.3. 설교의 실행

(1) 설교 전 설교

설교 준비가 끝났다고 설교가 끝난 것이 아니다. 이제 시작일 뿐이다. 설교를 김치에 비유한다면 설교 준비는 이제 막 김치를 담근 것과 같다. 김치가 맛이 들려면 숙성 과정이 필요한 것처럼 설교도 숙성의 과정이 필요하다. 설교는 설교자가 자신이 작성한 설교를 먼저 깊이 숙고하며 듣는 과정에서 숙성한다.

설교의 숙성은 준비한 설교안을 읽고 숙지하는 데서 시작한다. 우선 설교안에 밑줄과 동그라미 등으로 주요 내용을 표시하며 읽는다(이는 성경 강의를 준비할 때와 유사한 방식이다). 그리고 그 읽은 내용을 깊이 되새긴다. 자기가 할 설교를 통해 해당 본문을 묵상하는 것이다. 이 묵상의 과정이 깊어질수록 설교는 숙성한다. 주일에 할 설교라면 설교 준비는 늦어도 목요일까지 끝내는 것이 좋다. 그리고 금요일과 토요일에는 설교안을 여러 번 다시 읽으며 묵상하는 시간을 보내야 한다. 이 과정에서 설교자 자신이 본문의 메시지를 먼저 깊이 듣게 된다. 때로는 이 과정에서 설교안을 보다 정교하고 세련되게 다듬기도 한다. 그리고 설교 당일에는 그 내용을 설교에 반영한다(만일 토요일에 가서야 설교 준비를 끝낸다면, 설교를 숙성시킬 기회가 없는 셈이어서 설교의 맛이 덜 할 수 있다).

또한 설교 전날과 설교 직전 시간을 잘 관리해야 한다. 설교자는 영적으로 충만한 상태에 머물 수 있도록 노력할 뿐 아니라, 설교 준비 때 "들은" 메시지를 잘 묵상하면서 지내야 한다. 설교자의 마음이 설교 전에 무너지면 설교가 제대로 되기 힘들다.

"설교자가 먼저 설교를 들어야 한다. 그것이 설교의 숙성 과정이다."

(2) 설교 실행 기법

이제 실제 설교할 때 필요한 점을 간략히 언급하고자 한다.

① [설교 환경과 설교자의 외모] 예배당은 어수선하지 않고 청중과 설교자가 집중할 수 있는 분위기이어야 한다. 설교자는 때론 거슬리는 어떤 한 가지 때문에—에어컨이나 온풍기 소리, 불량한 음향 시설이 여기 속한다—설교에 잘 집중하지 못할 수도 있다. 그래서 예배 시작 전에 앰프와 마이크, 에어컨과 온풍기 작동 등을 미리 점검해야 한다. 설교 중에 아이들이 울거나 떠들지 않도록 미리 대비하는 것도 필요하다.

설교자가 외모에 지나치게 신경을 쓸 필요는 없다. 하지만 기본적으로는 단정함을 유지해야 한다. 청중이 받아들일 수 있는 수준에 맞추면 무난하다. 물론 그렇다고 꼭 청중의 인식에 묶일 필요는 없다. 때론 메시지를 강화하기 위해 외모에 변화를 줄 수도 있다. 그날 설교 메시지와 옷차림이 서로 어울리면 좋다. 남자들의 경우는 큰 변화를 주기 어려우므로 넥타이 색의 변화나 넥타이 착용 유무 정도를 고려할 수 있다.

② [설교안 사용법] 설교안은 설교의 흐름을 매끄럽게 하고 설교자에게 안정감을 준다. 설교자는 설교안, 즉 설교 원고를 적절히 사용하는 습관을 들여야 한다. 통상 설교안은 묶지 않고 한 장씩 포개놓는다. 물론 이 방식이 불편한 사람은 자신에게 맞는 방식을 찾으면 된다. 설교자에게 가장 익숙하고 편한 방식이 우선이다.

원고에 사용되는 종이는 A4 용지가 일반적이다. 혹자는 이를 반으로 접어서 사용하기도 한다. 하지만 글의 분량이나 이후의 활용도를 고려할 때 A4 용지 정도가 적절하다고 하겠다.

③ [라포르 형성] 성경 강의처럼 설교에서도 라포르 형성이 중요하다. 설교자가 원고를 보면서 읽어 내려가는 형태는 곤란하다. 이렇게 하면 라포르 형성이 잘 안 될 뿐 아니라 설교가 밋밋하게 된다. 설교자는 줄곧 청중과 눈을 맞추려고 노력해야 한다. 간간이 원고를 보더라도, 대부분의 시간은 청중을 향해 시선을 두어야 한다. 또 좌우와 앞뒤로 청중을 끊임없이 살펴야 한다.

설교자가 강단에서 돌아다니며 설교하는 경우도 있다. 신선한 방식일 수는 있으나 자칫 어수선한 분위기가 되면 좋을 것이 없다. 무엇이든 청중과 교회 분위기에 맞추는 것이 자연스럽다. 비본질적인 것을 너무 중요하게 생각할 필요는 없다.

④ 설교자가 설교 때 사용하는 언어도 중요하다.

[발음] 설교자는 발음이 명확해야 한다. 스펄전 목사는 명확한 발음을 내기 위해 입안에 구슬을 넣고 말하는 연습을 했다고 한다. 말을 빨리 하려고 하면 말이 꼬이거나 빠지는 경우가 생긴다. 따라서 익숙한 속도로 하는 것이 좋다. 설교 시간이 촉박하거나 준비가 부족하면 심리적 불안감이 발음에 영향을 줄 수 있으니 사전에 이를 잘 조정해야 한다.

[톤, 음색, 음량, 어투, 억양] 설교자의 말하는 톤도 설교에 영향을 미친다. 처음부터 끝까지 높은 톤으로 설교하면, 청중은 설교 내내 긴장하게 되어 그다지 좋지 않다(보통 때 말은 차분히 하는데 설교 때만 그렇게 하는 경우가 있다). 너무 웅변가처럼 설교하면 메시지의 진솔함이 잘 살아나지 않는다. 평상시의 말투와 달리 특유의 설교 어투를 펼치는 경우도 있는데 이도 썩 바람직하지 않다. 설교자의 말투는 개인의 성향이나 특징에 따라 달라지지만 기본적으로는 설교 내용을 잘 반영해야 한다. 내용이 긴장을 불러오거나 평안을 느끼게 하는 것이라면 거기에 맞게끔, 또는 강한 회개를 촉구하는 것이라면 강렬하고 매서운 어투를 사용해야 한다.

사람마다 음색의 차이가 있기에 음색 자체를 뭐라 평할 수는 없다. 어떤 사람은 장조 음색이고 어떤 사람은 단조 음색이다. 각자 자신의 음색을 잘 파악하여 그 장점을 설교에 반영하면 된다. 어떤 사람의 음량은 크고, 어떤 사람은 적다. 자신의 음색과 음량을 알고 거기에 맞게 음향 장비를 사용해야 한다. 설교 전에 미리 신경을 써야 할 부분이다.

[말하는 속도] 말하는 속도가 너무 느려도 안 좋고, 너무 빨라도 안 좋다. 하지만 설교 내용에 따라 속도에도 변화를 주어야 한다. 빨리 말해야 할 내용이 있고 느리게 말해야 할 내용이 있다. 이를 적절히 섞어야 한다. 강조해서 말해야 할 때는 크게 말하고 성찰로 이끌 때는 작게 말하

는 기교도 필요하다. 이는 단순히 원고를 읽는 것만으로 설교가 되지 않는다는 말이다. 근본적으로는 설교자가 설교 내용에 몰입하여 먼저 그 메시지 앞에 인격체로서 설 때, 이 모든 균형과 조화가 자연스럽게 흘러나온다. 설교자는 설교하는 그 순간에 살아 있는 유기적 인격체로 존재해야 한다.

[전문용어] 설교에서 전문용어를 사용하는 것은 조심해야 한다. 가능하면 청중이 알아들을 수 있는 쉽고 평이한 말로 표현하도록 한다. 그리스어나 히브리어는 될수록 사용하지 않는 것이 좋다(보통은 청중이 부담스러워 한다). 원어를 꼭 사용해야 하는 경우라면 원어의 발음에 집중하기보다는 그 뜻을 정확히 밝히는 것이 좋다. 원칙적으로 원어 사용은 피할 수 있으면 피한다.

"설교를 실행하는 방법도 반복해서 배워야 한다."

(3) 교안 활용

한국교회는 설교 때 교안을 거의 사용하지 않는다. 하지만 설교 교안을 사용하면 여러 면에서 유익이 있다.

교안의 필요성

설교 교안은 설교자에게 설교의 논리를 확인시켜주고 전체 설교를 한눈에 보게 한다. 설교가 어느 정도 진행되었는지도 알 수 있게 해준다. 따라서 교안을 사용하면 일차적으로 설교자에게 도움이 된다.

교안은 청중에게도 도움이 된다. 무엇보다 설교의 전체 흐름을 알려주고 설교를 따라가는 데도 도움을 준다. 예배 후 설교 내용을 다시 기억하는 일에도 유용하다. 교안이 없으면 설교가 잘 기억나지 않지만 교안을 다시 보면 설교의 주요 메시지를 다시 떠올릴 수 있다.

교안 만드는 법

교안을 만드는 법은 간단하다. 설교 작성 때 만든 설교 구조가 곧 교안이 될 수 있기 때문이다. 설교 구조 모두를 교안으로 쓰지 말고 그중 더 중요한 부분만 선별해서 교안으로 구성하면 된다. 앞서(9.3.2.(2)) 만든 "설교 구조 1"(〈표 36〉)과 "설교 구조 2"(〈표 37〉)는 그대로 교안이 될 수 있다. 컴퓨터 문서 프로그램을 사용해서 설교안을 만들었다면 더욱 쉽게 교안을 만들 수 있다. 해당 파일의 얼개를 추출해서 새 파일로 만들면 된다. 만든 설교 교안은 주보에 넣어 설교자나 청중이 볼 수 있게 하면 좋다.

"설교를 돕는 설교 교안을 사용하면 좋다."

(4) 성령과 설교

설교하기 직전에 가서야 성령의 도움을 간절히 구하는 경우가 있다. 자신이 할 일을 다 했으니, 이제 성령께서 설교를 잘하게끔 도와달라고 구하거나, 설교 준비가 미흡한 것을 채워주시기를 기도하는 것이다. 하지만 이런 기도에는 문제가 있다. 물론 설교할 때 성령의 도움을 간구하고 미흡한 점을 채워달라고 기도할 수 있다. 하지만 설교 전에는 성령이 관여하시지 않는 것처럼 생각하다가 설교에 임박해서는 관여해달라고 하는 식의 기도는 문제다.

설교자는 설교 준비 때부터 성령께 간구해야 한다. 설교안을 작성할 때도 하나님께 간구하며 그분의 지혜를 따라야 한다. 나아가 PBS를 할 때부터도 성령께 의존해야 한다. 결국 설교 준비 과정 전체에 성령님이 함께하신다. 내가 할 일을 다 해놓은 그다음에야 하나님께 구하면 안 된다. 성경을 펼쳐 든 순간부터 하나님께 구하며 나아가야 한다. 사실 우리가 살아 있는 순간순간이 어디 하나님 없이 가능하겠는가? 성령은 설교 준비와 설교 실행 전체를 주관하는 분이시다. 참된 설교자는 성령 하나님과 함께 설교를 준비하고 실행한다.

"성령 하나님은 설교 준비와 실행에 모두 함께하신다."

9.3.4. 청중의 노력

성경 강의 때도 청중의 노력이 요청되는 것처럼 설교를 들을 때도 청중은 설교자와 함께 책임을 나눠서 져야 한다. 청중은 설교를 통해 성경 묵상이 제대로 실현되도록 적극적으로 임해야 한다. 손바닥도 마주쳐야 소리가 난다고 하지 않는가.

① [10분 전까지는 도착] 청중이 할 수 있는 가장 간단한(?) 노력 중 하나는 늦어도 예배 10분 전까지 자리에 앉는 것이다. 그래야 예배 중 선포되는 말씀에 집중하기가 쉽다. 헐레벌떡 교회에 와서 설교 직전에야 자리에 앉으면 설교 말씀에 적극적으로 반응하기가 어렵다. 예배 전에 일찍 모이는 것은 기본적인 사항이지만 사실 실천하기가 그리 쉬운 것만도 아니다. 지금도 적지 않은 교회가 이 문제로 고민하고 있을 것이다.

② [내려놓기] 10분 전까지 오는 것만이 능사는 아니다. 시간에 맞춰 오더라도 마음이 분주한 상태로 있으면 매한가지다. 하다 만 일, 해야 할 일, 마음에 있는 근심 등을 잠시만이라도 내려놓는 시간이 필요하다. 그래야 하나님의 말씀이 내 안에 들어오기가 쉽다. 길 앞에 있는 장애물을

치워야 그 길로 지나갈 수 있다. 설교가 시작되기 전까지 그런 마음의 상태가 되도록 스스로를 다스려야 한다. 내려놓는 첫 번째 단계는 잊는 것이다. 일단 복잡한 일상의 문제들을 뒤로하고 예배에 집중한다.

③ [들으려는 마음] 그다음 필요한 것은 들으려는 마음이다. 그냥 와서 앉아 있다가 가는 것이 아니라 오늘 자신과 청중을 향하여 하나님이 하시는 말씀을 기대하는 자세를 가져야 한다. 설교자를 통해서 나 자신과 우리 교회에 주시는 하나님의 말씀을 듣고자 할 때 설교가 살아 있는 말씀으로 변하기 쉽다. 설교자가 연속 설교를 하는 중이라면 이전 설교 내용을 상기하는 것도 좋은 방법이다. 이때 주보에 지난주 설교 요약이 있으면 유용하다.

④ [성경 상고(相考)] 성경 강의에 참석한 청중처럼 설교를 듣는 청중도 계속해서 성경을 살펴야 한다. 단순히 설교자가 하는 말만 듣기보다 설교자가 풀어내는 본문의 의미가 진정 그러한지, 성경을 참고하며 생각해보는 것이다. 성경을 상고하는 청중일수록 설교를 통해 성경을 묵상할 기회가 많아진다. 성경을 상고하는 청중은 본문 설교를 즐거워하게 된다.

⑤ [스스로 적용] 청중은 설교자가 풀어가는 성경 해석에 재미를 느낄 뿐 아니라 설교자가 제시하는 적용의 방향에도 흥미를 두어야 한다. 설교자는 청중 전체를 대상으로 설교하기 때문에 적용의 구체적 영역과 세밀한 부분까지 모두 다룰 수는 없다. 설교자는 적용의 씨앗만을 던져줄 뿐이다. 현명한 청중은 그 씨앗을 잘 받아서 스스로 가꾸어야 한다. 설교를 들으면서 특별히 자신에게 적용되는 점을 구체적으로 찾고 표시하는 게 좋다. 또한 설교 후에도 그것을 깊이 숙고하며 발전시켜나가야 한다. 적용을 발전시키는 책임은 설교자가 아니라 청중인 자기 자신에게 있다.

9.3.5. 참고 사항

설교할 때 참고할 사항 몇 가지가 있다.

① [표적 설교] 설교자가 청중 가운데 어떤 특정 인물이나 특정 그룹을 향하여 들으라는 식으로 하는 설교는 좋지 않다. 어떤 특정인을 염두에 두고 설교를 준비하면 해당 본문이 설교를 이끌어가기 어려워진다. 설교자의 관심과 욕구가 본문을 왜곡할 수 있기 때문이다. 평소에 내가 개인적으로 하고 싶은 말을 설교 시간에 하는 것은 역효과를 내기 쉽다. 설교는 내가 말하고 싶은 것을 전하는 것이 아니라 하나님이 말씀하시는 것을 듣는 창구다.

② [본문 지배력 향상] 설교자는 성경 본문이 설교를 지배하도록 늘 노력해야 한다. 그래야 하나님이 그 설교를 통해 활동하시는 길이 쉽게 열린다. 또한 그것이 설교자의 설교가 진짜 생명력을 얻는 길이다. 따라서 설교자는 어떻게 하면 본문이 내 설교를 지배할 수 있는가를 항상 고민하며 연구해야 한다.[13] 물론 본문에 충성하는 이런 태도는 PBS를 할 때도 마찬가지다. PBS의 문맥 구조를 연구할 때부터 그런 태도가 몸에 배어야 한다. 그래야 설교 때까지 자연스럽게 이어질 수 있다.

13 참조. W. Brueggemann, 『텍스트가 설교하게 하라』(서울: 한국성서유니온선교회, 2012).

9.4. 나가는 말

성경 강의와 설교는 리더가 청중을 성경 묵상의 자리로 이끄는 방법이다. 이 두 방법을 잘 활용하면 교회에 많은 유익이 미친다. 두 방법의 파급효과가 매우 크기 때문이다.

하지만 현실은 녹록지 않다. 설교는 적지 않은 기간 동안 그 빛을 잃어왔고, 성경 강의는 기대만큼 활성화되지 않았다. 하지만 기회가 아주 없는 것은 아니다. 성경 강의와 설교가 온전해짐으로써 교회가 회복되었던 사례들을 교회 역사가 잘 보여주기 때문이다. 이번 장에 쓰인 내용은 그런 회복에 대한 기대를 바탕으로 한다. 왜냐하면 그것이 성경 강의와 설교가 나아가야 할 길이기 때문이다. 성경 강의와 설교를 통해 하나님의 다스리심이 교회 안에서 더욱 분명하게 나타나기를 바란다.

"성경 강의와 설교가 온전해지면 교회가 회복된다."

더 읽어볼 만한 자료

김서택. 『건축술로서의 강해 설교: 구상에서 전달까지』, 서울: 홍성사, 1998.

Black, W. 『강해 설교 어떻게 준비할 것인가?』, 서울: 성서유니온선교회, 2000.

Brueggemann, W. 『텍스트가 설교하게 하라』(*The Word Militant*), 서울: 한국성서유니온선교회, 2012.

MacArthur, J., R. L. Mayhue, et al. 『강해 설교의 재발견』(*Rediscovering Expository Preaching*), 서울: 생명의 말씀사, 1993.

Lane, D. 『강해 설교』(*Preach the Word*), 서울: 성서유니온, 1982.

Robinson, H. W. 『강해 설교』(*Biblical Preaching: The Development and Delivery of Expository Messages*), 박영호 옮김, 증보판; 서울: 기독교문서선교회, 2007.

Robinson, H. W., T. W. Robinson. 『1인칭 내러티브 설교』(*First-Person Narrative Message*), 서울 : 이레서원, 2004.

10장

성경 사용법

성경 묵상의 삶과 사역

"큐티가 더 중요한가요, 설교가 더 중요한가요?"

"큐티가 성도를 변화시킵니다. 설교로는 변화되지 않아요."

"큐티로 하나님을 깊이 만날 수 있어서 좋아요."

"저는 설교가 은혜가 돼서 좋던데요."

"한번 설교의 영광을 경험하면 설교가 얼마나 좋은 것인지 알 수 있어요."

이런 질문이나 대화는 주변에서 흔히 들을 수 있다. 이와 관련하여 대놓고 자기 의견을 표현하지 않는 사람도 속으로는 나름대로 판단을 내리고 있는지 모른다. 혹자는 큐티에 더 흥미를 느끼고, 혹자는 설교가 더 낫다고 말한다. 때론 이런 생각이 갈등으로 표출되기도 한다. 5장에서 언급했던 M 교회의 L 집사와 P 목사 사이의 갈등이 그런 예다(참조. 5.1.1).

사실 이런 의문은 아들이 좋은지, 딸이 좋은지 묻는 것이나 아빠가 좋은지, 엄마가 좋은지 묻는 것과 유사하다. 이런 질문들에 무조건 한쪽으로 답할 수 있을까? 아니다. 실제로 한쪽이 더 좋을 수도 있다. 하지만 이쪽이 좋다고 저쪽을 무시할 수는 없다. 딸도 좋고 아들도 좋으며, 아빠도 좋고 엄마도 좋기 때문이다. 그래서 어쩌면 둘 다 좋다고 말하는 게 정답일지 모른다.

10.1. 큐티냐 설교냐 그것이 문제로다.

큐티와 설교의 경우도 그렇다. 어느 한쪽만이 좋은 게 아니라 둘 다 좋다. 둘 다 필요하다. 큐티와 설교는 상호 대립하는 것이 아니라 서로를 보완한다. 두 방법 모두 성경을 묵상한다는 동일한 목표를 가지고 있다. 단지 그 역할과 특징이 다를 뿐이다. 따라서 배타적으로 하나만 선택할 것이 아니라 상호 보완적으로 함께 취해야 한다. 엄마도 필요하고 아빠도 필요하며, 아들도 좋고 딸도 좋은 것처럼 말이다. 앞서 L 집사와 P 목사의 갈등은 (해석을 삼킨) 적용중심주의가 빚어낸 치우침과 독선과 분열의 문제였다(참조. 5.1.2). 거기서 벗어나야 한다. 엉터리 큐티와 왜곡된 설교가 문제다. 큐티건 설교건 간에 해석도 제대로 해야 하고 적용도 똑바로 해야 한다. 그렇게만 하면 큐티도 깊이 와 닿고 설교도 감동이 된다. 두 가지 모두 은혜를 전달하는 좋은 방법이다. 이 두 가지는 함께 가야 한다. 아니, 이 두 가지만이 아니라 성경을 묵상하는 여섯 가지 방법—PBS, 큐티, GBS, 큐티 나눔, 성경 강의, 설교를 말한다—이 함께 가야 한다.

결국 문제의 답은 이 여섯 가지 방법을 어떻게 조화롭게 사용하는가에 달려 있다. 우리의 삶과 사역에서 이 여섯 가지 방법을 얼마나 균형 있게 활용하는가가 중요하다. 그 모두가 성경을 묵상하도록 이끄는 좋은 방법이기 때문이다.

"큐티와 설교는 배타적이 아니라 보완적이다. 모두 함께 가야 한다."

10.2. 성경을 묵상하는 삶

성도는 성경을 묵상하는 삶을 살아야 한다. 성경 말씀을 통해 하나님의 다스림이 우리의 삶에서 자연스럽게 실현되도록 해야 한다. 하나님은 우리를 인격체로 만드시고 (그리스도와 성령으로 말미암아) 성경 말씀을 통한 감동과 훈계로써 우리를 다스리시기 때문이다. 따라서 성경 묵상을 통해 하나님의 통치가 우리 안에 임하도록 우리의 삶을 꾸려가야 한다.

성경 묵상의 통로 확보

우선은 여섯 가지 성경 묵상의 통로를 잘 확보해야 한다. PBS, 큐티, GBS, 큐티 나눔, 성경 강의, 설교 모두가 우리의 삶에서 잘 펼쳐질 수 있도록 환경을 조성해간다. 큐티도 열심히 해야 하고 설교도 잘 들어야 한다. 때가 되면 그룹 성경 공부에도 참여하고 혼자서도 성경을 공부해야 한다. 물론 큐티 나눔에도 참여하고 성경 강의도 듣는다. 이렇게 여섯 가지 성경 묵상의 채널을 활짝 열어둘 때, 우리는 성경을 더욱 깊이 맛보게 되고 하나님은 말씀을 통해 우리를 그분의 백성으로 이끌어가신다. 그리고 우리 안에서 하나님 나라가 성취된다(물론 이 여섯 가지 방법이 엉터리가 아니라 제대로 된 것이라는 전제하에서다).

여섯 가지 채널을 활성화하고자 할 때 이어지는 자연스러운 순서가 있다. 통상 성도는 처음 교회에 출석하면서 설교를 가장 먼저 듣는다. 그리고 시간이 좀 더 지나면 주일 오후 모임이나 구역 모임 등을 통해 그룹 성경 공부 모임에 참여하게 된다. 교회에서 "새 신자 과정"을 거치며 큐티를 배우는 경우도 있다. 그러다 보면 교회에서 (또는 외부에서) 개최하는 성경 강의 프로그램에 참여하기도 한다. 큐티를 나누는 일에도 용기가 생기고 결국 스스로 성경을 깊이 공부하는 단계에 이른다(물론 이 과정은 사람에 따라 완전히 다른 방식과 순서로 나타나기도 한다). 이런 과정이 진행될 때 자연스럽게 그 흐름을 따라가는 것이 중요하다. 중간에 멈추거나 지체하면 성경 묵상의 통로가 점점 좁아진다. 그러면 성경을 묵상하는 일이 힘들어진다. 따라서 성경을 숙고하는 어떤 기회가 생길 때 거기에 적응하면서 각각의 방법에 익숙해지도록 노력을 기울여야 한다.

설교와 성경 강의

교회에서 설교를 들을 때는 그저 수동적으로만 듣지 말고 성경을 살펴보며 적용을 염두에 두어야 한다. 적극적으로 들어야 한다는 말이다. 그래야 성경을 깊이 묵상하는 경험을 할 수 있다. 강의도 마찬가지다. 다만 강의에서는 해석의 깊은 과정을 맛보는 데도 신경을 써야 한다.

요즈음에는 인터넷으로 설교나 강의를 들을 기회가 많다. 원한다면 주일만이 아니라 언제든지 들을 수 있다. 여기서 중요한 점은 바른 선택이다. 수많은 설교와 강의 중에서 바른 설교와 좋은 강의를 찾는 것이 마냥 쉽지만은 않다. 설교의 범람과 강의의 홍수 속에서 성경 묵상의 생수를 제대로 공급하는 파이프를 찾아내야 한다.

좋은 강의와 설교를 일정 기간 이상 접하면 성경을 묵상하는 힘이 생긴다. 곧 성경해석학의 억양이 내 몸에 배는 것이다. 경상도에서 자라면 경상도 사투리를 쓰고 전라도에서 자라면 전라도 사투리를 쓰듯이, 올바른 성경 강의와 설교를 오래 들으면 그 안에 배어 있는 성경 묵상의 문법과 성경해석학의 억양을 자연스레 체득하게 된다. 그래서 건강한 교회를 선택하고 바른 설교와 강의를 찾아 듣는 일이 매우 중요하다.

큐티 나눔과 GBS

초신자가 교회 생활에 어느 정도 적응하면 주일 오후 모임에 참석하라는 제안이나 구역(셀)으로 모이자는 제안을 받게 된다. 하지만 그룹 성경공부와 큐티 나눔은 참석하기가 좀 부담스럽다. 일단 참석하게 되면 가만히 앉아 있을 수만은 없을 것 같고 뭔가 말을 하며 분위기에 맞게 어떤 역할을 해야 할 것 같기 때문이다. 그래서 머뭇거리기 일쑤다. 하지만 이때 과감한 결단을 내릴 필요가 있다. 처음 참석할 때는 그다지 말을 많이 하지 않아도 된다. 단지 참석해서 듣고 보는 것만으로도 족하다(지혜로운 사회자는 새로 온 참석자에게 너무 많은 부담을 주지 않을 것이다). 가서 보고 듣다 보면 배울 것이 생긴다. 잘못된 해석도 있고 적절한 해석도 있다. 시의적절한 적용도 듣고 기이한 적용도 듣게 된다. 그런 중에 분별력이 생긴다. 나도 할 만하겠다는 용기가 조금씩 싹튼다. 시도도 해보고 실수도 해본다. 하지만 결국은 성경을 해석하고 적용하는 요령을 터득해간다.

좀 더 용기가 나면 교회 밖의 여러 단체에서 진행하는 모임에 참석할 수도 있다. 이런 모임은 개교회가 갖는 한계를 극복하는 데 도움을 준다. 개교회는 특정한 스타일이나 전통, 또는 교리에 쉽게 묶이곤 한다. 이는 장점인 동시에 단점이다. 외부 모임은 그런 단점을 극복하는 실마리가 된다.

그곳에서는 새로운 시각을 접하고 참신한 접근법을 경험할 수 있다. 물론 이때도 선택과 판단이 중요한 문제로 떠오른다. 최근에는 엉터리 집단이나 이단적 모임도 많아져서 더욱 조심해야 한다. 그래서 그냥 아무 모임이나 따라가기보다는 공신력 있는 모임임을 확인하고 찾아가는 게 좋다.

큐티와 PBS

그러다 보면 성경을 스스로 묵상하고자 하는 바람이 생긴다. 리더로부터 도움을 받는 것도 좋고 다른 사람과 함께하는 모임도 좋지만 스스로 성경을 깊이 묵상하고 싶어진다. 그래서 배우게 된 큐티를 매일 실천한다. 큐티를 하다 보면 재미있지만 한계도 느낀다. 해석의 한계를 넘어서고 싶어진다. 그때 PBS가 나를 반겨준다. 스스로 성경을 공부하기 시작하면 성경 공부가 꿀맛 같아진다. 성경이 이렇게나 재미있는 것이었나 하고 감탄한다. PBS로 더 많은 것을 깨닫게 되면 큐티도 더 재미있어지고 삶은 더욱 흥미진진해진다. 하나님이 나를 어떻게 이끄실지 궁금해지고 기대감이 커진다. 삶의 질곡과 고난이 억누르는 때에도 PBS와 큐티를 통해 그 어려움을 이겨내는 기쁨을 맛볼 수 있다.

물론 이런 기쁨은 큐티와 PBS를 제대로 했을 때의 이야기다. 엉터리로 하면 기쁨이 아니라 재앙을 맛보게 된다. 엉터리 큐티로 삶이 망가져 갈 수도 있고 잘못된 성경 공부로 신앙이 왜곡될 수도 있다. 따라서 큐티를 제대로 배우고 PBS를 바르게 하는 것이 중요하다. 그래야 참 기쁨을 누릴 수 있다. 이런 기쁨이 쌓이면 다른 사람에게 이 기쁨을 나누어주고 싶은 마음이 생긴다. 그래서 다시 모임을 찾게 되고 또 강의와 설교에 집중하게 된다.

"가끔 내게 몇 가지 성경 묵상의 채널이 열려 있나 자문해보자."

하나님의 뜻대로 살아감

성경의 내용만 머릿속에 가득 채우는 것이 전부가 아니다. 성경 지식의 양만 늘리는 것이 아니라 성경을 묵상하는 일이 깊어지는 것이 중요하다. 물론 지식도 늘어간다. 배경 지식이 쌓이면서 성경에 대해 해박해진다. 하지만 더 중요한 것은 하나님을 아는 지식이다. 하나님을 더 깊이 알아가며 그분의 마음을 읽어야 한다. 하나님의 마음을 읽으면서 나의 마음이 하나님의 마음을 닮아간다. 성령을 통해 그분의 마음이 내 안에 살아계신 것을 느낀다. 그래서 생각도 바뀌고 삶도 바뀐다. 하나님의 뜻대로 살아가기를 힘쓰며 거룩한 삶을 경험한다. 하나님의 통치가 내 안에, 우리 안에 이루어지는 것이다.

이처럼 여섯 가지 방법에 친숙해지면 하나님이 우리 안에서 역사하시는 공간이 확대되고 하나님이 다스리시는 삶의 영역이 넓어진다. 결국 우리 안에서 하나님 나라가 이루어져 간다. 내 삶의 전 영역에서 하나님이 좌정하시고 이끄시는 일이 점점 더 실현되기 쉬워진다. 성경 묵상을 통해 하나님의 백성으로 사는 사람은 그냥 성경 지식을 쌓는 것이 아니라 삶의 구체적 문제를 해결하고 주님의 뜻대로 현실을 살아가는 행동을 하게 된다.

"성경을 묵상하는 삶은 하나님의 뜻을 이루는 거룩한 삶이다."

10.3. 성경을 묵상하게 하는 사역(목회)

성도 개인도 스스로 성경 묵상의 여섯 가지 채널을 확보하기 위해 노력해야 하지만, 더 중요한 것은 교회가 이 여섯 가지 채널을 제대로 제공하기 위해 노력하는 일이다. 교회 안에서 여섯 가지 채널이 제대로 기능해야 신자들이 그 혜택을 누릴 수 있다. 교회는 이 여섯 가지 채널이 늘 열려 있도록 목회 시스템을 짜야 한다. 다음에 제안하는 내용은 이 채널을 극대화할 수 있는 전략에 대한 한 가지 예시다.

"성경을 묵상하는 여섯 가지 방법을 전략적으로 활용한다."

10.3.1. 집회: 설교와 성경 강의

가장 먼저 생각할 수 있는 것은 리더가 성경을 묵상하도록 이끄는 집회의 전략이다.

강해 설교

우선 강해 설교를 염두에 두어야 한다. 성경 본문을 집중적으로 묵상하게끔 하는 목표에 가장 부합하는 설교 방식이 강해 설교이기에 교회가 강해 설교에 깊은 관심을 두는 것은 당연하다. 근자에 한국교회에서 설교에 대한 평가 점수가 낮은 것은 사실이다. 하지만 이는 현재 한국교회가 설교를 제대로 못 함으로써 초래된 문제지, 설교의 기능이 원래부터 다른 방법에 비해 열등해서 그런 것은 아니다.

교회 역사에서 훌륭한 설교자들이 끼쳤던 큰 영향을 생각해보면 이를 이해하기가 쉽다. 예를 들어 영국의 로이드 존스, 스펄전, 존 스토트(John Stott) 목사가 그렇고, 케직 사경회(Keswick Convention)나 스프링 하비스트(Spring Harvest)가 미친 파급효과가 그렇다. 따라서 교회는 제대로 된 강해 설교가 교회 강단에서 울려 퍼지도록 힘써야 한다. 설교자는 강해 설교를 심도 있게 배우고 이를 강단에서 제대로 실현해야 한다. 이는 목회자와 설교자가 짊어져야 할 당연한 책무다. 주일, 수요일, 금요 철야, 새벽기도회에서 강해 설교가 살아나야 한다.

설교 적용 나눔

주일 오후 모임을 설교 나눔 모임으로 해도 좋다. 앞서 밝혔듯이 설교를 들을 때 설교자가 전해주는 적용 아이디어의 씨를 잘 키워야 한다(참조. 9.3.4). 청중은 설교를 들을 때 적용할 점을 메모해두었다가 발전시켜야 한다. 물론 이것은 나중에 개인이 스스로 해도 된다. 하지만 설교 직후에 소그룹 모임에서 적용을 나누게 한다면 그 효과는 더 커질 수 있다. 설교를 듣고 무조건 "은혜받았다"라는 말로 끝내지 않고 본문 내용을 구체적으로 적용할 수 있는 장을 만들어주는 것이다.

주일 오후 모임은 통상 오후 예배를 드리거나 그룹 성경 공부를 한다. 이 시간을 설교 나눔 모임으로 하면 된다. 한때는 GBS를 하고 또 한때는 "설교 적용 나눔"을 한다. 예를 들어 큐티 나눔, GBS, 설교 나눔을 분기나 반기마다 돌아가면서 바꾸어 하는 것이다. 큐티 나눔은 자신이 큐티한 것을 나누는 것이고, 설교 적용 나눔은 설교 때 들은 내용을 기초로 자신에게 더 깊이 적용한 내용을 함께 나누는 것이다. 설교자가 나눔에 도움이 되는 질문 몇 개를 주보에 기재해줄 수도 있다.

이런 모임을 진행하면 성도는 오전에 들었던 설교를 다시금 복습하게 되어 메시지를 더욱 선명하게 이해할 수 있다. 또한 주일마다 설교에 더 집중할 수 있다. 하지만 조심해야 할 점도 있다. 이 모임이 설교를 비평하는 시간으로 전락하지 않도록 해야 한다는 것이다. 이 시간은 설교 메시지에 자신의 적용을 추가하는 시간이지, 설교를 비평하고 평가하는 시간이 아니다. 또한 다른 사람의 적용을 들으며 자신의 적용을 발전시키는 기회로 삼아야 할 것이다.

주보 활용

주보가 설교를 적절하게 돕도록 꾸미는 것도 하나의 방법이다. 앞서 말했듯이 설교 교안은 청중의 설교 이해를 돕는다(참조. 9.3.3.(3)). 설교자는 주보에 설교 교안을 포함시켜 청중이 교안과 함께 설교를 들을 수 있게 한다.

또한 오후 모임에 도움이 되도록 그날 설교 본문과 관련하여 적용 질문을 몇 개 넣으면 좋다. 이 질문은 설교를 들을 때 청중에게 도움이 되고, 설교 적용 나눔 모임에서 사용해도 된다.

연속 설교를 하고 있다면 주보에 지난주 설교 내용을 요약해서 넣는 것도 생각해볼 만하다. 그렇게 되면 청중은 이번 설교를 듣기 전에 지난주 설교를 다시 맛보며 생각을 이어갈 수 있다. 그런 과정은 오늘 설교 본문을 이해하는 데 도움이 된다. 이는 지난주 설교도 다시 살리고 이번 주 설교도 살리는 유익한 방법이다.

다음 주 설교 본문을 미리 제시하며 사전 질문을 써놓는 것도 좋다. 그렇게 하면 관심 있는 청중은 설교 본문을 미리 읽어보고 설교의 효과를 높이게 된다. 이는 청중이 지속적으로 성경 말씀을 묵상하도록 유인하는 장치다.

SNS 활용

주보와 함께 SNS(Social Network Services/Sites)를 활용할 수도 있다. 요즈음 사람들은 지면보다는 SNS에 더 친숙한 부분도 있어서 설교 관련 SNS

방—예를 들어 카카오톡, 밴드, 페이스북 등을 활용한다—을 마련하여 운영해볼 만하다. 이곳에는 지난주 설교 요약, 이번 주 설교 가이드 질문, 다음 주 설교 본문과 가이드 질문 등을 정기적으로 올리면 된다. 또한 성도들이 설교 나눔을 적극적으로 올리도록 유도할 수도 있다.

하지만 여러 사람에게 공개되는 공간에 올리는 글인 만큼 적용 나눔을 할 때는 나름대로 조심하는 것도 필요하다. 온라인상의 글은 한번 올리면 (지우기 전까지는) 없어지지 않고 멀리 있는 다른 사람들에게까지 쉽게 전달되기 때문이다. 그래서 비공개 단체 방을 만드는 것도 생각해보아야 한다.

말씀 기도회

통상 설교는 말씀을 전한 설교자가 기도하고 끝난다. 하지만 설교가 진정으로 성경을 깊이 묵상하도록 이끌게 하려면 말씀이 끝난 후 청중과 함께 기도 시간을 갖는 것이 좋다. 그 기도를 통해 설교에서 들은 말씀이 청중 각자의 삶에 더욱 깊이 심어지도록 하는 것이다.

설교자는 설교 말씀을 마친 후 그날 전한 메시지와 관련하여 청중에게 기도할 것을 요청하고 약 5-10분간 함께 기도한다. 그리고 그 기도 끝 무렵에 대표로 기도한다. 이는 설교가 단순히 강론으로만 끝나는 것이 아니라 청중의 기도 반응을 포함하도록 하는 방식이다. 이때 필요하면 설교자는 기도 제목 몇 가지를 제시할 수도 있다.

하지만 주일 설교는 이렇게 함께 기도하는 시간을 넣기가 쉽지 않다. 그런 경우라면 처음에는 청중에게 1-2분 가량 함께 기도하게 하고 이후 조금씩 시간을 늘려가면 된다. 이런 방식이 청중에게 좀 더 익숙하게 하려면 수요일 집회를 "말씀 기도회"로 진행하는 것도 생각해볼 만하다.

많은 교회가 수요 집회를 주일 예배의 약식 형태로 하기도 하고, 설교 후에 기도회를 진행하는 방식으로 하기도 한다. 하지만 보통은 이때 설교 말씀과 기도회를 직접 연결하지는 않는다. 반면, 말씀 기도회는 설교 말씀과 그 후의 기도회를 긴밀하게 연결해서 진행하는 방식이다. 설교를 통해 들은 메시지를 가지고 각 개인과 공동체가 함께 기도 시간을 가진다. 설교에 20분, 기도에 20분 정도를 할당하여 수요 집회를 한다(물론 그 전에 찬양을 20분 정도 할 수 있다). 수요 집회에는 신앙생활에 열심인 사람들이 주로 참석하기에 기도 시간을 좀 더 늘려도 큰 부담이 없다. 성도들이 수요 집회로 말씀 기도회에 좀 더 익숙해지면 주일 예배 때도 말씀 기도회 형식을 활용하기가 용이해진다. 이런 말씀 기도회는 설교가 성경 묵상으로 나아가도록 하는 데 적지 않은 도움이 된다.

성경 강의와 사경회

개교회에서 성도에게 성경을 배울 기회를 가급적 많이 주어야 한다. 교회 내 사역자들 또는 외부 사역자들이 성경을 집중해서 가르칠 수 있는 장을 자주 마련한다. 그래야 성도들이 하나님의 뜻을 더 잘 깨닫고 하나님의 다스림 속으로 깊이 들어갈 수 있다.

정기적으로나 비정기적으로 성경 강의 집회를 연다(물론 교회의 형편과 사정에 맞게 한다). 봄과 가을에 특별 사경회(査經會)를 진행하면 성경 묵상의 분위기를 쇄신하는 데 도움이 된다. 신년(新年) 사경회를 개최해도 좋다. 사경회는 이전에 교회에 많이 퍼졌던 전통인데 요즈음에는 좀 시들해진 듯하다. 좋은 전통은 잘 살려야 한다.

주일 특강

통상적인 프로그램으로 잘 충족되지 않는 영역이 있을 때는 주일 특강을 활용한다. 가정이나 사회 및 교회에 큰 이슈가 대두되었을 때, 그 주제와 관련한 특강을 정기적, 비정기적으로 마련한다. 예를 들어 3개월에 한 번 정도의 특강을 기획할 수 있다. 특별히 요즘 같은 때는 시대적 이슈에 대한 성경적 답을 듣는 시간이 유익할 것이다.

대화 가르침

예배에서 설교는 설교자가 일방적으로 전하는 방식이 주를 이룬다. 이는 나름의 특징과 장점이 있다. 하지만 때로는 가르치는 자와 청중 사이의 대화 형식의 가르침이 필요하다. 예수님이 제자들에게 가르치신 방식은 이따금씩 양방향 소통(또는 대화식 설교[dialogue preaching])의 형식을 띠었다(참조. 마 13:1-51).

두 달에 한 번 정도 주일 오후 시간에 이런 양방향 소통의 교육 시간을 가지는 것도 추천할 만하다. 한두 달 동안 들었던 설교 말씀이나 강의 내용 중 궁금한 것을 청중이 질문하고 교역자가 답하는 시간을 갖는 것이다. 이런 양방향 소통을 실현하면 청중은 깨달음이 깊어지면서 말씀을 더 깊이 적용하는 자리로 나아갈 수 있게 된다. 물론 이 방법은 교역자에게 큰 부담이 되는 것이 사실이다. 하지만 리더는 자신이 아는 것을 안다 하고 잘 모르는 것은 모른다고 솔직하게 터놓고 소통하면 된다. 매사에 정직함이 신뢰를 쌓는 첫길이다. 그 신뢰가 목회를 새로운 차원으로 안내한다.

수련회

수련회는 한국교회가 오랫동안 지켜온 좋은 전통이다. 하지만 근자에는 여러 이유로 인기가 시들하다. 그럼에도 일상에서 벗어나 일정 기간 집중하며 성경을 공부하고 묵상하는 일은 여전히 중요하다. 따라서 가능하면 현실에 맞는 다양한 방식으로 수련회를 기획해보자.

1박 2일도 좋고 그 이상도 좋다. 강의 방식, 세미나 방식, 캠프 방식, 말씀 기도회 방식 등 다양한 형태로 진행할 수 있다. 물론 계절과 대상에 따라 적절한 방식을 선택한다.

복수 지도력의 가르침

강의나 설교가 풍성한 성경 묵상의 길로 나아가게 하려면 개인 리더십 체제보다는 복수의 지도력을 구성하는 것이 낫다. 아무래도 한 사람이 가진 능력은 한계가 있다. 여러 사람의 다양한 능력과 재능이 모이면 한 사람의 부족한 부분을 채울 수 있을 뿐 아니라 증폭 효과를 얻을 수 있다.

사실 신약성경은 철저하게 복수 지도력을 가르친다. 예루살렘 교회에서도 복수의 리더들(사도들과 장로들)이 사역했고(참조. 행 2:42; 11:30; 15:6, 22 등), 안디옥 교회에서도 복수의 사역자들이 함께 사역했다(행 11:22-26; 13:1 등). 바울이 세운 교회들도 크게 다르지 않았다(행 14:23; 20:17 등).

복수의 설교자들이 주일 예배뿐 아니라 수요 집회에서 설교를 나누어 감당하면 유익하다. 그러면 여러 리더의 다양하고 풍성한 가르침이 교회를 더욱 튼튼하게 할 것이다. 존 스토트 목사가 사역했던 런던의 올 소울스 교회(All Souls Church)는 여러 설교자가 돌아가며 설교하는 전통을 가지고 있다. 내가 참석했던 1992년에도 그러했고 2017년 현재도 그

렇다.[1]

10.3.2. 모임: 큐티 나눔과 GBS

소그룹 모임도 전략적으로 활용할 수 있다.

주일 오후 모임

주일 오후 모임을 그룹 성경 공부나 큐티 나눔으로 한다. 물론 앞서 말한 대로 설교의 적용을 나누는 모임으로 할 수도 있다. 오후 모임은 분기나 반기마다 모임의 형태와 구성원을 바꿔가며 진행하는 것이 좋다. 변화가 없으면 싫증이 나거나 타성에 빠지기 쉽기 때문이다.

큐티 나눔은 주중에 큐티를 했던 본문, 예를 들어 금요일이나 주일의 해당 본문을 사용하면 된다. 그룹 성경 공부를 하려면 목사가 GBS 교안을 만들거나 이미 출간된 좋은 GBS 교재를 선택하여 사용한다. 하지만 가능하면 해당 교회에 맞는 맞춤형 교안을 직접 제작하여 사용하는 게 좋다(교안 작성 방법은 이미 8장에서 설명했다. 참조. 8.2.2.(2)).

대학 청년부 모임

그룹 성경 공부와 큐티 나눔이 활성화될 수 있는 가장 좋은 부서는 대학부와 청년부다. 대학생과 청년들은 궁금한 것도 많고 또래 모임도 좋아하기에 그룹으로 모여 성경을 공부하거나 큐티를 나누면 모임이 잘 운영되는 편이다. 그룹 모임의 조장들을 따로 세워 훈련시키고 지도하는 것

---

1 교회 홈페이지(www.allsouls.org)에 몇 달 치 주일 설교자 명단(Sunday Services Card)이 미리 올라온다.

도 모임을 활성화하는 좋은 방법이다.

물론 조심할 점도 있다. GBS와 큐티 나눔은 결국 성경을 묵상하는 것이 가장 중요한 목표다. 하지만 대학부나 청년부 소그룹 모임에서는 자칫하면 다른 것을 성경 묵상보다 더 우선시하게 될 위험이 도사리고 있다. 예를 들어 남녀 간의 교제도 중요한 변수다. 이런 요소를 마냥 무시해도 안 되겠지만, 성경 묵상이라고 하는 모임의 목표가 소외되는 것은 더더욱 안 된다. 담당 사역자들은 여러 목표가 균형과 조화를 적절히 이루도록 이끌어갈 책무가 있다.

조 편성의 묘

주일 오후 모임이나 각종 부서 모임에서 조 편성은 매우 중요하다. 어떻게 조를 편성하느냐에 따라 그룹 성경 공부와 큐티 나눔의 성패가 결정되기 때문이다. 따라서 리더는 구성원 각자의 성향을 잘 숙지한 상태에서 조를 짜야 한다.

때로는 부부를 한 조에 넣을 수도 있고 흩어놓을 수도 있다. 나이별로 짜야 할 때가 있고 또래 집단별로 짜야 할 때가 있다. 남녀를 따로 편성해야 할 때가 있고 혼성으로 편성해야 할 때가 있다. 이때 누구누구 사이가 좋은지 안 좋은지를 파악하고 그 역학 관계를 잘 고려해야 한다. 또한 모임이 활성화되도록 사회자와 돕는 자를 적절히 배분하는 운용의 묘를 살려야 한다.

구역 교회 모임

주일 오후 모임 외에 주중에 모이는 모임을 만든다. 교회에서는 보통 지역별로 모이는 구역(셀) 모임이 있다. 구역 모임에서 예배를 드리는 경우가 있는데 이를 큐티 나눔이나 GBS 모임으로 운영하는 것도 고려할 만하다.

신약성경에 나타난 교회들은 가정에서 모이는 형태였고(참조. 롬 16:5; 고전 16:19; 골 4:15 등), 이 가정 교회들이 함께 모여 "온 교회" 모임을 이룬 것으로 보인다(참조. 롬 16:23; 고전 14:23).[2] 그렇다면 구역 모임을 집에서 모이는 교회의 개념으로 이해하여 "구역 교회" 형태로 발전시키는 방식도 가능한 것이다. 구역 교회 모임에서는 그룹 성경 공부와 큐티 나눔을 정기적으로 진행한다. 교회 리더들은 구역 교회를 중심으로 교인들의 상황을 점검하고 목회 활동을 펼친다. GBS와 큐티 나눔은 구역 교회를 이루는 근간이 될 수 있다. 참석자들이(구역 교회 식구들이) 함께 성경을 묵상함으로써 구역 교회 모임이 든든해진다.

온라인 나눔 방

대학부나 청년 그룹 모임이나 구역 교회 모임은 SNS를 통해서도 나눔을 활성화할 수 있다. 특히 젊은 사람들은 이런 방식을 매우 선호한다. 주로 오프라인에서 함께 토의하며 적용을 나누지만 여기에 온라인 매체의 장점을 더하면 모임의 효과가 증폭될 수 있다.

하지만 여전히 한계와 위험성도 있음을 명심해야 한다. SNS로는 깊은 이야기를 나누는 데 어려운 점이 있다. 또한 아무 때나 불쑥 메시지가 전달된다는 점도 문제다. 따라서 건강한 생활을 영위하는 데 필요한 적당한 리듬과 패턴을 유지하면서 SNS를 사용하도록 유도해야 한다. SNS

---

2 참조. V. Branick, 『초대교회는 가정교회였다』(홍인규 옮김, 서울: 기독교연합신문사, 2005), 1-51.

를 활용하는 리더는 적극적으로 나서서 조원들에게 적절한 SNS 사용법을 알려주어야 한다.

10.3.3. 개인: 큐티와 PBS

개인이 스스로 성경을 숙고하는 일에도 몇 가지 전략을 생각할 수 있다.

큐티 교재 활용

교회가 큐티를 전략적으로 활용하려면 교회 차원에서 큐티 교재를 선정해야 한다. 교인들의 큐티 본문이 같아야 서로 소통하며 나눔을 갖기가 쉽다. 또한 큐티를 하면서 적절한 도움도 받을 수 있다. 큐티 교재의 도움말은 유익하므로 목회자가 일일이 돕거나 개입하지 않아도 된다. 여기서 중요한 것은 좋은 큐티 교재를 선정해야 한다는 점이다. 그래야 원래 의도했던 성경 묵상의 목표를 이룰 수 있다.

규모가 큰 몇몇 교회는 자체적으로 큐티 교재를 만들기도 한다. 맞춤형 큐티 교재를 제작하는 것이다. 역량이 된다면 좋은 방법이다. 하지만 큐티 교재를 전문적으로 제작하는 단체의 자료는 경제성은 물론이고 전문성과 객관성을 제공한다는 면에서 여러 유익이 있다.

큐티 본문 특강과 참고 도서

성도들이 큐티를 더 잘하도록 돕는 방법 하나는 큐티의 내용이 되는 본문을 미리 성도들에게 강의하는 것이다. 예를 들어 다음 달 큐티 본문이 로마서라면 해당 본문이 시작하기 직전에 로마서 강의를 하는 식이다. 큐티 본문이 (로마서처럼) 어려울수록 사전 강의가 큰 유익이 된다. 성도들이 큐티를 제대로 할 수 있는 가능성을 높여주기 때문이다. 성경 강의는 본문을 올바로 해석하면서 적용의 문턱까지 이끌어준다. 담임 목사가 직접 감당할 수도 있고 해당 본문을 전문적으로 연구한 사람에게 부탁할 수도 있다.

해당 큐티 본문을 이해하는 데 도움을 주는 책을 소개하는 것도 좋다. 큐티에 유용한 책에 관한 광고를 주보에 간략하게 실으면 성도들이 큐티에 더 큰 관심을 두고 해당 본문도 깊이 이해할 수 있어서 일석이조다.

큐티와 설교의 연계

설교 본문을 큐티 본문과 연계하는 것도 하나의 요령이다. 예를 들어 매주 금요일이나 매주 주일 큐티 본문으로 설교를 하는 것이다. 이렇게 하면, 성도들이 매일 하는 큐티와 주일 설교의 메시지가 서로를 보완하고 강화하는 효과를 볼 수 있다. 또한 큐티와 연계된 설교를 들음으로써 본문 이해가 깊어지고 적용의 방향이 세워져서 다음 주에 이어지는 큐티를 더 잘할 수도 있다. 거기다 주일 오후 모임까지 설교 나눔 모임으로 한다면 큐티와 나눔과 설교가 모두 한 방향으로 모여 더 큰 효과를 낼 수도 있다.

물론 한계와 단점도 있다. 이런 설교는 일종의 연속 설교이긴 하지만 직전 주일 본문을 이어가는 것이 아니어서 단절감이 생길 수도 있다(그래도 매주 다른 주제를 택하는 주제 설교보다는 연속성이 있다). 그리고 이는 설교자에게 부담이 될 수도 있다. 설교하기 껄끄러운 본문을 다뤄야 할 때도 있고 큐티보다 설교가 나아야 한다는 부담감도 작용한다(하지만 이런 부담감은 크게 신경 쓸 필요가 없는 것이고 큐티와 나눔과 설교가 결국 한 책에 집중되기에 전체적으로 보면 설교자의 부담을 덜어줄 수 있다). 모든 성경 묵상이 너무 한 책에만 집중된다는 것도 또 다른 단점이다. 하지만 설교와 큐티를 연계하는 것에는 분명한 장점이 있다. 1년에 몇 개월 정도를 이런 방식으로 설교 본문을 잡으면 성도들이 큐티 습관을 기르는 데 큰 도움이 될 것이다.

큐티 교육

정기적으로 큐티 교육을 하는 것도 좋다. 수련회 때나 주일 특강 때 한두 번씩 큐티 교육을 반복하면 큐티를 장려하는 분위기가 형성된다. 이때 다양한 외부 강사를 초빙하면 효과를 극대화할 수 있다. 또한 해가 바뀔 때나 계절이 바뀔 때 큐티 교육을 실시하면 그 효과를 지속시킬 수 있다. 예를 들어 새해부터 새 마음으로 큐티를 실시할 수 있도록 연말에 강의를 마련하는 것이다. 큐티 교육은 주기적으로 계속하는 것이 좋다(참고로 성서유니온선교회는 원하는 지역이나 교회에서 큐티 강의를 해준다).

목회자의 큐티 나눔

목회자 스스로가 큐티를 실천하면서 자신의 큐티 내용을 잘 나누는 모습을 보여야 한다. 그래야 교인들이 따라 배울 수 있다. SNS에서 자신의 큐티 내용을 나누는 것도 하나의 요령이다. 하지만 이때 조심해야 하는 건 이런 나눔이 설교가 되어서는 안 된다는 점이다. 그러면 성도들은 큐티 나눔이 아닌 또 다른 설교를 듣는 셈이 된다. 큐티 나눔은 스스로 깨닫고 적용 및 실천한 것을 내용으로 해야 한다.

물론 공개된다는 한계 때문에 큐티 내용을 다 소개할 수 없는 경우가 많을 것이다. 그렇지만 조금씩이나마 지속적으로 나누는 모습을 보인다면, 성도들도 영향을 받게 될 것이다. 한 가지 당부를 더하자면 그런 나눔이 자랑거리를 나열하는 식이 되지 않도록 조심해야 한다.

새벽 큐티 기도회

교인들이 큐티를 계속할 수 있게끔 하는 또 다른 방법은 새벽기도회 때 큐티 본문을 사용하는 것이다. 새벽기도회에 나온 교인들이 먼저 스스로 큐티 교재로 큐티를 하게 한 후, 목사가 해당 본문에 대한 설명을 간략히 하고 자신이 적용한 점을 몇 가지 나눈다.[3] 그리고 큐티한 내용을 기초로 각자가 기도하는 시간을 가지게 한다. 이를 "새벽 큐티 기도회"라고 부를 수 있다.

새벽 큐티 기도회에 참석하지 못하는 사람은 집이나 직장에서 큐티와 기도를 실천하도록 독려하면 된다. 이런 식으로 새벽 큐티 기도회를 하면 큐티가 일상화되는 데 큰 도움을 줄 수 있다.

큐티 심방

전통적인 심방은 교인의 집이나 직장을 찾아가서 함께 예배를 드리거나 신앙 상담을 하고 기도해주는 것이 주된 내용이다. 이런 방식에는 분명한 장점이 있다. 하지만 때론 큐티를 심방에 적용해 색다른 방식으로 진행할 수도 있다. 심방 중에 성도가 지난 일주일 동안 큐티한 내용을 들으면서 상담과 권면의 시간을 갖는다.[4] 큐티한 내용을 나누는 과정에서 성도의 삶을 더 깊이 들여다보고 현재 당면한 문제가 무엇인지를 자연스레 파악할 수 있다.

이렇게 하면 굳이 성도가 현재 처한 상황이나 상태를 묻는 껄끄러움을 피할 수 있기에 목회자나 성도의 부담이 줄어든다. 목회자가 권면할

---

3 에스라성경대학원대학교에서는 이런 방식을 오랫동안 활용하고 있다.

4 이 방법은 고(故) 윤종하 장로가 심방할 때 자주 쓰던 방법이기도 하다.

때도 자신의 큐티 내용을 토대로 말하면 되기에 덜 어색할 수 있다. 그런데 문제는 상대가 큐티를 전혀 하지 않는 경우다. 따라서 성도 각자의 사정을 고려하여 큐티 심방을 실시해보자.

PBS 훈련 및 교육

PBS는 이 모양 저 모양으로 고려해볼 때 성숙한 신자나 교회의 리더가 감당해야 하는 성경 묵상 방법이다. 목회자는 오랜 기간 스스로 PBS를 제대로 실천해가야 한다. 신학생 시절부터 사역하는 내내 PBS를 손에서 놓으면 안 된다. 특히 담임 목사가 되기 전까지 많은 양의 PBS가 축적되어 있어야 그 이후의 사역을 무리 없이 감당할 수 있다. 담임 목사는 한 주간에 감당해야 할 설교와 강의가 결코 적지 않다. 여기서 밀리지 않으려면 미리 준비된 PBS 노트가 많이 있어야 한다. 오랜 기간 쌓아온 PBS 자료가 없이는 일주일에 4-5개의(심지어는 8-9개의) 설교를 도무지 감당할 수 없을 것이다(어느 순간 힘이 부치면 주석서 몇 개를 짜깁기하거나 타인의 설교를 도용하고 표절하는 일이 발생한다).

PBS는 성도도 해야 한다. 성경 말씀의 단맛을 본 성도는 스스로 성경을 공부하는 데까지 나아간다. 교회는 성도들에게 PBS를 시작할 동기를 부여하고 필요한 교육을 지원해줄 책임이 있다. 이런 사람들이 주일학교 교사가 되고 교회의 중직자가 되며 하나님 나라의 일꾼으로 성장한다. 사실 PBS는 신학생 때부터가 아니라 열심 있는 성도 시절부터 시작해야 한다.

"올바른 성경 사용법은 목회의 꽃이다."

10.4. 나가는 말

교회는 성경적 목회 원리에 부합하는 방법을 발견하고 또 개발해야 한다. 그런데 성경적 목회를 실현하는 가장 좋은 방법 하나는 성도들이 성경을 묵상하도록 이끄는 것이다. 성경적 목회는 한마디로 "성경 묵상의 목회"다. 성도들이 성경을 잘 묵상하면 하나님의 뜻을 깨달아 실천하게 되고, 자연스레 하나님의 다스림이 실현되며, 하나님 나라가 이루어진다. 따라서 교회는 성경을 묵상하게 하는 여섯 가지 방법을 가장 잘 실현할 수 있는 최적의 조건과 환경을 만들어야 한다. 물론 이 조건과 환경은 현실에 맞게 만들어가야 한다.

한편 성도는 교회가 제공하는 성경 묵상의 환경을 최대한 활용하면서 적극적으로 성경을 묵상하는 삶을 꾸려가야 한다. 곧 설교를 잘 듣는 것부터 시작하여 PBS에 열심을 내는 자리까지 가야 하는 것이다. 성경을 묵상하는 여섯 가지 채널(개인 성경 공부, 큐티, 그룹 성경 공부, 큐티 나눔, 성경 강의, 설교)을 잘 열어두고 하나씩 차근차근 실천해갈 때 나와 공동체를 향한 하나님의 다스리심을 깊이 맛볼 수 있다. 이 여섯 가지 채널은 성경을 사용하는 대표적인 방법들이다. 이런 성경 사용법이 몸에 충분히 익을수록 하나님의 통치가 나와 우리 안에서 더욱 잘 이루어진다.

"바른 성경 사용법은 하나님의 통치가 우리 안에 실현되게 한다."

제3부 정리

제1부가 성경 묵상의 본질을 다루고 제2부가 성경 해석을 다룬다면, 제3부는 성경을 사용하는 구체적인 방법을 다루었다. 구체적으로는 성경을 묵상하는 여섯 가지 방법, 즉 개인 성경 공부와 큐티, 그룹 성경 공부와 큐티 나눔, 성경 강의와 설교를 차례로 살폈다. 이 여섯 가지 방법은 모두 성경해석학의 문법을 반영해야 한다.

7장은 개인이 스스로 성경을 묵상하는 방법을 구체적으로 소개한다. 개인 성경 공부는 보통 알려진 "귀납적 성경 연구"보다 한층 더 발전된 것으로서 기존의 여러 연구 결과를 반영해야 한다. 그 과정을 일곱 단계로 압축하여 정리할 수 있다.

① 1단계: 문맥 구조 만들기
② 2단계: 타인의 문맥 구조와 비교하기
③ 3단계: 역사적 연구
④ 4단계: 해석하기
⑤ 5단계: 해석 참고 자료 활용
⑥ 6단계: 적용하기
⑦ 7단계: 적용 참고 자료 활용

큐티는 개인 성경 공부 자료를 기초 삼아 적용 부분을 더욱 강조하는 묵상 방법이다. 개인 성경 공부 자료가 없을 때는 큐티 교재의 도움말을 참조하면 된다. 큐티를 잘하려면 여러 조건을 잘 갖추어야 한다. 큐티는 통상 네 가지 단계로 진행한다.

① 1단계: 시작 기도　　② 2단계: 본문 읽기
③ 3단계: 본문 묵상　　④ 4단계: 마무리 기도

8장은 여러 사람이 함께 성경을 묵상하는 방법을 다룬다. 그룹 성경 공부는 구성원이 함께 해당 본문을 해석하고 적용하며 성경을 묵상하는 방법이다. 여럿이 함께 해석하고 적용하는 방법이기에 공동 "토의"가 매우 중요하다. 여기서 그룹 성경 공부 교안이 핵심적인 역할을 한다. 교안을 잘 만들면 참여자들이 별 탈 없이 성경을 묵상하도록 도울 수 있다. 맞춤형 교안을 만드는 과정에는 다음과 같은 열 가지 요소가 반영되어야 한다.

① 독자 분석　　② 본문과 제목
③ 전체 얼개(outline)　　④ 본문 읽기 지시문
⑤ 설명(도움말)　　⑥ 복습 질문
⑦ 관찰/석의 질문　　⑧ 해석 질문
⑨ 적용 질문　　⑩ 마무리

교안도 중요하지만 실제 그룹 성경 공부에서는 사회자가 매우 중요하다. 사회자는 참석자들이 교안을 따라가며 함께 토의에 참여할 수 있도록 잘 도와야 한다. 사회자는 가르치는 자로 있기보다는 참석자들이 함께 성경을 묵상할 수 있도록 도와야 하며 이때 필요한 다양한 기술을 습득하고 있어야 한다. 참석자들은 교안과 사회자의 인도에 따라 적극적으로 토의에 참여해야 한다.

큐티 나눔은 개인의 적용을 다른 사람들과 함께 나누면서 더 깊은 묵상의 자리로 나아가는 또 다른 방법이다. 그룹 성경 공부가 공동 작업에 강조를 둔다면, 큐티 나눔은 각 개인의 큐티가 다른 사람들의 큐티와 어우러져 상승작용을 일으키는 데 장점이 있다. 큐티 나눔을 진행하는 데도 여러 기술이 필요하고, 사회자와 참여자 모두의 노력이 요구된다. 특별히 참여자는 다음 다섯 가지 사항을 고려해야 한다.

① 바른 해석과 적절한 적용
② 적용 중심적 나눔
③ 일반적 적용 넘어서기
④ 적극적 참여와 삶의 공감대 마련
⑤ 적용 새롭게 하기

9장은 리더가 청중을 성경 묵상의 자리로 이끄는 방법을 다룬다. 성경 강의와 설교가 그것이다. 이 둘은 파급효과가 크다. 따라서 이 방법을 이끄는 사람은 많은 훈련을 받아야 하며 철저한 검증 과정을 거쳐 세워져야 한다.

성경 강의는 강사가 성경을 자세히 해석하는 가운데 청중을 적용의 자리로 이끄는 것이다. 강의 내용이 설교보다 좀 어렵다는 측면이 있지만 잘만 하면 청중을 성경 묵상의 깊은 자리로 이끌 수 있다. 강사는 다음 여덟 가지를 잘 고려하면서 강의안을 준비해야 한다.

① 기초가 되는 PBS 노트　② 뼈대가 되는 문맥 구조
③ 강의안 분량 조절　④ 청중 분석

⑤ 강의안 기본 골격　　⑥ 도입의 조절
⑦ 강의안 표현 방식　　⑧ 논쟁 포함 여부

또한 강사는 강의를 돕는 교안이나 PPT 자료를 만들어 활용할 수 있다. 이때 가장 중요한 것은 강사나 청중 모두 성경 강의가 성경 묵상의 자리가 되도록 적극적인 노력을 해야 한다는 점이다.

설교는 리더가 청중을 성경 묵상으로 이끈다는 점에서는 성경 강의와 동일하지만 적용에 더욱 주안점을 둔다는 점에서는 구별된다. 설교는 강해, 선포, 설득의 세 요소를 특징으로 하는데 여러 설교 방법 중 강해 설교가 그런 특징을 가장 잘 반영한다. 설교 본문의 PBS가 잘되어 있다면 곧바로 설교안 작성 단계로 넘어갈 수 있다. 강해 설교안은 다음 일곱 가지 점을 잘 숙지하고 단계적으로 만들어야 한다.

① 설교 구조　　② 설교안의 특성
③ 제목　　④ 서론(도입)
⑤ 본론(중심 말)　　⑥ 설교문 작성 기술
⑦ 결론(정리, 맺음말)

설교자는 작성한 설교안을 숙지하는 가운데 먼저 스스로 말씀을 깊이 듣는 설교 숙성의 시간을 가져야 한다. 또한 성경 강의 때와 마찬가지로 설교를 효과적으로 실행하는 여러 방법을 잘 익혀야 한다. 마찬가지로 청중 역시 설교를 통해 성경을 제대로 묵상할 수 있도록 적극적인 역할을 감당해야 한다.

10장은 성경을 묵상하는 여섯 가지 방법을 전략적으로 활용하는 방안을 다룬다.

큐티가 더 중요한지, 설교가 더 중요한지 따질 필요는 없다. 자신이 선호하는 방법이 있다 하더라도 그것을 절대화하거나 다른 방법을 무시하면 안 된다. 큐티와 설교는 서로 배타적인 것이 아니라 상호보완적이며 함께 가야 하는 것이다. 성경을 숙고하는 여섯 가지 방법 모두 마찬가지다. 관건은 이 여섯 가지 방법을 어떻게 조화롭고 균형 있게 잘 사용하는가에 있다. 상황에 맞게 이 방법을 모두 사용할 때 성경을 깊이 묵상하는 길이 활짝 열린다.

성도 각 사람은 여섯 가지 방법을 모두 활용하기 위해 노력해야 한다. 통상 설교를 가장 먼저 듣고 이어서 그룹 성경 공부에 참여하며 그 후 큐티와 큐티 나눔을 경험한다. 그 중간에 강의를 듣기도 하며, 대개는 맨 마지막 단계에 이르러 개인 성경 공부에 열심을 낸다. 이런 자연스러운 순서에 순응하는 게 좋다. 기회가 주어졌을 때 거부하지 말고 능동적으로 참여하며 경험하고 배운다. 어떤 특정한 방법이 특히 좋을 때는 그 방법으로 성경을 깊이 묵상하면 된다. 하지만 그 방법만 너무 고집하지 않는 게 좋다. 오히려 특정한 방법에서 터득한 경험을 다른 방법에도 잘 활용할 수 있게 노력해야 한다.

교회는 이 여섯 가지 성경 묵상 방법이 교회의 프로그램과 활동에 잘 배어 있도록 조건과 환경을 만들어가야 한다. 한 가지 방법을 각기 실행하는 것도 좋지만 여러 방법이 서로 연관되어 상승효과를 내도록 유인하는 게 더 낫다. 예를 들어 큐티 본문을 가지고 설교를 한다든지, 주일 오전에 설교를 한 후 오후 모임에서 조별로 적용 나눔을 한다든지 하는 방식이다. 여기서 핵심은 여러 조건과 환경이 어우러져 성경을 묵상하고자 한 원래의 목표가 더욱 온전하게 이루어지도록 만드는 것이다. 이 목표를 이루는 데 필요한 창의적인 사고를 하려고 끊임없이 노력해야 한다.

성경을 잘 사용하면 성경을 잘 묵상할 수 있고 성경을 묵상하는 방법을 잘 쓰는 만큼 하나님의 통치를 실현할 수 있다. 성경을 묵상하는 삶과 사역으로 하나님 나라가 우리 안에 이루어지는 것을 볼 수 있기를 바란다.

맺음말

이제 전체 내용을 정리할 때가 되었다. 이 책이 지향하는 바를 네 가지 측면에서 간략하게 정리해보자.

1. 하나님 나라

하나님은 당신이 다스리고 이끄시는 나라를 세우길 원하셨다. 곧 그 나라 백성이 하나님의 뜻에 순종하여 하나님이 의도하신 진리와 선함과 아름다움이 실현되는 세상을 이루기를 바라신 것이다. 하나님은 그리스도로 말미암아 새 사람을 만드시고 그 사람이 성령을 따라 (하나님과 더불어) 살게 하심으로써 하나님의 뜻에 순종하도록 하신다. 사람들이 새 마음으로 하나님께 순종하여 하나님 나라가 이루어지도록 하시는 것이다.

2. 성경 묵상

하나님은 하나님 나라가 온전하게 실현되게 하시려고 우리에게 성경을 주셨다. 하나님의 계획과 뜻을 성경을 통해 알려주시고 우리가 그에 순종하여 하나님 나라가 이루어지기를 바라신다. 그리스도로 말미암아 우리 마음을 바꾸시고 성령을 통해 성경을 깊이 깨닫도록 하여 하나님의 뜻에 순종하도록 이끄신다. 따라서 우리는 하나님의 의도에 부합하게 성경을 읽어야 한다. 이런 성경 읽기가 성경 묵상이다. 성경 묵상은 성경으로 하나님의 뜻을 깨닫고 그에 합당하게 반응하는 것이다. 성경 묵상은 하나님 나라가 우리 안에 실현되도록 돕는다. 우리는 하나님의 뜻이 실현되도록, 다시 말해 하나님 나라가 이루어지도록 성경을 읽어야 한다. 성경 묵상은 하나님 나라가 지금 여기서 우리에게 이루어지도록 하는 성경 읽기 방식이다.

3. 성경을 묵상하는 여섯 가지 방법

성경을 묵상하는 방식에는 크게 여섯 가지가 있다. 개인이 스스로 성경을 묵상하는 방법이 있고, 여럿이 함께 성경을 묵상하는 방법이 있으며, 리더와 청중이 함께하는 방법이 있다. 각각의 방법은 모두 해석과 적용의 강조점에 따라 두 가지로 나뉜다. 따라서 모두 여섯 가지 방법이, 즉 개인 성경 공부와 큐티, 그룹 성경 공부와 큐티 나눔, 성경 강의와 설교가 성경을 묵상하도록 돕는 주요 방법이 된다. 이 여섯 가지 방법이 잘 가동될수록 성경을 제대로 묵상할 수 있다. 다시 말해 이 여섯 가지 방법은 성경 묵상이라는 생수(生水)를 우리 안에 잘 흐르도록 하는 여섯 개의 파이프와 같다. 이 파이프들이 잘 열려 있으면 성경 묵상의 물이 시원하게 흐를 수 있다.

4. 성경 해석과 적용

이 여섯 가지 방법은 모두 적절한 해석과 적용을 필요로 한다. 다시 말해 해석과 적용을 잘해야 이 여섯 가지 방법에 성공할 수 있다. 성경 묵상에는 성경해석학이라는 문법이 작동해야 하는데 이 문법은 해석 과정과 적용 과정으로 구성된다. 해석과 적용은 성경해석학의 기본이 되는 두 축이다. 따라서 해석과 적용을 잘할 수 있어야 이 여섯 가지 방법이 제대로 구현될 수 있고 성경 묵상 역시 정상적으로 이루어지게 된다. 결국 이 여섯 가지 방법 모두에서 성경 해석과 적용이 제대로 이루어지도록 하는 일이 중요하다. 성경해석학이 올바르게 실현되면 큐티와 나눔과 설교도 제대로 살아난다.

우리는 하나님이 주신 성경을 잘 사용해야 한다. 성경을 잘 사용하는 길은 성경 묵상의 길이며, 성경 묵상의 길은 성경을 바르게 해석하고 적절히 적용하는 길이다. 성경을 바르게 해석하고 적용하면 하나님의 뜻이 우리 안에서 올바로 실현된다. 하나님의 뜻이 실현된다는 것은 하나님 나라가 우리 안에서 이루어진다는 말이다. 하나님은 그 나라를 이루려고 성경을 주셨다. 우리는 그 성경을 바르게 사용해야 한다. 곧 성경 사용법을 바르게 익히고 행하여 하나님의 의가 이 땅에 드러나고 하나님 나라가 우리 안에서 날마다 이루어지도록 해야 한다.

"큐티와 PBS, 큐티 나눔과 GBS, 설교와 강의로 성경을 묵상하여
하나님 나라가 나와 우리 안에서 이루어지도록 하자."

질문과 답(Q&A)

여기서는 이 책의 내용과 관련하여 자주 접하는 질문 20개와 그에 대한 간략한 답을 다룬다. 관련 주제에 관한 자세한 내용은 이 책의 곳곳에 있다. 숙지할 사항이 두 가지 있다. 첫째, 질문 뒤 괄호 안의 내용은 질문과 연관된 주제 및 해당 장(章)을 알려준다. 둘째, 각 답의 끝에 있는 "참조"는 관련 내용이 이 책의 어느 부분에 있는지를 알려준다.

질문 1. 성경은 인간의 문서인가, 하나님의 말씀인가? [성경저작권, 1장]

답. 이 질문은 성경저작권에 대한 질문이다. 달리 말하면 성경을 인간이 썼는지, 아니면 하나님이 쓰셨는지를 묻는 것이다. 이 질문에 선택적으로 답해선 안 된다. 성경은 인간이 썼고, 또한 하나님이 쓰셨다. 성경은 인간이 쓴 문서이지만 하나님이 그것을 허락하셨을 뿐 아니라 근본적으로 의도하셨다. 다시 말해 성경은 하나님이 인간을 통해서 역사의 현재를 살아가는 사람들에게 그 뜻을 전하기 위해 쓰신 책이다. 성경의 이중저작권을 이해하고 이를 반영하며 성경을 해석해야 본문의 의미와 뜻을 제대로 이해할 수 있다. 이 중 어느 한쪽만 강조해서 균형을 잃으면 성경

해석과 적용에 문제가 생긴다. [참조. 1.1.]

질문 2. 성경을 꼭 읽어야 하나? 성경을 읽으면 어떤 유익이 있나? [성경의 의도, 1장]

답. 성경은 반드시 읽어야 한다. 성경을 읽으면 하나님이 어떤 분인지 알 수 있고, 그분이 바라시는 대로 반응할 수 있다. 물론 하나님은 성경 없이도 온 세상을 운영하시거나 사람들에게 당신의 뜻을 전하실 수 있다. 하지만 하나님이 당신의 뜻을 전하려고 취하신 방법 중에 가장 효과적인 것이 성경이다. 따라서 성경을 잘 읽으면 하나님을 깊이 알고 또 인격적으로 만날 수 있다. [참조. 1.2.]

질문 3. "성경 묵상"(또는 묵상)이란 말을 큐티의 동의어로 쓰는 것이 왜 문제인가? [성경 묵상의 정의, 2장]

답. 성경 묵상은 큰 개념이고 큐티는 작은 개념이다. 이 둘을 동일시하는 것은 논리적으로 문제가 있다. 하나님이 성경을 주신 목적을 이루는 읽기 방식이 성경 묵상이고 그 성경 묵상에 도달하는 방법 중 하나가 큐티다. 즉 큐티를 통해 성경을 묵상하는 것이다. 성경을 묵상하는 방법은 큐티 외에도 설교, 그룹 성경 공부 등 여러 가지가 더 있다. 따라서 성경 묵상과 큐티는 서로 관련된 용어지만 이 둘을 동의어로 사용하면 안 된다. 이 둘을 동의어로 사용하면 큐티만이 성경을 묵상하게 하는 방법인 듯한 오해를 불러일으킬 뿐 아니라 설교나 그룹 성경 공부 등의 다른 방법들을 배타적으로 보게 된다. 또한 성경 묵상과 신앙을 개인주의화하는 경향, 또는 큐티를 과대포장하는 경향을 만들어내기도 한다. 따라서 성경 묵상과 큐티라는 용어는 구별해서 써야 한다. [참조. 2.1.]

질문 4. "성서학"(Biblical Studies)이란 무엇인가? 왜 성서학자들은 교회에 별로 도움이 되지 않는 듯한 주제들을 연구하는가? [성서학, 2장]

답. 성경 본문의 의미를 좀 더 정확히 알기 위해 성경 및 성경 관련 분야를 비평적으로 연구하는 학문을 성서학이라고 한다. 때로는 성서학의 연구 내용이 교회에 별로 도움이 안 되는 것처럼 보일 수 있다. 하지만 큰 틀에서 보면 성서학은 성경 본문의 뜻을 정확히 알려는 시도에서 나왔다. 성서학자들의 공통적 목표는 성경 본문의 뜻을 제대로 밝히는 것이다. 물론 그 연구 분야가 너무 세분화 혹은 전문화되어 있어서 성서학이 교회에 직접적으로 영향을 미치지 못할 수 있다는 한계가 있다. 하지만 그런 전문적인 연구는 결국 본문을 올바로 이해하는 데 필요한 기초가 된다. 이는 마치 기초과학이 공학(工學)처럼 가시적 결과를 즉각적으로 만들어내지는 못하지만 그 토대가 되는 것과 비슷하다. 학자들은 가급적 중요하고 영향력이 큰 분야에 집중할 필요가 있다. [참조. 2.3.]

질문 5. 예수님도 큐티를 하셨나? [큐티의 정당성, 3장]

답. 답은 "그렇다"이기도 하고 "아니요"이기도 하다. 현재 우리가 하는 것과 똑같은 방식의 큐티를 묻는 것이라면 그 답은 "아니요"다. 그 당시에는 오늘날처럼 구약성경 전체가 책 한 권으로 정리되어 있거나 매일 큐티 본문이 정해져 있는 큐티 교재가 마련된 것이 아니었다. 하지만 큐티의 기본 원리라는 측면에서는 예수님도 큐티를 하셨다고 말할 수 있다. 예수님도 성경 본문을 해석하여 자신에게 적용하셨기 때문이다. 광야에서 시험을 받으시는 중에 신명기 말씀을 묵상하신 것이 그 대표적 예다(참조. 마 4:1-11). 그런 면에서 큐티는 20세기에 생긴 새로운 성경 읽기 습관이 아니다. 그것은 교회 역사 속에서 이미 시행되어왔고 성경에서도

그 근거를 찾을 수 있다. [참조. 3.1.]

질문 6. 큐티를 해야 구원받나? [성경 묵상의 신학적 근거, 3장]

답. 어떤 사람은 큐티를 꼭 해야만 구원받는 것처럼 극단적으로 말하기도 한다. 큐티와 구원이 어느 정도 연관성이 있는 것은 맞지만 큐티의 실천 여부만으로 구원 여부를 단정할 수는 없다. 큐티라는 외형적 형태가 자동으로 구원을 가져다준다는 생각은 일단 벗어버려야 한다. 이런 생각은 자칫하면 행위구원론의 아류로 흐를 위험이 있다. 구원은 삼위일체 하나님으로부터 온다. 인간의 행위가 그 근원이 될 수는 없다.

하나님은 하나님 나라를 이루시며 우리에게 구원을 허락하신다. 하나님 나라는 하나님의 통치가 이루어지는 공간으로서 하나님은 그 통치를 특별히 우리가 성경을 묵상하게 함으로써 실현해가려 하신다. 따라서 성경을 바르게 묵상하는 것은 하나님의 다스림을 받아 하나님 나라를 이루어가는 일이 된다. 큐티나 설교, 그룹 성경 공부 등은 하나님의 다스림을 받아가는 통로이자 하나님의 통치가 발현되는 방법이다. 우리는 이런 연관 관계를 잘 이해해야 한다. 하나님의 다스림이 큐티와 설교 등으로 나타나기에 큐티와 설교는 우리가 구원받아가는 데 있어 중요한 영역이 된다. 즉 구원받는 자는 큐티를 실천하는 삶으로 나오게 된다고 말할 수 있다. [참조. 3.3. & 3.4.]

질문 7. 일반 성도도 성경해석학을 알아야 하나? [성경해석학, 4장]

답. 성경을 읽고 묵상하려면 성경해석학을 알아야 한다. 성경해석학이 성경을 묵상하는 기본 문법이기 때문이다. 우리는 문법을 학문적으로 자세히 몰라도 말을 하고 상대의 말을 알아듣는다. 우리가 발설하는 말이나 듣는 말에는 모두 문법이 반영되어 있다. 문법을 이론적으로 세세히 이해하지 않는다 할지라도 실제로는 문법에 맞는 말을 하고 문법에 맞게 알아듣는다. 문법을 잘 모르면 엉터리로 말을 하거나 오해하는 일이 생긴다.

성경을 묵상하는 일도 마찬가지다. 성경해석학을 잘 알든 모르든 간에 성경해석학이라고 하는 물줄기는 성경을 읽는 사람의 이면에 유유히 흐르고 있다. 누구나 성경을 묵상한다면 이미 나름의 해석학을 사용하고 있는 것이다. 따라서 성경해석학을 잘 이해하고 사용할수록 성경을 더욱 잘 묵상할 수 있다. 보통 성도는 설교나 강의 등을 들으며 자연스레 성경해석학을 배워간다. 좋은 설교나 강의를 들으면 성경해석학의 바른 문법을 배우고, 엉터리 설교나 강의를 들으면 엉터리 문법을 배운다. 이것이 좋은 설교와 강의를 듣거나 큐티를 잘하는 사람의 나눔을 듣는 것이 중요한 이유다. [참조. 4.2.]

질문 8. 성경해석의 두 지평(세계) 중에 어느 것이 더 중요한가? [두 지평, 4장]

답. 성경을 해석할 때 만나는 두 세계를 종종 두 지평이라고 한다. 두 지평 중 하나는 성경 본문의 세계이고 또 하나는 해석자(현재 독자)의 세계다. 이 두 세계가 모두 중요하다. 성경을 해석할 때는 두 세계를 모두 인정하고 반영해야 한다. 그리고 해석의 과정에서 두 지평(세계)의 융합이 일어나야 한다. 지평의 융합이 어떻게 일어나는가에 대해서는 여러 견해가 있다. 하지만 잊지 말아야 할 것은 두 지평이 모두 중요하다는 점과 이 융합이 "해석학적 나선형 순환"으로 이루어진다는 점이다. [참조. 4.3.2. & 6.2.1.(1)의 "보충 설명"]

질문 9. 왜 (특별히 외국) 학자들의 주석서에는 쓸데없어 보이는 내용이 자주 나오는가? [역사적 의미 찾기, 5장]

답. 주석서, 특별히 외국 주석을 읽다 보면 본문에 대한 설명과 별로 상관없어 보이는 내용이 등장한다고 느껴질 때가 있다. 정작 알고 싶은 내용은 없고 별로 관심 없는 내용이 계속 이어지는 것 같다. 그래서 학자들이 쓸데없는 연구를 하는 건 아닌지 의심이 들기도 한다. 하지만 주석서가 등장한 배경을 이해할 필요가 있다. 20, 21세기에 나온 주석들은 역사적 의미를 찾는 데 큰 관심을 두고 그간 개발된 여러 가지 방법론을 사용한다. 한 가지 주제에 대해 다양하고 세밀한 논증을 방법론별로 이어가는 식이다. 때로 독자는 그런 방법론 자체가 생소하기에 불필요하고 엉뚱한 논의를 한다는 느낌이 들 수 있다. 그렇지만 이런 주석은 본문의 역사적 의미를 제대로 찾으려는 노력의 결과물이다. 따라서 완전히 쓸데없는 내용을 다루는 것이 아니라 역사적 의미를 찾는 과정에서 필요한 논의를 정리하는 것이라고 보아야 한다(이것이 좀 어렵기는 하다). 또한 현실적인 뜻을 깊이 있게 다루는 주석이 많지 않기에 주석서가 현실과 동떨어져 있다는 느낌이 드는 것이다. 이는 해당 주석 시리즈가 가진 목표가 역사적 의미 탐구일 때 어쩔 수 없이 발생하는 문제다. 다행히 최근에는 현실적 뜻까지 다루는, 즉 적용의 영역을 강조한 주석서도 종종 출간된다. 따라서 다양한 주석을 함께 참고하면 그런 답답함과 어려움을 어느 정도 해소할 수 있을 것이다. [참조. 5.2.]

질문 10. 해석 방법이 너무 많은데 모두 필요한 것들인가? 성도가 그것들을 어떻게 일일이 다 할 수 있나? [석의와 해석, 5장]

답. 해석 방법이 많다는 것은 일단 반가운 점이다. 다양한 방법으로 성경 본문을 더 정확히 이해할 수 있다는 뜻이기 때문이다. 짐승을 도축할 때 칼을 하나만 쓸 수도 있지만 실제 도축 과정에서는 여러 가지 칼이 동원된다. 부위에 따라 다른 칼을 써야 좀 더 수월하기 때문이다. 성경 해석도 이와 유사하다. 다양한 방법을 사용하면 훨씬 더 정확하고 정밀하게 본문을 해석할 수 있다.

이 방법들은 한 사람에게 부과되는 과제가 아니라 공동체 전체에 부과되는 책무다. 한 사람이 그 다양한 방법을 전부 다 자세히 익힌 후 정밀하게 실행하기는 힘들다. 어떤 사람은 이 방법으로, 다른 사람은 저 방법으로 연구하며 결과를 내면 된다. 그리고 그 결과를 공동체 전체와 나눈다. 특별히 전문가들이 많은 수고를 해서 그 결과를 공동체와 나눠야 한다. 성도가 스스로 다양한 방법을 활용하는 것도 좋지만, 기본적으로는 공동체 전체의 결과를 받아 누린다고 생각해야 한다. 좋은 주석서나 단행본, 성경 강의와 설교 등은 다 그런 결과물들이다. [참조. 5.2. & 5.3.]

질문 11. 적용이 틀렸다고 지적을 받은 이후에는 성경을 삶에 적용하기가 힘들다. 그런데도 적용을 계속해나가야 하는가? [적용 방법, 6장]

답. 물론 계속해야 한다. 적용은 성경해석학의 중요한 영역이다. 성경을 묵상하는 일은 적용까지를 포함한다. 아이가 걸음을 제대로 걸으려면 넘어졌다 일어나는 일을 무수히 반복해야 한다. 성경 해석과 적용도 마찬가지다. 무수히 반복하면서 성경을 바르게 해석하고 적절히 적용하는 법을 몸에 익혀야 한다. 따라서 몇 번 실패했다고 적용을 포기하면 안 된다. 바른 적용법을 배워가며 계속 시도해야 한다. 해석을 잘못했다고 해서 그다음에 해석하기를 멈출 수 없는 것과 마찬가지다. 중요한 점은 바른 적용법, 바른 해석법을 부단한 연습을 통해 몸에 익히는 것이다. [참

조. 4.3.3.(2) & 6.1 & 6.2]

질문 12. 성경의 인물들도 성경을 읽으면서 적용을 했을까? [적용의 당위성, 6장]

답. 그렇다. 예수님은 광야에서 시험을 받을 때 신명기 8:3을 묵상하면서 돌을 떡으로 만들지 않아야겠다고 적용하셨고(마 4:3-4), 사도들과 그들의 동료들은 시편 2편을 함께 묵상하면서 그 말씀을 당시 권력을 가진 자들의 위협을 이겨내는 쪽으로 적용했다(행 4:26-30). 성경을 읽고 적용하는 것은 성경이 요구하는 바다. 그런데 성경의 인물들이 말씀을 적용한 예를 살필 때 조심해야 할 점은 어디까지가 그들의 해석이고, 어느 부분이 그들의 적용인가를 제대로 구분해야 한다는 것이다. 이것을 잘 구분하지 못하면 성경 해석과 적용에 적지 않은 문제가 생긴다. 예를 들어 자신이 적용한 내용이 그저 단순한 적용이 아니라 성경을 해석한 내용이라고 우기며 절대화하는 사람이 그런 경우다. [참조. 6.2.]

질문 13. PBS는 곧 "귀납적 성경 연구"가 아닌가? [PBS, 7장]

답. "귀납적 성경 연구"(Inductive Bible Study)는 개인 성경 공부(Personal Bible Study, PBS)의 한 방법이다. 하지만 PBS가 곧 "귀납적 성경 연구"는 아니다. 이는 큐티가 성경 묵상의 한 방법이지만, 성경 묵상이 곧 큐티가 아닌 것과 유사하다. 귀납적 성경 연구 방법은 "관찰-해석-적용"의 틀에 여러 해석 지침을 넣어 개인이 직접 성경 본문을 공부하도록 만든 것이다. 이것이 유익한 하나의 성경 연구 방법인 것은 맞지만 PBS 자체라고 말하기는 힘들다. PBS는 귀납적 성경 연구보다 더 넓고 포괄적인 방법이다. 이 책은 그 방안을 제시한다. [참조. 7.2.]

질문 14. 문맥 구조 연구 방법은 본문 구조의 틀을 미리 전제하고 읽는 것이 아닌가? [문맥 구조, 7장]

답. 아니다. 문맥 구조는 글의 얼개다. 어떤 글이든 쓰고자 하는 내용이 먼저 구성되고 그것이 글로써 자세히 표출된다. 훌륭한 저자라면 글의 얼개를 잘 구성한 후에 그것을 글로 표현한다. 좋은 글일수록 얼개가 탄탄하게 구성되어 있다. 문맥 구조 연구 방법은 글을 읽으면서 거꾸로 그 글의 얼개를 찾아가는 것이다. 따라서 본문의 구조를 이미 정해진 어떤 틀에 넣어 읽는 것과는 거리가 있다. 오히려 저자가 만들었던 의미의 얼개를 찾아내는 작업이다. 소위 "구조주의"와는 방향이 다르다. [참조. 7.2.3.(1)]

질문 15. 그룹 성경 공부 교안을 꼭 직접 만들어 써야 하나? [그룹 성경 공부, 8장]

답. 반드시 그럴 필요는 없다. 시중에 나온 좋은 교안이 있다면 그것을 사용하면 된다. 하지만 교안을 선택할 때 몇 가지 어려움이 있다. 일단 시중에 나온 그룹 성경 공부 교안이 그다지 많지 않고 우리 교회나 모임에 딱 맞는 것을 찾기가 어렵다. 이와 달리 교안을 자체적으로 제작하면 맞춤형 교안을 사용하게 된다. 그러면 그룹이 함께 성경을 묵상할 때 여러 가지 장점이 있다. 따라서 가능하다면 그룹 성경 공부 교안을 자체적으로 만들어 사용하는 것에 도전해보자. 비록 처음에는 좀 힘들더라도 계속 노력하다 보면 더 좋은 교안이 나올 것이다. 그 혜택은 곧 그룹 구성원 전체에게 돌아가게 된다. [참조. 8.2.2.]

질문 16. 다른 사람의 나눔을 듣다 보면 이상한 느낌을 받을 때가 있다. 꼭 저렇게까지 적용해야 하나? 하나님이 진짜 그렇게 말씀하시고 인도하셨을까 하는 의문이 드는 것이다. 내가 신앙이 없어서 그런가? 아니면 다른 사람이 잘못 적용해서 그런가? [큐티 나눔, 8장]

답. 다른 사람이 잘못 적용해서 그럴 수도 있고 때론 내 신앙이 부족해서 그럴 수도 있다. 그러니 사안에 따라 잘 판단해야 한다. 적용을 하다 보면 적용이 맞을 때도 있고 틀릴 때도 있다. 그런데 보통의 경우 자신이 한 적용이 틀렸다고 생각하는 사람은 적다. 어느 정도 시간이 지난 뒤 자신의 적용이 잘못되었음이 분명히 드러나도 그냥 무시하고 넘어가는 경우도 많다. 그런 사람들은 오히려 맞는 적용만을 가지고 자화자찬하기 바쁘다. 사실 이런 태도는 정직하지도, 현명하지도 못하다. 스스로 올바로 평가를 내리지 않으면 적용은 자기 정당화의 도구로 전락해버린다. 이것이야말로 진짜 신앙이 없는 모습이다. 겸손한 태도로 잘못된 적용의 예를 잘 돌이켜 보고 분석하면 신앙이 한층 성장할 수 있다.

때론 신앙이 없어 적용을 제대로 못 할 수도 있다. 이때는 하나님을 깊이 신뢰하는 태도를 지니도록 노력해야 한다. 어쨌거나 다른 사람의 나눔을 듣고 올바로 평가하는 일은 중요하다. 그래야 좋은 것은 배우고 잘못된 것은 따라가지 않게 된다. 해석이 잘못되어 적용이 이상해질 수도 있고 해석은 맞지만 적용이 왜곡되었을 수도 있다. 이 사실을 잊지 말고 그때마다 잘 분별해야 한다. [참조. 8.3.]

질문 17. 성경 강의가 어렵다. 그래도 꼭 들어야 하나? [성경 강의, 9장]

답. 강의가 어려운 이유는 크게 세 가지다. 첫째는 강사가 청중에 맞게끔 쉽게 전하지 못하는 경우이고, 둘째는 원래 강의 내용이 어려운 경우이며, 셋째는 청중의 이해도가 낮은 경우다. 첫째는 강사의 문제이고,

둘째는 본문의 문제이며, 셋째는 청중의 문제다. 강사는 가급적 이 세 가지 문제를 모두 해결해가면서 강의에 임할 책임이 있다. 앞의 두 문제는 청중이 스스로 해결하기 어렵다. 하지만 셋째 문제는 청중이 스스로 노력해서 풀어야 한다.

청중은 비록 어려운 강의라도 귀기울여 들으려고 노력할 필요가 있다. 이해력이 낮다면 반복해서 강의를 들음으로써 극복한다. 난해한 강의도 청중의 수준이 높아지면 문제될 것이 없다. 하지만 더 근본적인 해결책은 강사를 잘 선택하는 것이다. 좋은 강사는 어려운 문제를 잘 풀어서 청중에 맞도록 쉽게 전해준다. 따라서 성경 강의가 어렵다면 일차적으로 반복해서 듣는 연습을 하고 그 후에 훌륭한 강사를 찾는 것이 좋다. [참조. 9.2.4.]

질문 18. 설교에서 꼭 한 가지 메시지만을 전해야 하나? [강해 설교, 9장]

답. 설교에서 여러 가지 메시지를 전할 수도 있다. 하지만 메시지가 여럿이면 설교의 초점이 분산되는 문제가 생긴다. 그래서 가능하다면 한 가지 메시지를 분명하게 전하는 게 좋다. 물론 하나의 메시지 안에 여러 개의 부차적 메시지가 있을 수 있고, 또 그래야 한다. 이 작은 메시지는 서로 잘 연결되어 하나의 큰 메시지를 만든다. 이렇게 하면 메시지는 더욱 강력해진다. 강해 설교는 본문의 중심 사상(메시지)을 전하는 설교 방법이다. 따라서 강해 설교를 하려면 본문이 말하는 중심 메시지가 무엇인지 잘 파악하는 것이 급선무다(문맥 구조 파악은 이에 큰 도움이 된다). 또한 그것이 결정되면 어떻게 그 메시지를 효과적으로 전할지를 고민해야 한다. [참조. 9.3.]

질문 19. 큐티가 더 나은가, 설교가 더 나은가? [큐티와 설교, 10장]

답. 어느 것이 무조건 낫다고 말할 수 없다. 성경을 묵상하는 데 있어 둘 다 필요하고 유익한 방법이다. 환경과 상황에 따라서 둘 중 한 방법이 어떤 사람에게 더 와 닿을 수는 있다. 하지만 절대적 우열을 따질 수는 없다. 각 방법마다 장단점이 있고, 파급효과 면에서 특징과 한계가 있다. 성경 묵상 방법 간에 절대적 우위를 따지는 태도는 경계해야 한다. [참조. 2.2. & 10.1.]

질문 20. 성경 묵상의 삶과 사역에서 SNS는 얼마나 활용해야 하나? [SNS 모임, 10장]

답. 정해진 답은 없다. 청중과 교회의 상황에 따라 다르다. 하지만 분명한 점은 SNS가 이미 피할 수 없는 소통의 도구라는 점이다. 특히 젊은 이들은 거의 다 이 방법으로 소통하는 데 불편함이 없다. 따라서 모임 구성원의 특징과 상황을 적절히 고려하여 SNS를 활용하면 된다. 단, SNS를 통한 소통의 특징과 장단점 등을 염두에 두고 불필요한 문제가 생기지 않도록 대비해야 한다. SNS 중독 문제도 간과하지 말고 조심해야 한다. 목표는 성경을 묵상하는 삶과 사역을 잘 감당하는 것이지, SNS 활동 자체를 극대화하는 것이 아니다. 이를 명심해야 한다. [참조. 10.3.1. & 10.3.2.]

에필로그

성경과 안경[1]

안경 이야기

나도 한때 눈이 좋았던 적이 있었다. 중학교 때까지는 좌우 시력이 모두 1.5였다. 그런데 고등학교 때부터 시력이 떨어지기 시작했다. 근시가 왔다. 부득이 학교에서 칠판을 볼 때만 안경을 썼다. 하지만 대학생이 된 다음부터는 항상 안경을 쓰고 다녀야 했다. 버스 번호를 보지 못해 차를 놓치는 등 이런저런 실수가 잦아졌기 때문이었다. 이후 시력은 매년 조금씩 더 나빠졌다. 아무래도 직업상 계속 책을 읽다 보니 나이가 들어도 근시는 나아지지 않았다.

어느 날 근시와 함께 난시도 찾아왔다. 안경은 점점 두꺼워지다가 압축렌즈 덕분에 좀 얇아졌다. 근시가 좀 멈추는 듯하더니 다시 침침해지기 시작했다. 이제는 노안(원시)이 찾아왔다. 가까이 있는 게 도무지 보이지 않는다. 근시에 맞추어 쓰면 가까이 있는 게 안 보이고, 근시 도수를 낮추면 멀리 있는 게 안 보인다. 진퇴양난. 하지만 기술의 발달이 해답을

---

1 이 글의 초고는 성경·삶·사역회에서 pdf로 만드는 소식지("성경 · 삶 · 사역") 2016년 6월호에 권두언으로 먼저 기고되었다.

던져줬다. 바로 누진다초점 안경이 그것이었다.

그런데 적응이 쉽지 않다. 기존 안경은 며칠이면 적응했는데 누진다초점 안경은 적응해도 사용하는 내내 힘들다. 가격도 만만치 않아 처음에는 가장 낮은 가격의 안경을 썼다가 몇 년 동안이나 고생을 했다. 그러는 동안 노안은 계속 진행되어 누진다초점 안경도 몇 번씩 바꾸어야 했다. 지금은 일상생활을 할 때는 다초점 안경을 쓰고, 책을 볼 때는 노안에 맞추어 근시 도수를 낮춘 안경을 쓴다. 번거롭고 힘들지만 그래도 내 눈에 맞는 안경이 있는 게 얼마나 감사한지 모른다. 안경이 없으면 제대로 볼 수 없을 테니 말이다.

안경과 성경

새로 맞춘 안경을 쓸 때마다 다시금 모든 것이 선명하게 보이는 경험은 늘 기쁘고 감사하다. 흐리고 뿌옇던 세상이 다시 밝고 맑아진다. 안경은 세상을 제대로 볼 수 있게 해준다. 새 안경이 눈을 밝게 해줄 때의 산뜻함과 상쾌함은 언제 생각해도 기분이 좋다.

그런데 성경을 볼 때도 비슷한 현상이 나타난다. 성경을 읽지만 이해가 잘 안 된다. 성경이 앞에 있지만 그냥 눈으로는 제대로 보지(이해하지) 못한다. 성경을 읽을 때 초점이 제대로 잡히지 않기 때문이다. 이럴 때 해석과 적용이라는 렌즈가 필요하다. 이 렌즈를 통해 성경을 선명하게 볼 수 있다. 곧 본문이 의미하는 바를 또렷하게 이해할 수 있을 뿐 아니라 그 본문이 오늘 나와 우리에게 무엇을 말하는지 분명하게 깨달을 수 있다. 성경으로 우리의 삶을 이해하면서 어떻게 사역해야 하는지도 알게 된다. 이처럼 성경은 "해석과 적용이라는 안경"을 필요로 한다. 이는 성경 때문이 아니라 어두워진 우리의 눈 때문이다.

해석의 안경

먼저 우리 눈에는 해석이라는 안경이 필요하다. 시간이 지날수록 우리는 성경 본문의 시대와 더욱 멀리 멀어져 간다. 시간적으로 멀어지면 멀어질수록 본문의 내용을 이해하는 것이 더욱 어려워진다. 우리는 우리의 시각으로 성경을 보는 데 익숙하다. 현재의 가치관으로 옛날을 평가하고 우리의 관점에서 본문을 파악한다. 자연스레 초점이 맞지 않아 허상을 보기 십상이다. 본문은 흐릿해지거나 겹쳐지면서 엉뚱한 오해를 불러일으킨다. 내 눈의 초점거리가 바뀔 때마다 새로운 안경이 필요하듯이, 시대의 모습이 바뀌고 문화적 간격이 달라질 때마다 성경을 해석하는 안경이 새로 필요하다. 우리는 늘 우리에게 새겨지는 잔상으로 성경을 보려 하기 때문에 성경 해석의 렌즈가 없으면 성경 본문의 의미를 제대로 파악할 수 없다. 그래서 성경을 읽을 때는 언제나 "해석의 안경"이 필요한 것이다.

적용의 안경

해석의 안경뿐 아니라 "적용의 안경"도 필요하다. 해석의 렌즈를 통해 파악한 본문의 의미가 곧바로 "현실적 뜻"이 되는 것은 아니다. 우리의 현실은 본문의 현실과 동일하지 않다. 이 둘은 시간적 거리만큼이나 많이 떨어져 있다. 따라서 본문의 의미는 적용의 렌즈를 거쳐서 우리의 현실로 와야 한다. 그래야 현실의 뜻이 될 수 있다. 적용을 피할 수 없는, 아니 꼭 적용해야 하는 이유가 바로 여기에 있다. 적용의 렌즈를 거쳐야만 비로소 현실적 뜻을 알게 된다. 사람에 따라 안경이 다르듯이 성경도 읽는 사람이나 사회에 따라 적용의 렌즈가 달라진다. 저 사람에게 맞는 안경이 나에게 맞지 않듯이, 나와 우리에게 맞는 적용의 렌즈가 따로 있는 것이다. 예컨대 미국에서 적절하게 적용되던 내용이 한국에서는 잘 안 맞을 수도 있다. 또 나에게 맞는 적용거리가 저 사람에게는 안 맞을 수도 있다. 따라서 적용의 렌즈는 도수를 늘 적절하게 조절해야 한다.

안경 새로 맞추기

나에게 맞는 렌즈야말로 가장 좋은 안경이다. 다른 사람의 안경이 아무리 비싼 것이라도 내 눈과 맞지 않으면 좋은 안경이 아니다. 오히려 그 안경을 쓰면 더 안 보일 수도 있다. 성경의 경우도 마찬가지다. 해석과 적용의 렌즈를 제대로 가늠해서 내게 맞는 안경을 찾아야 한다. 이는 사람마다 나라마다 해석을 다르게 해야 한다는 뜻은 아니다. 단지 초점거리가 달라진 우리 시대의 문제를 해결할 해석의 렌즈를 찾고, 나의 처지와 우리의 상황에 맞는 적용 렌즈의 도수를 정확하게 찾아야 한다는 말이다. 그렇게 해서 만들어진 해석과 적용의 렌즈가 우리에게 꼭 필요한 안경을 선사한다. 우리는 이런 안경을 통해 성경과 세상을 다시 잘 볼 수 있다. 맞는 안경을 쓰는 순간 우리는 선명함과 새로움을 다시 느끼게 된다.

하지만 안경 하나가 항상 유효한 것은 아니다. 시간은 계속 흐르고 우리 자신과 현실은 또다시 바뀌며 역사도 변한다. 그렇게 시간이 가고 상황이 바뀌면 다시 초점거리를 잡아야 한다. 시대의 요구에 부합하는 더 좋은 해석의 렌즈를 만들어야 하고, 나 자신의 변화와 우리의 변모를 적절히 설명하고 풀어줄 알맞은 렌즈를 개발해야 한다(마치 렌즈 압축 기술, 누진다초점 렌즈 기술이 발전하는 것과 유사하다). 그리고 그 렌즈를 사용해 해석과 적용의 안경을 새롭게 맞춰야 한다. 해석과 적용의 안경이 주기적으로 바뀌며 발전해야 하는 이유가 여기에 있다. 그래야 성경을 늘 새롭게, 선명하게 볼 수 있다.

성경 이야기

내 눈에 딱 맞는 안경을 쓰면 늘 세상이 새롭다. 마찬가지로 도수가 맞는 해석과 적용의 안경을 쓰고 성경을 보면 본문이 늘 새롭다. 적절한 해석과 적용의 안경은 본문의 세상을 정확하게 보게 해주고 본문이 나와 우리에게 전하는 말을 분명하게 듣게 해준다. 흐릿했던 게 선명해지고 안 보이던 게 잘 보인다. 하나님이 과거 성경 인물들에게 말씀하셨던 음성이 되살아나는 만큼, 오늘 나와 우리에게 하시는 말씀이 새롭게 들린다. 따라서 해석과 적용의 렌즈로 맞춘 새 안경을 늘 끼고 다녀야 한다. 그래야 성경과 세상을 제대로 볼 수 있고, 그래야 하나님을 진정으로 알게 된다. 또한 그래야 세상을 살 수 있는 힘, 이길 수 있는 힘을 얻게 될 것이다.

참고 문헌

가스펠서브 엮음. 『교회 용어 사전』. 서울: 생명의말씀사, 2013.

김서택. 『건축술로서의 강해 설교: 구상에서 전달까지』. 서울: 홍성사, 1998.

김정우. 『시편주석 I』. 서울: 총신대학교출판부, 2007.

김한원. 『바이블웍스 길라잡이』. 서울: 세움북스, 2014.

네비게이토 선교회. 『그리스도와의 교제』, 그리스도인의 생활 연구 제2권. 서울: 네비게이토 출판사, 1986.

두란노서원 출판부 엮음. 『큐티자료모음 제1집』. 서울: 두란노서원, 1985.

______. 『큐티자료모음 제2집』. 서울: 두란노서원, 1988.

문원욱. 『솔라피데 성경 묵상법: 지도자용』. 파주: 솔라피데출판사, 2007.

문정욱. 『(삶을 변화시키는) 성경 묵상』. 서울: 홍림, 2010.

문희석 편저. 『성서고고학』. 서울: 대한기독교서회, 1974.

민중서림 편집부 엮음. 『민중 엣센스 국어사전』, 6판. 서울: 민중서림, 2006.

박대영. 『묵상의 여정』. 서울: 한국성서유니온선교회, 2013.

배종열. 『문맥에 따라 읽는 에베소서』. 서울: 기독교문서선교회, 2005.

서울성경연구원 엮음. 『구문분석에 의한 SBI 문맥성경: 로마서-요한계시록』. 서울: 그리심, 2001.

______. 『구문분석에 의한 SBI 문맥성경: 마태복음-사도행전』. 서울: 그리심, 2002.

서인석. 『성서와 언어과학: 구조분석의 이론과 실천』. 서울: 성바오로출판사, 1984.

성기문. 『모세의 고별설교: 신명기의 구조와 신학연구』. 서울: 솔로몬, 2009.

송인규. 『나의 주 나의 하나님』, 개정판. 서울: 한국기독학생회출판부, 1990.
______. 『성경 어떻게 적용할 것인가?』. 서울: 한국성서유니온선교회, 2001.
송인규 외. 『한국교회 큐티 운동 다시 보기』, 교회 탐구 포럼 5. 서울: 한국기독학생회출판부, 2015.
양용의. 『하나님의 나라 어떻게 이해할 것인가』. 서울: 한국성서유니온선교회, 2005.
______. 『마태복음 어떻게 읽을 것인가』. 서울: 한국성서유니온선교회, 2005.
오성호. "센수스플레니오르(*Sensus Plenior*)에 관한 신학적 검토." 「신약연구」 14/1(2015년 3월), 135-65.
윤종하. 『명상의 시간』. 서울: 한국성서유니온, 1983.
______. 『성경 묵상과 우리의 구원』. 구리: 모리아, 1993.
______. 『지도자 훈련과정 교재』. 서울: 성서유니온, 1985.
이용세. 『성도의 전공필수 개인성경 연구』. 서울: 한국성서유니온선교회, 2007.
이진섭. 『그리스도인의 계획 어떻게 세울 것인가? 실제편』. 서울: 경륜, 2001.
______. 『데살로니가전후서: 본이 되는 삶, 본이 되는 사역』, 성경묵상주석. 서울: 홍림, 2011.
______. "빌레몬서 수신자 찾기: 성경으로 성경을 해석하는 하나의 예." 「성경과 교회」 11(2013), 125-43.
______. 『빌립보서』, 성경문맥주석. 서울: 홍림, 2012; 고양: 새창조, 2016.
______. "에베소서 2:1-10의 문맥 구조 분석과 그 함의." 「성경과 교회」 15(2017), 151-83.
이태훈. 『시편 어떻게 읽을 것인가』. 서울: 성서유니온선교회, 2006.
이형일. 『예수와 하나님 아들 기독론: 초기 교회 고기독론 형성에 관한 고찰』(*From Messiah to Preexistent Son*). 서울: 새물결플러스, 2016.
임미영. 『고고학으로 읽는 성경』. 서울: 기독교문서선교회, 2016.
장동수. 『신약성서 사본과 정경: 헬라어에서 한글까지』. 대전: 침례신학대학교 출판부, 2005.
장미자. 『신명기: 구약 신학의 수원지』. 용인: 킹덤북스, 2010.
정근두. 『로이드존스의 설교론: 그의 설교의 원리와 방법』. 서울: 여수룬, 1993.
한국대학생선교회 교육국. 『순모임, 이렇게 한다: 소그룹 성경 공부 인도법』. 수원: 순출판사, 1988.
한국성서유니온선교회 사역국 엮음, 『성경묵상 기본과정』. 서울: 한국성서유니온선교회, 2015.

한국성서유니온선교회 엮음. 『성경묵상 훈련교재』. 서울: 한국성서유니온선교회, 2004.

______. 「성서유니온 핸드북 1993」. 서울: 한국성서유니온, 1993.

홍창표. 『성서고고학』. 서울: 개혁주의신행협회, 1994.

Abshire, B. M. 『성경 공부 제대로 하기』(*Get More From Your Bible*). 이진섭 옮김, 서울: 한국성서유니온, 1996.

Baker, D. L. 『구속사적 성경해석학』(*Two Testaments, One Bible: A Study of Some Modern Solutions to the Theological Problem of the Relationship between the Old and New Testaments*). 오광만 옮김, 서울: 엠마오, 1989.

______. 『구약과 신약의 관계』(*Two Testaments, One Bible: The Theological Relationship Between the Old and New Testaments*, 3rd ed). 임요한 옮김, 서울: 부흥과개혁사, 2016.

Bailey, K. E. 『선한 목자: 시편 23편을 통해 본 성경적 참 목자상』(*The Good Shepherd*). 류호준, 양승학 옮김, 서울: 새물결플러스, 2015.

______. 『중동의 눈으로 본 예수: 고대 중동의 삶, 역사, 문화를 통해 본 복음서』(*Jesus Through Middle Eastern Eyes*). 박규태 옮김, 서울: 새물결플러스, 2016.

Bauckham, R. 『목격자의 증언, 복음서』(*The Gospels as Eyewitness Testimony*). 권오창 옮김, 서울: 한국성서유니온선교회, 2015.

Bauer, D. B. 『성경 연구를 위한 손안의 서재』(*Essential Bible Study Tools For Ministry*). 황의무, 왕희광 옮김, 서울: 새물결플러스, 2014.

Beale, G. K. 『성전신학: 하나님의 임재와 교회의 선교적 사명』(*The Temple and the Church's Mission: A Biblical Theology of the Dwelling Place of God*). 강성열 옮김, 서울: 새물결플러스, 2014.

Bell, A. A. 『신약 시대의 사회와 문화』(*Exploring the New Testament World*). 오광만 옮김, 서울: 생명의말씀사, 2001.

Bimson, J. 『구약의 배경』(*The World of the Old Testament*). 윤종석 옮김, 서울: 한국성서유니온, 1993.

Black, W. 『강해 설교 어떻게 준비할 것인가?』. 서울: 성서유니온선교회, 2000.

Branick, V. 『초대교회는 가정교회였다: 바울서신에 나타난 초대교회의 모습』(*The House Church in the Writings of Paul*). 홍인규 옮김, 서울: 기독교연합신문사, 2005.

Brown, R. 『히브리서 강해』(*The Message of Hebrews: Christ Above All*). 김현회 옮김, 서울: IVP, 2000.

Brueggemann, W. 『텍스트가 설교하게 하라』(*The Word Militant*). 서울: 한국성서유니온선교회, 2012.

Carson, D. A. 『킹 제임스 버전 성경의 오류』(*The King James Version Debate*). 송병헌, 박대영 옮김, 서울: 이레서원, 2000.

Childs, B. S. 『성경신학의 위기』(*Biblical Theology in Crisis*). 박문재 옮김, 서울: 크리스천다이제스트, 1992.

Doriani, D. M. 『적용, 성경과 삶의 통합을 말하다』(*Putting the Truth to Work: The Theory and Practice of Biblical Application*). 정옥배 옮김, 서울: 한국성서유니온선교회, 2009.

Douglas, J. D. et al. 『새 성경 사전』(*New Bible Dictionary*). 나용화, 김의원 옮김, 서울: 기독교문서선교회, 1996.

Duvall, J. S., Daniel Hays. 『성경 해석: 성경을 읽고 해석하고 적용하는 실제적 지침서』(*Grasping God's Word*). 류호영 옮김, 서울: 한국성서유니온선교회, 2009.

Enns, Peter. 『성육신의 관점에서 본 성경 영감설』(*Inspiration and Incarnation: Evangelicals and the Problem of the Old Testament*). 김구원 옮김, 서울: 기독교문서선교회, 2006.

Erickson, M. J. 『복음주의 조직신학(상)』(*Christian Theology*). 신경수 옮김, 서울: 크리스천다이제스트, 1995.

Förster, W. 『신구약 중간사』(*From the Exile to Christ*). 서울: 컨콜디아사, 1994.

Geisler, N. L., W. E. Nix. 『성경의 유래』(*From God to Us: How We Got Our Bible*). 이송오 옮김, 서울: 생명의말씀사, 1985.

Goldsworthy, G. 『성경신학적 설교 어떻게 할 것인가?』(*Preaching the Whole Bible as Christian Scripture*). 김재영 옮김, 서울: 한국성서유니온선교회, 2002.

Greenlee, J. H. 『신약 본문비평의 이론과 실제』(*Introduction to New Testament Textual Criticism*). 고영렬, 장민석 옮김, 서울: 기독교문서선교회, 2012.

Greidanus, S. 『구속사적 설교의 원리』(*Sola Scriptura: Problems and Principles in Preaching Historical Texts*). 권수경 옮김, 서울: SFC, 2003.

Hagner, D. A. 『마태복음 1-13』(*Matthew 1-13*), WBC 33상. 채천석 옮김, 서울: 솔로몬, 1999.

Hays, R. B. 『예수 그리스도의 믿음』(*Faith of Jesus Christ*). 최현만 옮김, 서울: 에클

레시아북스, 2013, 79-128.

Hendriksen, W. 『목회서신: 디모데전후서 디도서』(*Commentary on 1 and 2 Timothy and Titus*). 나용화 옮김, 서울: 아가페, 1983(1959).

Holland, Tom. 『바울 신학 개요』(*Contours of Pauline Theology*). 박문재 옮김, 서울: 크리스천다이제스트, 2005.

Jacobs, J. V. 『교회사 속에 숨겨진 450가지 일화』(*True Stories from Church History*). 이길상 옮김, 서울: 아가페출판사, 1998.

Keener, C. S. et al. eds. 『IVP 성경배경주석』(*The IVP Bible Background Commentary*). 정옥배 옮김, 서울: IVP, 2010.

Lane, D. 『강해 설교』(*Preach the Word*). 서울: 성서유니온, 1982.

Lane, W. L. 『히브리서 1-8』(*Hebrews 1-8*), WBC 47상. 채천석 옮김, 서울: 솔로몬, 2006.

Marshall, I. H., M. A. Seifrid. 『사도행전, 로마서』(*Commentary on the New Testament Use of the Old Testament: Acts & Romans*), 신약의 구약사용 주석 시리즈 3. 배성진, 김현광 옮김, 서울: 기독교문서선교회, 2012.

Marshall, I. H. ed. 『신약해석학』(*New Testament Interpretation*). 이승호, 박영호 옮김, 서울: 크리스천다이제스트, 1994.

McQuilkin, J. R. 『성경의 해석과 적용』(*An Introduction to Hermeneutics: Understanding and Applying the Bible*). 송용조 옮김, 서울: 서울성경학교 출판부, 1992.

Moyise, S. 『신약의 구약사용 입문』(*The Old Testament in the New: An Introduction*). 김주원 옮김, 서울: 기독교문서선교회, 2011.

Nyquist, J. F., J. Kuhatschek. 『성경 공부의 모든 것: 그룹 성경 공부 인도자를 위한 안내서』(*Leading Bible Discussion*). 서울: 한국기독학생회출판부, 1990.

Peterson, E. H. 『메시지 신약』(*The Message: The New Testament in Contemporary Language*). 김순현, 윤종석, 이종태 옮김, 서울: 복있는사람, 2011.

Rainey, A. F., R. S. Notley. 『성경 역사, 지리학, 고고학 아틀라스』(*Carta's Atlas of the Biblical World: The Sacred Bridge*). 강성열 옮김, 서울: 이레서원, 2010.

Ridderbos, H. 『하나님 나라』(*The Coming of the Kingdom*). 오광만 옮김, 서울: 엠마오, 1987.

Robinson, H. W. 『강해 설교』(*Biblical Preaching: The Development and Delivery of Expository Messages*), 증보판. 박영호 옮김, 서울: 기독교문서선교회, 2007.

Sterrett, T. N. 『성경 해석의 원리』(*How to Understand Your Bible*). 한국성서유니온 편집부 옮김, 서울: 한국성서유니온, 1978.

Stott, J. R. W. 『디모데후서 강해』(*Guard the Gospel*). 김영배 옮김, 서울: 엠마오, 1985.

______. 『왜 성경이 필요한가?』(*God's Book for God's People: Why We Need the Bible*). 정관호 옮김, 서울: 엠마오, 1986.

Swindoll, C. R. 『구약의 인물들: 삼손, 나아만 등』, 찰스 스윈돌 성경 공부 시리즈 4. 이종록 옮김, 서울: 두란노서원, 1986.

Thiselton, A. C. 『두 지평: 성경 해석과 철학적 해석학』(*The Two Horizons: New Testament Hermeneutics and Philosophical Description*). 박규태 옮김, 서울: IVP, 2017.

Trible, P. 『수사비평: 역사, 방법론, 요나서』(*Rhetorical Criticism*). 유연희 옮김, 서울: 한국기독교연구소, 2007.

Turner, M. 『성령과 은사: 신약은 성령에 대해 무엇을 말하고 오늘날 성령의 은사는 어떻게 나타나는가?』(*The Holy Spirit and Spiritual Gifts: Then and Now*). 전남식, 김재영 옮김, 서울: 새물결플러스, 2011.

Viola, F. 『교회가 없다』(*Pagan Christianity*). 이영목 옮김, 안양: 대장간, 2003.

Wilhoit, J. C., E. B. Howard. 『렉시오 디비나: 거룩한 독서의 모든 것』(*Discovering Lectio Divina*). 홍병룡 옮김, 서울: 아바서원, 2016.

Williams, D. ed. 『IVP 성경사전』(*New Concise Bible Dictionary*). 서울: 한국기독학생회출판부, 1992.

Wright, N. T. 『바울과 하나님의 신실하심(상)』(*Paul and the Faithfulness of God*). 박문재 옮김, 서울: 크리스천다이제스트, 2015.

______. 『신약성서와 하나님의 백성』(*The New Testament and the People of God*). 박문재 옮김, 서울: 크리스천다이제스트, 2003.

______. 『예수와 하나님의 승리』(*Jesus and the Victory of God*). 박문재 옮김, 서울: 크리스천다이제스트, 2004.

Alexander, H. G. *The Language and Logic of Philosophy*. London: University Press of America, 1988.

Allwood, J., L. Andersson, Ö. Dahl eds. *Logic in Linguistics*. Cambridge: CUP,

1977.

Balchin, J. et al. *The Bible in Outline*. London: Scripture Union, 1985.

Bauer, W., F. W. Danker et al. *A Greek-English Lexicon of the New Testament and Other Early Christian Literature*, 3rd ed. Chicago/London: University of Chicago Press, 2000.

Bird, M. F. *Romans*, The Story of God Bible Commentary. Grand Rapids: Zondervan, 2016.

Brown, M. J. *What They Don't Tell You: A Survivor's Guide to Biblical Studies*. Louisville: Westminster John Knox Press, 2000.

Brown, R. B. "The Development of the Theory of a *Sensus Plenior*". *CBQ* 15(1953), 141-62.

______. *The Sensus Plenior of Sacred Scripture*. Wipf & Stock Pub., 2008.

Bruce, F. F. *The New Testament Documents: Are They Reliable?*. Leicester, IVP, 1960.

Childs, B. S. *Biblical Theology of the Old and New Testaments: Theological Reflection on the Christian Bible*. London: SCM Press, 1992.

______. *Introduction to the Old Testament as Scripture*. London: SCM Press, 1979.

Clowney, E. P. *Christian Meditation*. Nutley: Craig Press, 1979.

Copi, I. M. *Introduction to Logic*, 5th ed. NewYork: Macmillian, 1978.

Cotterell, P. *Small Groups, Big Results*. Eastbourne: Kingsway Publications, 1985.

De Moor, J. C. ed. *Synchronic or Diachronic?: A Debate on Method in Old Testament Exegesis*, Leiden: E. J. Brill, 1995.

Goldingay, J. *Approaches to Old Testament interpretation*. Toronto: Clements Publishing, 2002.

Hays, R. B. *Echoes of Scripture in the Letters of Paul*. New Haven & London: Yale University Press, 1993.

Hepper, F. N. *Illustrated Encyclopedia of Bible Plants*. Leicester: IVP, 1992.

Hirsch, E. D. *Validity in Interpretation*. New Haven: Yale University Press, 1967.

Hong, I. G. *The Law in Galatians*, JSNTSS 81. Sheffield Academic Press: Sheffield, 1993.

Horsley, R. A. ed. *Paul and Empire: Religion and Power in Roman Imperial Society*. Harrisburg: Trinity Press International, 1997.

Johnson, E. E. *Expository Hermeneutics: An Introduction*. Grand Rapids: Academie Books, 1990.

Lee, J. S. "The Law of Faith in Romans: A Solution to the *Pi,stij Cristou/* Debate and An Implication for the Nomism Debate", unpublished PhD Thesis. London: Brunel University, 2006.

Lightfoot, J. B. *Saint Paul's Epistle to the Galatians*, 10th. London: Macmillan and Company, 1905.

Lodge, D. *The Modes of Modern Writing: Metaphor, Metonymy, and the Typology of Modern Literature*. London: Edward Arnold, 1977.

Longman III, Tremper. *Genesis*, The Story of God Bible Commentary. Grand Rapids: Zondervan, 2016.

Louw, J. P. *A Semantic Discourse Analysis of Romans*, 2 volumes. Pretoria: University of Pretoria, 1987.

______. "Discourse Analysis and the Greek New Testament". *BT* 24(1973), 101-18.

______. *Semantics of New Testament Greek*. Philadelphia: Fortress, 1982.

Kittel, G., Gerhard Friedrich. *Theological Dictionary of the New Testament*, Vols. 1-10. Grand Rapids: Eerdmans, 1964.

Knight III, G. W. *The Pastoral Epistles: A Commentary on the Greek Text*, NIGTC. Grand Rapids/Carlisle: Eerdmans/Paternoster, 1992.

Koehler, L. et al. *The Hebrew and Aramaic Lexicon of the Old Testament*, Vols. 1-5, 1st English ed. Leiden/New York/Köln: Brill, 1993-2000.

Marshall, I. H. *A Critical and Exegetical Commentary on the Pastoral Epistles*, ICC. Edinburgh: T&T Clark, 1999.

______. "The Use of the New Testament in Christian Ethics". *Expository Times*, 105/5(1994), 131-36.

McConville, J. G. "The Old Testament Historical Books in Modern Scholarship". *Themelios* 22/3(1997), 3-13.

McQuilkin, R. *Understanding and Applying the Bible*, revised ed. Chicago: Moody Press, 1992.

Milne, B. *Know the Truth: A Handbook of Christian Belief*. Leicester: IVP, 1982.

Noth, M. *The Deuteronomistic History*. Sheffield: JSOT, 1981.

Osborne, G. *The Hermeneutical Spiral*. Downers Grove, Illinois: InterVarsity, 1991.

Polzin, R. *Moses and the Deuteronomist: A Literary Study of the Deuteronomic History*. New York: Seabury, 1980.

Porter, S. E. "Discourse Analysis and New Testament Studies: An Introductory Survey", in S. E. Porter, D. A. Carson eds., *Discourse Analysis and Other Topics in Biblical Greek*, JSNTSup 113. Sheffield: JSOT Press, 1995, 14-35.

Reid, D. G. "Jesus: New Exodus, New Conquest", in Tremper Longman III, Daniel G. Reid, *God Is a Warrior*, Studies in Old Testament Biblical theology. Carlisle: Paternoster, 1995, 91-118.

Rowlandson, M. L. *Life at the Keswick Convention: A Personal Recollection*. Carlisle: OM Publishing, 1997.

Sanders, E. P. *Paul and Palestinian Judaism: A Comparison of Patterns of Religion*. London: SCM Press, 1977.

Sanders, J. A. *Torah and Canon*. Philadelphia: Fortress Press, 1972.

Schleiermacher, F. *Hermeneutics: The Handwritten Manuscripts*. H. Kimmerlc ed., J. Duke, J. Forstman trans., Missoula, Mont: Scholars Press, 1977.

Scott, J. M. "Exile and the Self-understanding of Diaspora Jews in the Greco-Roman Period", in J. M. Scott ed., *Exile: Old Testament, Jewish and Christian Conceptions*, Supplements to the Journal for the Study of Judaism 56. Leiden: Brill, 1997, 173-218.

Silva, M. *Biblical Words and Their Meaning: An Introduction to Lexical Semantics*. Grand Rapids: Zondervan, 1994.

Spicq, P. C. *Saint Paul: Les Épitres Pastorales*, 2 vols., Étuds Bibliques. Paris: J. Gabalda, 1969.

Stendahl, K. "The Apostle Paul and the Introspective Conscience of the West", in W. A. Meeks ed., *The Writings of St. Paul: The Revised Standard Version Introductions and Annotations Critical Essays*. New York/London: W. W. Norton & Company, 1972, 422-34(originally published in Harvard Theological Review 56[1963], 199-215).

Thompsom, J. A. *The Bible and Archaeology*, 3rd. Grand Rapids: Eerdmans, 1989.

Towner, P. H. *The Letters to Timothy and Titus*, NICNT. Grand Rapids: Eerdmans, 2006.

Turner, M. *Power from on High: the Spirit in Israel's Restoration and Witness in Luke-Acts*, JPTSS 9. Sheffield: Sheffield Academic Press, 1996.

Turner, N. *Handbook for Biblical Studies*. Philadelphia: Westminster Press, 1982.

Verseput, D. J. "The Davidic Messiah and Matthew's Jewish Christianity". SBLSP 34, 1995, 102-116.

성경 사용 설명서

1쇄 발행 2017년 9월 9일
4쇄 발행 2024년 3월 22일

지은이 이진섭
펴낸이 김요한
펴낸곳 새물결플러스

편 집 왕희광 정인철 노재현 이형일 나유영 노동래
디자인 황진주 김은경
마케팅 박성민
총 무 김명화 이성순
영 상 최정호 곽상원
아카데미 차상희

홈페이지 www.holywaveplus.com
이메일 hwpbooks@hwpbooks.com
출판등록 2008년 8월 21일 제2008-24호
주 소 (우) 04114 서울특별시 마포구 신촌로28가길 29
전 화 02) 2652-3161
팩 스 02) 2652-3191

ISBN 979-11-6129-033-1 03230

책값은 뒤표지에 있습니다.